한나미니스트리와 함께한 말씀 묵상집

짝사랑의 러브레터

짝사랑의 러브레터

발행일	2020년 8월 21일

지은이	김양동		
펴낸이	손형국		
펴낸곳	(주)북랩		
편집인	선일영	편집	정두철, 윤성아, 최승헌, 최예은, 이예지, 최예원
디자인	이현수, 한수희, 김민하, 김윤주, 허지혜	제작	박기성, 황동현, 구성우, 권태련
마케팅	김회란, 박진관, 장은별		
출판등록	2004. 12. 1(제2012-000051호)		
주소	서울특별시 금천구 가산디지털 1로 168, 우림라이온스밸리 B동 B113~114호, C동 B101호		
홈페이지	www.book.co.kr		
전화번호	(02)2026-5777	팩스	(02)2026-5747

ISBN	979-11-6539-350-2 03230 (종이책)	979-11-6539-351-9 05230 (전자책)

이 도서의 국립중앙도서관 출판예정도서목록(CIP)은 서지정보유통지원시스템 홈페이지(http://seoji.nl.go.kr)와
국가자료공동목록시스템(http://www.nl.go.kr/kolisnet)에서 이용하실 수 있습니다.
(CIP제어번호: CIP2020034550)

(주)북랩 성공출판의 파트너
북랩 홈페이지와 패밀리 사이트에서 다양한 출판 솔루션을 만나 보세요!
홈페이지 book.co.kr • **블로그** blog.naver.com/essaybook • **출판문의** book@book.co.kr

한나미니스트리와 함께한 말씀 묵상집

짝사랑의 러브레터

김양동 지음

하나님이 우리에게 보내시는 편지
사랑한다, 내게로 돌아오라….

북랩 book Lab

| 저자 서문 |

한나미니스트리에서 주관하는 성경 통독에 참여한 지 어언 3년여가 지났습니다.

우리 통독방은 묵상한 내용을 카톡으로 공유하며 PC를 사용하여 올리다 보니 묵상 내용이 전부 한글 파일로 남게 되었습니다.

올해 초에 5회가량 묵상한 내용을 다시 읽어 보니 '내가 이 정도로 묵상을 하였는가?'라는 감탄이 들기도 했습니다.

그러나 그보다 더 주목한 것은 묵상 글이 나 개인의 내면을 향한 것보다는 누군가에게 교재로 사용해도 될 문체로 작성되었다는 것이었습니다.

내가 의도한 것은 아니지만 이 묵상을 누군가와 나누게 하기 위하여, 아니 누군가에게 읽히기 위하여 미리 예비하신 그 어떤 손길이 있었다는 깨달음이 마음에 들어왔습니다.

본 책의 내용은 통독 일정과 같으나 첫째, 둘째, 셋째 묵상으로 표시된 것은 과거 5회의 묵상 회차별로 중복된 것은 삭제하고 다른 것은 성경 순서대로 나열한 것입니다.

본 묵상은 신학을 공부하지 않았고 부르심도 없었으며 평생에 굳어진 나의 사고 체계 안에서 성경을 분석하고 비판적인 시각으로 바라본 한 늦깎이 평신도의 개인적인 생각이라는 전제로 읽어 주시기 바랍니다.

　당연히 신학적 근거나 큰 그림을 보지 못한 지엽적인 판단일 수 있습니다. 또 세상의 비판에 경도된 시각일 수도 있습니다. 그러나 나름 믿음에 근거한 긍정적인 시각도 녹아 있을 것이라 생각해 봅니다.

　과거 한 어려운 시기에 성경을 일독할 기회가 있었습니다. 그때 하나님만을 바라보자는 마음이 들어왔고, 도서관으로 출근하여 9시부터 저녁 6시까지 9시간을 성경을 읽고 퇴근하듯이 집으로 왔습니다.

　7일간의 일독 기간 동안 점심 먹을 생각도 들지 않았고 화장실만 2~3번 다녀오고 잡념도 전혀 들지 않은 상태에서 성경을 읽었습니다. 어떻게 이런 일이 가능했을까 지금 생각해도 이해가 되지 않는 은혜의 시간이었다고 믿습니다.

　그리고 7일 차 저녁에 요한계시록의 마지막 구절, "아멘, 주 예수여 오시옵소서."라는 구절을 읽고 성경을 내려놓을 때 마음속에 한 구절의 말씀이 들어왔습니다.

수만 구절의 성경 말씀 전체를 관통하는 하나님의 말씀은 바로 이 것이었습니다.

"내가 너를 사랑한다. 내게로 돌아오라."

지난 3년간 내가 의도하지 않은 상태에서 이 글을 이런 형식으로 쓰게 하신 이가 계십니다. 그가 나를 사용하여 쓰게 하셨으니 그의 뜻대로 그가 지명하신 사람에게 읽게 하실 것이라 믿습니다.

이 묵상집 출판이 내 의지로 되는 일이 아닌 것을 압니다. 내 능력으로는 더더욱 아닌 것입니다. 오직 강권하신 은혜의 손길이 나를 사용하신 것을 믿음으로 고백합니다. 할렐루야.

2020.05.03.

김양동

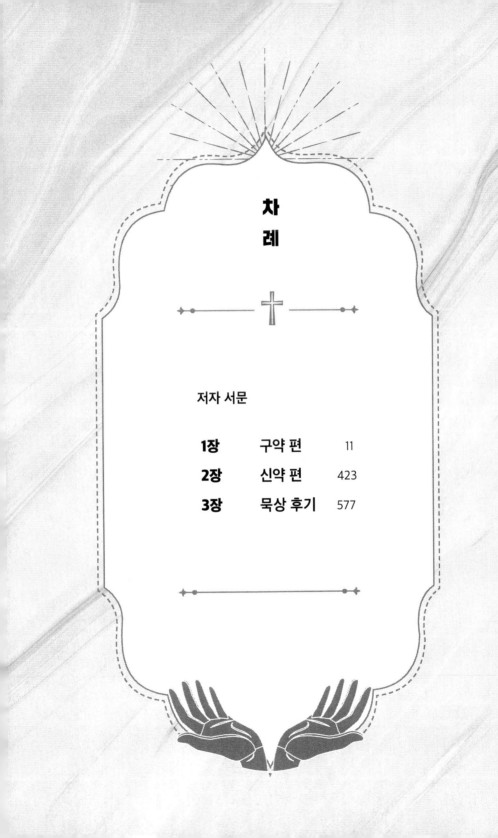

차
례

저자 서문

1장

구
약
편

구약 묵상 목차

열왕기 하 24장

예레미야

예레미야 애가, 오바댜

역대 상

역대 하

에스겔

다니엘

에스라, 학개

스가랴

오늘 묵상은 "사람은 어떤 존재인가?"입니다.

창세기는 모든 것의 시작에 관한 책으로, 1장 1절에서 "태초에 하나님이 천지를 창조하시니라."라고 선언하고 있습니다. 이 말씀을 믿음으로 우리의 신앙이 시작됩니다. 이 말씀이 믿어지면 모든 것을 믿을 수 있게 됩니다.

영원의 첫 시작, 아무것도 없는 그때에 하나님이 계셨으며 그 하나님은 자신을 "스스로 존재하는 자"라고 호렙산에서 모세에게 설명하고 계십니다.

영어 성경에서 이 구절을 "나는 나다(I'm who I am)."라고 쓰고 있는데 이는 설명할 필요가 없는 존재라는 것을 암시합니다. 또한, 하나님은 우리 사람들이 어떤 분인가를 정의할 수 없으며, 자신이 어떤 존재인지 증명할 필요가 없는 절대자, 무엇이든 가능한 분이라는 의미인 것입니다.

그의 뜻대로 세상을 지으셨으니 왜 그렇게 하셨느냐는 질문에 대답하실 필요가 없는 오직 그의 뜻대로인 것입니다. 이는 토기장이의 비유에서 잘 설명하고 있습니다.

이 세상에서는 창조론과 진화론이 서로를 부정한다고 하지만 저의 생각은 다릅니다. 왜냐하면 태초에 모든 것이 생겨난 이유를 진화론이 설명할 수 없을 뿐 아니라 창조된 그 어떤 것에 기반하여 생명이 잉태되고 진화해 나간 것이기 때문입니다.

믿음 생활을 시작하며 오랫동안 가졌던 의문이 하나 있습니다.

"하나님이 완전한 분이시라면 왜 세상을 완전하게 짓지 아니하고 불순종의 사람을 지어 선악과의 유혹과 뱀을 같이 두심으로 죄를 들어오게 하여 세상을 혼탁하게 하셨는가? 그리고 왜 천국의 소망을 주어 이 괴로운 세상을 살아가게 하시는가?"

오랜 묵상 끝에 내 마음속에 정리되는 생각을 나누어 봅니다.

하나님이 지으신 세상을 스스로 불완전하게 하신 그 뜻은 무엇일까요? 혹시 하나님이 생각하시는 완전한 세상은 지어지는 것이 아니고 다른 그 어떤 것이 더해져야 하는 것이 아닐까요?

요한계시록에 기록된 "온전히 순종하는 자들과 함께 영원한 낙원을 완성할 것을 약속"하신 말씀의 뜻을 음미하여 보았습니다.

당신이 지으신 피조물 중 유일하게 당신의 속성을 주신 사람, 불완전하지만 무엇이든 자의로 선택할 수 있는 자유 의지를 주신 그 사람의 온전하고 완전한 순종이 더해진 세상이 하나님이 이루고자 하시는 천국의 완성이 아닐까 생각해 보았습니다.

이렇게 생각을 정리하니 많은 것을 수용할 마음이 생깁니다. 그래서 하나님께 당신의 가장 중요한 피조물인 사람을 왜 이렇게 지으셨냐고 질문할 필요가 없어졌습니다.

하나님은 사람의 지음에 대해 대답할 일이 없으신 분이라는 것을 인식하며 창세기에 기록된 사람은 어떤 속성을 지니고 어떤 목적으로 존재하여야 하는가에 대하여 묵상해 봅니다.

> 1장 26절: "우리의 형상을 따라 우리의 모양대로 사람을 만들고 그들로 세상만물을 다스리게 하자."

 사람의 형상은 하나님과 닮았으며, 사람은 하나님으로부터 세상 만물을 다스릴 권세를 받은 자입니다.
 즉 하나님이 세상을 창조하실 때 마지막 작품으로 사람을 지으셨으며, 그 사람에게 자신의 창조 세계를 다스리도록 위임하신 것입니다.

 또 흙으로 사람을 지으시고 그 코에 생기를 불어넣어 생명이 되게 하였다는 2장 7절은 사람의 속성이 하나님과 닮게 하셨다는 것을 의미합니다. 이를 통해 사람 역시 모든 것을 자신의 뜻대로 결정할 수 있는 존재라는 것을 알 수 있습니다.
 그러나 단 한 가지, 에덴동산 가운데에 있는 선악과를 금하신 것에서 알 수 있듯이 모든 것을 사람의 뜻대로 할 수 있는 자유·속성을 주셨지만 하나님이 금하신 것 한 가지는 순종하여 지켜야만 하는 것입니다.
 3장 6절에서 뱀의 유혹에 여자가 넘어갈 때의 기록("여자가 그 나무를 본즉 먹음직도 하고 보암직도 하고 지혜롭게 할 만큼 탐스럽기도 한 나무인지라.")처럼 스스로 판단한 것은 물론 자기만 먹은 것이 아니라 남편에게도 주어 같이 먹게 하였습니다. 이로써 하나님이 금하신 것을 어기는 죄를 짓고 사람의 파란만장한 역사가 시작됩니다.

이후 그들의 눈이 밝아져 부끄러움과 두려움을 알게 되었으며 3장 11절, "네가 무엇을 하였느냐?"라는 하나님의 질책에 아담은 하나님과 여자를 핑계하여 변명하는 추함을 보입니다.

> "하나님이 주셔서 나와 함께 있게 하신 여자, 그가 그 나무 열매를 내게 주므로 내가 먹었나이다."

이 부분을 로마서 5장 12절에서는 "한 사람의 불순종으로 죄와 사망이 세상에 들어왔다."라고 설명합니다. 그리고 로마서 5장 19절에서는 "…… 한 사람의 순종하심으로 많은 사람이 의인이 되리라."라는 말씀으로 회복을 약속하십니다.

또 창세기 3장 22절에서는 하나님은 선과 악을 알아 구분하시고 영존하시는 분이지만 하나님이 지으신 사람은 그렇지 않은 유한한 존재라는 속성을 설명합니다.

즉, 사람은 하나님과 여러 면에서 닮은 존재로서 자유 의지로 모든 것을 결정할 수 있으며 세상 만물을 위임받아 다스리는 권세를 가졌지만 하나님의 금도는 순종하여 지켜야 하는, 유한한 존재로 지음받았다는 것을 알 수 있습니다.

스스로 판단하여 뱀의 유혹에 넘어가는 어리석음과 하나님의 질책에 자신의 잘못을 하나님과 자기의 배우자에게 전가하는 비겁함을 보이는 존재가 바로 사람인 것입니다.

그러나 하나님은 자신이 가장 심혈을 기울여 지으신 존재이며 자신의 창조 세계의 완성을 의미하는 사람에게 불순종의 벌은 내릴지언정

결코 버리지 않으시고 순종으로 회복시킬 그 한 분을 약속하십니다.

하나님이 지으신 태초의 천지창조와 계시록의 영원한 낙원 사이에 무엇이 채워져야 할지 생각하며 우리가 담당해야 할 역할이 무엇인지도 생각해 봅니다.

✝기도

하나님, 새로운 통독을 시작합니다. 나의 생각으로 하나님을 판단하는 어리석음에 빠지지 않게 지켜 주시고, 성경 전편에 흐르는 하나님의 뜻을 깨달을 수 있는 시간이 되도록 명철을 허락하여 주소서. 예수님의 이름으로 기도드립니다. 아멘.

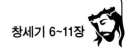
오늘 첫 묵상은 "120세로 허락된 사람의 수명"입니다.

6장 3절: 여호와께서 이르시되 "나의 영이 영원히 사람과 함께하지 아니하리니 이는 그들이 육신이 됨이라, 그러나 그들의 날은 백이십 년이 되리라." 하시니라.

KJV: 주께서 이르시되 "내 영이 항상 사람과 다투지는 아니하리니 이는 그도 육체이기 때문이라, 그럼에도 그의 날들은 백이십 년이 되리라." 하시니라.

에덴에서 쫓겨난 아담과 하와, 그들의 후손들은 500~900년 정도 살았습니다. 그러나 "그들의 딸들과 하나님의 아들이 결합하여 자손을 낳으니 그들이 세상의 용사, 명성 있는 자가 되었다."(4절)라고 하였는데 "그들이 육신이 되었다."(3절)라고 하며 이들의 수명은 전대의 사람들과는 달리 120년이라고 말씀하십니다.

과거 중세·근세 시대 인간의 평균 수명은 30~40세 정도였으나 현재는 평균 수명이 80세를 넘기고 있으며, 의학적으로 100세를 넘어 사는 것이 가능하다고 합니다.

그러니 우리의 자녀들은 하나님이 정해 주신 수명대로 120세까지 삶을 누릴 가능성이 높아지고 있습니다. 오늘 묵상을 통해 하나님의 말씀대로 이루어져 가는 역사를 보고 있는 것입니다.

또한, 성경 말씀이 처음 기록될 당시 히브리어와 헬라어로 기록되었는데 이것이 수많은 언어로 번역, 필사되어 전파될 때 본래의 의미가 변질될 가능성이 높아지게 됩니다. 거기에 더해 번역자의 의도도 작용하여 부분적인 자구가 첨삭되거나 다른 의미를 가질 수 있음을 인지할 필요가 있습니다.

우리나라의 표준 성경으로 인정받는 개역개정판 한글성경 역시 이러한 논란에서 자유롭지 못합니다. 개역개정판 한글성경은 매끄럽고 간결하며, 그 유려한 문장이 큰 장점이지만 반대로 세밀한 의미가 많이 퇴색된 부작용이 있기에 많은 목회자가 설교할 때 히브리어 원본의 단어가 가지는 의미를 부각하며 원래 하나님이 하신 말씀을 바로 전하려 애쓰고 있음을 우리는 알고 있습니다.

오늘 묵상 본문 6장 3절의 말씀을 개역개정 한글판 성경으로 읽고 해석하면, '그들이 육신의 사람이 되었다는 이유로 이제부터 하나님의 영은 사람과 영원히 결별하겠다.'라는 뜻으로 해석됩니다.

그러나 가장 원본에 가깝게 번역된 영어 성경이라 인정받는 'KJV 성경(King James Version Bible)'의 한글번역 킹 제임스 흠정역본으로 해석하면, 그들 사람이 육신이 되었기에 하나님의 영이 항상 사람과 다투지(교제하지) 아니하겠다고 하였습니다.

이는 '과거에 하나님의 영이 항상 사람과 함께하였지만 사람이 육체가 된 이제부터는 항상 함께하지 아니하고 때때로 필요에 따라 사람과 다투겠다(교제하겠다).'라는 의미가 됨을 유의하여야 할 것입니다.

즉 영적인 사람에게는 하나님의 영이 항상 함께하겠지만, 육신이 된 사람에게는 필요에 따라 제한적으로 하나님의 영이 임하시겠다는 선언임을 이해하게 됩니다.

바로 직접 우리에게 해당되는 말씀임을 알게 되었습니다.

오늘 두 번째 묵상은 "새로운 탄생"입니다.

대홍수로 자신의 창조물을 지면에서 멸하신 하나님은 새로운 세상을 약속하십니다. 노아의 순종을 통하여 새로운 세상의 씨앗을 보존케 하시고 새 땅에서 새 세상을 열어 가고자 하십니다.

그들이 물이 마른 세상으로 나올 때, 하나님이 노아와 그 아들들에게 약속하신 말씀이 9장 1~4절입니다. 이 부분은 첫 세상을 창조하시고 아담에게 하셨던 말씀과 놀랍도록 유사합니다.

"복 주시고 생육 번성하라. 세상의 모든 것을 취하고 다스리라. 다만 한 가지만 금하라."

다른 점은 첫 세상은 무에서 창조하셨고, 두 번째 세상은 첫 창조의 씨를 보존하여 다시 번성케 하신 것입니다.

악한 세상에 실망하셔서 모든 것을 멸하실 때에도 한 줌의 생명 씨앗을 남기시는 하나님의 마음을 봅니다. 어떤 경우라도 우리에게는 새로 시작할 수 있는 새 희망이 있음을 보여 주십니다.

✝ 기도

하나님, 하나님의 말씀은 시간에 관계없이 그대로 이루어짐을 오늘의 말씀 묵상을 통해 깨달아 갑니다. 수천 년 전에 우리에게 말씀하신 대로 우리의 수명이 120년을 향해 연장되어 가고 있습니다. 또한, 말씀을 깊이 묵상하여 말씀하신 본뜻을 바로 알아 가기를 구하오니 지혜와 명철을 허락하여 주소서.

또 새 희망을 주셔서 감사합니다. 이사야서 6장의 끝부분에서도 남겨진 그루터기와 거룩한 씨를 언급하고 있습니다. 죄악의 끝에서 징계를 받을지라도 끝이 아니며 새로 시작할 수 있음을 말씀하시는 하나님, 눈앞에 가로막혀 있는 분열과 갈등 속에 사악한 자들의 행태에 절망하다가도 반드시 극복하고 회복할 수 있다는 희망의 끈을 놓지 않는 힘을 얻습니다. 모든 이의 소망 되시는 예수님의 이름으로 기도합니다. 아멘.

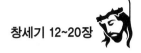
오늘 묵상은 "소알의 행운"입니다.

소알은 여호와께서 멸하신 소돔과 고모라에 속한 작은 성읍입니다. 예정대로라면 소돔과 고모라와 함께 불과 유황으로 멸망해야 할 작은 성인데 롯과 그의 딸들이 피신해 들어옴으로써 멸망을 면하는 행운을 얻었습니다.

이 행운이 어떻게 소알에 임하였는지 묵상해 봅니다.

> 18장 17절: "여호와께서 이르시되 내가 하려는 것을 아브라함에게 숨기겠느냐?"

이는 하나님이 택하시고 언약을 맺으신 아브라함, 하나님이 얼마나 아브라함을 위하고 존중하시는지를 잘 나타낸 말씀입니다.

> 19장 29절: "...... 하나님이 아브라함을 생각하사 롯을 그 엎으시는 중에서 내보내셨더라."

여호와께서 끔찍이 생각하는 아브라함을 위하여 그의 조카 롯을 구원하고자 하십니다. 롯을 위함이 아니요, 오직 아브라함을 위하여 하신 것입니다.

19장 21절: "내가 이 일에도 네 소원을 들었은즉 네가 말하는 그 성읍을 멸하지 아니하리니,"

이는 롯이 황망히 도망하는 와중에 눈에 띄어 가깝다는 이유로 피신해 들어감으로써, 나중에 '소알성=작은 성읍'으로 불린 소알이 멸망을 면하게 된 이유입니다.

살다 보면 '어떻게 이런 일이 내게 일어났을까?'라는 의문이 드는 경우가 있습니다. 이는 우연히 일어난 일이 아니요, 반드시 어떤 인과관계가 있음을 알아야 합니다. 비록 그 인과관계가 미약하고 소소해 보일지라도 하나님의 역사하심을 찾을 수 있을 것이기 때문입니다.

죄악이 가득한 지역인 소돔과 고모라에 속한 소알은 심판으로 멸망이 예정되어 있었고, 멸망을 피할 어떠한 이유나 스스로 쌓은 공로가 없었지만 오직 아브라함의 조카 롯이 피하여 들어왔다는 이유 하나만으로 이러한 행운을 얻게 되었습니다.

하나님이 아끼시는 아브라함의 조카 '롯', 비록 그는 하나님 앞에 실망스러운 자였지만 아브라함이 아끼는 조카라는 이유로 하나님의 보호를 받습니다.

그 롯이 도피하여 함께하였다는 것이 소알이 멸망을 피할 수 있었던 유일한 이유가 된 것입니다.

말씀 묵상의 교훈은 이것이니, '내가 누구와 함께하는가?' 그리고 '내가 몸담고 있는 곳이 의로운 곳인가? 아니면 불의한 곳인가?'라는 점을 항상 살펴 나를 두어야 할 것입니다.

나의 가정과 자녀, 친족들은 이러한 하나님의 역사를 인식하여 일상에 복 있는 사람과 함께하기를 애쓰며 악한 자는 멀리하여야 하겠습니다.

✝ 기도

하나님, 오늘 주신 말씀의 뜻을 잘 표현한 구절이 시편 1장 1절의 말씀임을 깨닫습니다.

"복 있는 사람은 악인의 꾀를 따르지 아니하며, 죄인들의 길에 서지 아니하며, 오만한 자들의 자리에 앉지 아니하고 ……"

하나님이 기뻐하시는 자, 하나님을 간절히 찾는 자는 나를 만날 것이라 말씀하셨습니다. 그리고 비록 자격 없는 자라도 그들과 함께하는 행운·축복으로 말미암아 같은 은혜를 주시겠다는 뜻을 오늘 묵상을 통해 깨닫게 하심을 감사합니다. 내가 복 받은 자 되기를 원하며, 그도 안 되면 복 받은 자와 함께할 수 있는 축복을 간구합니다. 언제나 이 말씀을 마음에 담고 살아가는 자 되기를 결심하고 성령의 도우심을 구합니다. 예수님의 이름으로 기도드립니다. 아멘.

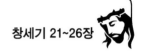

오늘 첫 번째 묵상은 "사막에서 찾은 샘물"입니다.

하갈과 이스마엘, 참으로 가련한 이름입니다.

하갈은 애굽 여인으로서 사라의 종으로 끝났어야 할 사람인데, 오랜 기다림에도 하나님의 약속이 실현되지 않자 기다리지 못하고 자신의 생각대로 아들을 얻고자 한 사라에게 선택되어 씨받이가 된 여인입니다.

아브라함의 씨를 잉태한 하갈은 자신의 신분을 망각하여 주인 사라를 업신여기다가 사라의 학대를 받고 도망친 경력이 있는 어리석은 자이며, 그의 아들 이스마엘은 배다른 어린 동생 이삭을 놀리다가 사라의 눈 밖에 난 서자입니다.

씨받이 첩과 서자, 동서고금을 막론하고 신분의 차별에 눈물짓고 한을 품고 살아야 할 운명으로 그려지는 존재들입니다.

성경에서도 약속의 자녀가 아니라는 이유로 다른 길을 가야만 하는 존재가 되어 목숨을 보장받지 못하는 광야에 물과 떡 한 부대만 주어진 채 버려지는 것으로 기록되어 있습니다.

그들은 하나님의 약속 밖에서 태어난 불행과 주인 사라를 거스르는 처신으로 성경 역사의 주류에서 배제되었지만 그래도 아브라함의 씨라는 이유로 하나님의 보호와 약속을 받습니다.

21장 13절: "그러나 여종의 아들도 네 씨니 내가 그로 한 민족을 이루게 하리라." 하신지라.

떡과 물이 떨어져 죽을 지경이 되자 하갈과 이스마엘은 하나님께 울부짖고 그에 응답하시는 하나님의 도우심으로 광야에 예비하신 샘물을 찾아 생명을 구하고 하나님의 돌보심으로 바란 광야에서 한 민족을 이루어 가게 됩니다.

그러나 그들, 특히 이스마엘은 하나님의 나라를 대적하는 운명이 될 것으로 성경에 기록되었으니 이스마엘의 후손은 대대로 이삭의 후손과 대적하여 다투며 이슬람의 창시자가 그 후손에서 나왔음을 유념해야 합니다.

지금 이슬람은 온 세상과 대적하며 그 세력을 넓히고 있으니 성경의 말씀대로 역사는 흘러가고 있습니다.

16장 12절: 이스마엘 "그가 사람 중에 들나귀같이 되리니 그의 손이 모든 사람을 치겠고 모든 사람이 그의 손을 칠지며 그가 모든 형제와 대항해서 살리라." 하니라.

오늘 두 번째 묵상은 "절대적인 믿음"입니다.

하란을 떠나 가나안으로 들어온 지 25년, 이삭은 아브라함의 나이 100세에 겨우 얻은 적장자였습니다. 그런데 하나님께서 아브라함에게는 세상의 그 무엇과도 바꿀 수 없는 하나뿐인 아들을 번제로 바치라고 하십니다.

22장 3절: "아브라함이 아침에 일찍이 일어나 나귀에 안장을 지우고
......"

성경에서 이 장면의 기록은 놀랍게도 간단합니다.

"번제로 드리라, 아침에 일찍 일어나 떠났다."

이 부분 어디에도 아브라함이 고민했다거나 망설였다는 언급이 없습니다.

22장 5절: "...... 내가 아이와 함께 저기 가서 예배하고 우리가 너희에게로 돌아오리라."

아브라함은 모리아산에 도착해서도 추호의 고민도 없이 "예배하고 우리가 너희에게 돌아오리라."라고 종들에게 말합니다.

이삭을 번제로 드리면 돌아올 수 있는 자는 자기 자신뿐인데 우리가 다시 돌아오겠다고 합니다. 번제로 드린 이삭이 다시 살아나기 전에는 가능하지 않은 말입니다.

이 부분에 대해 구약 성경에는 더 이상 언급이 없지만 신약 히브리서 11장 17~19절에 명확하게 설명하고 있습니다.

11장 17절: 아브라함은 시험을 받을 때에 믿음으로 이삭을 드렸으니 그는 약속들을 받은 자로되 그 외아들을 드렸느니라.

11장 18절: 그에게 이미 말씀하시기를 네 자손이라 칭할 자는 이삭으

로 말미암으리라 하셨으니

11장 19절: 그가 하나님이 능히 이삭을 죽은 자 가운데서 다시 살리실
줄로 생각한지라, 비유컨대 그를 죽은 자 가운데서 도로 받
은 것이니라.

산에 오르면서 아들이 번제의 양이 어디 있느냐고 물을 때 하나님이 예비하셨을 것이라는 대답, 망설이지 않고 칼을 잡는 행동은 아브라함의 믿음의 깊이를 보여 줍니다.

오히려 하나님이 당황하시는 모습이 보이는 본 구절을 읽으며 우리는 고개를 끄덕일 수 있습니다. 히브리서의 기록대로 아브라함은 하나님이 이삭을 죽은 자 가운데서 능히 살리실 것이라는 믿음이 있었다는 기록이 사실일 것이기에….

아브라함은 가나안으로 떠날 때는 갈 바를 알지 못하고 떠나는 순종의 사람이었지만 가나안에서의 행적을 보면 많은 실수를 저지르며 자기 생각대로 살아가는 부족한 사람이었습니다.

그러나 하나님의 말씀을 수시로 듣고 약속하신 것을 이루시는 것을 경험함으로써 그는 하나님의 사람이 되어 큰 시험을 무난히 통과하게 되었습니다.

✝ 기도

하나님, 이삭과 이스마엘, 사라와 하갈의 사례를 묵상하며 하나님의 약속 안에 있는 것이 얼마나 큰 복인지, 또 하나님의 약속을 믿지 못하여 자신의 생각대로 행한 결과가 얼마나 큰 문제를 일으키는지 잘 알 수 있었습니다. 언제나 말씀과 성령의 인도를 따르며 나의 생각을 앞세우지 않도록 유의하며 살겠습니다. 나의 영을 지켜 주소서. 또한 믿음의 조상이라 칭하는 아브라함, 그의 믿음의 정도를 봅니다. 가나안 광야의

떠돌이 생활 24년, 99세의 아브라함은 자신의 삭막한 장막에 기대서서 하나님의 약속을 생각하며 하늘의 별을 바라보고 미소를 짓습니다.

불가능할 것 같은 하나님의 약속을 확신하지 않고서야 할 수 없는 행동이기에 하나님이 이를 의로 여기셨다고 하십니다. 어떠한 행위에 의함이 아니라 순수하게, 의심 없는 믿음만이 하나님께 의롭다 칭함을 받는 자가 될 것이라는 것을 알려 주신 것을 감사합니다. 우리의 믿음을 지켜 주소서, 예수님의 이름으로 기도합니다. 아멘.

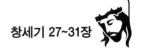

오늘 첫 묵상은 "약속의 사람 야곱, 그리고 말의 권세"입니다.

성경에서 야곱의 이름은 이스라엘과 동격으로 거명됩니다. 부족하고 야비한 사기꾼의 캐릭터인 야곱은 하나님의 약속이 사람에게 어떻게 부어지는지를 잘 보여 주는 대표적 사례입니다.

하나님이 약속하고 돌보시는 자 야곱, 참 어찌할 수 없는 자입니다. 하나님이 지키시는 자는 사람의 수단으로 막지 못함을 오늘의 본문은 보여 주고 있습니다.

야곱보다 한 수 위의 사기꾼인 라반의 계교에도 불구하고 끝내 야곱을 당하지 못하여 많은 재산과 두 딸을 비롯한 많은 식솔들을 그대로 보내게 된다는 것이 31장까지의 내용입니다.

야곱은 태중에서부터 형 '에서'의 발목을 잡은 자입니다. 그는 형 에서와 비교하여 모든 면에서 열등하였지만 계교로 형의 장자권과 아버지 이삭의 축복을 가로채었고, 그 결과 에서의 분노로 말미암아 하란으로 도망하는 처지가 됩니다.

반대로 하란에서는 하나님의 도우심으로 외삼촌 라반의 재산을 크게 불려 주지만, 20년이나 이용당하며 무일푼으로 지낼 수밖에 없는 고달픈 삶을 살아가게 됩니다.

그런데도 하나님이 도우시니 라반의 계교를 뛰어넘는 수단으로 그의 재산을 가로채고 결국은 야반도주하는 와중에 라헬은 그 아버지의 신상까지 훔쳐 나옵니다. 그리고 분노한 라반에게 추격을 당해 잡히지만 하나님이 라반을 제지하심으로써 무사히 빠져나오게 됩니다.

하나님이 축복하신 자, 지키시는 자 야곱, 사실 인간적으로 판단해 보면 그는 별로 본받을 것 없는 자입니다.

이후 전개되는 그의 생애는 결코 행복하지 않았습니다. 많은 고난과 역경을 겪고, 그가 바로 앞에서 고백한 것처럼 험악한 생을 살아간 것은 그 자신의 부족함과 인성 때문인 것으로 보입니다.

그래도 그는 하나님을 의지함으로써 험난한 생을 무사히 보내고 하나님의 역사에 중요한 인물로 기록됩니다.

두 번째 묵상은 "말의 권세"입니다.

27장 33절: "...... 그를 위하여 축복하였은즉 그가 반드시 복을 받을 것이니라."

에서에게 주어야 했을 장자의 복을 속임수에 넘어가 야곱에게 주어버린 이삭, 그러나 자기의 입으로 선포한 그 축복의 말을 뒤집지는 못합니다.

하나님의 말씀은 우리에게는 절대적인 권위이며 약속입니다. 이후 30년이 지나서 이루어진 결과를 보면 "큰 자가 작은 자를 섬기리라."라는 말씀대로 된 것을 알 수 있습니다.

큰 사냥꾼이자 아버지의 후원을 등에 업은 에서가 브엘세바를 장악하고 큰 세력을 이루었습니다. 나중에 야곱이 돌아온다는 소식을 들은 에서가 자기 휘하의 군사 400명을 거느리고 나설 정도로 큰 권세를 가졌지만, 돌아온 야곱에게 밀려나 세일 땅으로 거처를 옮기게 됩니다.

성경 기록은 간단하게 에서가 거처를 옮겨 갔다고 적고 있지만, 당시 유목 사회에서 자기의 터전을 양보하고 다른 곳으로 거처를 옮긴다는 것은 전쟁에 패하여 밀려난 것과 같은 것입니다. 칼을 섞는 싸움이 없었더라도 경제력과 장자권을 가진 야곱에게 굴복할 수밖에 없었을 것입니다.

한 번 입 밖으로 나온 말은 취소하거나 뒤집지 못한다는 것은 우리도 다 알기에, 공식적인 자리에서의 발언은 정말로 신중히 고려해서 하여야 할 것입니다.

✝ 기도

하나님은 말씀이시라, 말씀은 우리를 향하신 당신의 약속이심을 새삼 가슴에 새깁니다. 말의 권세가 얼마나 큰지 늘 유념하여 우리의 언행을 조심하고, 그릇 행하는 일이 없도록 주의하겠습니다.

내 입 밖으로 나온 말이 돌고 돌아 더 큰 힘으로 우리의 삶에 영향을 미치는 것을 알기에, 더욱더 신중하게 처신토록 늘 우리의 영을 일깨워 주소서. 예수님의 이름으로 기도합니다. 아멘.

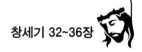
오늘 묵상은 "야곱의 선택"입니다.

고향으로 돌아가는 야곱, 마하나임에서 먼저 기별을 넣으니 형 에서가 무려 400명의 수하를 거느리고 맞이하러 나옵니다.

어머니 리브가의 기별은 없었고 형 에서의 분노는 풀리지 않은 것이 분명합니다. 이에 약은 사람 야곱은 자신의 꾀로 대책을 준비합니다. 자기의 무리를 자신에게 소중한 순서대로 둘로 나누어 첩과 그들의 자녀는 앞에, 그 뒤에 레아, 마지막에 라헬을 두어 만약에 싸움이 벌어질 경우 라헬부터 도망케 하려 합니다. 또 에서의 마음을 누그러뜨리기 위해 선물을 순차적으로 앞서 보내는 꾀를 부려 봅니다.

그리고 마지막으로 자신이 얍복강을 건너가기 전, 홀로 남은 그는 무엇을 했을까요?

자기가 이룬 한 가족의 가장으로서 에서의 군대를 마주해야 하고, 용서를 받아야만 하기에 야곱의 마음은 참으로 복잡하고 막막했을 것입니다.

400명의 군사를 거느린 에서를 상대로 자기의 '식솔을 무장시켜 대적해야 하나?', '피해서 돌아갈까?', '엎드려 자비를 구해야 하나?'라고 고민했을 것입니다. 어느 방법이든 세상 사람들의 대응책일 뿐이지만 야곱은 놀랍게도 하나님께 매달리는 길을 택합니다.

복 주시고 지켜 주시며 "네 후손으로 이 땅에서 번성케 하리라."라는 하나님의 약속을 받은 야곱이지만, 눈앞의 현실은 냉정하게도 분노를 거두지 않은 에서와 400명 군사였습니다.

그가 와서 자기의 가족을 도륙하고 자기를 죽일 것이 예상되는 상황 앞에서 야곱의 마음은 약속과 현실 사이에서 갈등할 수밖에 없는 것입니다.

32장 9~12절에서 내게 주신 하나님의 약속 말씀을 상기하며 에서로부터 지켜 주시기를 하나님을 향하여 간구하는 야곱의 마음이 기도로 표현되어 있습니다.

"...... 주께서 전에 내게 명하시기를 네 고향 네 족속에게로 돌아가라. 내가 네게 은혜를 베풀리라 하셨나이다."

"주께서 말씀하시기를 내가 반드시 네게 은혜를 베풀어 네 씨로 바다의 셀 수 없는 모래와 같이 많게 하리라 하셨나이다."

"내가 주께 간구하오니 내 형 에서의 손에서 나를 건져 내시옵소서."

그리고 강가에서 누군가와 씨름을 하는 장면은 야곱의 결사적인 기도의 표현이며 결국은 하나님의 마음을 움직였다는 것으로 이해해야 합니다.

32장 26절: 야곱이 이르되 "당신이 내게 축복하지 아니하면 가게 하지 아니하겠나이다."

기도로 하나님의 마음을 움직인 야곱···. 이것이 야곱의 선택이었습니다.

이후 에서와 야곱의 만남과 형제간의 화해 장면이 기록되어 있지만 어디에서도 에서의 마음이 변해야 할 상황을 찾을 수 없습니다.

20년이 지나도록 원한을 잊지 않은 에서가 선물 몇 번에 마음이 풀릴 리가 없는 것이 당연하지만 실제로 만났을 때 에서가 동생을 용납하고 선의로 맞이하는 반전이 일어났습니다. 이는 오로지 에서의 마음을 돌이켜 주신 하나님의 조치 없이는 설명할 수 없는 일입니다.

그리고 그 역사를 일으킨 요인은 야곱의 기도와 매달림이라는 것을 오늘의 본문에서 명확히 설명하고 있습니다.

성경은 모든 상황을 초월하여 역사하시는 하나님의 손길을 간결하게 기록한 것으로서, 우리는 성경 기록의 행간을 찾아 하나님의 숨결을 느낄 수 있어야 할 것입니다.

자, 이제 모든 문제가 해결되었습니다. 야곱은 크게 성공한 모습으로 이삭과 리브가에게 가서 문안하고 자랑하며 살아야 할 일만 남았는데 그리하지 않고 에서와 헤어져 세상을 바라보며 묻히기 시작합니다.

에서의 용서를 받았지만 얼굴을 마주하며 같이 거주하기에는 서로 거북했을 것이고 또 헤브론의 여건이 두 형제의 세력을 포용할 만한 땅이 되지 못했을 것입니다.

결국 세겜에 땅을 사서 10년을 보내는데, 딸 디나의 사건만 없었으면 오래도록 혹은 영원히 머물렀을 것입니다. 하나님께 드린 "하나님이 나를 지키시고 복을 주어 무사히 돌아오게 하시면 반드시 벧엘로 올라가겠다."라는 약속을 잊은 것이죠.

디나의 사건은 이를 깨우치기 위한 하나님의 역사였을 것이라 생각됩니다. 비로소 야곱은 약속을 기억하여 부모와 약속의 땅, 벧엘로 향합니다.

이때 야곱과 그의 가족, 종들에게 영적 각성이 있어 그때까지 가지고 있던 모든 우상을 제거하게 됩니다. 아마 이때 라헬이 자기 아버지에게서 훔쳐 온 드라빔도 버렸을 것이라 짐작됩니다.

비로소 새 마음으로 하나님께 나아가는 그들 앞에 거칠 것이 없었습니다. 아버지 이삭을 만나 그의 임종을 지켰고 또 야곱의 가장 큰 걸림돌인 에서가 그의 근거지를 동생에게 내어주고 세일산으로 물러나는 역사가 있게 됩니다.

성경에는 이 부분에 대한 아무 기록이 없습니다. 이삭 이후 강대한 세력을 이룬 에서의 민족이 그 오랜 근거지를 순순히 양보했을 리 없지만, 하나님의 보호와 축복을 받는 야곱을 감당할 수 없었던 에서의 이야기가 숨어 있을 것입니다.

하나님의 역사와 약속의 이루어 가심은 세상의 기준과 사람 중심의 가치관으로는 이해할 수 없는 것이라 생각합니다.

✝ 기도

하나님의 약속과 냉정한 현실 사이에서 고민하던 야곱의 선택을 봅니다. 그리고 그 선택에 화답하시는 하나님의 역사를 바라보며 나의 마음을 다짐합니다. 그리고 어려움을 극복한 뒤에 찾아오는 마음의 해이가 가져올 유혹에서 나를 지키기를 구합니다. 예수님의 이름으로 기도합니다. 아멘.

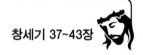
오늘 묵상은 "하나님의 일하시는 방법"입니다.

오늘 묵상 구절 중 38장을 제외한 전체가 요셉의 이야기입니다.

그는 야곱의 가장 사랑하는 아내 라헬의 소생으로 12형제 중 야곱이 가장 편애하는 아들입니다. 그러니 나머지 배다른 형들로부터 시기의 대상이 될 수밖에 없는 처지입니다.

어렸을 때 요셉의 품성이나 처신은 부모의 귀여움을 독차지한 막내둥이의 전형으로, 형들의 잘못을 아버지에게 고자질하고 그가 꾼 꿈의 내용이 민감함에도 경솔하게 형들에게 자랑하는 등의 행동을 합니다.

거기에 아버지의 편애가 도를 지나쳐 그에게만 채색옷을 지어 입히는 등 배다른 형제에게 당할 위험을 자초하게 됩니다.

결국 야곱의 집은 콩가루 집안이 되었습니다. 야곱은 판단력이 흐려져 나이 차이가 많이 나는 배다른 형제들이 어떤 짓을 할지 모르는 상황에서 요셉에게 형들이 일하는 상황을 조사해 보고하라는 위험하기 짝이 없는 일을 시킵니다.

그러한 처지의 요셉은 그 아버지 야곱처럼 하나님의 역사에 쓰임 받는 자로 택하여진 것 외에는 스스로 가진 자질은 보잘것없었지만 강권하신 하나님의 은혜로 역사에 기록될 큰 사람의 길을 가게 됩니다.

로마서 8장 28절 말씀 중 "하나님을 사랑하는 자 곧 그의 뜻대로 부르심을 입은 자"가 바로 야곱과 요셉 같은 사람들입니다.

하나님께 부르심을 받은 자들이기에 그들의 성품과 언행의 결함도, 주변의 시기와 위협도, 처한 모든 상황 속에서 당하는 모든 사건조차 다 "선을 이루게 하여" 하나님의 뜻을 이루어 가십니다.

요셉이 노예로 팔려 애굽에 내려간 후 미디안 상인들은 그를 보디발 집의 노예로 팔아 버림으로써 막강한 권력을 가진 바로의 친위대장 집에 들어가게 됩니다. 보디발은 요셉에게 하나님의 돌보심이 있어 자기 집이 형통해지는 것을 보고 가정 총무로 삼게 됩니다.

요셉은 보디발 아내의 유혹을 거절한 대가로 감옥에 갇힙니다. 그러나 그 감옥은 왕의 죄수를 가두는 곳으로, 장차 요셉을 바로에게 소개시켜 줄 바로의 최측근인 술관원장을 만나는 장소가 됩니다. 요셉은 감옥에서도 하나님의 돌보심으로 간수장의 마음을 움직여 옥중 사무를 관장하게 됩니다.

옥중에서 두 명의 유력자 죄수의 꿈을 해석하고 2년이 지난 후 또 바로의 꿈을 해석하고 그 대비책까지 바로에게 알려 주었습니다. 요셉은 이것이 자신의 지혜로 한 것이 아니요, 하나님의 권능임을 자신의 입으로 고백합니다.

> 40장 8절: "해석은 하나님께 있지 아니하나이까? 청하건대 내게 이르소서."

> 41장 16절: "내가 아니라 하나님께서 바로에게 편안한 대답을 하시리이다."

노예이자 죄수 신분인 요셉이 꿈 해석을 잘하였다고 해도 큰 상급을 내리고 노예 신분을 면하는 정도가 기대할 수 있는 최선의 보상이지만, 바로의 입에서 나온 말은 놀라움 그 자체입니다.

> 41장 38~40절: "이와 같이 하나님의 영에 감동된 사람을 어찌 찾을 수 있으리요. 하나님이 이 모든 것을 네게 보이셨으니 너와 같이 명철하고 지혜 있는 자가 없도다. 너는 내 집을 다스리라. 내 백성이 다 네 명령에 복종하리니 내가 너보다 더 높은 것은 내 왕좌뿐이니라."

이렇게 된 것은 요셉이 보통의 노예가 아니었기 때문입니다. 절대 왕정 국가 애굽의 최고 권력 실세인 친위대장의 가정 총무를 맡은 경력과 감옥에서도 바로의 최측근 술관원장을 호의로 대하고 복직을 예언해 줌으로써, 애굽 권력 중심에 큰 인맥과 영향력이 있었기에 가능한 일이라는 것을 미루어 짐작할 수 있는 사건인 것입니다.

형들의 살해 기도부터 노예로 끌려가 시위대장 보디발에게 팔린 일, 모함으로 옥에 갇히나 그 사건이 바로에게 추천받는 계기가 된 일까지 그 모두가 애굽의 총리로 발탁되기 위한 기막힌 과정으로 작용하였습니다.

그 과정에 하나님이 함께하셔서 범사에 형통하게 하시고 해몽의 지혜를 주셨으니 이 모두가 하나님의 강권하신 역사인 것이지 요셉의 능력은 아닌 것입니다. 다만 하나님을 전적으로 믿고 의지하는 마음을 놓치지 않은 것만이 요셉의 역할인 것입니다.

그리하여 이전에 아브람에게 약속하신 "네 자손이 애굽으로 내려가 400년을 노예로 살다가 큰 민족을 이루어 나오리라."라는 말씀의 역사를 이루어 가십니다.

이렇게 되기까지 오랜 세월이 흘렀지만 요셉이 자신의 신세를 한탄하고 형들을 미워하고 하나님을 원망했다는 기록은 없습니다.

하나님이 함께하신다는 믿음으로 묵묵히 그리고 성실하게 자기에게 주어진 일을 수행하며 지냈을 뿐, 애굽의 총리로 발탁될 그 길은 요셉 자신은 모르는 일이며 오직 하나님이 인도하신 것이라는 알 수 있습니다.

하나님은 야곱과 그의 식솔 약 70명을 커다란 이스라엘 민족으로 양육하기 위한 터전으로 애굽 땅 고센 지역을 택하십니다. 그곳에서 400여 년을 머물며 출애굽의 역사를 예비하시기 위해 요셉을 먼저 애굽으로 인도하신 것입니다.

그것이 비록 형들에 의해 노예로 팔려 가는 방법을 쓰셨다 해도 하나님의 역사이며 요셉 역시 나중에 형들 앞에서 이 사실을 고백하며 형들을 용서하게 됩니다.

✝ 기도

오늘 주신 말씀을 읽으며 하나님의 역사하심을 묵상합니다. 하나님은 우리 사람을 사용하여 당신의 역사를 이루어 가시기에 필요한 순간에 누군가를 택하시고 그를 사용하십니다. 그의 자질과 성품은 중요한 고려 사항이 아니고, 오직 하나님이 역사하셨음을 잘 나타낼 수 있는 자를 택하심을 봅니다.

그래서 훌륭한 용모와 지혜를 가진 자가 아니라 작고 보잘것없는 자를 택하신다 하셨으며, 다만 그가 가져야 할 유일한 자질은 전적으로 하나님을 믿고 의지하는 것뿐입니다. 나도 하나님께서 이루어 가실 역사의 한 부분에 사용되기를 원합니다.

오직 하나님을 향한 순수한 믿음과 신뢰만이 요구됨을 묵상으로 알게 되었으니 내가 그리하겠나이다. 주여 내가 여기 있나이다. 나를 보내소서. 예수님의 이름으로 기도합니다. 아멘.

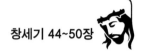

오늘 첫 묵상은 "유다가 감당한 말의 책임과 헌신과 희생"입니다.

> 44장 33절: "이제 주의 종으로 그 아이를 대신하여 머물러 있어 내 주의 종이 되게 하시고 ......"

두 번째 애굽에 곡식을 사러 갈 때 유다가 아버지를 설득하여 베냐민을 데리고 갑니다. 아버지를 설득한 책임이 있는 유다는 베냐민이 억류될 위기에 분연히 나서 자기가 대신 인질이 될 것을 자청합니다.

이러한 유다의 행위는 자기가 한 말에 책임을 지는 행위이며, 아버지가 아끼는 동생 베냐민을 위한 형의 헌신이며 가족을 위한 희생인 것입니다.

다른 형제 누구도 하지 못한 일을 한 유다, 그는 훗날 야곱이 임종할 때 자식들을 축복하는 자리에서 가장 큰 축복을 받는 것으로 보답을 받습니다.

> 49장 8~12절: "너는 네 형제의 찬송이 될지라. 숫사자 같고 암사자 같으니 누가 그를 범할 수 있으랴. 규가 유다를 떠나지 아니하고, 그에게 모든 백성이 복종하리로다."

이 축복이 얼마나 대단한 것인가 생각해 봅니다. 12지파 중 가장 강성하게 되며 솔로몬 사후 남북국으로 갈라질 때 남유다왕국으로 가장 오랫동안 정통 왕조를 유지하였으며 이후 이스라엘 민족이 유대인으로 불리게 되는 계기가 됩니다.

그리고 그리스도 예수님까지 유다 지파, 다윗의 자손으로 이 땅에 오시게 되니 그의 헌신과 책임에 대한 보응이 얼마나 크게 주어졌는지 알 수 있습니다.

두 번째 묵상은 "나를 당신들보다 먼저 보내셨나이다"입니다.

우리는 어렵고 힘든 일을 겪으며 오랫동안 괴로워할 때, 믿음을 가지고 기도하며 견디게 되고 그 일이 지나간 후에야 어떤 깨달음을 얻게 됩니다. '아! 바로 그것 때문이었구나.', '아! 그렇게 된 것이었구나.'라고 무릎을 치게 됩니다.

그 일을 겪을 때는 모르지만 지나간 후에 그 일을 생각하면 일의 전모와 흘러간 역사를 이해하고 그 과정에 반드시 하나님의 손길이 역사하셨음을 알게 됩니다.

요셉이 겪은 일련의 사건이 그러합니다. 어렸을 때 꿈으로 보여 준 사건과 아버지의 편애와 그로 인한 형제들의 반목, 결국 형들에게 죽임을 당할 위기에서 큰형 르우벤과 넷째 형 유다의 제지로 노예로 팔려 간 일, 보디발의 집에 팔리고 가정 총무가 된 일, 감옥에 들어가고 거기서 유력자를 만난 일, 결국은 바로 앞에 서고 총리가 되어 바로의 꿈 해몽에 답을 준 대로 애굽과 가나안의 재앙을 구원한 일, 그리고 야곱의 가족을 애굽 고센 땅으로 인도하여 들인 일까지. 그 모두가 하나님의 역사하심 아래 이루어진 것이라는 깨달음의 고백이 바로 이것입니다.

> 45장 4절: "...... 나는 당신들의 아우 요셉이니 당신들이 애굽에 판 자라."
> 45장 5절: "...... 하나님이 생명을 구원하시려고 나를 당신들보다 먼저 보내셨나이다."
> 45장 8절: "그런즉 나를 이리로 보낸 이는 당신들이 아니요, 하나님이 시라. ......"

얼마나 기다리던 순간입니까? 그 결정적인 때 요셉이 한 말은 "나는 당신들이 애굽에 노예로 판 요셉이다."였습니다. 그리고 다음 말이 역사를 가릅니다.

"복수인가? 아니면 용서와 섭리인가?"

여기서 요셉은 하나님의 섭리를 내세우며 형들을 포용합니다. 결코 쉽지 않은 결단이지만 하나님의 섭리를 받아들이면 과정의 모든 쓴 뿌리까지 다 포용되어 선이 이루어짐을 인정하게 됩니다.

그 과정을 다 녹여내고 이해한 요셉의 마음이 이 말에 잘 표현되어 있습니다. "나를 먼저 보내셨다." 형들이 노예로 판 것이 아니라 하나님이 먼저 보내신 것이라고 말합니다.

요셉에게 이 깨달음이 있었기에 자기를 죽이려 하다가 결국 노예로 팔아 버려서 애굽 땅에서 10여 년간 노예살이와 감옥살이하게 한 형들에 대한 원한이 눈 녹듯이 사라지고 그들을 형제와 가족으로서 대할 수 있었던 것입니다.

이 대화는 논리적으로 설명할 수 없는 것입니다. 이루어진 결과를 받아들이며, 그 일이 시작된 과정을 하나님의 역사로 해석하고 믿음으로 받아들여야만 이 말을 할 수 있습니다.

이후에는 역사서에 기록된 대로 야곱의 자손들을 12지파의 큰 민족으로 키우시고, 약속하신 땅으로 돌아가게 하십니다.

하나님의 사람 요셉은 이러한 역사가 이루어질 것을 모르지만, 죽기 전에 유언으로 "하나님이 돌보시고 여기서 나갈 때, 나의 유골을 가지고 나가라."라고 명령합니다. 이것으로 창세기의 기록이 끝나게 됩니다.

✝ 기도

하나님, 감사합니다. 오늘까지 창세기 묵상을 통해 창세로부터 하나님의 백성을 심고 키우며 인도하심이 모두 하나님의 약속 안에서 그대로 이루어짐을 알게 하셨습니다. 그 역사 안에서 쓰임 받는 사람이 겪는 수많은 사건을 어떻게 받아들여야 할지도 깨닫게 됩니다.

그 순간에는 이해할 수 없지만 지나고 나서 회상할 때에야 '아! 그런 것이었구나…'라고 받아들이게 됩니다. 오직 선하고 신실하신 하나님이 우리에게 가장 좋은 것을 주시는 분이심을 믿고 의지하고, 견디며 나아갈 수 있는 믿음을 허락하소서. 예수님의 이름으로 기도합니다. 아멘.

오늘 본문 묵상 전에 "욥기는 어떻게 읽고 해석해야 하는가?"라는 질문에 답을 해야 화려한 수사로 포장된, 길고도 지루한 논쟁과 결론을 이해할 수 있을 것입니다.

'욥'은 아브라함과 동시대를 살았던 부족장이라고 역사에 기록된 사람입니다.

아브라함은 우상 문화 속에 살아가던 부족한 사람이었지만, 하나님의 선택을 받았을 때 말씀을 온전히 믿고 순종하여 의로운 사람이라 칭함을 받았고 하나님 구속 사역의 주인공이 된 사람입니다.

반면에 욥은 처음부터 하나님이 보시기에 온전한 의인으로, 아브라함보다 더 나은 사람이었습니다. 그러나 하나님의 선택은 욥이 아닌 아브라함이었고, 욥기는 성경의 큰 줄기와 무관한 별도의 책으로 전해져 옵니다.

이는 하나님의 선택은 절대적인 것으로 이유를 따질 수 없는 것이라 이해하고 성경을 묵상해야 합니다.

하나님은 당신이 사용하실 사람을 사전에 시험하시고 시험을 통해 연단받은 사람들을 사용해 역사를 이루어 가십니다.

아브라함, 모세, 다윗 등 구약의 인물들과 12사도와 바울 등 크게 쓰임 받는 사람들은 크게 시험받고 연단의 과정을 거칩니다.

그러나 오늘부터 묵상할 욥이라는 인물은 조금 경우가 다른 것 같습니다. 그는 하나님이 스스로 자랑할 만큼 의롭고 신실한 자인데, 하나님은 사탄을 시켜 이유가 없고 견디기 힘든 시험을 주십니다.

이미 욥은 하나님 앞에 완성된 의인으로 시험을 통해 연단할 필요가 없을 뿐 아니라 시험 후에 사용하실 계획도 없었습니다. 다만 이전보다 더 큰 복을 주시고 그의 천수를 누리게 하는 것으로 욥기는 끝나게 됩니다.

즉, 욥기의 기록 목적은 욥의 시험과 인내를 그리기보다는 하나님과 사람 사이의 관계를 상징적으로 보여 주는 것입니다. 욥기는 이런 관점으로 보아야 이해할 수 있는 책이라 생각됩니다.

창조주 하나님과 그의 제일 아끼는 피조물인 인간 사이의 관계가 이러하다는 관점으로 묵상을 하니 기록 내용이 이해가 됩니다.

토기장이의 비유와 같은 하나님의 절대 주권, 이는 하나님은 사람에 대하여 어떠한 일을 행하셔도 그 이유와 타당성을 설명하실 필요가 없는 분임을 상징한다고 봅니다.

하나님이 인정하신 의인 욥, 그에게 가혹한 시험을 명하시는 하나님의 처분에 욥은 순종하지만, 이유를 알지 못하는 고통 속에 몸부림칩니다.

이러한 시련의 원인을 찾기 위해 세 친구와 엘리후가 합세하여 길고도 지루한 논쟁을 벌이지만 하나님의 말씀은 그들의 논쟁 수준을 넘어섭니다.

마지막 42장에서야 나오는 "주께서는 못 하실 일이 없사오며 무슨 계

획이든지 못 이루실 것이 없는 줄 아오니.”라는 욥의 고백이 이를 나타
내는 말이니, 하나님이 하시는 일에 대하여 사람의 지식과 논리로 판
단하는 것은 하나님의 권능을 가리는 어리석은 일이라는 메시지가 전
편에 흐르고 있습니다.

오늘 묵상은 “욥은 시험을 받은 것인가?”입니다.

욥은 하나님께 의인이라 칭함을 받는 사람입니다.
그리고 그것을 증명하여 보이기를 원하시기에 사탄을 사용하여 시험
을 허락하십니다. 하지만 아무것도 모르는 욥의 입장을 생각해 보면
많이 억울할 것 같습니다.

> 1장 6절: “하루는 하나님의 아들들이 와서 여호와 앞에 섰고, 사탄도
> 그들 가운데에 온지라.”

→ 사탄도 하나님의 아들들과 같은 반열에 설 수 있는 자로서 하나
님의 허락이 있기에 이 자리에 온 것입니다.

> 1장 8절: “...... 네가 내 종 욥을 주의하여 보았느냐? ......”

→ 욥을 시험하라 명하시는 하나님의 뜻을 알게 하십니다.

> 1장 12절: “...... 내가 그의 소유물을 다 네 손에 맡기노라. 다만 그의 몸
> 에는 네 손을 대지 말지니라. ......”

사탄에게 욥을 시험할 권한을 허락하시되, 그 권한을 사용할 범위를 욥의 소유물로 한정하시고 욥의 몸은 지키십니다. 사탄이 가진 권세는 하나님이 허락하신 것이며 그 범위가 한정되어 있음을 알게 하십니다.

첫 번째, 욥의 모든 소유와 자녀들을 친 사탄의 시험에 21절 "……주신 이도 여호와시오, 거두신 이도 여호와시오니 여호와의 이름이 찬송을 받으실지니이다."라는 고백으로 시험을 통과합니다.

두 번째 시험도 동일한 과정을 거쳐 욥의 생명만을 지키신 하나님의 허락하에 사탄이 집행하지만, 욥의 아내만 실족 시켰을 뿐 욥은 시험을 통과하게 됩니다.

오늘의 묵상을 통해 알 수 있는 사실은 세상의 모든 공중 권세를 잡았다고 자랑하는 마귀의 권세가 사실은 하나님이 허락하신 범위 안에서만 휘두르는 한정적인 권세라는 것과 마귀 역시 하나님의 뜻대로 사용되는 존재라는 것입니다.

이후 세 명의 친구들이 등장하여 길고도 지리한 죄의 논쟁이 시작되지만, 이는 본질을 벗어난 세상 지식에 근거한 정죄와 반론일 뿐입니다.

이 논쟁에서 욥은 하나님을 원망하지 않지만 자신의 고난을 한탄하며 차라리 나지 않았으면 좋았을 것이라 한탄하는 장면이 3장 전체에 기록되어 있음을 봅니다.

그리고 이 고난의 자초지종을 모르는 욥의 입장에서는 억울할 수밖에 없을 것이라는 심정적 동정을 숨길 수 없습니다. 그럼에도 욥기의 기록 목적을 마음에 담고 묵상을 이어 나가고자 합니다.

기도

하나님 아버지, 오늘부터 욥기 묵상을 시작하며 그동안 품어 왔던 의문점을 주님께 다시 묻고 답을 듣기를 원합니다.

주님은 모든 것을 뜻대로 하실 수 있으면서 왜 사탄을 사용하시는지, 왜 욥과 같이 주님의 뜻대로 살기를 애쓰는 자에게도 시험을 하시는지, 그리고 시험에 실패한 자들은 어찌하실 것인지 제가 주님의 뜻을 알기를 구합니다.

묵상하며 욥은 참 억울하겠다는 생각이 든 것은 주께서 의롭다고 자랑하신 사람을 굳이 그렇게 가혹한 시험을 주시는 주님의 뜻을 이해할 수 없었기 때문입니다.

그럼에도 불구하고 나는 주님을 믿습니다. 세상의 역사는 내가 이해하든 하지 못하든 그대로 하나님의 뜻대로 흘러갈 것이며 우리를 향하신 주님의 뜻은 언제나 선함과 사랑이심을 믿습니다.

늘 함께하실 주님을 의지하며 예수님의 이름으로 기도드립니다. 아멘.

오늘 묵상은 "논쟁의 의미"입니다.

욥과 친구들의 정죄와 변명이 두 번째로 이어지고 있습니다.

욥의 고난은 욥의 죄로 인한 것이 아니라 욥을 시험하고자 하시는 하나님의 뜻에 의한 것임을 우리는 알고 있습니다. 하지만 이 사건이 일어난 이유를 모르는 욥과 그의 세 친구가 자신들의 믿음에 근거하여 논쟁을 벌이는 일을 기록한 책이라는 것을 염두에 두고 읽어야 합니다.

욥기를 읽을 때 그 표현의 현란함에 빠지면 줄거리를 놓치게 될 수 있습니다. 참 좋은 친구들인 엘리바스, 소발, 빌닷은 욥의 고난에 대해 먼 곳에서부터 찾아와 위로하고 같이 아파하는 진정한 친구들입니다.

그러나 위로의 시간이 지나고 고난의 원인과 처방을 찾아야 하는 시간이 되자 자신의 믿음에 근거한 판단을 하게 됩니다.

세 친구의 논지는 '욥이 당하는 이 고난은 무언가 모를 욥의 죄로 인해 발생한 것이기에 욥이 회개해야 한다.'라는 것이며, 이에 대해 욥은 자신의 무죄함을 하나님 앞에 호소하며 친구들의 정죄에 대항합니다.

이 과정에서 의견이 충돌하며 감정이 상해 서로를 원망하는 말을 쏟아내는데, 고통과 절망 속에 있는 욥의 거친 반발이 다음의 구절에 나타나 있습니다.

16장 2절: "이런 말은 내가 많이 들었나니 너희는 다 재난을 주는 위로
　　　　자들이로구나."
19장 2절: "너희가 내 마음을 괴롭히며 말로 나를 짓부수기를 어느 때
　　　　까지 하겠느냐?"

어떠한 사건에 대하여 사람을 판단할 때 성경에 비추어 분별하고, 명
백히 드러나는 잘못이 있으면 그것을 지적하여 회개토록 권면해야 합
니다.

야고보서에서 "오직 너희가 그렇다고 생각하는 것은 그렇다 하고, 아
니라고 생각하는 것은 아니라 하여 정죄받음을 면하라."라고 하신 말
씀을 기억합니다.

야고보서의 말씀이 뜻하는 바는 "잘못된 행위를 인지하거든 아니라고
말해야 하고, 알고도 말하지 아니하면 정죄를 받는다."라는 것입니다.

이는 "비판 정죄하지 말라. 이는 하나님께 속한 일이라."라는 성경의
말씀을 어기는 것이 아닙니다.

그러나 세 친구는 죄악을 정죄하시는 하나님이시기에 고난을 당하
는 자는 무언가 범한 잘못에 대하여 벌을 받는 것이라 믿습니다.

그러기에 욥의 죄를 적시하지 못하는 상황에서 그가 당하는 고난이
죄의 결과라는 인식만으로 그를 정죄하는 잘못을 범하며 그를 괴롭게
하고 있는 것입니다.

사람의 판단으로 죄의 유무를 명확히 분별하지 못하는 상황이라면
그 이유와 뜻을 하나님께 물어 대처해야 합니다. 그리하지 아니하고

자기의 생각만으로 판단하게 되면 욥기의 기록처럼 무고한 사람을 정죄하는 잘못을 저지를 수 있습니다. 이를 알게 하는 욥기의 기록 이유라 생각됩니다.

욥기의 결말이 어떻게 되는지를 알기에 이들이 주장하는 말 한 마디한 마디에 담긴 의미는 크게 중요하지 않고 이 논쟁도 무의미하다는 것이 마음으로 읽힙니다.

'하나님이 행하시는 큰 뜻을 어찌 사람의 생각으로 이해하고 판단할수 있을까?', '땅을 기는 개미의 2차원적 시각을 하늘을 나는 벌이 보면 얼마나 어리석어 보일까?'라는 비교로 이들의 대화를 묵상합니다.

✝ 기도

하나님, 자기 확신에 가득 찬 욥과 세 친구의 논쟁을 묵상하면서 하나님의 지혜를 구하지 않는 어리석음과 고집을 봅니다. 바로 우리, 아니 나의 모습을 욥기에 비추어진 거울에서 보기를 원합니다.

하나님은 사랑이시라, 그의 선하심을 믿기에 우리를 판단하시기를 기쁜 마음으로 구합니다. 그러나 마태복음 7장 2절 "너는 비판하지 말라 네가 그 비판함으로 말미암아 비판을 받으리라."라고 하신 말씀을 기준 삼아 욥의 세 친구를 바라봅니다.

진정한 친구들의 위로가 정죄함이 되어 가는 과정을 묵상하며 교훈을 얻게 하심을 감사드립니다. 어떤 논쟁을 겪을 때라도 나의 생각을 유보하고 하나님의 지혜와 공의로우신 판단을 먼저 구하여 소모적인 논쟁과 갈등이 발생치 않도록 유념하겠습니다. 언제나 온유하며 겸손한 태도를 보일 수 있도록 지켜 주소서. 예수님의 이름으로 기도드립니다. 아멘.

오늘 첫 묵상은 "논쟁의 본질을 벗어나는 마음"입니다.

이 재난의 원인이 누구로부터 왔는지 찾아가는 논쟁이 욥과 세 친구 사이에 격렬하게 진행됩니다.

이 와중에 세 친구의 '욥에게 무엇인지 모르는 잘못이 있었기에 이 재난이 온 것'이라는 논리에 욥이 반박을 하는 형태로 길고 긴 논쟁이 시작되었습니다. 그러나 질문과 응답이 두 번째로 돌아가면서 그들이 시작한 논쟁의 본질이 변하기 시작합니다.

> 20장 3절: "내가 나를 부끄럽게 하는 책망을 들었으므로 나의 슬기로운 마음이 나로 하여금 대답하게 하는구나."

즉, 소발의 마음이 원인 찾기에서 자기의 논리를 정당화하는 것으로 변질되는 과정을 표현한 것이 바로 20장 3절입니다. 이는 '나의 말이 반박을 당하니 나의 자존심을 위해서 재반박하겠는데, 내 논리가 우월하다는 것을 증명하겠다.'라는 마음의 표현인 것입니다.

"…… 나의 슬기로운 마음이 ……"이런 마음이 들어오면 그때부터 원래의 주제는 사라지고 자신의 논리 증명을 위한 주장을 강변하게 되며 대화는 사라지고 설득만 남게 됩니다.

어리석은 사람 세상의 일방적 논리와 억지 주장이 전개되는 첫 시작이 바로 "나의 슬기로운 마음"을 가지게 되는 때입니다.

이런 상황이 되고 나면 사실 관계의 규명은 사라지고, 자신들의 지식에 근거하여 욥을 정죄한 것을 거꾸로 증명하고자 하는 말잔치가 벌어질 수밖에 없습니다.

우리 사회에 이런 경우가 얼마나 많은지 우리는 알고 있습니다. 내 판단만이 진리라 확신하는 많은 무리의 논쟁에는 사실의 규명이나 상호 인정을 통한 타협은 존재하지 않습니다.

오직 상대를 굴복시켜야만 하는 끝없는 싸움질만 있을 뿐이니, 화평과 관용과 조화로운 사회를 바랄 수 없는 길을 갈 수밖에 없습니다.

두 번째 묵상은 "악인의 형통함과 최후"입니다.

21장에 욥은 자신의 의로움 주장하는 과정에서 악인의 형통함에 대한 하나님의 처분에 대하여 진술하고 있습니다.

> 7절: "어찌하여 악인이 생존하고 장수하며 세력이 강하냐?"
>
> 19절: "하나님은 그의 죄악을 그의 자손들을 위하여 쌓아 두시며 그에게 갚으실 것을 알게 하시기를 원하노라."
>
> 20절: "자기의 멸망을 자기의 눈으로 보게 하며 전능자의 진노를 마시게 할 것이니라."
>
> 30절: "악인은 재난의 날을 위하여 남겨둔 바 되었고 진노의 날을 향하여 끌려가느니라."

21장에 기록된 욥의 주장은 우리가 세상을 살아가며 많은 회의감에 빠지게 하는 주제, 즉 '악인의 형통함과 그들에 대한 정죄와 심판은 어디에 있는가?'라는 물음에 대한 답변으로 들립니다.

실제 세상에서 대부분의 악인은 만사에 형통하고 고민하지 않으며 마음대로 즐기며 살아가지만, 눈에 보이는 심판을 겪지 않는 것처럼 보입니다.

이에 대해 많은 사람은 하나님에 대한 믿음과 약속에 대하여 부정적인 갈등을 겪게 됩니다. '하나님이 계신다면 저런 악한 자들을 왜 벌하지 않으실까?', '신실한 믿음으로 살아가는 자들의 고통과 눈물의 기도를 왜 들어주지 않으실까?'라는 질문에 대한 시원한 답변을 듣기를 원하지만 하나님은 대답이 없으십니다.

다만 성경 말씀 곳곳에 이에 대한 답변이라 생각되는 언급이 있는데, 오늘 본문 20, 21절에 그 내용이 있습니다.

> "자기의 멸망을 자기의 눈으로 보게 하며 악인은 재난의 날을 위하여 남겨둔 바 되었고"

짧은 이 세상의 삶을 마감할 때까지는 그들의 인생이 즐겁겠지만, 심판의 날에 그들은 고통을 겪게 될 것입니다. 또한, 영원으로 이어질 우리의 벅찬 환희를 암시하는 이 말씀에 위로를 받습니다.

세 번째 묵상은 "진실의 힘"입니다.

오늘 묵상 부분은 그들의 두 번째 논쟁이지만 친구들의 정죄 논리가 궁색해지는 반면, 욥의 반론은 점차 힘을 더하며 강하게 친구들을 몰아붙이게 됩니다.

20장 소발의 두 번째 공격에 대한 21장 욥의 대답이 더 길며 22장 엘리바스의 세 번째 공격에 대해서도 1.5배 이상의 대답이 주어지는데, 여기서 그 유명한 답변이 나옵니다.

> 23장 10절: "그러나 내가 가는 길을 그가 아시나니 그가 나를 단련하신 후에는 내가 순금같이 되어 나오리라."

논리가 궁해진 빌닷의 세 번째 주장인 25절은 아주 작은 분량인 반면 욥의 마지막 반격인 답변은 무려 6장(26~31장)이나 길게 기록되며 세 친구의 입을 다물게 합니다.

욥이 잘못했을 것이라는 전제하에 전개되는 친구들의 논리는 진실한 삶을 살고 있는 욥이 자신이 행한 삶을 내보이는 것만으로도(26~31장에 언급한 내용) 충분하고도 넘치게 반박할 수 있음을 보여 줍니다.

욥은 하나님 앞에서 변론하여도 당당할 수 있다는 확신을 드러내 보일 수 있기에 23장 10절의 말("그러나 내가 가는 길을 그가 아시나니 그가 나를 단련하신 후에는 내가 순금같이 되어 나오리라.")을 할 수 있는 것입니다.

즉, 진실한 자의 당당함이 드러난 것입니다.

✟ 기도

우리는 사람이 자기 소견에 옳은 대로 행할 때 세상이 혼란스러웠다는 것이 사사기에 기록되어 있음을 알고 있습니다.
오늘 소발의 마음에 스며든 "나의 슬기로운 마음"이 그 시작임을 묵상을 통해 깨닫게 하심을 감사합니다.

나의 고집과 독선을 내려놓고 언제나 하나님의 말씀을 내 판단의 기준으로 삼도록 늘 일깨워 주소서. 또한, 악인들의 삶에 생명이 없음을 인식하며 그들의 삶을 부러워하지 않을 것입니다. 이 세상 살아갈 때 "생명을 바라며 좁은 길을 택하라."라고 하신 말씀을 신뢰하며 우리 주님의 길을 따르는 삶을 살아가겠습니다.

세상의 모든 악함과 강퍅함이 주위를 감싸며 사람을 힘들게 하지만 욥의 경우처럼 그 스스로 하나님 앞에서 거리낄 것 없는 자라면 어떠한 시련과 곤란한 상황에서도 당당할 수 있음을 욥의 예로 우리에게 알게 하십니다.

'세상 누가 비난해도 하나님만 아신다면' 이런 생각을 하는 당당한 자로 살아가게 하소서. 예수님의 이름으로 기도합니다. 아멘.

순종 제13일 차(토)

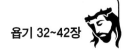

욥기 32~42장

오늘 묵상은 "하나님의 일을 우리의 의식 수준으로 이해할 수 있는가?"입니다.

31장에 기록된 욥의 행실에 관한 내용을 보면 그는 참으로 의인이요, 세상 기준만 아니라 하늘에 대해서도 떳떳하게 얼굴을 들 수 있음을 알게 됩니다.

그리고 욥은 일평생 행한 자신의 행실을 두고 무죄를 주장하며 하나님의 처분에 대한 답을 들어야 한다고 주장합니다.

이에 욥을 정죄하던 세 친구는 논리가 궁색해져 입을 다물게 되고 이를 지켜보던 엘리후가 등장하여 욥과 세 친구를 비판하며 자신의 논리로 욥을 다그치게 됩니다.

엘리후의 주요 논리는 '하나님의 초월성과 사람의 유한함으로 인하여 하나님께 자신의 의로움을 주장할 수 없는 것'이라는 것입니다. 이것을 주장하는 엘리후의 말이 33장 12, 13절입니다.

> 12절: "내가 그대에게 대답하리라. 이 말에 그대가 의롭지 못하니 하나님은 사람보다 크심이니라."
>
> 13절: "하나님께서 사람의 말에 대답하지 않으신다 하여 어찌 하나님과 논쟁하겠느냐?"

엘리후는 하나님이 말씀하시기 전에 미리 길을 예비하는 역할로 모두에게 말하였고 욥의 대답이나 재반박 없이 하나님이 친히 등장하십니다. 하나님의 말씀은 엘리후가 미리 길을 닦아 놓은 기반 위에 욥에게 임하십니다.

> 38장 2절: "무지한 말로 생각을 어둡게 하는 자가 누구냐?"
>
> 40장 2절: "트집 잡는 자가 전능자와 다투겠느냐? 하나님을 탓하는 자는 대답할지니라."
>
> 40장 8절: "네가 내 공의를 부인하려느냐? 네 의를 세우려고 나를 악하다 하겠느냐?"

창조주의 절대성과 사람의 유한함으로 인하여 하나님의 행위에 대한 사람의 판단은 불가능하며, 그 일에 대하여 왜 그리하셨는지 설명할 필요가 없으시다는 것을 말씀하십니다.

이는 욥기 전편을 관통하는 주제로 이유 없는 고난이라고, 하나님의 처분이 부당하다고 주장하는 욥의 논리에 대하여 창조주께서 세상을 지으시고 질서를 부여하실 때 "네가 어디에 있었느냐?"라는 이 한 말씀으로 대답하십니다.

그리고 38장부터 41장까지 하나님이 욥에게 나타나서 직접 하신 말씀을 보면, "너희들이 과연 내가 하는 일에 대해 제대로 알고 있느냐?"라고 묻고 계십니다.

전혀 다른 차원의 말씀을 들은 다섯 사람 모두 답을 못 하고 엎드리고, 욥은 자신의 주장과 억울함에 대한 호소를 내려놓고 엎드리게 되니 과연 하나님이 기뻐하실 만한 의인임을 보여 줍니다.

40장 4절: "보소서 나는 비천하오니 무엇이라 주께 대답하리이까? 손
　　　　으로 내 입을 가릴 뿐이로소이다."

40장 5절: "내가 한번 말하였사온즉 다시는 더 대답하지 아니하겠나
　　　　이다."

42장 3절: "나는 깨닫지도 못한 일을 말하였고 스스로 알 수도 없고
　　　　헤아리기도 어려운 일을 말하였나이다."

42장 6절: "그러므로 내가 스스로 거두어들이고 티끌과 재 가운데에
　　　　서 회개하나이다."

　이 말을 하나님이 크게 기뻐하셨기에 세 친구를 욥의 입으로 용서하
게 하는 권세를 주시고 욥의 모든 것을 회복시키시고 이전보다 더 큰
복을 부어 주심으로 마무리하십니다.

　욥기의 전편에 흐르는 주제는 하나님의 섭리하심을 인간의 의식 수
준으로 이해하려 하지 말라는 것이라 생각됩니다.

　신실하고 흠잡을 일 없다고 생각되는 욥의 고난은 하나님이 사탄을
사용하셔서 의인의 행위 본질에 대하여 증명하시고자 하여 발생한 것
이었습니다.

　그러나 그것을 이해할 수 없었던 다섯 사람은 죄의 인과응보 차원에
서 수많은 미사여구를 동원한 논쟁을 벌인 것이었습니다.

　욥의 고난과 회복의 역사에서 주어지는 교훈은 바로 하나님의 초월
성과 절대성에 대한 복종이라는 것을 알게 하는 것입니다.

　전혀 다른 차원에서 벌어지는 일은 이해하려 하지 말고 하나님에 대
한 절대적 신뢰와 그분의 사랑을 믿음으로 받아들여야 할 것이라 묵상

하였습니다.

기도

욥기 전편에 흐르는 주제를 묵상하니 우리의 인식 범위 밖의 원인으로 발생하는 일에 대한 판단을 유보하게 됩니다.

다만 하나님의 권능과 자비하심, 그 사랑의 무궁하심을 믿으며 세상에 닥치는 모든 사연들을 수용하고, 견디며, 극복해 나가는 믿음을 가지도록 애쓰겠습니다.

실족하지 않도록 늘 지키시고 위로하여 주시기를 예수님의 이름으로 기도합니다. 아멘.

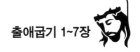

오늘 첫 묵상은 "부르심에 순종할 때 일하시는 하나님"입니다.

출애굽기의 역사는 우리가 그 결말을 알기에 그대로 흘러온 역사로 인식하고 있습니다.

하지만 역사가 시작되기 전에 그 진행될 것을 미리 말한다면 우리는 그것은 예언이라고 합니다. 사람이 예언을 하고 후에 그대로 이루어지면 신통하다고 하지만, 만일 하나님이 말씀하시면 그것은 하나님의 뜻이라 할 것입니다.

왜일까요? 바로 그대로 이루어질 것을 믿기 때문이지요.

바야흐로 출애굽의 역사가 시작되려 합니다. 이 출애굽기는 이미 오래전 창세기 15장 13절과 14절, 하나님이 아브라함과 언약을 세우실 때 예언으로 주신 말씀의 실행 과정을 보여 주는 책입니다.

> "너는 반드시 알라, 네 자손이 이방에서 객이 되어 그들을 섬기겠고 그들은 사백 년 동안 네 자손을 괴롭히리니, 그들이 섬기는 나라를 내가 징벌할지며 그 후에 네 자손이 큰 재물을 이끌고 나오리라."

이후 역사의 흐름을 보면 하나님의 말씀하신 대로 흘러갑니다.

야곱에서 12자손이 나고 그들의 후손이 한 민족의 시작이 될 최소 규모인 70여 명이 된 후 애굽의 좋은 땅으로 인도하여 들입니다.

그리고 큰 민족으로 번성하기에 필요한 시간 동안 보호하기 위해 요셉을 먼저 애굽에 보내서 사전 정지 작업을 하도록 하는 역사를 보이십니다.

추정하기로는 약 200만 이상으로 번성한 이스라엘 민족을 내보내기 위해 애굽 왕조가 이스라엘을 가혹하게 탄압하기 시작합니다.

이 탄압의 영향으로 강가에 버려진 모세가 애굽 공주의 양자가 되어 애굽 왕실에서 40년간 커 가며 한 민족을 다스리기에 필요한 지식을 배우게 됩니다. 또 미디안으로 도주하여 40년간 목자 생활을 하게 하심으로써 광야 생활의 지혜를 배우게 하시는 등 출애굽 지도자로서의 소양을 준비하게 하시는 치밀함을 보이십니다.

그러나 이 과정은 우리의 기준으로 볼 때 하나님의 역사에는 참으로 오랜 시간이 필요함을 알게 됩니다.

애굽의 좋은 땅에서 큰 민족을 이루기까지 약 300여 년, 노예로 학대받고 사내 아기를 모두 죽이라는 말살 정책으로 신음할 바로 그때 출애굽의 리더를 준비하시는 하나님의 역사를 바라봅니다.

사내 아기를 죽이라는 바로의 엄명이 떨어진 후 얼마간 시간이 지나서 모세를 애굽 왕자의 신분으로 40년을 키우시고, 또 거친 미디안 광야로 보내 목자로 단련시킨 기간이 또 40년입니다. 도합 80년 이상의 시간이 흘러서야 모세가 출애굽의 인솔자, 리더로 돌아오게 됩니다.

그러니 적어도 100년 이상의 기간 동안 애굽 땅에 살던 히브리족은 바로의 탄압으로 고난을 겪고 하나님께 부르짖었을 것이며 그 후에야 하나님의 응답이 있었던 것입니다.

부르짖는 기도에 즉각 응답하기도 하시지만 또 한 사람의 인생이 다

지나가도록 응답이 미루어질 수도 있다는 것을 이해해야 할 것입니다.

예언된 기한이 차고, 이스라엘의 하나님께 구원을 부르짖는 소리가 상달되는 등 여건이 되자 드디어 하나님이 모세를 부르십니다.

> 3장 7~10절 요약: "너는 바로에게 가서 내 말을 전하고 내 민족을 데리고 가나안으로 가라."

전지전능하신 하나님이 오래전에 약속하셨고 그 약속대로 역사가 이루어져 왔으니 이제 그 역사를 인도할 지도자로 선택된 모세는 그대로 순종하기만 하면 될 것이라 생각되지만, 모세는 그러하지 못합니다.

오래전 애굽 왕실에서 도망친 후 미디안 광야에서 목자로 늙어 가던 인간 모세는 그런 사명을 감당할 만한 역량이 없다고 스스로 한계를 설정하고 있었기 때문입니다.

하나님에 의해 이스라엘 민족의 출애굽을 이끌기 위해 80년간이나 예비하고 준비된 사람이지만 정작 하나님의 부름을 받을 때 모세는 이러한 소명 의식 없이 늙어 가는 80대 양치기일 뿐이었습니다.

또 미디안 사람 십보라와의 사이에서 낳은 아들 게르솜에게 할례를 하지 않은 것은 이스라엘 사람으로서의 정체성이 흐려진 것을 증명하고 있습니다.

나이 80세로 무엇인가 하기에는 너무 늙었고 과거의 영화는 잊힌, 보잘것없는 광야의 목자가 무엇을 할 수 있을까요? 그렇게 생각하면 모세의 반응은 당연한 것입니다.

이때 하나님의 반응을 유의하여 묵상해야 합니다. 모든 여건을 조성하신 하나님은 그 일을 이끌어 갈 지도자로 모세를 택하시고 준비시키셨는데 모세가 그 사명을 고사합니다.

전능자이신 하나님은 모세 없이도 스스로 그 일을 하실 수도 있고 모세가 아닌 다른 사람을 택하여 사명을 맡길 수도 있으신 분인데 그리하지 아니하십니다.

결국은 모세가 수긍할 때까지 설득과 협박, 이적을 보이고 능력까지 주시며 그러고도 바로에게 해야 할 구체적인 말을 대언할 아론까지 조력자로 붙여 주시며 모세를 설득하십니다.

3장 11절부터 4장 17절까지의 내용을 읽어 보면 참으로 긴 실랑이가 하나님과 모세 사이에 벌어진 후에야 모세가 순종하는 것을 알 수 있습니다.

"이제 내가 너를 바로에게 보내어 너에게 내 백성 이스라엘 자손을 애굽에서 인도하여 내게 하리라."

"내가 누구이기에 바로에게 가며 이스라엘 자손을 애굽에서 인도해 내리이까?"

"그들이 네 말을 들으리니..."

"그들이 나를 믿지 아니하고 이르기를 여호와께서 네게 나타나지 아니하셨다 하리이다."

"오! 주여 나는 본래 말을 잘하지 못하는 자니이다."

"이제 가라 내가 네 입과 함께 있어서 할 말을 가르치리라."

"오! 주여 보낼 만한 사람을 보내소서."

"네 형 아론이 있지 아니하냐? 그가 너를 대신하여 백성에게 말할 것이니 너는 이 지팡이를 손에 잡고 이적을 행할지니라."

감히 하나님께 이 정도의 '밀고 당기기'를 하고도 하나님이 노하신 후에야 순종하는 모세를 보며 왜 하나님은 굳이 모세를 설득하려 하셨을까 생각해 봅니다.

전능하신 하나님이 모든 여건과 환경을 예비하셨고, 지도자는 모세가 아니라도 누구든지 지명하여 취하실 수도 있으십니다. 또 끝까지 꼬리를 빼는 모세에게 명령하실 수 있으심에도 인내심을 가지고 설득하십니다.

이러한 전개는 성경 전편에 흐르는 하나님의 뜻을 유념해야 이해할 수 있습니다.

즉, 자신의 가장 아끼는 창조물인 사람에게 자유 의지를 주시고 그 자유 의지로 하나님께 순종하여 창조 세계의 질서를 관장하게 하고자 하시는 뜻을 잘 보여 주는 사례라 생각됩니다.

지난주 욥기 묵상에서 전능자 하나님의 역사에 사람은 감히 이의를 제기하며 해명을 요구할 수 없다는 것을 알았지만, 성경에는 하나님의 뜻을 돌이키기 위해 하나님과 논쟁하는 장면이 여럿 있습니다.

그중에 소돔을 멸하시려는 하나님의 뜻을 돌이키기 위해 아브라함이 제기한, 의인의 숫자를 오십 명에서 열 명까지 줄여 가는 협상을 하나님이 받아 주신 사례처럼 말입니다. 사람이 요청할 경우 하나님이 그 뜻을 뒤로 물리시는 경우가 있음도 알아야 할 것입니다.

두 번째 묵상은 "언제 일하시는가?"입니다.

약속대로 출애굽의 역사를 이루기 위해 하나님을 여러 가지를 준비하고 계셨습니다.

그러나 실질적인 일의 시작은 "이스라엘 민족들이 애타게 부르짖는 소리가 하나님께 상달되었고, 하나님이 그들을 기억하셨다."라고 기록되어 있는 것처럼 이스라엘이 하나님을 찾아 부르짖을 때까지 기다리고 계셨던 것을 알 수 있습니다.

약속하셨던 기한이 찼고, 충분한 숫자로 불어났으며, 모세도 준비가 끝났는데, 마지막으로 하나님이 기다리신 것은 바로 하나님을 간절히 찾는 그 부르짖음이었던 것입니다.

모든 일은 하나님이 하시지만 그 일을 하시도록 찾고 구하는 기도가 있어야 하나님의 일이 시작된다는 것을 이 구절의 기록으로 알 수 있었습니다.

하나님은 우리의 모든 필요를 이미 알고 계시고, 또 더 좋은 것으로 주기를 원하시지만 우리가 간절히 구하고 찾지 않으면 아무 일도 일어나지 않음을 유념하여야 한다는 것을 새롭게 인식하는 오늘의 묵상이었습니다.

기도

하나님, 모세의 사례를 묵상하며 우리를 통하여 일하기를 바라시는 주님의 뜻을 마음으로 받습니다. 그러나 뜻대로 부르심을 받은 자의 할 일은 오직 순종뿐이지만, 사실 그 누구라도 선뜻 순종하기 어려운 것을 잘 알고 있습니다.

믿음이 부족하다고 탓할 수는 없는 것이, 아직 이루어지지 않은 일을 하나님이 해 주실 것이라고 믿고 나아가기에는 많은 이성적 생각이 앞을 가리기 때문입니다. 그러함에도 이유를 따지지 않고 순종해야만 할 것이기에 성령님의 도우심을 구합니다.

말씀을 구하고 말씀에 순종하는 삶을 살아 내기를 애쓰겠습니다. 그리고 우리에게 "항상 기뻐하라. 범사에 감사하라. 쉬지 말고 기도하라."라는 말씀을 주신 것은 이러한 하나님의 섭리를 우리에게 알게 하시고 구하는 것에 응답으로 주시기 위한 것이라 생각하며, 늘 말씀 안에서 기도함으로 하나님께 더욱더 다가가기를 소원합니다.

언제나 우리에게 좋은 것을 주실 하나님의 약속을 의지하며 예수님의 이름으로 기도합니다. 아멘.

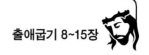
오늘 첫 묵상은 "사람의 마음은 어찌 이리 간사한가?"입니다.

200여 년간 애굽 땅에서 크게 번성하여 한 민족을 이룬 이스라엘, 그러나 요셉을 기억하지 못하는 새로운 왕이 등극한 후 지배 민족인 애굽은 이스라엘을 견제하며 노예로 전락시키고 가혹한 통치로 괴롭게 합니다.

이에 이스라엘은 하나님을 찾아 부르짖습니다. 평안할 때는 잊었다가 시련이 닥치고 괴로워지니 하나님을 찾는 겁니다.

이에 하나님께서 오래전 아브라함과 이삭, 야곱에게 주셨던 약속을 실천할 때가 되어 80년 전부터 예비하신 모세를 보내시고 그분의 약속과 그에 따른 역사를 이스라엘 앞에서 보여 주십니다.

애굽의 바로 입장에서는 도저히 받아들일 수 없는, 애굽 인구의 반에 가까운 농업 국가 경제력의 근간인 노예를 그냥 내보내라는 하나님의 요구를 전하는 모세는 또 누구인가요?

83세의 노예 아론과 함께 찾아온 나이 80의 노인, 미디안의 목자가 이집트 제국의 태양신과 같은 바로 앞에 서서 말을 한다는 것 자체가 불가능에 가깝지만 그것을 가능하게 하시는 하나님의 능력을 이스라엘은 똑똑히 보았지요.

이어지는 모세의 이적 시현, 애굽 진영의 대응, 요구를 들어줄 때까지 애굽에만 내리는 무서운 재앙, 결국 10번째 재앙까지 겪은 바로가 무릎을 꿇고 이스라엘은 노예 생활을 마감하고 자유의 몸이 됩니다.

이스라엘은 장자의 죽음을 피하는 유월의 기적을 체험하고 애굽 각 집안의 은, 금, 의복을 약탈해 빠져나오게 되니 이쯤이면 어렴풋이 믿었던 하나님에 대한 믿음이 확실하게 굳어졌을 것이라 생각하게 됩니다.

오랫동안 전해 내려오던 하나님의 약속, 430년 동안 큰 민족을 이루게 하고 약속의 땅으로 인도하시겠다는 약속이 실현된 것입니다. 10가지 재앙으로 애굽을 굴복시킨 하나님의 놀라우신 능력을 직접 체험하고 하나님의 사자 모세가 앞장서서 인도하는 출애굽의 행진이 시작되었으니 얼마나 기쁘고 믿음이 충만했을 것인지 짐작이 됩니다.

그러나 모세가 이끄는 이스라엘 앞에서 구름 기둥과 불기둥으로 지키시는 하나님의 인도가 홍해 앞에 이르러 나아갈 길이 막혔을 때, 애굽 군대가 추적해 오니 이스라엘은 패닉상태에 빠집니다. 그러자 그들이 본 하나님의 위력과 믿음은 온데간데없어지고 그들은 모세를 원망합니다.

> 14장 11절: "…… 애굽에 매장지가 없어서 당신이 우리를 이끌어 내어 이 광야에서 죽게 하느냐? ……"
> 14장 12절: "…… 애굽 사람을 섬기는 것이 광야에서 죽는 것보다 났겠노라."

사람의 마음이 이렇게 간사합니다. 어제까지 놀라운 이적을 보았어도 오늘 눈앞에 닥친 현실을 보면 그대로 주저앉고 마는 연약한 마음….

뒤는 추적해 온 애굽 군대, 앞은 가로막힌 홍해, 절망적인 상황의 이스라엘에게 모세가 말합니다.

"너희는 가만히 있어 여호와께서 오늘 너희를 위해 행하시는 구원을 보라."

그리고 홍해가 갈라져 이스라엘은 마른땅을 딛고 건너가고, 뒤쫓는 애굽의 군대는 무너져 내리는 물에 잠겨 모두 전멸합니다. 이런 엄청난 기적을 눈앞에 똑똑히 보았으면 하나님을 향한 믿음은 변치 말아야 할 것이라 생각되지만, 불과 사흘 광야 길에 만난 마라의 쓴물 앞에서 마실 물이 없다고 이스라엘 사람들은 또 모세를 원망합니다. 사람의 마음은 이렇게 간사합니다.

두 번째 묵상은 "모두가 다 아는 사실을 한 사람만 모르는 이유"입니다.

여기서 그 한 사람은 '바로'입니다. 이는 사회 각 분야의 결정권자로서, 가장 많이 또 정확히 알아야 할 사람만 모르는 경우의 대표적 사례인 것입니다.

여호와의 권능이 얼마나 대단한 것인지 일곱 번의 재앙을 겪으며 바로의 신하와 요술사들은 알아차렸고, 여덟 번째 재앙인 메뚜기 떼의 내습이 예고되자 그들은 공포에 질려 바로의 명을 거스르며 모세와 아론을 다시 불러들입니다. 그러면서 바로에게 한 말이 오늘의 한 말씀, "…… 왕은 아직도 애굽이 망한 줄을 알지 못하시나이까?"인 것입니다.

메뚜기의 재앙이 어떤 것인지 아는 그들은 감히 신과 같은 권력자인 바로에게 고언을 해 보지만, 바로는 절대 권력자인 자신이 여호와의 권능에 굴복한다는 것을 용납할 수 없었기에 그 마음을 돌이키지 않고 버팁니다. 그 결과는 애굽이 망하는 것이지만 바로는 뜻을 꺾지 않습니다. 이는 "여호와께서 바로의 마음을 완악하게 하셨다."라는 성경 기록에 응하는 것으로 설명할 수 있습니다.

이 사례는 우리 주변에서도 흔하게 찾아볼 수 있습니다. 한 회사 대표의 고집, 한 정당 대표의 아집, 한 단체의 리더십 문제, 교회의 장로들과 목사의 독선, 집안 가장의 권위 의식 등등 많은 경우 그 단체나 조직의 의사 결정권을 가진 리더는 스스로 가진 권세와 독선에 집착하게 됩니다.

그래서 누구나 보고, 듣고, 알고 있는 것을 애써 부정하게 되고 그 결과로 그의 조직·단체에 큰 손해를 끼치고 자신의 자리마저 위태롭게 되는 것을 우리는 너무나 많이 보아 알고 있습니다.

출애굽기의 역사 서두에 등장하는 열 가지 재앙과 이에 따른 히브리 족의 탈출로 인한 경제력의 붕괴, 홍해에 애굽의 모든 무력이 수장됨으로써 애굽은 국가의 존립 기반이 모두 무너지게 되었습니다.

만일 바로가 좀 더 현명하게 사리 판단을 일찍 하였더라면 충분히 피할 수 있었던 재난이었다는 것을 알아야 할 것입니다.

언제나 지도자의 아집과 독선을 경계해야 한다는 교훈을 되새기는 묵상이었습니다.

✝ 기도

하나님 아버지, 언제나 우리를 지키시고 좋은 것을 주기 원하시는 분임을 우리가 알고, 또 베풀어 주시는 은혜에 감사하며 살아갑니다.

그러나 내 일상에 큰 시련이 오고 위험이 닥쳤을 때 하나님을 의뢰하지 못하고 두려움과 절망감으로 하나님보다 다른 방법을 찾는 것이 일반적인 저희의 모습입니다.

너무나도 쉽게 하나님을 잊어버리는 저희의 나약함을 불쌍히 여겨 주소서. 언젠가 느꼈던 하나님의 형통케 하심을 기억하며 세상을 바라보지 아니하고, 눈앞의 문제를 하나님께 의뢰하는 믿음을 회복하기를 원합니다. 저희의 구원이신 그리스도 예수님의 이름으로 기도합니다. 아멘.

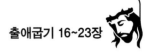

오늘 첫 묵상은 "일용할 양식의 의미"입니다.

홍해를 건너온 히브리족은 영적으로나 사회적으로 미숙하고 통일된 가치관이 정립되지 않은 그야말로 해방된 노예 집단에 지나지 않는 큰 무리일 뿐이었습니다.

수시로 노예 생활에 대한 향수를 나타냈을 뿐 아니라, 애굽에서 받아들인 여러 우상 숭배를 벗어버리지 못한 상태에서 하나님을 따르고 있습니다.

홍해를 건너온 이스라엘은 시내산을 향한 여정을 시작하지만, 가야 할 길은 광야로써, 행군 도중 주변에서 식량이나 물을 구할 여건이 되지 못합니다.

애굽에서 나올 당시 급하게 쫓겨나면서 발효되지도 않은 떡 반죽을 옷에 싸 가지고 허겁지겁 나왔다는 기록은 이들이 먼 길을 갈 준비가 전혀 되지 않은 상태임을 나타냅니다.

광야 길에서는 아무리 하나님이 구름 기둥으로 뜨거운 태양 빛을 가려 주셔도 한나절만 지나면 물과 양식이 필요해집니다. 그것이 없으면 살 수 없고 행군은 당연히 할 수 없는 상태가 됩니다.

이 상태에서는 백성들이 아무리 하나님의 큰 이적을 보았어도, 또 모세에게 신적 리더십에 의존한 권위가 있어도 그들을 제어할 수 없습니다.

마라의 쓴물이 단물로 변하는 사건과 엘림 도착으로 마실 물 문제는 해결했지만 또 식량 문제가 대두됩니다. 애굽에서 싸 가지고 온 반죽이 떨어진 것이지요.

주변은 광야라 아무것도 구할 수 없으니 그들은 모세의 얼굴만을 바라보며 그에게 해결책을 달라고 요구할 수밖에 없습니다.

이 과정을 기록한 것이 백성들이 하나님을 불평하고 모세를 원망하는 것으로 표현됩니다. 성경을 읽는 우리는 그들이 악하고 하나님을 믿지 못하며 목이 곧은 민족이라 비판하지만 냉정한 현실을 비유적으로 표현한 것이라 이해해야 합니다.

여기서 하나님의 의도가 읽힙니다. 가나안으로 가는 좋은 길을 버리고 굳이 광야로 인도하신 것은 그들의 노예근성을 털어 내고 하나님의 백성으로 훈련시킬 장소로 광야 길을 택하신 것입니다.

아무것도 구할 수 없는 광야에서 생활에 필요한 모든 것을 공급할 수 있는 유일한 분이라는 것을 깨닫게 하기 위함입니다. 그래서 생활의 부족함을 불평하면 노하지 않으시고 그것을 채워 주십니다. 구하는 양식을 매일매일 신실하게 공급하십니다.

매일 주시는 만나를 이틀 치도 저장하지 말라고 하시는 이유를 생각해 봅니다. 하루라도 만나의 공급이 끊어지면 굶을 수밖에 없는 상황에서 매일 구하고 끊임없이 공급하시는 과정을 통해 하나님에 대한 신뢰를 쌓아 가고 또 절대적으로 의지해야만 함을 알아 갑니다.

그러나 저장된 식량이 있으면 그것이 떨어질 때까지 하나님을 바라보지 않게 됩니다. 하나님 대신 식량을 의지하게 되는 것, 질투하시는 하나님은 이런 것을 용납하지 않으십니다.

사람이란 쌓아 놓은 물질이 많으면 대부분 그것에 의지하여 하나님을 멀리하게 됩니다. 그러나 물질이 없으면 하나님을 원망하기도 하고 또 간절히 구하며 매달리기도 합니다.

예수님이 가르쳐 주신 기도문에 "오늘 우리에게 일용할 양식을 주시고 ······"라는 구절이 있습니다.

여러 날도 아니고 하루의 양식(물질)을 구하라 하신 이유도 광야에서 하루 치 만나만을 공급하시며 저장하지 못하게 하신 것과 같은 뜻으로 이해가 됩니다.

간구와 응답을 통한 지속적인 교류, 눈앞의 하루를 인도하시지만 결국은 가나안으로 이끌어 가신다는 믿음이 그들에게 자리 잡도록 하기 위하여 길고 험난한 광야 길을 택하신 것이라 생각됩니다.

두 번째 묵상은 "이드로의 말을 듣는 모세"입니다.

출애굽한 이스라엘을 이끄는 모세, 그는 하나님의 큰 능력을 대행하는 자요, 하나님의 말씀을 하나님과 대면하여 듣는 자입니다.

홍해를 건너 이곳에 이르기까지 여러 달, 그동안 무수히 많은 일을 겪었지만 아말렉과 싸워 이기도록 인도하고, 고비마다 하나님의 말씀을 듣는 모세로 인해 모든 문제가 해결되었기에 광야를 지나는 이스라엘 민족에게 그의 권위는 절대적인 것이었습니다.

하나님의 말씀을 직접 듣는 신적 권위를 가진 모세, 그는 하나님 이외 누구의 말도 귀 기울일 필요가 없는 절대 지도력을 행사하며 이스라엘을 인도하는 중입니다.

역사를 통한 경험에 의하면, 이 정도 여건에서는 모세의 마음에 교만함이 스며들어 독단에 빠질 만한 상황입니다. 그의 장인 이드로가 보니, 모세의 치리에 문제가 있음을 알고 그에게 권면하는 장면이 18장 13절 이하에 기록되어 있습니다.

> 18장 17절: "네가 하는 것이 옳지 못하도다."
>
> 18장 19절: "이제 내 말을 들으라 ......"

이드로는 백성의 중간 치리자로 10·50·100·1,000부장을 세우게 하여 대부분의 문제를 그들에게 위임하고 너는 큰 문제에 대한 것만 담당하라는 조언을 하는데, 놀랍게도 모세가 그의 말을 듣고 순종했습니다.

모세는 하나님 이외 누구의 말도 들을 필요가 없는 절대 권력을 확보하였을 뿐 아니라 그에게 말할 수 있는 사람은 이스라엘 민족 중에는 없었습니다.

이런 상황에서는 귀가 닫혀 독단적 지도자가 되는 것이 일반적이지만 모세는 장인의 조언을 받아들여 자신의 권한을 대폭 위임합니다.

이 과정에서 하나님께 묻거나 기도했다는 언급은 없지만 이드로의 말속에 하나님의 뜻이 드러나 있음을 보게 됩니다.

> 18장 23절: "네가 만일 이 일을 하고 하나님께서도 네게 허락하시면 네가 이 일을 감당하고 이 모든 백성도 자기 곳으로 평안히 가리라."

세상에서 크다고 인정받는 사람들이 흔히 저지르기 쉬운 독단을 경계하며, 모세의 처신을 묵상합니다.

최고 지도자, 성공한 자, 큰 능력으로 추앙을 받는 자, 은혜로 큰 능력을 행하는 자들이 거의 예외 없이 빠지고 마는 교만과 독선을 경계하며 오늘의 말씀을 묵상합니다.

칭송받던 큰 지도자들이 말년에 무너지고 마는 안타까운 사례를 보며 하나님의 뜻 안에서 항상 겸손한 마음, 초심을 잃지 않도록 늘 깨어 있어야 하겠습니다.

세 번째 묵상은 "믿음이란 무엇인가?"입니다.

출애굽 당시 이스라엘의 전 인구가 직접 보고 듣고 겪은 하나님의 이적이 얼마나 많은지 생각해 봅니다. 누군가의 경험을 간증받고 알게 된 것이 아닌 직접 경험으로 모든 사람들이 알게 된 사실인 것입니다.

애굽에서 겪은 열 가지 재앙부터 유월의 경험, 홍해가 갈라져 바다를 건너고 애굽 병사들이 수장된 일, 마라의 쓴물이 단물로 변한 사건, 광야에서 매일 공급되는 만나와 메추라기를 먹으며 지낸 일까지. 므리바 반석에서 물이 나오는 것을 목격하면서도 그들은 조금만 부족한 것이 있으면 원망과 불평을 하고 자신들에게 하나님의 함께하심과 도우심이 있는지 의심합니다.

아무것도 없는 광야를 지나며 이백만에 이르는 엄청난 사람이 매일 먹어야 할 음식과 물이 부족하지 않고, 뜨거운 햇살을 가리는 구름 기둥과 어둠을 밝히는 불기둥의 인도를 받으면서도 하나님이 계신지 의심하는 그들의 믿음은 무엇인가요?

예수님의 승천 이후, 예수님의 말씀을 직접 들은 소수의 제자가 전하는 말씀만을 듣고도 많은 사람이 믿었습니다.

부활하신 예수님은 도마의 의심을 거두어 주시면서 "너희는 나를 본 고로 믿느냐? 보지 않고도 믿는 자는 복이 있도다."라고 말씀하셨습니다. 헤롯, 바리새인, 제사장은 물론 로마 황제에게서 가해진 모진 박해 속에서 믿음을 잃지 않은 그리스도인 중에 예수님을 직접 보고 경험한 사람은 아무도 없었습니다.

이적을 직접 보고 듣고 경험한 사람들은 계속 의심하며 하나님을 보이라 하고, 오직 복음의 말씀만을 전해 들은 사람들은 모진 박해 속에서도 의심 없이 예수님을 믿었습니다.

구약 시대에 선택받은 민족 이스라엘의 믿음과 신약 시대 그리스도인의 믿음이 이토록 다른 이유가 무엇인지 생각하게 하는 묵상의 시간이었습니다.

✝ 기도

하나님께서 직접 택하신 민족 이스라엘, 그들의 믿음이 이 지경이지만 신실하신 하나님은 그들을 인내함으로 가르치고 훈련시키십니다.
그리고 하나님의 역사를 위해 사용하십니다. 선택받은 민족이 된 것은 그들이 잘나서가 아니라 하나님의 강권하신 내리사랑의 결과임을 이해합니다.
또한, 오늘의 양식을 공급하시고 하루의 필요를 채우시는 주님만이 나의 긴 여정 속에서 끝까지 인도하실 것을 믿습니다.
오늘을 살아가는 나는 내일을 알지 못하기에 나의 길을 인도하시는 하나님은 언제나 선하시고 신실하시며 나를 떠나지 않으실 것이라는 절대적인 믿음으로 의지합니다.
내 인생 항해의 끝이 되실 주님만을 바라보며 예수님의 이름으로 기도드립니다. 아멘.

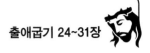

　홍해를 건너 광야에 들어선 지 3개월이 지나 시내산에 도착했습니다. 여기서 하나님과 이스라엘 민족은 언약을 맺게 되며, 십계명을 위시하여 하나님의 백성으로서 지켜야 할 수많은 법과 명령과 약속을 주셨습니다(20~23장).

　그리고 모든 백성은 장막에 머물고 모세만 시내산 위로 부르십니다. 산 위에는 구름과 여호와의 영광이 가득하여 모세를 찾을 수 없게 된 상태에서 그들은 40일간 머물게 됩니다.

　이 40일 동안 하나님은 모세에게 율법과 계명을 친히 기록한 돌판을 주시며 성막을 짓기에 필요한 많은 것을 가르치고 계신 것까지 오늘의 묵상 본문입니다.

　그 시간 동안 하나님의 계시와 지시는 참으로 자상하셔서, 구체적으로 모세에게 보이시고 기록하게 하십니다. 무엇을 어떤 모양과 크기로 만들지, 몇 개가 필요한지, 그것의 용도는 무엇인지, 어떻게 사용할지 등등. 40일의 시간이 필요했을 것이라 생각됩니다.

　그리고 나중에 실제로 성막을 짓는 사역이 시작될 때는 사람들, 특히 오홀리압과 브살렐에게 영감과 재능을 부어 주셔서 당신의 뜻에 합한 결과물을 만들게 하십니다.

　지시하시고, 능력을 부어 주셔서 당신의 뜻을 이루어 가시는 하나님의 역사를 보이십니다. 지시받은 대로 순종하기만 하면 모든 일은 하나님의 뜻과 능력으로 다 이루어지게 됨을 알 수 있습니다.

오늘 첫 묵상은 "하나님이 사용하시는 자에게 부어지는 권위와 능력"입니다.

> 24장 16절: "여호와의 영광이 시내산 위에 머무르고 구름이 엿새 동안 산을 가리더니 일곱째 날에 여호와께서 구름 가운데서 모세를 부르시니라."

숫자만 많은 오합지졸에 목이 곧은 성품, 선택받은 민족으로 교육받지 못한 채 우상에 물들어 있는 히브리 족속, 참으로 다스리고 이끌어 가기 어려운 집단을 인도해야 할 사명을 모세에게 맡기신 하나님.

하나님은 애굽 궁전의 바로에게 노예 출신의 사막 양치기이자 말도 어눌한 모세를 보내실 때에도 그에게 여러 이적을 행할 능력을 주시고 돕는 자 아론을 함께 보내셨습니다. 애굽인들의 눈에 신처럼 보이게 하여 절대 권력자 바로를 상대할 수 있게 하셨듯이, 이 광야에서도 이스라엘 되게 하시려는 백성들 앞에 모세의 신적 권위를 세우고 계십니다.

감히 범접할 수 없는 하나님의 영광을 그들에게 보이시고 오직 모세만을 가까이 불러 말씀하시는 모습을 그 백성에게 보임으로써 모세를 하나님의 대리자로 백성들에게 확실히 각인시킨 것입니다. 그렇게 앞으로 40여 년간의 광야의 시련과 단련의 시간을 이끌어 갈 힘과 권위를 부어 주셨습니다.

이처럼 하나님은 당신이 들어 쓰고자 하시는 자를 그 일에 적합하게 빚으시고 연단하신 후 사명을 주어 보내실 때 그 일을 능히 감당할 능력을 주십니다.

택함받은 자의 할 일은 오직 온전한 순종뿐입니다. 나머지는 모두 주님이 하십니다.

오늘 두 번째 묵상은 "하나님의 자상하심"입니다.

모세와 아론, 나답, 아비후와 함께 70인의 장로를 시내산으로 오르게 하여 언약을 맺으시고 그들을 존귀하게 세워 주신 하나님, 이후 모세를 시내산 꼭대기로 부르시고 40일을 함께하시며 하나님 임재의 장소인 성막과 성소의 설계 구상과 의식에 사용할 각종 기구의 디자인을 말씀하십니다. 또 제사장을 위한 의복과 제사장의 임명 의식을 상세히 불러 주시고 마지막으로 십계명의 돌판을 친히 적어 주십니다.

이 내용이 25장부터 31장까지 대단히 자세하게 기록되어 있지만, 과연 누가 이러한 하나님의 뜻을 잘 실현할 수 있을까요?

자상하신 하나님은 당신의 뜻을 완전하게 실현할 두 사람, 브살렐과 오홀리압을 부르시고 그들에게 하나님의 영을 충만하게 하여 지혜와 총명과 지식과 여러 가지 재주로 하나님이 구상하여 지시하신 모든 것을 만들게 하십니다.

그렇게 하여 완전한 모양의 성전과 언약궤와 각종 제기들이 만들어지게 됩니다. 사람이 만들었지만 결국 하나님 스스로 만드신 것과 같습니다.

당신의 뜻대로 구상하시고 사람을 지명하여 부르시고 하나님의 능력을 그들에게 부어 주시고, 그리고 그들이 만들었으니 하나님은 당신의 일을 사람을 사용하여 당신의 뜻대로 일을 이루어 가심을 알 수 있습니다.

오늘 세 번째 묵상은 "모세가 사십 일 사십 야를 산에 있으니라."입니다.

24장 18절에 모세가 산 위에서 40일을 머물렀다고 기록되어 있습니다.

내일 묵상할 32장에 40일의 시간을 기다리지 못한 이스라엘 민족이 자기들의 소견대로 그릇 행하여 금송아지를 만드는 죄를 짓는 일이 발생하는데, 하나님이 그 일을 예상하지 못하셔서 그대로 내버려 두신 것일까요?

그들은 모세에게서 소식이 끊어진 지 여러 날이 지나자 불안해하며 하나님 대신 의지할 그 무엇, 즉 우상을 찾게 됩니다. 이는 수시로 여호수아를 내려보내 산 위의 상황을 전달만 해 주었어도 일어나지 않을 일이었습니다.

하나님은 왜 이런 일이 벌어지도록 방치하셨을까요? 하나님의 뜻이 있으셨을 것이 분명한데 그 이유, 그 시간이 가지는 의미를 마음속으로 음미해 봅니다.

✝ 기도

하나님, 오늘 주시는 말씀을 묵상하며 주님의 자상하심과 일하시는 방법을 알아 갑니다. 주님이 그리는 세상을 위하여 부족한 저희를 사용하여 주시니 감사합니다.

그러나 이루어지는 모든 것이 우리가 잘해서가 아니고 주님이 부어 주시는 능력으로 되는 것임을 언제나 잊지 않겠습니다. 늘 마음을 지키고 겸손함으로 실족하지 않도록 애쓰겠사오니 주님의 영이 늘 함께하여 지켜 주소서.

또한, 주님의 뜻은 우리와 같지 않아서 그 생각이 우리보다 높고 우리의 판단 범위를 초월하시기에 감히 주님의 뜻은 이럴 것이다 라고 판단하는 잘못을 저지르지 않기를 원합니다.

다만 마음속으로 이렇지 않았을까 라고 짐작만 해 봅니다. 언제나 나의 생각보다 주님의 뜻을 구하는 묵상이 되기를 원합니다. 예수님의 이름으로 기도합니다. 아멘.

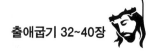

오늘 첫 묵상은 "아론의 죄와 하나님의 징계"입니다.

모세가 시내산에 올라 하나님의 말씀을 받기까지 40일. 그 40일 동안 모세와의 연결이 끊어진 이스라엘은 기다리지 못하고 실족하게 됩니다.

그리하여 하나님을 바라보던 시선을 거두고 자기들의 생각으로 새로운 신을 구하게 됩니다. 아론을 겁박하여 애굽에서 섬기던 금송아지를 만들게 하고 그것을 경배하며 스스로 만족하며 즐기게 됩니다.

하나님은 진노하시고 모세는 매달려 간구하여 멸하시려는 뜻을 돌이키게 하고, 산을 내려와 사태를 수습하는 상황이 오늘 본문의 전반입니다.

이 상황을 수습한 결과 레위인을 동원하여 자기 형제 3,000명을 죽였으며 또 하나님이 치시는 벌이 내렸는데, 가장 큰 벌을 받아야 할 아론에 대한 징계가 없습니다. 이 결말을 읽으며 이러한 처분에 대하여 아무리 묵상해도 이해할 수가 없었습니다.

모세와 함께하며 하나님의 권능을 실행하고, 그 역사하심을 누구보다 생생히 목격한 자로서 모세의 신적 권위를 대변하고 제사장의 직분을 수행해야 할 자가 바로 아론이었습니다. 모세의 부재 시 모세를 대신하여 이스라엘의 중심을 잡아야 할 의무를 가진 아론, 그러나 백성들이 새 신(우상)을 만들라는 요구에 스스로 금송아지를 만들고 백성들이 그것에 경배하도록 제사를 이끌어 갔습니다.

"당신이 어찌 이럴 수 있느냐?"라는 모세의 질책에 비겁한 변명을 하는 이 아론은 누구이기에 백성 수천 명이 죽어 나가는 참담한 징계 속에서도 책임을 면할 수 있었을까요?

모세가 없는 동안 총 책임자요 영적 리더였던 그는 책임이 가장 큰 자임에도 면책된 이유를 짐작하기 어렵습니다.

이는 무엇을 뜻하는 것일까요? 혹시 하나님이 세우신 자이기에 보호하신 것일까요?

하지만 모세는 단 한 번, 반석에 명하여 물을 내라는 말씀대로 하지 않고 바위를 치며 자신의 분노를 터트린 죄로 필생의 꿈인 가나안 땅에 들어가지 못하는 벌을 받은 것을 생각하면 더더욱 이해할 수 없습니다.

내게 이러한 결말에 대한 깨달음을 주시기를 구하며 계속 묵상합니다.

두 번째 묵상은 "뜻을 돌이키시는 하나님"입니다.

모세가 시내산에 올라 40일을 머무는 동안 모세와 연결이 끊어지고 광야에 지도자 없이 방치된 것으로 여겨지자 이스라엘은 동요하며 불안해합니다.

그리고 무언가 의지할 것이 필요해진 그들은 아론을 겁박하여 눈에 보이는 신을 만들 것을 요구하고, 그 결과 만들어진 것이 금송아지입니다. 그들은 그 앞에서 먹고 뛰놀며 즐기기 시작합니다.

이러한 행위는 아직 하나님에 대한 믿음의 형식이 갖추어지기 전에 그들이 애굽에서 살며 겪은 우상 숭배의 잔재가 남아 있었고, 또 불안한 심리 상태를 잊기 위한 의도적 행위일 것이라 이해됩니다.

32장 7~14절을 보면 이에 하나님은 이스라엘에 진노하시고 그들을 진멸하겠다고 모세에게 말씀하시지만, 모세의 간구와 설득에 하나님은 그의 뜻을 돌이키십니다.

이 말씀을 묵상하며 성경 여러 곳에서 하나님이 뜻을 돌이키시는 장면을 생각해 보았습니다.

내가 아는 한 그 모든 경우에서 하나님이 택하신 자, 의롭다고 여기신 자들의 간구와 기도를 들으시고 당신의 뜻을 돌이키신 것입니다. 이는 하나님의 실수나 잘못을 인정한 경우가 아니라 그들의 기도와 간구를 듣기를 원하신 것이라 생각됩니다.

세상에는 이스라엘 외에도 수많은 민족이 있습니다. 그중에서 이스라엘을 선민으로 택하신 하나님이 그 백성의 성향을 몰랐다가 선택해 보니 단점이 많아서 후회하시는 것일까요? 그들이 얼마나 많이 하나님을 배반할지 모르고 선택하셨을까요?

전지전능하신 하나님이 실수하신 것은 아닐 것입니다. 그의 뜻을 가장 잘 드러낼 수 있는 자들을 선택하시고 그의 뜻대로 역사를 이루어 가실 것이기 때문에 이 구절에 대한 묵상은 다르게 할 수밖에 없습니다.

하나님은 모세를 시험하신 것입니다. '네가 지도자로서 얼마나 네 민족을 사랑하느냐? 앞으로 닥칠 수많은 백성의 반역 속에서도 그들을 끝까지 지킬 수 있겠느냐?'라고 물으신 것이고 모세는 그 시험을 통과한 것이라고 판단됩니다.

그리고 그 시험의 합격 증서가 바로 다음 구절에 나옵니다.

> 14절: "여호와께서 뜻을 돌이키사 말씀하신 화를 그 백성에게 내리지 아니하시느니라."

✝️ 기도

하나님의 뜻을 바로 알기가 참으로 어렵습니다만, 나를 부인하여 주님의 성품을 가슴에 채우고 주님의 마음으로 생각하고 판단할 때, 하나님의 뜻에 합한 처신이라 인정받을 것이라 믿습니다.
언제나 내가 주 안에 있는 자 되기를 소원하며 예수님의 이름으로 기도합니다. 아멘.

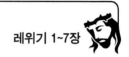

과거 성경 통독을 할 때 가장 읽기 괴롭고 지루해서 건너뛰고 싶었던 부분이 레위기와 민수기였고 지금도 그렇습니다.

거의 같은 내용이 끊임없이 반복되는 데다 현실에 적용하기 어려운 것이었기 때문에 오늘 묵상도 그러한 마음으로 시작하였지만, 읽을 때마다 다른 마음과 깨달음을 주사 나의 지경을 조금씩 넓히시는 하나님의 역사가 있음을 느끼게 됩니다.

본문의 내용은 주로 제사 예법에 관한 것인데 대단히 상세하고 길게 기록되어 있습니다. 이 본문을 읽으며 드는 생각은 왜 레위기를 기록하게 하셨는지, 그 기록의 형식과 의미를 구분하여 묵상해야만 되겠다는 생각이 들었습니다.

오늘 첫 묵상은 "형식에 대하여, 하나님의 훈련"입니다.

성막을 완성하는 것으로 출애굽기가 끝나고 이제 레위기가 시작되었습니다.

레위기는 본격적으로 하나님의 백성을 만들어 가는 교육의 시작으로 5가지 제사의 방법과 의미, 구체적인 실행 방법 등을 가르치고 계십니다.

해야 할 일과 하지 말아야 할 것 등을 너무나도 구체적으로 지시하시는 하나님, 노예 민족을 하나님의 제사장 민족으로 세워 가시는 첫걸음입니다.

이 과정을 자세히 들여다봅시다. 200만이 넘는 큰 민족이 광야에 있는데, 이들은 정착한 것도 아니고 가나안이라는 목적지로 가기 위한 임시 숙영지에 있습니다.

유목 민족이라 인구보다 많은 소와 양, 염소 같은 동물들을 데리고 있습니다. 매일 먹고 마셔야 합니다. 가축들을 먹일 초지를 찾아야 하며 식량을 비롯한 수많은 생활용품을 만들거나 주변에서 구입해야 합니다. 이민족의 위협에서 지킬 무장도 필요한 광야에서 가장 먼저 해야 할 일이 무엇일까요?

생존을 위한 우선순위가 무엇일까 생각해 보지만, 놀랍게도 하나님은 가장 먼저 성막을 짓고 제사 예법을 가르치십니다.

선택받은 선민으로 살고 주어진 역할을 잘 감당하기 위한 첫 번째는 하나님과의 관계를 잘 설정하는 것이라는 하나님의 뜻을 알아야 할 것입니다.

물론 그들의 생존을 위해 하나님은 광야 40년간 매일 먹을 만큼 만나를 공급하시고 저장도 못 하게 하셨습니다. 먹거리를 불평하는 그들을 위해 메추라기를 주십니다. 반석에서 물을 내어 먹이시고 그들의 의복과 신발이 헤지지 않게 하셨습니다. 수많은 가축을 먹일 초지는 어디에 있었을까요?

아말렉과 싸우기 위한 무기는 어디에서 났을까요? 기록되지 않았지만 여러 가지를 공급하셨을 것입니다.

하지만 살아가기 위해 필요한 이런 것들은 모세 5경에 단편적으로 기록될 만큼 비중이 작은 것입니다. 그들은 생존에는 아무 문제가 없는 상태로 요단서안 모압 평지에 도착할 수 있었음을 짐작할 수 있습니다.

모세 5경의 기록 중 절대적인 분량은 하나님과의 관계 설정에 대한
것입니다.

두 번째 묵상은 "의미에 관하여, 속죄 제물의 의미"입니다.

하나님은 번제, 소제, 전제, 속건제, 속죄제 등등 수많은 명목의 제사
의 의미와 절차를 자세하게 설명하시고 지키라 지시하십니다. 제사는
우리가 드리는 것이 아니라 하나님의 요구 사항입니다.

이러한 제사 예법을 주심은 당신이 세워 가시는 민족을 세밀하게 규
정하여 타민족들과 구별되게 하시려는 뜻이라 여겨집니다. 또 하나님
의 백성으로 하나님이 지키라 명하신 계명과 규례와 율례를 범한 자들
이 드려야 할 속죄제를 자세히 설명하시는 의미를 깨닫게 하십니다.

속죄…. 그것은 죄에서 자유롭지 못하며, 죄짓지 않고 살지 못하는
우리를 구원하시기 위한 수단입니다. 죄를 희생양에게 전가하여 소멸
하는 대속 제물에 의한 속죄를 규정한 것입니다.

하지만 그 대속 제사에 의한 속죄는 구체적인 한 가지 범죄에 대한
속죄로서, 단발성일 뿐 아니라 그 비용 또한 부담스러운 것이었습니다.

유목 사회에서 한 개인의 재산 대부분일 수도 있는 양 한 마리, 소
한 마리를 한 가지 범죄의 대가로 바쳐야 하기에 큰 부담인 것이며 그
부담감이 범죄의 유혹에서 자신을 지킬 수 있는 동기가 되었을 것이라
고 판단할 수 있습니다.

"그러나 이런 대속 제사는 일시적인 효과만 있을 뿐이라...."

영원한 대속 제물이 우리에게 있어야 할 것을 암시하는 것이라 깨달음이 옵니다. 영원하고 완전하며 다시 드릴 필요가 없는 단 한 번의 대속 제물….

레위기에서 언급되는 수많은 제사는 율법이 되어 사람을 옭아매지만 그것을 풀어 주실 그 무엇, 바로 그것의 필요성을 암시하신 것이라 생각됩니다.

✝ 기도

하나님, 우리는 항상 당장 현실 생활의 여러 가지를 먼저 생각합니다. 그러나 하나님의 생각은 우리와 달라서 우리와 하나님과의 영적 관계를 중요하게 여기시기에 늘 "아무것도 염려하지 말고 나에게 나아오라."라고 말씀하십니다.

믿고 나아가는 자에게는 당신의 능력으로 필요한 것을 채워 주신다는 약속의 말씀을 믿어야 하건만, 당장 눈에 보이는 현실에 현혹되어 말씀을 온전히 받지 못하고 있는 저희를 불쌍히 여기소서.

그리고 성경 말씀을 읽을 때 문자에 얽매이지 않고 그 안에 담긴 하나님의 뜻을 바로 알 수 있는 지혜를 구합니다. 수많은 절차와 예법의 준수와 속죄 의식이 주는 참뜻을 알게 하소서.

죄의 매임을 벗어나도록 영원한 대속 제물이 되신 예수님의 이름으로 기도합니다. 아멘.

오늘 첫 묵상은 "자식 잃은 아버지의 마음"입니다.

하나님의 거룩한 제사 예절에 대한 교육과 제사장 의식 교육이 엄격하게 진행되고 있습니다.

특히 제사장 가문으로 세워지는 아론과 그의 네 아들은 만백성에게 신적 권위를 인정받도록 화려한 의복을 입히고 관을 씌우며 기름을 발라 거룩하게 구분하여 줍니다.

이처럼 주어지는 큰 권위에는 큰 책임이 따르게 마련이라, 제사장들은 모세를 통해 주어지는 엄격한 예절을 누구보다 확실하게 지키고 가르쳐야만 했습니다.

10장에서 네 아들 중 나답과 아비후가 사소한 실수로 여호와께서 지정하지 않으신 다른 불로 분향하다가 여호와의 진노로 불에 타 죽는 사건이 발생합니다.

이 사건을 수습하는 과정에 모세는 그들의 죽음을 슬퍼하지 말라 명합니다. 10장 3절에 아론은 잠잠했다고 기록되어 있지만, 자식 잃은 아비의 마음에 어찌 슬픔이 없겠습니까?

그런데 바로 다음에 남은 두 아들 엘르아살과 이다말이 또 여호와의 규례를 어기고 속죄제 염소를 먹지 않고 불살라 버립니다. 또다시 규례를 어긴 것이지요. 이 사실을 안 모세가 노하여 그들을 질책합니다. 전례에 따르면 이들도 죽어야 할 터인데, 이때 아론이 모세에게 말합니다.

> 10장 19절: "오늘 그들이 그 속죄제와 번제를 여호와께 드렸어도 이런
> 일이 내게 임하였거늘 오늘 내가 속죄 제물을 먹었더라면
> 여호와께서 어찌 좋게 여겼으리요."
>
> 10장 20절: "모세가 그 말을 듣고 좋게 여겼더라."

아론은 그의 두 아들이 죽은 것이 그들의 잘못으로 인함이라 해도
그 마음이 비통함은 어쩔 수 없었을 것입니다.

그런 상태에서는 그날에 나머지 두 아들과 함께 제물을 거룩한 곳에
서 먹으라 하신 명령이라 해도 먹을 수 없었다고 모세에게 그의 심정
을 털어놓은 것이고, 아론의 말을 모세가 인정했다는 것입니다.

먼저 잘못에 대해서는 여호와 하나님이 직접 불로 징계하셨지만, 두
번째 과정에서는 잠잠히 지켜보십니다. 그리고 모세의 좋게 여김과 용
서를 인정하고 넘어가십니다.

공의의 하나님은 엄격한 잣대로 징계하시지만, 사랑의 하나님은 자
식 잃은 아버지의 비통한 마음을 헤아리고 이해해 주시는 분임을 분명
히 보여 주십니다.

두 번째 묵상은 "제단의 피 세상의 피"입니다.

성경을 배울 때 죄의 용서에는 반드시 피 흘림이 있어야 한다고 했습
니다. 그리고 하나님이 지정하신 많은 제사 형식에는 대속 제물의 희

생과 피의 뿌려짐이 필요합니다.

아담과 하와가 에덴에서 쫓겨날 때 하나님은 가죽옷을 지어 입히셨는데, 기록되지 않았지만 가죽을 제공한 동물의 희생이 있었을 것입니다.

가인은 첫 제사로 어린양과 그 기름을 드렸다고 했습니다. 역시 어린양의 희생이 필요했던 것이지요. 이후 수많은 제사에 희생 제물이 드려지고 그 피는 제단에 뿌려지게 됩니다.

어제 묵상한 대로 이러한 희생 제물의 피는 일회성으로서 일시적인 효과만 있을 뿐이라, 영원한 대속 제물이 우리에게 있어야 할 것을 암시합니다. 영원하고 완전하며 다시 드릴 필요가 없는 단 한 번의 대속 제물, 그것은 예수님의 십자가상에서 흘리신 보혈이라 생각됩니다.

이후 예수님께서 십자가의 피 흘림으로 영원한 제사를 드린 것으로 피 흘림의 역사는 끝나게 된 것이라고 성경에 기록되어 있습니다.

속죄의 피 흘림이 지나간 후, 지금은 다른 피가 흐르고 있습니다. 탄압하는 세상 권력에 맞서 신앙을 지키고자 하는 성도의 피가 세상에 흐르는 역사가 로마 박해 시대 후로 지금도 이어지고 있습니다.

하나님은 죄의 문제를 해결하기 위해 대속 제물의 희생을 요구하셨습니다. 결국 영원한 대속 제물로서 십자가의 피를 받으셨지요. 그 이후에 뿌려지는 순교의 피는 무엇을 위한 것이며, 또 언제까지 필요하신 것인가요?

하나님의 은혜와 사랑을 믿으며 바치는 피는 무엇을 위한 것인지 알고 싶습니다. 혹시 계시록의 언급대로 재림 시에 일어날 십사만 사천 성도의 무리에 포함되기 위한 것인가요?

세 번째 묵상은 "제단의 불"입니다.

> 9장 24절: "불이 여호와 앞에서 나와 제단 위의 번제물을 사른지라
> ......"
> 10장 2절: "불이 여호와 앞에서 나와 그들을 삼키매 그들이 여호와 앞
> 에서 죽은지라."

불은 무언가를 태웁니다. 그런데 그 불이 태우는 것이 앞의 구절에서는 제단 위의 번제물이고, 뒤의 구절에서는 나답과 아비후입니다.

앞 구절의 불은 이스라엘이 드린 제물을 받으시는 표현이며 뒤 구절의 불은 여호와의 규례를 어긴 제사장에 대한 분노의 표시인 것입니다. 같은 불이지만 태우는 대상이 무엇이냐에 따라 그 의미가 다르게 나타납니다.

이스라엘이 진심으로 정확한 규례에 따라 드리는 행위를 기뻐 받으시지만 지시하지 않은 불을 드리는 성실하지 못한 자에게는 진노하시는 하나님의 마음을 잘 헤아려 우리의 행위를 신중하고도 성실하게 지켜 나가야 할 것입니다.

✝ 기도

하나님 아버지, 우리의 일상이 주님이 가르쳐 주신 대로 살아 내도록 유의하여 주님
이 기뻐 받으시는 제사가 되도록 애쓰겠습니다.
나답과 아비후처럼 주어진 사명을 소홀히 하여 주님의 진노 속에 빠지지 않도록 늘

주의하고 근신하는 자 되기를 바라오니 성령님, 지키시고 인도하여 주소서.

정의와 공의, 사랑과 질투의 하나님, 우리는 하나님의 속성을 여러 가지로 이해하며 받아들입니다. 한 가지 기준만 적용되는 것이 아니라 경우에 따라 하나님의 마음 쓰심이 다르다는 것을 오늘 묵상을 통해 알아 갑니다.

어떤 경우에도 하나님은 우리의 마음을 이해해 주실 것이라는 믿음을 아론의 마음을 헤아려 주시는 오늘의 사건을 통해 알 수 있었습니다. 하나님의 사랑하심을 믿으며 예수님의 이름으로 기도합니다. 아멘.

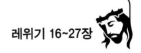

오늘 첫 묵상은 "왜 너희는 거룩하라 하시는가?"입니다.

> 19장 2절: "...... 너희는 거룩하라. 이는 나 여호와 너희 하나님이 거룩
> 함이라."

> KJV: "나 주 너희 하나님이 거룩하니 너희는 거룩할지니라."

오늘 읽은 본문 레위기에서는 수많은 지켜야 할 것과 하지 말아야 할 것들을 가르쳐 주시고 있습니다.

그중에 한 구절, "너희는 거룩하라."라고 하시는 말씀이 마음에 와닿습니다. 그런데 그 이유가 하나님 자신이 거룩하기 때문이라 하십니다.

이 말씀으로 인해 하나님이 우리를 어떻게 생각하고 대하시는지 알 수 있습니다. 세상 천지 만물을 모두 지으신 하나님의 특별한 창조물이 바로 당신과 같은 사람들입니다. 이를 기뻐하시며 창조 세계의 완성이 바로 사람이 거룩해지는 것이라고 여기시는 분이 바로 우리의 하나님이십니다.

그 사람은 당신의 형상을 따라 지으셨을 뿐 아니라 그 속성까지도 당신을 닮게 하셨습니다. 그리고 그 누구에게도 주지 않으셨던 자유의지, 즉 하나님의 뜻대로가 아니라 사람의 뜻대로 선택할 수 있는 권한을 주신 것입니다.

이를 사람의 관계로 풀이하면 내 자식과 남의 자식 정도의 차이인 것입니다.

어느 부모의 마음에 자기 자식에 대한 기대가 없을까요? 당연히 자기를 닮고 누구보다 더 뛰어나기를 바랄 것입니다. 이 마음으로 자식을 가르치고 훈육할 것입니다.

아무 교육도 받지 못한 이스라엘 민족을 광야에서 가르치고, 훈육을 시작하는 과정을 묘사한 책이 바로 레위기라는 것을 이해하며 읽으니 길고 지루하기만 한 책이 조금씩 이해가 됩니다.

택하신 민족, 자녀 삼으신 민족이니 엄격하고 또 자애롭게 다루어 선민으로 길러 가십니다. 그리고 기대하고 계십니다. 나를 닮으라고….

"내가 거룩하니 너희도 거룩하기를 바란다. 세상 모든 민족들이 마음대로 살아도 너희만은 나를 닮아 구별되는 삶을 살아가기를 원한다."

두 번째 묵상은 "희년을 주신 이유"입니다.

25장 10절: "제 오십 년을 거룩하게 하여 전국 거민에게 자유를 공포하라. 이해는 너희에게 희년이니 너희는 각각 그 기업으로 돌아가며 각각 그 가족에게로 돌아갈지며"

희년은 안식년이 7번 지난 후 맞이하는 50년 차입니다. 모든 것을 원래대로 되돌리라 명하신 대로 노예가 되었던 자는 조건 없이 자유인으로 회복되며, 자기 기업을 잃었던 자도 되찾을 수 있는, 요즘 말로 표현하면 '리셋'과 같은 의미입니다.

사람 사회에서 자유 경쟁을 하게 되면 모든 재물과 권력이 강자에게 편중됩니다. 게다가 노예와 주인, 고용주와 종업원의 경우와 같은 지배 계층과 피지배 계층이 생기게 됩니다.

이런 사회의 변화를 50년 주기로 재설정하라는 명령이 무엇을 뜻하는가 생각해 봅니다. 이는 바로 경쟁 사회의 고질적 병폐의 해소이며 더 나아가 원래 세상으로의 회귀를 의미합니다.

주님의 길은 우리보다 높으며 주님의 뜻은 우리와 같지 아니하니 어찌 우리가 어찌 다 이해할 수 있을까요? 그러나 현재 우리 사회의 부조리와 기득권의 고착화를 바라보면 주님의 처방 외에는 더 좋은 해결책이 보이지 않음을 느끼게 됩니다.

언제나 우리에게 좋은 것을 주시기를 원하시는 주님의 뜻이 조금씩 감동으로 느껴지는 하루였습니다.

✝ 기도

이스라엘은 아무 자격 없이도 하나님이 택하시고 복을 주시니 타민족과 구별되어 선민으로 길러지고 하나님을 닮아 가게 됩니다. 오직 하나님이 아브라함을 택하시고 약속하신 것을 신실하게 이루어 가심을 묵상을 통해 알아 갑니다.

하나님, 우리가 무엇이기에 우리가 존귀하신 하나님을 닮기를 바라시며 가르치시고 또 인도하시며 기다리십니까? 부족한 저희로 인해 많은 실망과 눈물을 흘리시는 하나님, 그러나 당신의 뜻 안에서 다 이루어지기를 기다리시는 하나님, 우리 중 예수님처럼 "다 이루었다."라고 하며 하나님 앞으로 나아갈 자가 있을 것을 소망합니다.

그러기 위해서는 훈육과 연단이 필요하겠지만, 믿음으로 감당하며 나아갈 때 성령님의 도우심을 구하며 예수님의 이름으로 기도합니다. 아멘.

민수기 묵상을 시작합니다. 민수기는 시내산에서 일 년 이상 머무르며 하나님의 백성으로 인식되기 위한 훈련과 조직을 갖춘 이후, 드디어 가나안으로의 행군을 시작하여 40여 년이 지나 요단 동편 모압평지에 도착할 때까지의 여정을 기록한 책입니다.

그 40여 년간 이스라엘과 모세는 참으로 많은 일을 겪으며 연단의 과정을 거치게 되는데 노예근성이 배인 출애굽 1세대는 모두 사라지고 광야의 훈련을 겪으며 태어난 2세대가 하나님의 백성으로 거듭나게 됩니다. 그리고 출애굽 세대 중 살아남은 사람은 오직 여호수아와 갈렙, 그리고 모세뿐입니다.

시내산에서 일 년 이상 머물며 계시와 율법을 받고 성막을 지어 제사한 후, 약속의 땅 가나안을 향해 진군하기 위한 군사적 진용을 갖출 때가 되었습니다. 이에 백성의 수를 세어 각 지파별로 진용을 갖추게 됩니다.

그러나 영적 내실이 없는 이스라엘 민족과 그들 중에 함께하는 이민족은 수시로 불만을 터트리며 모세를 괴롭게 합니다. 생활 여건이 전혀 갖추어지지 않은 광야에서 200만이 넘는 집단이 하루하루를 살아가려면 어떤 일이 벌어질까 생각해 봅니다.

먹을 것은 매일 공급되는 만나뿐이요, 식수는 반석에서 나오는 물뿐입니다. 주변에서 생필품을 사거나 약탈할 대상도 없습니다.

유목민이기에 거느리는 양, 염소, 소 및 낙타 등 수많은 가축을 먹일 초장은 또 어떻게 확보할 수 있나요? 그 많은 사람이 매일 조리를 위한 땔감은 어디서 구하며 씻기 위한 물은 어디서 구할까요? 또 화장실을 비롯한 오·폐물은 어떻게 처리했을까요?

이 모든 것의 문제에 대하여 무능하고 무기력하며 목이 곧은 그들은 모세만 바라보며 닦달하였을 것이기에 모세는 심적 고통을 견디기 어려웠을 것입니다.

그러기에 12장에 모세가 하나님께 호소하며 자기를 데려가 달라고까지 한 것이니 그 상황을 짐작할 만한 것입니다.

다듬어지지 않은 그들은 결국 가데스바니아 정탐보고사건에서 또 무너지게 되고, 이후 40년에 걸친 혹독한 연단의 과정을 거친 후에야 비로소 약속의 땅 가나안에 들어갈 수 있었던 것입니다.

한 집단을 이끌어 가야 하는 리더에게 필요한 자질과 사명 의식, 그에게 주어지는 권위와 권세, 무엇보다 리더를 위해 헌신하는 조력자가 얼마나 필요한가를 보여 주는 본문입니다. 무엇보다 그런 것이 다 갖추어져도 리더에게는 남에게 말하지 못할 고충이 있기에 그 고충을 들어주고 격려해 주시는 하나님의 존재하심이 가장 큰 힘이 됨을 알 수 있습니다.

오늘 첫 묵상은 "너무나도 자상하게 지시하시는 하나님"입니다.

드디어 시내산의 언약과 율법의 계시, 성막의 조성이 끝났습니다. 이제 그들은 약속의 땅으로 나아가야 합니다.

지금까지는 애굽 땅으로부터의 탈출 과정이었다면 이제부터는 정복할 땅으로의 진군의 시간인 것을 알려 주시는 하나님입니다.

먼저 인구 조사를 명하시고, 지파별 지휘관을 지명하십니다. 그들의 숙영 위치와 진군 순서를 정하시고, 성막의 유지 보존을 위해 레위인을 구별하고 각 자손별로 임무를 할당하십니다. 또 부정과 죄의 실질적 처리 방법과 제사장의 축복권을 구체적으로 말씀하십니다.

이 과정을 사람에게 맡긴다면 큰 논란과 갈등이 발생할 것이 뻔하지만, 하나님이 지시하시니 아무 문제가 없습니다. 사람에게 맡기면 각기 제 소견에 옳은 대로 행하기에 하나님이 너무나도 자세하고 이견이 없도록 지시하신 것입니다. 하나님과 함께하며, 성령의 인도를 받는 삶이 얼마나 평안한지 알 수 있는 구절입니다.

이후 그들이 스스로 판단해야 하는 순간이 닥쳐오지만, 언제나 스스로의 판단은 잘못과 갈등을 유발한다는 것을 성경 기록을 통해 알 수 있습니다.

두 번째 묵상은 "백성의 숫자를 세는 의미"입니다.

시내산 앞에서 하나님의 백성으로서 가져야 할 의식과 법도를 배우고 있는 이스라엘을 향한 하나님의 계획이 계속 진행됩니다.

이제 백성의 숫자를 세고 각 지파별 숙영 위치를 지정하며 레위인을 구별하여 계수하고 성막의 봉사 임무를 구체적으로 지시하십니다.

이는 하나님의 백성으로서의 의식을 불어넣으시고 이제 집단으로서의 조직을 이루어 장차 치러야 할 행군과 전쟁에 대비하는 것으로, 가나안을 향한 장대한 여정을 준비하시는 하나님의 손길이 느껴집니다.

그런데 성경에는 하나님이 싫어하시고 큰 벌을 내리신, 백성을 계수하는 일이 한 번 더 있었는데, 그 사건은 바로 다윗이 자기가 보유한 무력을 확인해 보기 위한 것이었습니다.

절대 권력을 확보한 다윗은 자기의 힘을 확인하기 위해 자기 백성의 숫자를 알아보았습니다. 이는 하나님의 백성을 왕의 백성으로 인식하는 의식의 변화로서, 하나님에 대한 반역이나 같았기에 다윗은 하나님의 진노로 큰 책망을 받게 됩니다.

사람은 항상 큰 성취를 이루게 되면 만족감에 정신이 흐려지고, 교만에 빠져 이루어 놓은 성취를 무너뜨리는 잘못을 저지르기 쉽습니다.

아주 사소하게 여겨지는 마음의 변화, 느슨해진 마음, 은밀히 스며드는 자만심 등으로 결국 실족에 이르고 맙니다.

그러나 하나님이 진정으로 사랑하는 자들, 욥이나 다윗은 하나님이 사탄을 이용하여 시험하시고, 연단하여 더 큰 자로 바꾸어 가심을 우리는 알고 있기에 우리의 고난의 원인을 세상에서 찾지 아니하고 하나님의 섭리로 바라보는 눈을 가져야 합니다.

하나님께 속한 일은 하나님이 하실 것이니, 우리에게 허락된 일은 우리가 열과 성을 다해 순종해야 할 것입니다.

숫자를 세는 일, 누가 무슨 목적으로 하는가를 묵상하며 같지만 같지 아니함을 잘 분별하는 삶을 살아가야만 한다는 생각이 깊어지는 시간이었습니다.

기도

하나님, 우리는 스스로 또 마음대로 판단하고 행하고자 하는 마음이 있습니다. 물론 이러한 속성은 하나님이 저희에게 주신 것이라 소견에 옳은 대로 행할 수 있지만 언제나 하나님의 뜻에 어긋나고 맙니다.

왜 이런 속성을 주신 것인지, 하나님이 이루고자 하시는 천국은 어떤 것인지 묵상합니다.

오늘 본문처럼 다 하나님이 해 주시면 되는데 굳이 우리에게 맡기시는 이유는 무엇일까를 생각하며, 매사에 기도하며 하나님의 뜻을 구하고 순종하는 삶을 원하시는 것이 아닐까 라고 판단해 봅니다.

성령의 인도를 구하며 예수님의 이름으로 기도합니다. 아멘.

오늘 첫 묵상은 "여호와의 손이 짧으냐?"입니다.

시내산 앞에서 하나님의 백성으로서 가져야 할 의식과 법도를 배우고 장정을 계수하여 진영을 정비하고 지휘관을 지명하여 취임 의식을 행하니 비로소 이스라엘은 하나의 잘 조직된 집단의 면모를 갖추게 됩니다.

드디어 가나안을 향한 진군이 시작되었건만, 벌써 섞여 있는 이방인들에서 시작된 원망과 불평이 터져 나옵니다. 두 해 동안 그렇게 이적을 보이고, 가르치고 먹여 줘도 아직 노예 생활의 부정적 근성은 쉽게 없어지지 않습니다. 그들은 애굽에서 누리던 생활을 그리워하며 모세에게 불평을 늘어놓습니다.

'이 만나 외에는 먹을 것이 없느냐?', '우리가 종살이를 하면서도 이보다 좋은 먹거리와 생활 수준을 누렸는데 왜 우리를 이 광야로 인도했느냐?' 백성은 지도자에게 불평을 하고 모세는 감당할 수 없을 정도로 시달리자 하나님께 매달립니다.

하지만 광야에서 이 많은 백성에게 먹일 고기를 어떻게 구할 수 있을까요? "어찌하오리까?"라고 묻는 모세에게 하신 하나님의 대답이 바로 11장 23절 말씀입니다.

"여호와의 손이 짧으냐? 네가 이제 내 말이 네게 응하는 여부를 보리라."

세상의 눈으로 바라보면 불가능한 일이지만 하나님의 관점에서 보면 안 될 일이 없는데, 우리는 종종 하나님이 어떤 분인지 잊거나 우리와 같은 분이라고 착각합니다.

모세 역시 광야를 바라보며 하나님을 잊고 말았습니다. 이것이 바로 우리 생각의 한계라 생각됩니다. 그렇게 많이 보여 주고 가르쳐 줘도 상황이 조금만 변하면 하나님을 믿지 못해 불평불만을 쏟아내는 목이 곧은 백성들, 이들을 바라보시는 하나님의 마음이 얼마나 답답하고 속 상하실까요.

모세에게조차 "여호와의 손이 짧으냐?"라고 말씀하시는 주님의 상한 마음을 묵상을 통해 조금이나마 헤아리게 됩니다.

그러나 진노하시고 징계의 회초리를 드셔도 결국은 우리를 향하신 주님의 사랑을 거두지 않으심을 믿기에 고난 속에서도 감사할 수 있습니다.

두 번째 묵상은 "온유함이란 무엇인가?"입니다.

12장 3절: "이 사람 모세는 온유함이 지면의 모든 사람보다 더하더라."

모세의 온유함이 모든 사람들보다 더하다고 합니다.

온유함의 정의를 사전적 의미와 성경적 의미를 구분해서 살펴봅니다. 먼저 국어사전에서는 온유를 '사람의 표정이나 성질이 온화하고 부드러움'이라 풀이합니다.

성경에 기록된 모세는 40세 때 동족을 괴롭히던 애굽 사람을 쳐 죽이는 과격함을 보입니다. 끝까지 하나님의 명을 거부하는 바로와 대적할 때나 끝없는 불평을 늘어놓는 이스라엘에게 노를 터트리는 강퍅한 성품이 드러납니다. 그런데 성경은 모세의 성품이 온유하다 하니 사전적 의미의 온유함은 아닌 것입니다.

그래서 여러 자료를 뒤져 보니 아래와 같은 주석을 찾을 수 있었습니다.

> "우리말 성경에서 '온유함'으로 번역된 히브리어 '아나브'는 '대답하다'
> 라는 의미의 히브리어 동사 '아나'에서 파생한 단어이다. 고대 시대 대답
> 하는 사람이란 종을 의미한다. 주인만이 질문할 수 있고 대답은 종에게
> 주어진 몫이었기 때문이다. 그런 점에서 '온유함'이란 하나님 앞에서 종
> 으로서 자신을 낮추는 겸허함을 의미한다."

즉, 모든 사람들보다 더한 모세의 온유함이란 결국 자기의 생각보다 하나님의 뜻을 먼저 따르며 하나님의 말씀에 순종하는 정도가 다른 사람들보다 더하다는 뜻인 것입니다.

심지어 아론과 미리암까지도 지기의 생각을 내세울지라도 모세만은 하나님을 먼저 바라보았다는 것입니다.

다만 모세도 사람인지라, 하나님이 반석을 명하여 물을 내라는 명령을 잊고 분노하며 반석을 치는 단 한 번의 실수로 약속의 땅에 들어가지 못하는 벌을 받게 되는 한계를 보입니다.

그럼에도 모세는 하나님을 원망하지 않았고, 이에 하나님은 여리고 맞은편 비스가산에 올라 그에게 약속한 땅을 미리 보여 주시는 은혜

를 베풀어 주십니다.

세 번째 묵상은 "왜 이렇게 중복하여 기록하는가?"입니다.

성경을 읽다 보면 느껴지는 특이한 기록 형식이 바로 중복하여 기록하는 것입니다.

심지어 예수님의 말씀에서도 이러한 특징이 보이는데, "내가 진실로 진실로 이르노니 ……" 이렇게 대부분 "진실로"라는 말씀을 두 번씩 하십니다.

오늘 본문 7장 12절부터 83절까지 12지파의 우두머리들이 드리는 제물과 제사의 기록도 지파와 지휘관의 이름만 다를 뿐 똑같은 문장을 12번씩 중복하여 쓰고 있습니다. 대부분 중복하여 기록된 사항은 중요한 구절에 치는 밑줄과 같은 역할을 하는 것으로 보입니다.

이러한 기록 문화는 이스라엘의 특징일 수도 있고 하나님의 말씀을 사람의 기록으로 충실하게 받아 적을 수 있는 소양이라고 할 수 있습니다.

하나님이 이스라엘을 택하신 이유도 유별나게 기록에 충실한 그들의 특성이 말씀을 기록하고 세상에 전하기 위한 사명에 적합해서라고 감히 생각해 봅니다.

✝ 기도

하나님, 당신이 기뻐하시는 모세에게 얼마나 큰 권능으로 세워 주시는지 오늘 본문을 통해 보여 주고 계십니다. 그가 하나님 마음에 합했던 것은 언제나 하나님께 묻고, 구하며 순종했기 때문이라는 것이 성경에 잘 기록되어 있습니다.

저도 성경을 묵상하며 닮아 가기를 소원하오니 성령님 늘 일깨워 주시기를 구합니다. 그리고 오늘 묵상에서도 아론과 미리암이 모세를 대적한 것을 징계하실 때, 미리암은 나병에 걸리는 징계를 받았어도 아론은 또다시 아무 이유 없이 징계를 면하는데, 이러한 하나님의 처분에 대해 아무리 묵상해도 이해할 수 없었습니다.

하나님의 처분에 이의를 제기할 수 없지만 통독이 끝날 때까지 하나님의 마음을 알 수 있었으면 하는 마음을 올려 드립니다.

감사드리며 예수님의 이름으로 기도합니다. 아멘.

오늘 첫 묵상은 "뜻을 돌이키시는 하나님"입니다.

가나안으로 진군하던 이스라엘은 바란 광야에 이르러 정탐꾼을 보냅니다. 이들은 40일 동안 다니며 같은 것을 보았지만 돌아와 백성과 모세에게 한 보고는 둘로 나뉘었습니다. 10명의 부정적 보고와 2명의 긍정적 보고로 의견이 갈라지고, 이스라엘은 부정적 보고에 낙담하여 또 여호와를 거역하며 실족하고 맙니다.

부정적 보고자가 10명, 긍정적 보고자가 2명이었는데, 같은 것을 보고 온 자들의 보고가 나뉜 것은 그들의 믿음대로 보았기 때문입니다. 세상과 자기의 눈으로 보니 그들의 강함과 정복의 어려움이 예상되었고, 하나님의 약속과 출애굽의 역사하심을 보고 믿음의 눈으로 본 갈렙과 여호수아에게는 그들이 '밥'으로 보인 것입니다.

이는 세상을 보는 자의 눈과 하늘을 보는 자의 눈이 다름과 같습니다.

또다시 실족한 이스라엘의 원망에 하나님께서 진노하셨고 그들을 멸하시겠다고 선포하시지만, 모세가 간곡한 말로 하나님께 사해 달라고 매달리자 20절의 말씀으로 물러나십니다.

14장 20절: "여호와께서 이르시되 내가 네 말대로 사하리라."

이러한 일정한 유형은 출애굽부터 가나안에 들어갈 때까지 수차례 반복됩니다. 그리고 그때마다 백성의 구원을 위해 모세가 매달리고 하나님은 그의 간청에 항상 뜻을 돌이키십니다.

목이 곧은 이스라엘의 반역은 끝이 없고, 온유한 자 모세는 수없이 하나님 앞에 매달리며 용서를 빌고, 하나님은 뜻을 돌이키십니다.

하나님은 두 가지로 시험을 하신 것입니다. 그 시험에서 이스라엘은 항상 실패하고, 모세는 항상 통과합니다.

결국 목이 곧고, 우상에 절어 있던 이스라엘의 기성세대, 즉 20세 이상의 남자들은 가나안 땅에 들어가지 못한 채 전부 광야에서 죽어 없어지고 그들의 후손 20세 미만의 자녀들만 40년간의 광야 훈련 끝에 가나안 정복에 나설 수 있었습니다.

온유한 자 모세, 그는 하나님의 뜻을 절대적으로 따르는 자였지만 민족의 멸망을 가져올 하나님의 진노만은 목숨을 걸고 막았습니다.

이스라엘의 잘못이야 따질 것 없고 하나님의 약속을 방패 삼아 무조건 긍휼과 자비로 용서해 주실 것을 간구했는데, 놀랍게도 하나님은 언제나 뜻을 돌이키십니다.

나는 이 기록에서 희망을 봅니다.

우리가, 이 교회가, 이 민족이, 이 나라가 영적 죄악에 빠지고 하나님을 떠나 암담한 지경에 이르러 멸망이 눈앞에 어른거리지만, 모세와 같이 온유한 자가 한 명이라도 있으면 그의 간구로 인하여 구원의 길이 열릴 것이라는 소망을 가질 수 있습니다. 하나님은 니느웨를 위해서도 그 한 사람, 요나를 보내시는 분이시기 때문입니다.

두 번째 묵상은 "당을 짓는 자들의 최후"입니다.

이스라엘의 반역은 끝이 없습니다.

가나안을 목전에 둔 바란 광야 가데스에서 정탐꾼 12명을 보내지만 부정적 보고에 낙심한 이스라엘의 넘어짐과 하나님 없이 치른 전투의 패배로 가나안 입성은 40년 뒤로 미루어집니다.

이런 상황에서 고라의 무리가 당을 짓고 모세를 거스릅니다. 반역자들은 지도력의 빈틈을 집요하게 노리며 자신의 욕심을 채우려 합니다.

그때나 지금이나 다를 바 없음을 가까운 사례에서 알 수 있습니다. 욕심은 눈을 멀게 하고, 판단을 마비시킵니다. 자기 생각 외의 모든 판단을 부정하는 어리석음에 빠져서 결국은 자기의 몸과 영혼을 파멸에 이르게 합니다. 이 욕심은 사탄이 주는 가장 큰 유혹임을 깨달아 알아야 할 것입니다.

고라는 레위인에게 주어진 성막 봉사의 귀한 소임을 받은 것에 만족하지 못하고 제사장의 직무를 탐냅니다. 그리고 무리를 설득하여 자기를 따르는 지휘관 250명을 대동하고 모세와 아론에게 대적합니다.

이후의 진행은 16장 1~35절에 기록된 대로 그와 그를 따르는 무리 모두의 멸망하는 것으로 나타났습니다.

하나님을 대적하는 자의 최후, 욕심을 다스리지 못해 스스로 높아지려는 자의 최후가 어찌 되는지 성경은 명백히 보여 주시지만, 사람의 어리석음인지 아니면 사탄의 유혹에 넘어진 자들인지 이후 유사한 사례가 무수히 이어지고 있음을 우리는 알고 있습니다.

하나님을 바라보지 않는 자기만의 생각, 거슬리는 자에 대한 대적, 그의 지위와 권한을 탐내는 것, 그의 행위를 비판하고 정죄하는 것, 나만이 의인이라는 인식의 교만함이 무리를 지어 대적하는 행위로 나타납니다. 이는 결국 선동하는 자와 그를 따르는 무리가 상당한 세력을 지어 기세를 올리는 결과를 만듭니다.

처음에는 자기들만의 논리와 질서를 거스르는 무력으로 조직을 혼란하게 하여 많은 영혼에게 상처를 주지만, 그들의 뿌리는 하나님과 무관하기에 결국은 스스로 판 구덩이에 빠져 멸망할 것을 알려 주시는 성경 말씀이 마음에 들어옵니다.

과연 우리가 보는 이 현실에서 스스로 멸망의 길을 걷는 자들은 누구일까요?

이 교회 내에서, 이 나라와 민족 안에서 유혹에 빠져 사탄의 종노릇을 하는 자들의 불쌍한 영혼 구원을 위해 기도합니다. 그리고 그들로 인해 실족할 수많은 영혼이 안타까워 더욱더 기도합니다.

✝ 기도

하나님, 아브라함에게 소돔을 멸하겠다고 말씀하실 때 감히 아브라함이 소돔을 위하여 의인의 수를 50명에서 10명까지 감하는 간구를 들어주신 것을 기억합니다.
예루살렘을 멸하실 때도 단 한 사람의 의인을 찾으시던 하나님, 이제 우리를 위해서도 주님이 기뻐하시는 그 한 사람의 진실한 기도자를 찾아 주시기를 구합니다.
과연 있을까요? 없다면 주님께서 그 한 사람을 의인으로 인정해 주시기를 간구합니다. 예수님의 이름으로 간절히 기도합니다. 아멘.

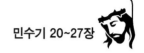

오늘 첫 묵상은 "이스라엘의 중보자와 우리의 중보자"입니다.

가데스바네아에서의 실족과 그에 따른 하나님의 징계로 출애굽 1세대가 모두 소멸될 때까지 광야를 헤매게 된 이스라엘. 그럼에도 이들은 온전한 순종으로 엎드리지 않고 기회가 있을 때마다 반역하고 징계받고 회개하기를 반복합니다.

므리바 반석 물 사건, 놋뱀 사건 등 그때마다 진노하여 멸하시려는 하나님께 엎드려 용서를 구하며 그 뜻을 돌이키게 간구하는 모세입니다. 진정 모세는 여러 번 멸망했어야 할 이스라엘 민족을 위한 중보자인 것입니다.

지금 이 세상을 살아가는 우리 민족은 어떠한가요?

교회는 영적으로 타락하여 하나님의 뜻에서 멀어져 가고, 중심을 잡아 줄 사상이 없는 사회는 극단적 이기주의로 혼탁합니다. 물질 숭배에 빠져 정신세계가 위축되며, 도덕적 타락으로 끝없는 몰락의 길을 가는 소망 없는 이 나라를 누가 지탱하고 있는지 생각해 봅니다.

이름 없이, 빛도 없이 음지에서 자기 사명을 다하는 사명자들을 생각합니다. 불 꺼진 기도실에서 눈물로 기도하는 그 한 사람의 기도자….

이 사회에 하나님이 찾으시는 그 10명의 의인이 어디엔가 있을 것이라는 희망이 이 나라를 지탱하고 있으리라 믿습니다.

그리고 하나님 우편에 앉으시어 끝없는 간구로 우리를 중보하고 계신 우리의 구주 그리스도 예수님이 우리의 구원이심을 믿기에 이 세상을 담담히 살아갈 힘을 얻습니다.

오늘 본문을 묵상하며 자격 없는 이스라엘이 하나님의 백성으로 세워지기까지 모세가 감당한 중보자 역할을 깨닫게 됩니다.

자격 없는 내가 이 세상을 살아가는 동안 그리스도 예수님이 나를 위해 중보해 주고 계실 것이기에 어떤 상황에서라도 감사할 수 있음을 고백합니다.

두 번째 묵상은 "성경의 기록을 글자대로 이해해도 되는가?"입니다.

드디어 이스라엘의 정복 전쟁이 시작됩니다. 이에 위기를 느낀 모압 왕 발락은 이스라엘을 대적하기 위해 발람을 부르게 되고, 이에 발람이 응하며 '발람의 길'이 성경에 기록됩니다.

과거 이 부분을 여러 번 읽었지만 매번 이해되지 않은 상태로 그냥 지나갔고, 이번에도 동일한 의문이 들었습니다. 다시 한번 기록된 대로만 해석해 보겠습니다.

하나님을 아는 이방의 선지자, 브올의 아들 발람의 이야기는 22~24장까지 자세하게 기록되어 있습니다. 처음 초청은 거절하고, 두 번째 초청에는 하나님이 허락하셨기에 응했으며, 길을 갈 때 나귀가 거부하는 곡절 속에서도 천사가 허락하였을 때 발람은 가게 됩니다.

발락에게 가서 네 번에 걸친 예언 어디에도 발람은 이스라엘을 저주하지 않았으며, 결국 발락이 노하여 발람을 쫓아내는 것으로 발람의 길은 종료됩니다. 심지어 이스라엘을 타락시키는 꾀를 발락에게 전해 주었다는 구절도 없습니다.

이후 미가 6장 5절, 베드로 후서 2장 15~16절, 요한계시록 2장 13절 등 여러 곳에 발람이 사악한 꾀로 이스라엘을 타락의 길로 인도하였다고 기록된 것을 읽으며 오늘 본문과 비교해 보았지만 역시 기록된 것만으로는 발람의 길을 이해할 수 없었습니다.

관련 내용을 찾아보면 발람은 탐욕에 눈이 멀어 멸망의 길을 갔다고 하지만, 오늘 본문은 분명히 하나님께 먼저 묻고 하나님이 가라고 허락하셨기에 간 것으로 기록되어 있습니다.

나귀 사건에서도 천사를 알아본 발람은 돌아가려 했지만 천사가 가라고 허락했기에 간 것입니다. 가서도 발락의 강요에도 불구하고 하나님의 응답만을 사실대로 선포함으로써 발락의 분노를 사게 되며 결국 쫓겨나는 것이 '발람의 길' 줄거리의 전부입니다.

성경이 아닌 다른 기록에 의하면 발람은 한때 성령의 감동으로 다윗의 별을 예언하는 등 능력 있는 복술가였으며 그 이름이 뜻하는 대로 불의의 삯을 탐하는 불법한 자, 거짓 선지자라는 평가가 있을 뿐입니다.

결국 성경을 제대로 이해하려면 원어의 뜻과 함께 관련된 역사적, 시대적 연관성과 의미 등을 종합적으로 공부해야 합니다. 성경 기록 하나만을 가지고 판단한다면 성경의 본뜻을 이해하는 데 있어 심각한 오류를 범할 수 있음을 깨닫는 묵상이었습니다.

✝ 기도

하나님은 내가 아닌 그 누군가를 위한 중보 기도를 기뻐하신다고 하셨습니다. 나를 위한 삶이 아니라 우리를 위한 삶을 살아가는 이름 없는 사명자들을 위한 중보자의 길을 가기를 원하오니 인도하여 주소서.

그리고 성경을 공부하며 성경은 절대 무오하니 글자 그대로 무조건 믿으라는 가르침을 받지만, 그 기록이 하나님의 참뜻을 얼마나 잘 반영하고 있는지 알 수 없습니다.

영적 분별력을 주시고, 잘 가르칠 수 있는 선생에게 진정한 가르침을 받을 수 있도록 만남의 축복을 허락하여 주시기를 간구합니다. 예수님의 이름으로 기도합니다. 아멘.

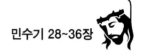
오늘 묵상은 "은밀히 스며드는 자아의 유혹"입니다.

모세는 부르심을 받은 이후 철저한 순종의 삶을 산 사람입니다. 하나님이 인정하시고, 아론과 미리암 및 목을 곧추세운 자들 앞에서 "내가 대면하여 말하는 자"라고 권위를 세워 주신 사람이었지만, 그도 하나님 앞에 자기 의를 드러낸 일이 딱 한 번 있었습니다.

바로 반석에 명하여 물을 내라 하신 것을 자기의 분노를 섞어 반석을 지팡이로 두 번을 침으로써, 하나님의 책망을 받아 필생의 사명인 가나안 땅에 들어가지 못하게 된 것입니다.

99% 순종하였지만 단 한 번, 자기 의를 드러냄으로써 받은 책망의 결과는 결국 사명 완수에 실패하는 결과를 가져왔습니다.

이러한 결과에 대하여 하나님도 안타까우셨는지 마지막에 모세를 높은 산에 데리고 가서서 약속의 땅을 보여 주며 위로해 주십니다. 이 장면을 묵상하면 가슴이 아려 옵니다. 아무 항의나 아쉬움 없이 묵묵히 하나님의 처분을 따르는 모세….

이 장면은 무엇을 의미할까요?

이는 하나님 앞에 완전한 사람은 없다는 상징인 것입니다. 하나님은 완전한 순종을 요구하시지만 가장 온유한 자 모세도 실패한 완전한 순종을 누가 이루어서 하나님 앞에 설 수 있을까요?

불완전한 속성을 지닌 인간으로는 불가능한 일이기에 하나님의 구원과 구속의 역사가 필요했던 것입니다.

바로 구원의 복된 소리인 복음을 우리에게 주셨으니 바로 그리스도를 우리에게 보내신 것입니다. 그를 구원의 주로 믿고 의지함으로써 행위의 불완전함을 뛰어넘어 하나님 앞에 설 수 있게 해 주시는 은혜, 그것이 바로 복음인 것입니다.

이스라엘은 이제 새 민족으로 거듭났습니다.

40년간의 광야 연단을 거치며 불순종의 출애굽 세대는 모두 스러졌습니다. 교육받고 조직화된 새로운 세대가 주력이 되어 강력한 정복자의 모습으로 약속의 가나안 땅을 마주한 요단 동편 모압 평지에 서 있습니다.

바야흐로 가나안 정복 전쟁 돌입 전야에 선 이스라엘. 바로 이때, 하나님의 신실하심에 대응하여 우리는 약속의 말씀을 순종함으로 받고 우리의 생각을 섞지 말아야 하는데 또다시 실족하는 장면이 나옵니다.

바로 32장 1절의 기록처럼 말입니다. "르우벤 자손과 갓 자손이 야셀 땅과 길르앗 땅을 본즉 그곳은 목축할 만한 땅이라." 어디에선가 들어 본 익숙한 내용입니다.

바로 롯이 아브라함을 떠나 자기의 땅을 택할 때 나온 "눈을 들어 요단 지역을 바라본즉 소알까지 온 땅에 물이 넉넉하니 …… 여호와의 동산 같고 애굽 땅과 같았더라."라는 내용과 같습니다.

이 둘의 공통점은 "자기의 눈으로 보았다."라는 부분입니다. 즉 자기들의 뜻으로 결정했다는 말인 것입니다.

갓, 르우벤 및 므낫세 반 지파는 이미 정복한 요단 동편의 목축하기 좋은 땅을 그들의 터전으로 삼고자 하여 모세와 다른 지파가 수긍할 수 있는 조건을 제시하며 무난히 그 뜻을 이루게 됩니다.

하지만 이 부분의 성경 기록을 보면 그들이 기도하여 하나님의 허락을 받았다는 내용을 찾을 수 없습니다.

삼촌 아브라함의 배려를 이기적으로 수용했던 롯이나 약속의 땅 요단 서편 가나안이 아닌 동편의 목축할 만한 땅을 자기 판단으로 택한 르우벤과 갓 지파의 선택은 같은 결과를 가져오게 됩니다. 하나님의 약속은 요단 서편의 가나안 땅이지만 르우벤과 갓은 스스로의 판단으로 요단 동편을 선택한 결과를 봅니다. 정복이 끝난 후 요단을 사이에 둔 같은 민족이 별도의 제단을 쌓은 문제로 인하여 서로 전쟁을 벌일 뻔했습니다. 결국 남과 같이 되어 현재의 요단 동편은 이스라엘 영토가 아님을 그들 스스로, 또 온 세상이 알고 인정하고 있음을 잘 기억해야 할 것입니다.

하나님의 약속은 그대로 이루어질 것인데 사람의 생각이 앞서면 어찌 되는가를 잘 보여 주는 사례라고 생각됩니다.

나도 중요한 결정을 해야 할 상황에서 먼저 하나님의 뜻을 구한다고 하지만 지나서 보면 내 뜻을 앞세운 일이 얼마나 많은지…. 반성하고 회개하고 '다시 그리하지 않겠습니다.'라고 하고는 또 돌아서서 같은 일을 반복하는 삶을 살고 있음을 고백합니다. 주님, 용서하소서….

✝ 기도

하나님, 우리에게 하신 약속을 신실하게 지켜 가시는 하나님 앞에서 우리는 늘 약속의 말씀을 믿기보다 세상의 눈으로 판단하여 하나님의 뜻에 어긋나는 선택을 하고 맙니다.

그럼에도 우리의 선택을 수용하시는 주님, 그러나 그 결과의 책임은 주님이 아닌 우리에게 있음을 고백합니다.

어리석음과 욕심의 유혹을 잘 이겨 낼 수 있는 영적 혜안을 열어 주시기를 간절히 구합니다. 예수님의 이름으로 기도합니다. 아멘.

오늘 묵상은 "반복 교육의 필요성"입니다.

신명기는 40년간 끝없이 반역하던 이스라엘 민족을 인도하는 고된 여정을 마치고 죽음을 눈앞에 둔 120세의 모세가 가나안에 입성하기 직전, 요단 동편 아라바 광야에서 출애굽기, 레위기, 민수기에 기록된 내용을 요약하여 이스라엘 자손들에게 가르치는 내용으로 구성되어 있습니다.

고난과 기쁨의 회상, 여정에서 중요한 사건, 하나님이 가르쳐 주신 예법과 규례, 십계명 등 기억하고 후손에게 가르쳐야 할 핵심 내용, 앞으로 가나안에 들어가서 해야 할 일과 금해야 할 일 등을 다시 정리하여 가르치고 있습니다.

같은 내용을 거듭 반복해야 하는 이유는 이를 잊지 말고 무의식의 습관으로까지 정착시키고자 하는 하나님의 뜻이 있었을 것입니다.

불순종의 1세대가 다 스러지는 동안 40년의 긴 시간 동안 교육받고 거듭난 신세대 이스라엘이었습니다. 그러나 모세는 이스라엘 민중이 바로 어제의 묵상에서와 같이 자기의 생각으로 약속의 땅이 아닌 요단 동편을 선택하는 잘못을 범하고 있음을 보아 알고 있기에, 가나안 입성 직전에 호흡을 추스르며 다시 한번 마음에 각인시키는 과정을 실행하는 것입니다.

사람은 지속적으로 그 영혼을 다스려 주지 않으면 어느샌가 본성으로 되돌아가는 존재이기 때문에 모세는 자신의 마지막 열정을 쏟아부어 이스라엘에게 거듭 말씀을 정리하여 훈계하고 있습니다.

그럼에도 4장 23절부터 31절까지의 당부의 말씀은 역사적 사실로 나타나 지금까지 반복되고 있음을 알게 됩니다.

하나님은 약속을 신실히 이루어 주셨지만 이스라엘은 곧바로 타락하여 하나님을 떠나게 되고, 그 결과 하나님께 징계를 받아 망하고, 망한 후에 다시 하나님을 찾아 부르짖고, 또 용서받아 부흥하고, 그리고 또….

모세는 이 과정을 이미 마음에 그리고 있었을지도 모릅니다. 그래서 바로 29절에서 "네가 타락해 망했을지라도 언제든지 회개하고 마음을 돌이켜 하나님을 찾으라. 그가 너를 용서하시고 다시 회복시키시리라." 라고 마지막 생명을 불태우며 선포하고 있는 것입니다.

4장 29절: "그러나 네가 거기서 네 하나님 여호와를 찾게 되리니 ……"

이후 이스라엘은 수많은 시험에 무너지고, 나라가 없어져 2,000년간 타국을 떠돌며 핍박을 받는 처지까지 떨어집니다. 그러나 유대인 특유의 토라, 탈무드, 민족성 교육으로 정체성을 지켜 나가는 저력을 발휘하게 됩니다.

이러한 교육의 기초는 의식에 새겨질 정도의 반복 교육을 시킨 모세로부터 시작된 것이라 생각됩니다.

토라와 탈무드로 대표되는 유대인의 교육은 이러한 역사적 근거를 가지고 있음을 알기에, 해방 이후 75년간 우리 민족이 잃어버린 정신세계와 역사의식이 가져온 혼돈의 상황을 어떻게 극복할지 걱정이 앞섭니다.

오직 성경 말씀에 근거한 사회 정의를 세우는 것만이 해결책이라는 생각이 묵상과 기도 중에 들어왔습니다. 오직 주 예수만 바라볼 수밖에 없음을 고백합니다.

✝ 기도

하나님, 우리는 늘 주님을 배반하면서도 주님을 따른다고 말합니다. 그러나 우리 주님은 우리의 판단을 존중하시고 용납하시지만 그 결과에 대해 책임져 주시지는 않습니다.

오직 순종하는 자만이 주님의 품에 들어갈 것을 결코 잊지 않겠습니다.

혹 실패하더라도 언제나 회개함으로 돌이킬 수 있는 약속의 말씀을 주신 우리 주님의 복음에 감사합니다. 예수님의 이름으로 기도합니다. 아멘.

순종 제31일 차(수)

신명기 7~14장

오늘 첫 묵상은 "같은 내용을 거듭 반복하여 말씀으로 가르치는 이유"입니다.

성경을 읽으면서 느끼는 것이 여럿 있는데 그중 한 가지는 다음과 같습니다.

1. 하나의 문장 안에 같은 내용을 꼭 중복해서 기술한다.
2. 같은 사건을 장의 앞뒤 가리지 않고 여러 번 설명한다.
3. 한 가지 사안을 설명할 때 12지파가 똑같은 일을 했을 경우, 글자 하나 틀림없는 장황한 설명을 12번 반복하여 기록한다.

이러한 기록이 유대 민족 특유의 문학적 특성이라고 설명하는 사람도 있지만, 오늘 본문을 묵상한 나의 결론은 다음과 같습니다.

• 교훈을 마음깊이 새기라는 뜻이다.
• 사람은 망각의 동물이라 시간이 지나면 교훈을 잊게 되고, 본성으로 돌아간 행동이 나타나기 때문에 끊임없이 가르침을 주어야만 했을 것이다.

철저하고도 끊임없는 반복 교육만이 목이 곧은 백성들을 하나님 앞에 바로 세울 수 있을 것이기에…. 모세가 이렇게까지 가르쳤지만 요단을 건너간 이후 이스라엘은 또다시 어이없이 쉽게 무너지는 모습을 보입니다.

> "...... 여리고성을 칠 때는 이해되지 않는 여호와의 명령에 7일간 아무 소리 없이 순종함으로 성이 무너지는 기적을 보았음에도, 바로 다음 아이성 앞에서는 하나님을 잊고 자기들의 생각을 앞세우게 되니 그 작은 아이성 싸움에 참패하고 만 것을 보라 ......"

그래도 모세의 교육이 효과를 보인 것인지, 이스라엘이 달라진 것은 즉각 회개하고 돌이켜 다시 바로 설 줄 알았다는 것입니다.

두 번째 묵상은 "너를 택하신 이유"입니다.

> 7장 7절: "여호와께서 너희를 기뻐하시고 너희를 택하심은 너희가 다른 민족보다 수효가 많기 때문이 아니니라 ......"
>
> 7장 8절: "여호와께서 다만 너희를 사랑하심으로 말미암아 ......"

이 말씀을 마음에 담습니다. 하나님이 나를 택하신 이유는 내가 잘나서가 아니요, 무슨 큰일을 해서도 아니요, 내가 가진 특출한 능력이 있어서도 아닌, 오직 하나님이 나를 향해 기뻐하셨기 때문입니다. 나에게서 택함의 이유를 찾을 수 없고 오직 하나님의 선택만이 부르신 이유라는 것을 알아야 합니다.

> 8장 2절: "네 하나님 여호와께서 이 사십 년 동안에 네게 광야 길을

걷게 하신 것을 기억하라. 이는 너를 낮추시며 너를 시험하사 네 마음이 어떠한지 그 명령을 지키는지, 지키지 않는지 알려 하심이라."

8장 3절: "너를 낮추시며 너를 주리게 하시며 또 너도 알지 못하며 네 조상들도 알지 못하던 만나를 네게 먹이신 것은 사람이 떡으로만 사는 것이 아니요, 여호와의 입에서 나오는 모든 말씀으로 사는 줄을 네가 알게 하려 하심이라."

세 번째 묵상은 "이스라엘을 떠나는 모세의 마음"입니다.

신명기는 모세가 이스라엘과의 작별을 앞두고 마지막으로 이스라엘에게 주는 교훈의 말씀입니다.

8장 14절: "네 마음이 교만하여 네 하나님 여호와를 잊어버릴까 염려 하노라."

온유한 사람 모세는 하나님의 명에 따라 이스라엘을 인도해 이곳까지 왔지만, 지난 40년간 겪은 경험을 떠올릴 수밖에 없었을 것입니다.

이스라엘은 노예근성과 우상에 젖어 있었고 목이 곧아 불순종하며 입은 은혜와 체험한 놀라운 이적을 쉽게 잊어버렸습니다. 그런 그들이 과연 가나안에 들어가 하나님의 뜻대로 잘 살아갈지 걱정될 수밖에 없었습니다.

그래서 마지막 생명을 불태워 가며 "이스라엘아 들으라!"라며 피를 토하는 설교를 하고 있는 것입니다.

- 약속을 이루어 가시는 신실하신 하나님, 정의와 공의의 하나님을 신뢰하라.
- 그를 믿고 의지하며 다른 것에 마음을 두지 말라.
- 하나님께 선택받은 민족으로 그의 계명을 지키며 세상과 구분된 삶을 살라.
- 너희에게 주어지는 모든 은혜와 권세는 너희로 인함이 아니라 오직 하나님의 택하심으로 된 것이니 너희는 교만에 빠지지 말라.
- 너희의 생각을 앞세우지 말고 언제나 하나님께 먼저 묻고 행하라.

이 교훈이 그들의 마음에 새겨지도록 같은 내용을 무한 반복하여 설교합니다. 이런 교육의 필요성을 모세는 깨닫고 있는 것입니다.

그럼에도 이스라엘은 가나안에 들어가자마자 아이성의 실패와 이민족의 계교에 속아 하나님께 묻지 않고 언약을 맺는 등 스스로의 자아를 내려놓지 못합니다. 결국은 가나안 입성을 불완전하게 마무리하고 맙니다.

그러나 모세의 교훈은 이후 이스라엘 민족의 철저한 성경 및 역사 교육으로 이어지게 됩니다. 탈무드와 같은 그들만의 교훈·교육이 성립되어 이스라엘이 패망하여 나라가 없어졌어도 그들만의 정체성을 지키는 힘이 되었습니다. 이를 알게 하는 오늘의 묵상입니다.

✝ 기도

하나님, 우리는 잘나갈 때 그것이 나의 능력과 힘으로 된 것이라 생각하여 그 능력을 주신 하나님을 잊어버리고, 또 어려울 때는 언제나 하나님을 원망하기만 합니다.

오늘 모세가 이스라엘에게 준 말, "네 마음이 교만하여 네 하나님 여호와를 잊어버릴까 염려하노라."라는 말이 바로 목이 곧은 나에게 주신 하나님의 말씀으로 받아들입니다.

늘 주님 앞에 겸손한 자로, 모세와 같이 온유한 자로 살아가기를 원하며 예수님의 이름으로 기도합니다. 아멘.

오늘 첫 묵상은 "하나님 앞에서 완전해지기"입니다.

"너는 하나님 앞에서 완전하라." 과연 가능한 말씀인가 생각해 봅니다.

나의 하루하루를 생각해 보지만 어느 한순간도 완전한 적이 없었고, 성경에 등장하는 수많은 사람 중 완전한 사람이 있었는지 찾아보지만 그 행적이 기록된 사람 중에는 완전한 사람이라 칭할 수 있는 자는 찾을 수 없었습니다.

욥? 모세? 다윗? 글쎄요. 평생을 하나님과 동행하다 죽음을 맛보지 않고 하나님께로 간 에녹과 엘리사라면 완전하다고 할 수 있지만 그 둘 외에 죽음을 피하여 하나님께로 간 사람은 없었습니다.

- 하나님은 우리에게 가능하지 않은 것을 요구하시는가?
- 완전할 수 없는 우리에게 그리스도의 약속을 주신 이유는 무엇인가?
- 수시로 넘어져도 회개하고 하나님만을 바라며 애쓰고 나아가는 노력하는 자의 정성을 보시는 것인가?

그래도 한 가지 위안이 될 수 있다고 생각되는 것은 우리의 행위는 완전할 수 없지만 마음만은 언제나 하나님을 향할 수는 있지 않을까 하는 소망을 가져 본다는 것입니다. 우리에게 소망이 있다는 것이 얼마나 큰 축복인지 깨닫게 됩니다.

두 번째 묵상은 "하나님의 뜻대로 행하기"입니다.

> 15장 11절: "땅에는 언제든지 가난한 자가 그치지 아니하겠으므로 내가 네게 명령하여 이르노니 너는 반드시 네 땅 안에 네 형제 중 곤란한 자와 궁핍한 자에게 네 손을 펼지니라."

구제는 우리의 양심이나 긍휼함으로 행하는 것이 아니라 하나님의 자비하심으로 행하는 것이니 우리의 구제는 하나님의 뜻인 것입니다.

이 행위로 말미암아 우리에게 자랑이 될 일이 없는 것이니 이 구제함을 주위에 드러내 나의 의로 삼는 일이 없도록 유의해야 할 것입니다.

만일 내 의로 자랑하면 이 세상에서 자기의 상급을 받은 자가 될 뿐, 주님 앞에서 너를 모른다는 말씀을 듣게 될 수도 있을 것입니다.

> 18장 20절: "만일 어떤 선지자가 내가 전하라고 명령하지 아니한 말을 제 마음대로 내 이름으로 전하든지 다른 신들의 이름으로 말하면 그 선지자는 죽임을 당하리라 하셨느니라."

말씀을 받아 전달하는 자는 받은 대로 정확히 전해야 할 것이요, 자기의 생각을 섞지 말아야 할 것이니, 하나님의 말씀을 왜곡하는 자, 그는 반드시 죽이리라는 하나님의 뜻이 담긴 이 말씀은 누구에게 주시는 말씀일까요?

강대상에 서면 누구라도 하나님의 말씀을 전한다고 주장합니다. 서두에 "이것은 하나님의 말씀입니다."라고 말하며 자기의 생각과 말을 섞는 자들이 있습니다.

하나님의 말씀이라고 성도들에게 설교하려면, 설교 준비 과정에서 해당 구절을 깊이 묵상하고 기도하며 하나님이 주시는 영감을 느끼고, 그 위에 자신이 배운 신학적 지식으로 포장하여 설교해야 합니다. 그래야만 하나님이 주시는 말씀이라고 말할 수 있는 것입니다.

그리고 성경 본문을 학문적으로 깊이 연구하여 성경이 전하고자 하는 참뜻을 찾아 설교하면 이는 강해 설교라고도 합니다.

심지어 학문적 지식이 깊은 신학대 교수 중에는 무신론자도 있다고 하지만 그들이 가르치는 성경 자체는 받아들이는 데 큰 문제는 없을 것입니다.

그러나 성경 지식도 부족한 자가 영적 교감도 없이 예화집을 참조하여 그럴듯한 문구로 설교를 한들 그것은 껍데기 말의 장난에 불과합니다. 깨어 있고 분별할 줄 아는 성도들은 그 거짓된 말장난을 구별할 수 있을 것입니다.

거기에 자기의 생각을 섞어 말씀을 왜곡해서 전달하며 화려한 말장난으로 성도들을 미혹시키는 자들은 "그는 죽임을 당하리라."라는 오늘 말씀 구절이 자기에게 응할 것을 두렵게 여겨야 할 것입니다.

✝ 기도

모든 행위에 하나님의 뜻을 구하고, 그대로 행하며, 나를 드러내지 않도록 유의하며 살아가는 자를 하나님이 기뻐하시리라 믿기에 이 땅의 상급이 아닌 하늘의 상급을 바라며 살아갑니다.

또한, 하나님을 모르는 거짓 선지자와 그들이 왜곡하는 말씀으로 인해 실족하는 많은 어린 영혼을 불쌍히 여기사 구원의 손길을 내려 주소서. 그들의 강팍한 영혼에 미세한 균열을 만드시어 말씀이 스며들 기회를 주시고, 말씀의 거울 앞에서 자기를 비추어 볼 수 있는 은혜를 허락하여 주소서. 예수님의 이름으로 기도합니다. 아멘.

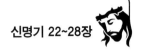

오늘 묵상은 "구분된 자의 행동 기준"입니다.

성경은 2,000년 전 고대 중, 근동의 유목 사회 관습을 기반으로 기록된 것입니다. 따라서 농경 사회, 어로 사회, 상업 사회 등 다양한 사회의 관습과 현대 사회의 서로 다른 가치관을 가진 사람들에게 문자적으로 적용하기 어렵다는 것을 인식하여야 하며, 반드시 그 기록에 녹아 흐르는 하나님의 뜻을 구분하여 각자의 생활에 적용하여야 할 것입니다.

22장부터 25장까지 거룩한 백성으로서 지켜야 할 순결함과 의무를 기록하고 있습니다. 너무나 시시콜콜한 것까지 간섭하시는 것 같지만, 문자 하나하나에 얽매이지 말고 전체의 맥락을 보아야 할 것입니다.

이 말씀은 고대 유목 사회에서 행해지던 관습을 혁파하는 것으로 이해하여야 하며, 지금의 도덕 기준으로는 이해하기 어려울 것입니다.

기록된 단어 하나, 사례 하나하나에 얽매이지 말고, 왜 이러한 말씀을 하시는지 의문을 품고 현재 나의 생활에 어떻게 적용하여야 하는가를 묵상해 봅니다.

"~하라."라는 말씀의 의미는 거룩히 구별된 삶을 지향하고 주변 이민족의 관습에 동화되지 말고 그들이 교화할 수 있는 생활의 본을 보이라는 것입니다. 그리하면 하나님이 너희를 복되게 하시고 높여 주시겠다는 약속의 말씀입니다.

"만일 ~하지 않으면"이라는 말씀은 불순종 시 내리실 처벌을 의미하는 것으로, 하나님과 이스라엘 사이의 언약이 깨질 때 겪게 될 재난의 한 예를 알게 하시는 것입니다.

28장 1~14절에 순종하여 받을 복을 알려 주시며, 15~68절에 불순종의 결과를 길게 나열하고 있습니다. 불순종의 처벌을 언급한 내용이 순종 시 받을 복의 내용보다 3배 이상 많다는 것을 유의해야 합니다.

이는 사람의 뜻을 기준하여 마음대로 행하는 것을 삼가고 오직 하나님의 뜻을 구하며 행위를 주의하라는 것입니다. 우리는 하나님의 속마음이 기록된 행간을 읽어야 합니다.

이스라엘이 가나안에 들어가 정착하고 국가를 이루어 갈 때 필요한 세세한 사항까지 모세의 입을 통해 가르치시는 하나님의 노고가 느껴집니다.

하나님이 뭐 그런 시시콜콜한 것까지 간섭하실까 하는 생각이 들기도 하지만 그 시대를 살아가는 그 민족의 수준(사고 체계)에 적합한 교훈을 주시기에 수고를 아끼지 않으신 것입니다.

나와 함께하시는 하나님, 나와 일 대 일로 말씀하시는 그 분은 이스라엘에게 하신 것처럼 내 수준과 나의 그릇 크기에 맞는 말씀을 나에게 주실 것이기에, 말씀을 들으면 오직 아멘으로 받아야 할 것입니다.

✝ 기도

하나님, 주시는 말씀의 의미를 정확히 이해할 수 있는 지혜를 구하오니 약속대로 후히 주시기를 원합니다. 언제나 구별된 삶을 지향하는 자로 살기를 원하오니 늘 깨우쳐 주소서. 예수님의 이름으로 기도합니다. 아멘.

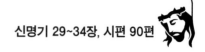
오늘 첫 묵상은 "알면서도 속아 주기"입니다.

드디어 요단을 건너 약속의 땅 가나안에 입성하기 직전입니다. 수많은 이적과 권능으로 먹이고 입히시며, 하나님의 군사로 훈련시킨 지 어언 40년, 불순종의 세대는 모두 스러지고 새로운 세대가 일어났으니 이제는 준비가 다 끝나고 약속을 이루어 갈 실천만 남았습니다.

그런데 하나님은 이후에 벌어질 일에 대하여 모세에게 다음과 같이 말씀하십니다.

> 31장 21절: "…… 나는 내가 맹세한 땅으로 그들을 인도하여 들이기 전, 오늘 나는 그들이 생각하는 바를 아노라."

아무 문제도 없을 것만 같은 이스라엘, 그러나 하나님은 알고 계십니다. 그들이 가나안에 들어가면 얼마나 쉽게 실족하고, 얼마나 어이없이 하나님을 잊을지 말입니다.

오늘 하나님은 모세에게 말씀하시길, "이들이 가나안에 들어가 안정되고 풍요로워지면 나를 잊고 이 땅의 음란한 신을 섬길 것이며 내가 그들에게 노하여 내 얼굴을 숨기리라."라고 하십니다.

그렇게 오랫동안 훈련시킨 효과는 여리고성까지일 뿐, 바로 다음 아이성에서 실족하고 맙니다. 그리고 이어서 먼 곳의 부족으로 가장한 사신에게 속아 하나님께 묻지도 않고 보호 조약을 체결하는 교만에 빠집니다.

다 쫓아내라 하신 명령도 지키지 못해 강한 부족은 그대로 남겨 두고 영토만 장악하는 불완전한 정복, 약속의 땅 가나안 앞에서 그들의 눈에 보기 좋은 요단 동편에 주저앉은 르우벤과 갓, 므낫세 반 지파의 행동 등등….

오랜 약속을 드디어 이루시기 직전, 모세에게 말씀하신 약속이 이루어진 이후에 변하게 될 이스라엘의 타락은 큰 실망입니다.

그런데 그렇게 될 줄 하나님은 알고 계신 것입니다. 그런데도 이들을 버리지 아니하시고 실족한 후 언제라도 회복해 하나님을 따르게 할 수 있는 계책을 주시는 자상함을 보이십니다.

그 계책으로 31장 19절에서 노래를 지어 이스라엘 자손에게 가르치라고 명령하시는데, 그 내용이 바로 32장 1~43절에 기록된 '모세의 노래'입니다.

이후 이스라엘은 수없이 실족하여 망하게 되지만, 그때마다 이 약속의 노래를 기억하여 회개하고 하나님께 다시 나아올 때, 하나님은 언제나 용서하시고 받아 주시는 은혜를 베풀어 주십니다. 그 약속이 무엇이기에…. 신실하게 지켜 주시는 하나님의 마음을 느껴 봅니다.

두 번째 묵상은 "유언하는 모세의 마음"입니다.

자기가 언제 죽을지 아는 사람은 그 남은 삶을 지내는 과정이 남들과 다르다고 합니다. 처음에는 자신의 죽음을 받아들이지 못하면서 부정하고 또 거부합니다. 그러다가 체념에 빠져 모든 것을 포기하는 상황에 빠지다가 임종을 맞이하는 경우가 대부분입니다.

그러나 좀 더 현명하게 운명을 받아들이는 사람들은 자신의 인생을 회고하며 살아온 삶을 기쁨으로, 후회로, 아쉬움으로 반추하며 정리하기 시작합니다. 그리고 남아 있는 짧은 시간을 의미 있게 보내려 애쓰게 되는데, 그 시간은 지나온 인생의 시간과 비교하여 얼마나 아깝고 소중할까요?

마음속에는 있었지만 못 해 본 일, 못 해 본 사랑을 조금이나마 더 해 보고 싶어 하고, 나와 인연을 맺은 사람들이나 이후 남겨질 사람들에게 자기의 마지막 마음을 전하고 싶어 합니다.

그 과정을 문자로 정리한 것을 우리는 유언이라 합니다. 유언은 대체로 사소한 감정과 이해 다툼을 초월하게 되고, 이는 그 사람의 깊은 내면의 생각이 드러나는 내용일 가능성이 큽니다.

오늘 묵상하는 본문과 시편 90편은 이러한 모세의 유언과도 같은 것이라고 생각됩니다. 하나님의 말씀을 대언하고 있지만 그 속에는 모세의 깊은 사고가 담겨 있고 자식과도 같은 이스라엘의 장래를 걱정하는 그 마음의 안타까움이 담겨 있습니다.

그러나 그 기록 속에 모세 자신에 대한 내용은 보이지 않으니, 철저하게 자신을 비운 하나님의 종 모세의 모습이 그려집니다.

하나님의 종 모세, 하나님이 기뻐하실 모세. 그의 인생을 마음속에 그려 봅니다.

✝ 기도

하나님, 당신의 약속이 얼마나 대단한 은혜인지 다시금 깨닫게 됩니다.
"나의 이름을 부르는 자는 구원을 얻으리라."라고 약속하셨습니다. 또 "회개하고 돌아오는 자의 죄는 기억하지 않겠다."라고 약속하셨습니다. 마지막으로 "주 예수의 이름을 믿는 자는 하나님의 자녀가 될 권세를 주시겠다."라고 약속하셨습니다.
무엇을 더 바랄 수 있겠습니까? 오직 감사할 뿐입니다. 감사한 마음을 담아 예수님의 이름으로 기도합니다. 아멘.

중세 이후 수많은 학자가 이스라엘의 역사와 정신세계에 대하여 성경과 관련지어 연구하였습니다. 그중에 누군가가 내린 결론, 약속받은 '선민의 권세'가 떠오릅니다.

수많은 민족 중에 이스라엘을 택하시지만 그들은 목이 곧고 수시로 불순종하며 자기 '의'가 너무 큰 자들입니다.

그렇지만 하나님은 이들을 택하셨습니다. 말 잘 듣고 변함없는 성품을 가진 다른 민족을 찾을 수 없어서일까요? 아니면 이들의 사례를 반면교사 삼아 수많은 다른 민족을 구원할 도구로 택하신 것일까요?

그 뜻을 우리가 짐작할 수 없지만, 이스라엘이 우리에게 보인 것을 나열해 보았습니다.

1. 하나님의 말씀을 잘 정리하고 기록하였다.
2. 말씀대로 살기에 철저하고 율법을 후손에 교육하여 대대로 이어지게 하였다.
3. 수많은 배신과 징계의 과정을 반복하여 하나님의 역사를 드러내면서도 선택받은 민족의 정체성을 잘 유지하고 있다.
4. 우리에게 본받을 행위와 하지 말아야 할 행위를 잘 보여 주는 반면교사의 역할을 수행하고 있다.
5. 그리스도의 계보를 유지하여 구원의 복음을 세상에 나타나게 하였다.

이러한 역할을 위해 그들을 선택하셨고 그들은 역할을 잘 수행하고 있다고 생각합니다.

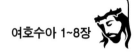
오늘 첫 묵상은 "하나님이 세우시는 사람, 가장 든든한 후원"입니다.

세상을 능력 있게 살아가는 사람들을 보면 소위 말하는 든든한 배경, '빽'이라고 하는 것을 가지고 있음을 봅니다.

출중한 개인 능력을 가지고 있음은 물론, 그 사람을 세워 주고 도와주며 그가 하고자 하는 일이 잘되도록 영향을 미치는 그 무엇인가를 가지고 있는 사람은 우리 스스로가 알아서 피해 줍니다.

불세출의 지도자 모세가 죽고 여호수아가 후계자가 됩니다. 전임자가 뛰어날수록 후임자에게 가해지는 압박이 얼마나 큰지 여러 사례에서 증명되고 있습니다. 늘 전임자와 비교당하며 평가절하되기에 스스로 무리한 처신으로 돌파하려다가 일을 크게 그르칠 위험이 큽니다.

이에 하나님은 여호수아에게 모세만큼이나 큰 권위를 실어 주심으로써 정복 전쟁을 이끌어 갈 리더십을 세워 주십니다.

> 1장 5절: "네 평생에 너를 능히 대적할 자가 없으리니 내가 모세와 함께 있었던 것 같이 너와 함께 있을 것임이니라. 내가 너를 떠나지 아니하며 버리지 아니하리니."
>
> 1장 9절: "...... 강하고 담대하라. 두려워하지 말고 놀라지 말라. 네가 어디로 가든지 네 하나님 여호와가 너와 함께하느니라."

4장 14절: "그날에 여호와께서 모든 이스라엘의 목전에서 여호수아를 크게 하시매 ......"

이와 같이 여러 말씀과 징표로 여호와께서 여호수아와 함께하심을 이스라엘에게 보이며 모세와 동등한 권위로 세워 주셨습니다. 마지막으로 여호수아에게 한 가지 의식을 더 하시니, 호렙산에서 모세를 부르시던 때와 같은 의식을 행하십니다.

바로 모세를 이스라엘의 지도자로 세우시려고 처음 부르실 때 하셨던 그 말씀을 여리고성으로 진군하는 이스라엘 앞에서 여호수아에게 동일하게 주고 계십니다.

5장 15절: 여호수아에게 이르되 "네 발에서 신을 벗으라. 네가 선 곳은 거룩하니라."

하나님이 세우시는 사람은 이처럼 거대한 하나님의 지원이 있게 마련이니 든든한 하나님의 배경, 즉 비할 수 없이 큰 '빽'으로 주어진 사명을 감당하게 하십니다.

정복 전쟁을 시작하여야 할 여호수아에게 하나님이 주신 말씀을 묵상하며 '이처럼 든든한 후원을 받을 수 있으면 내가 무엇이든 못 할 것이 없겠다.'라는 교만한 생각이 듭니다.

그러나 실제 정복 사업은 그리 만만하지 않음이 다음 장부터 드러납니다.

아간의 범죄와 아이성의 패배로부터 시작된 수많은 실패사례가 여호수아기에 기록되어 있고 결과적으로 약속의 땅을 다 정복하지 못했고, 또 거주민을 다 몰아내지도 못한, 불완전한 정복으로 마무리하게 됩니다. 즉, 아무리 하나님이 후원하셔도 내가 그 일을 해내지 못하면 약속은 이루어지지 않는 것입니다.

우리는 너무나 쉽게 하나님께 구하고 즉각 응답받기를 원하지만 하나님의 응답은 항상 더디기만 하고 기다리지 못하는 우리는 쉽게 포기하면서 하나님을 원망합니다.

하지만 하나님은 우리에게 좋은 것을 주시기를 원하시는 분이라는 것을 믿는다면 응답이 늦는 것이 우리에게 더 좋은 일이라 생각할 수 있을 것입니다.

드디어 약속의 땅을 차지하기 위한 정복 전쟁이 시작되었습니다.

지금부터 꼭 13년 전, 내가 처음으로 교회에 나온 그 1월의 새벽 기도회에서의 설교 내용이 여호수아 편이었습니다.

약 한 달간 계속된 설교를 들으며 느꼈던 감정은 '뭐 이런 것이 다 있나?'라는 것이었습니다.

가나안 땅에 대한 침략 전쟁과 거주민을 진멸하는 잔혹함이 주제인 본문을 읽고 설교를 들으며 기독교가 과연 사랑의 종교가 맞는가 하는 회의감이 들었는데, 그런 내가 용케도 도망가지 않고 지금까지 믿음의 길을 걷고 있다는 것이 기적과도 같은 일입니다.

이제 다시 본문을 통독하며 말씀을 묵상하고, 내게 어떤 말씀이 다가올지 큰 기대를 가지게 됩니다.

두 번째 묵상은 "두 가지 차이점"입니다.

이스라엘은 출애굽하면서 가나안에 들어가기까지 두 번의 물길을 건너게 됩니다. 첫 번째가 애굽 군사들의 추적을 받아 도망할 때 갈라진 홍해를 건넌 것이고 두 번째가 가나안 정복을 위하여 요단강을 건넌 것입니다.

물길을 건넌 것은 같지만 다른 것이 있습니다.

홍해 앞에서는 두려움에 떨며 도망치는 길에 먼저 물이 갈라진 후 건너간 것이며, 요단강 앞에서는 정복자로서 진군하는 과정에서 먼저 흐르는 물에 발을 담그자 물이 끊어졌다는 것입니다.

도망자와 정복자의 차이, 끊어진 물을 보고 건너간 것과 물에 들어가니 물이 끊어져 건너간 것, 이러한 두 가지 차이점이 눈에 들어옵니다. 하나는 도망자 신분에서 정복자로서의 신분 변화이며, 또 하나는 먼저 열린 물길 사이로 도망친 것과 믿음으로 먼저 흐르는 물에 들어서니 물길이 열리고 그 사이로 진군한 것입니다.

> 3장 15절: "…… 요단에 이르며 궤를 맨 제사장들의 발이 물에 잠기자."

40년간 광야를 유랑하며 수많은 불순종과 반역으로 온유한 사람 모세를 괴롭힌 그들이지만, 하나님의 은혜로 새로워져서 약속의 말씀을 실현할 군사로 거듭난 신분의 변화를 그들이 누리고 있는 것입니다.

또 새로운 세대는 오랜 교육과 훈련으로 믿음이 견고해졌기에 하나님의 명령대로 두려워하지 않고 흐르는 강물에 들어설 수 있었던 것입니다.

기도

하나님, 당신의 모든 역사를 만들어 가실 때 사람을 들어 사용하기를 원하시지만 그 역사는 사람의 능력으로 되는 것이 아니라 하나님이 하시는 것을 확실히 하기 위해 작고 부족한 자를 들어 쓰신다고 배웠습니다.

오늘 여호수아를 세우시고 든든한 배경이 되어 주심으로써 그가 담대히 자신의 사명을 감당하기 시작하는 것과 오랜 교육과 훈련으로 연단받은 이스라엘의 믿음을 봅니다.

물이 두려운 광야의 유목 민족이 말씀에 의지하여 언덕을 넘어 흐르는 요단강에 발을 내밀 수 있게 되었고 그 결과로 흐르던 강물이 끊어졌습니다. 이런 역사를 보면서 "그가 나를 단련하신 후에 내가 정금같이 되리라."라고 절규하던 욥의 고백이 떠오릅니다.

지금은 힘들고 고통스러운 순간이지만 약속의 말씀을 의지하며 견뎌 나갈 수 있는 힘을 허락하여 주소서.

일의 시작과 끝을 섬세히 만지시는 우리 주님을 신뢰하며 나를 향하신 주님의 계획이 무엇인지 묵상합니다. 이사야 6장의 구절을 마음에 새기며 예수님의 이름으로 기도합니다. 아멘.

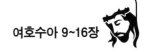

오늘 첫 묵상은 "계략에 넘어간 경솔함과 어리석음"입니다.

여리고와 아이성을 점령하는 과정에서 보여 준 이스라엘의 행위는 가나안 거주민에게 큰 충격으로 다가왔을 것입니다.

단순한 점령을 위한 침략이 아니고 그 땅의 영구적 소유와 거주민 말살 정책을 명확히 보여 준 증거로, 기존 거주민들이 할 일은 다음 3가지 중 하나를 선택해야만 할 것이 명백해졌습니다.

- 첫째, 죽기로 싸워 격퇴한다.
- 둘째, 땅을 포기하고 도망간다.
- 셋째, 항복하여 자비를 구한다.

두 번째 방법은 택하기 쉽지 않고, 대부분 첫 번째 방법을 택할 수밖에 없었을 것이고, 실제 여호수아 편에 기록된 내용은 대부분 이에 해당하는 것으로 전쟁의 승패에 관한 것입니다.

그런데 오늘 본문에 나오는 기브온 거주민들의 대응은 세 번째 방법인데, 이들은 더 나은 생존을 위해 나름대로 지혜로운 계략을 세워 대응에 나서고 여기에 이스라엘이 걸려들고 말았습니다.

가나안 변경 먼 곳에 거주하는 것으로 위장하여 정복 대상이 아닌 것으로 오판하게 하고, 항복의 조건으로 자신들의 안녕을 보장하도록 하나님의 이름으로 맹세하게 유도하였습니다. 이는 기브온 거주민 입장에서는 매우 지혜로운 계책이었습니다.

반대로 이스라엘에게는 참으로 어리석은 행위였음이 이후에 벌어진 역사가 증명하고 있습니다.

스스로의 언약에 발목이 잡혀 그들을 몰아내지 못한 결과, 완전한 정복을 요구하시는 하나님의 뜻을 이루지 못했고 이후 그들로 인한 영적 타락의 불씨를 안게 되었습니다.

이 모든 것은 어떤 판단을 할 때 가장 먼저 하나님의 뜻을 묻고 지혜를 구한 후, 나의 판단을 해야 함에도 그리하지 않은 탓입니다.

기브온의 사신이 왔을 때 하나님께 물었다는 기록이 없고 오직 그들 스스로의 판단으로 거짓 제안을 덥석 물어 버린 어리석음만이 기록되어 있을 뿐입니다.

이러한 일이 나에게 얼마나 많을까 생각해 봅니다.

매일 매 순간 판단하고 결정해야 할 일 앞에서 하나님의 지혜를 구한 일이 몇 번이나 될까요? 대부분 내 생각과 판단으로 행하지 않았던가 생각합니다.

그나마 중요한 사건 앞에서만이라도 기도하며 고뇌한 적이 몇 번이나 있었던가 생각하니 오늘 이스라엘의 어리석음을 비판할 수 없었고 나를 돌아보는 시간이 되었습니다.

두 번째 묵상은 "믿음의 힘과 실천, 이 산지를 내게 주소서"입니다.

14장 12절: "그날에 여호와께서 말씀하신 이 산지를 지금 내게 주소서.

당신도 그날에 들으셨거니와 그곳에는 아낙 사람이 있고 그 성읍은 크고 견고할지라도 여호와께서 나와 함께하시면 내가 여호와께서 말씀하신 대로 그들을 쫓아내리이다.”

갈렙의 나이 85세를 지났고 가나안 정복은 마무리 단계이지만 그들 앞에는 크고 강력한 아낙 자손이 지키는 헤브론이 남아 있습니다.

“그날에 여호와께서 말씀하신 이 산지”가 누구에게 주어진 것인가요? 갈렙은 그때 자기에게 말씀하신 여호와의 말씀을 신뢰하여 헤브론을 취하고자 나섰습니다.

녹록지 않은 현실 앞에서 약속의 말씀대로 나섰지만 갈렙이 의지할 수 있는 것은 단 한 가지, 여호와 하나님에 대한 믿음, 그 한 가지뿐입니다.

그리고 하나님이 약속하셨지만 쉽게 그 약속이 이루어지지는 않는 것, 장애물이 많고 어려움 또한 말할 수 없도록 컸습니다. 그러나 갈렙은 믿음으로 극복해 나가야 그 약속하신 결과를 받아 누릴 수 있다는 것을 알고 있었을 것입니다.

그렇기에 그는 담대히 나섰으며 그와 함께하시는 하나님에 대한 믿음이 그 약속을 성취하게 한 것을 오늘의 기록에서 알 수 있습니다.

14장 15절: “…… 그리고 그 땅에 전쟁이 그쳤더라.”

전쟁이 끝나고 약속의 땅을 취한 이스라엘의 기업 나누기가 시작됩니다.

참으로 오랜 기간 준비와 훈련, 연단의 과정을 거쳐 약속을 이루어

가시는 하나님, 그리고 그 약속을 받아 가는 선택된 지도자와 이스라엘의 노력, 그 모든 것의 바탕은 믿음과 순종, 철저한 준비와 실천이라는 것을 알 수 있습니다.

세 번째 묵상은 "가나안 정복은 완수되었는가?"입니다.

여리고와 아이를 시작으로 본격적인 정복 전쟁에 돌입한 이스라엘, 하나님의 약속과 권능에 힘입어 거칠 것 없어 보이는 정복 전쟁이었습니다. 그러나 11장 23절, 14장 15절에 "그리고 그 땅에 전쟁이 그쳤더라."라고 말한 시점에서 이스라엘의 성과를 살펴봅니다.

가장 먼저 기브온 주민들의 계교에 속아 하나님께 물어보지 않고 보호 조약을 맺어 버림으로써 그들을 몰아내지 못합니다. 눈부신 승리와 완전한 진멸로 그 땅의 대부분을 취하지만 가사, 가드, 아스돗은 남았습니다(11장 22절).

여호수아가 늙어 더 이상 전쟁 수행이 어려워진 그때, 여호와께서 여호수아에게 말씀하신 정복하지 못한 땅이 13장 2~6절에 기록되어 있는데 그중에 블레셋 지역도 있습니다.

가드 혹은 블레셋이라 불리는 지역의 거주민은 이스라엘 역사 내내 가장 강하고 완악하게 이스라엘을 괴롭히는 존재입니다. 이 땅은 지금도 큰 문제가 되고 있는 이스라엘의 가자지구입니다.

크고 강력한 무력인 철병거가 많고 견고한 성읍을 가진 지역은 몰아내지 못하고 굴복만 시키는 것으로 마무리한 것입니다.

유다 족속의 땅에 예루살렘 주민 여부스 족속을 쫓아내지 못하였고

(15장 63절) 에브라임 족속의 땅에 게셀에 거주하는 가나안 족속 역시 쫓아내지 못하였다고 기록하고 있습니다(16장 10절).

그리고 이후의 역사를 보면 여호수아가 죽고 하나님의 역사를 목격했던 장로들도 사라지자 이스라엘은 바로 하나님을 잊어버리고 남겨놓은 가나안 주민들로 인하여 타락의 길로 빠져듭니다.

성경 기록은 그 자체의 사실 여부와 관계없이 어떠한 교훈을 주고있음을 인지하게 됩니다. 하나님에게 이끌리는 삶을 살아간 이스라엘의 가나안 입성과 정착 과정은 우리 믿는 사람들의 삶을 예표하는 것으로 보입니다.

말씀에 의지하기보다 자기의 생각을 앞세우고, 행위는 언제나 불완전하고, 말씀에 100% 순종하기보다 상황에 맞추어 적당히 타협하는등 이는 우리의 삶이 그대로 투영된 모습입니다.

하나님은 이스라엘이 어떻게 될지 잘 알고 계셨음에도 이스라엘을 그대로 두고 보셨으며 불순종과 실족함을 용납하셨습니다. 또한, 이후 사사기, 열왕기에 기록된 대로 징계와 구원, 용서를 끝없이 반복하셨습니다.

우리 인생도 이와 같이 용납하시고 징계하시고 또 용서하실 것을 예표로 알게 하시는 여호수아 편의 기록을 묵상합니다.

기도

하나님, 매일 맞닥뜨리는 수많은 결정의 순간에서 과연 나의 뜻이 아닌 하나님의 뜻을 먼저 구한 일이 얼마나 되는지 생각해 보니 부끄러운 마음만 듭니다.

그리고 약속만 믿고 행하지 않는 어리석음을 경계합니다. 약속이 이루어지기 위해 필요한 것은 나의 믿음과 순종, 철저한 준비와 실천이라는 것을 마음에 새기며 갈렙의 마음가짐을 헤아려 봅니다.

말씀 묵상을 통해서 이스라엘에게 보이신 여러 역사가 우리 인생에도 똑같이 나타나고 있음을 알아갑니다. 부족하고 목이 곧은 저희를 용납하시고 구원의 길을 놓지 않으신다는 약속에 감사드립니다.

언제든지 회개하고 돌이킬 수 있도록 저희의 영을 지켜 주소서. 늘 함께하시며 신실하게 약속을 이루어 가시는 주님을 신뢰하며 예수님의 이름으로 기도합니다. 아멘.

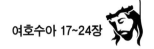

오늘 첫 묵상은 "제비뽑기"입니다.

> 18장 6절: "...... 너희를 위하여 우리 하나님 여호와 앞에서 제비를 뽑으리라."

땅은 정복하는 것보다 공평하게 분배하기가 더 어렵습니다. 정복할 때는 하나의 목표를 가지고 모두가 힘을 합쳐 싸울 수 있지만, 획득한 땅을 나눌 때는 각자의 이해가 앞서게 됩니다.

따라서 나누기에 충분한 땅이 확보되지 않으면 반드시 불만이 생기고 서로 분쟁하여 어제의 동지가 오늘의 원수가 되는 일이 수없이 벌어집니다.

이스라엘에게도 그런 분쟁이 벌어질 조건이 충분했습니다. 기본적으로 가나안 땅은 협소한 데다 험한 황무지가 많고, 또 정복하지 못한 지역도 많아 모두에게 넉넉하게 나누어 주기 어려웠습니다.

먼저 정복한 땅은 유다 지파 등 일부 지파가 먼저 차지했고 일부 지파에게는 정복되지 않은 땅을 너희가 차지하라고 했습니다. 그런가 하면 분깃이 없는 레위인이 요구하자 기존에 분배했던 땅 중에서 여러 성읍을 다시 레위에게 돌리기도 했습니다.

큰 분쟁이 될 만한 상황이었지만 성경에는 이들이 분배 문제로 갈등하였다는 기록이 없습니다. 오직 그들이 분배받을 땅을 제비 뽑아 결정하였고 제비 뽑힌 대로 차지했다고만 기록되어 있습니다.

제비뽑기, 사람의 욕심과 불평을 잠재울 수 있는 하나님의 방법인 것이지요. 사람들이 순순히 승복하기만 하면 분쟁을 없애는 데 이보다 더 좋은 방법은 없다고 생각합니다.

나의 목표를 운에 맡긴다며 싫어하는 사람도 있지만 내가 가지면 누구도 차지하지 못할 땅을 현명하고 불평 없이 나눌 세상의 방법은 찾을 수 없다고 생각합니다.

두 번째 묵상은 "경계선의 안과 밖이 생기다"입니다.

이스라엘은 가나안을 정복하고 자기들의 영지를 분배하였습니다. 그런데 이들이 차지한 땅은 여호와의 소유지(22장 19절에 표현된 것처럼 요단강 서쪽)만이 아니라 요단 동편도 포함되어 있습니다.

이스라엘이 인식하는 약속의 땅은 요단 서안으로, 요단을 건너지 않고 땅을 분배받은 르우벤, 갓, 므낫세 반 지파는 약속의 땅에 스스로 들어가지 아니한 것입니다.

이러한 이유로 요단 동편을 차지한 르우벤, 갓, 므낫세 반 지파는 스스로 이스라엘 민족으로서의 정체성에 의구심을 가지게 되고 한 민족으로서의 연결 고리를 가질 목적으로 길르앗 땅에 제단을 쌓게 됩니다.

이로 인해 요단 서안에 거주하는 지파와 동안에 거주하는 지파 사이에 오해가 생기고 전쟁의 위기까지 겪게 됩니다. 마치 다른 민족처럼 말입니다.

여호와 하나님이 약속하신 이스라엘의 소유지는 요단강 서안이지만 르우벤, 갓, 므낫세 반 지파는 자기의 눈에 보기 좋았던 요단 동편을 차지함으로써 스스로 하나님의 품을 벗어나는 잘못을 범했습니다. 이로 인해 그들은 스스로의 정체성을 의심해야 하는 지경이 된 것입니다.

이는 롯이 자기가 보기에 좋았던 땅을 선택하여 소돔으로 이주한 것과 유사한 경우입니다. 지금은 그들이 차지했던 요단 동편(지금의 요르단 지역)을 이스라엘이 내 땅이라 주장할 수 없다는 사실을 알아야 할 것입니다.

하나님은 약속하신 것을 반드시 이루어 가시지만 우리의 욕심으로 인해 벌어지는 약속의 변형은 결코 좋은 결과를 가져오지 못함을 오늘의 기록에서 알 수 있었습니다.

약속의 땅을 차지한 직후 요단강이 민족을 갈라놓고 이민족처럼 이스라엘의 정체성이 흔들리는 큰 사건이 되어 버렸습니다. 이런 어리석음을 범한 이스라엘의 예를 늘 마음에 새기며 우리의 욕심을 다스려 나가야 한다는 것을 깨닫는 시간이 되었습니다.

세 번째 묵상은 "전과 후를 나누는 경계"입니다.

22장 25절: "...... 우리와 너희 사이에 요단으로 경계를 삼으셨나니 ......"

24장 31절: "...... 모든 일을 아는 자들이 사는 날 동안 여호와를 섬겼더라."

12지파는 한 형제요, 한 민족으로 서로 남이 아닙니다.

그런데 요단 동편 땅을 분배받은 르우벤, 갓, 무낫세 반 지파와 약속의 땅 가나안에 정착한 나머지 지파 사이에 구분이 생깁니다.

여호수아는 그들을 돌려보내면서 이들에 대한 통제권이 없어진 것처럼 보입니다. "우리와 너희 사이에"라는 말처럼 요단강을 경계로 세 지파와 나머지 아홉 지파 사이는 남남처럼 되어 가고 있음을 알 수 있습니다.

요단 동편에 제단을 쌓은 일도 서측 지파와 상의 없이 그들만의 의지로 했고, 이 일은 요단강 양안에 거주한 지파가 분리하여 전쟁을 벌이려 한 사건으로 비화됩니다.

아직은 여호수아가 살아 있고 하나님의 백성으로 훈련받고 동고동락한 기억이 남아 있기에 서로 대화로 오해를 풀고 있지만 이미 남이 되어 가고 있음이 느껴집니다.

가나안 정복과 정착을 마치고 시간이 흘러 안정화되어 갑니다. 그러나 놀라운 하나님의 역사를 몸소 겪어 아는 세대, 즉 여호수아와 갈렙 및 그 당시의 지도층인 장로들이 "생존한 동안 여호와를 섬겼더라."라고 기록한 24장 31절의 말씀은 시간이 흘러 '하나님의 역사를 몸소 겪어 아는 세대'가 사라지자마자 이스라엘이 여호와를 떠나 타락의 길로 갔음을 의미하는 기록임을 알아야 할 것입니다.

약속의 땅 가나안을 나누는 요단강 양안에 정착한 이스라엘이 동과 서로 구분되고, 하나님의 역사를 몸으로 겪어 아는 세대가 사라진 그 시점을 경계로 순종과 불순종이 구분됩니다. 요단강이 물리적 경계선을, 세대교체가 인식의 경계선을 의미함을 알아 가는 오늘의 본문 묵상은 성경 기록의 행간을 읽는 시간이 되었습니다.

✝ 기도

하나님, 이스라엘은 대대로 정착하여 살아갈 터전을 차지함에 있어 어떠한 이해관계를 고려하지 않고 오직 주시는 대로 받는 성숙함을 보입니다.

주시는 이는 오직 하나님이시라는 믿음이 있어야 제비뽑기의 결과를 순응할 수 있을 것이기 때문입니다. 이처럼 하나님의 방법을 전적으로 의지하여 살아가면 참 좋겠다는 생각이 듭니다.

그리고 오늘의 말씀을 묵상하면서 시간이 흐르고 나를 둘러싼 상황이 변해 갈 때 초심을 잃지 않는 것이 얼마나 어려운 일인지 깨닫게 됩니다.

말씀 묵상을 통해 세상 모든 것은 변해 갈지라도 영원히 변치 않는 하나님의 말씀을 의지하며 나의 중심을 잡아 나가야 할 것을 알게 되었으니 주님, 나의 중심을 잡아 주소서. 예수님의 이름으로 기도합니다. 아멘.

순종 제39일 차(목)

사사기 1~8장

오늘 첫 묵상은 "끝없이 반복되는 일"입니다.

여호수아를 비롯한 광야 시대를 경험한 장로들이 모두 사라졌지만 정복 사업은 끝나지 않았습니다.

유다를 위시하여 각 지파별로 분배받은 기업은 아직도 상당 부분 미정복지로 남아 있으므로, 하나님께 물어 정복에 나서지만 추진력이 여호수아가 있을 때와 같지 않습니다.

결국 지파별로 할당받은 땅에 거주하던 많은 가나안 주민을 모두 몰아내지 못한 관계로 같이 동거하게 되었고 이는 하나님이 말씀하신 대로 그 땅의 우상에 물들어 버리는 결과로 이어집니다.

하나님께서 진노하여 하신 말씀이 이것이니 그대로 되고 맙니다.

> "내가 그 땅의 거류민을 몰아내지 않고 그들이 너희 옆구리의 가시가 되게 하리라."

가나안에 정복자로 들어온 이스라엘, 그러나 불완전한 정복과 그 땅의 우상에 오염된 하나님의 선민 이스라엘은 얼마 되지 않아 하나님의 필요에 따라 세우시는 이방 민족에게 거꾸로 정복당하여 괴로운 시절을 보내게 됩니다.

그리고 애굽에서 노예 생활로 괴로워할 때 하나님을 찾으며 부르짖을 때 모세를 세워서 보내신 것처럼 이민족의 압제에 괴로워서 하나님을 애

168   짝사랑의 러브레터

타게 찾을 때마다 하나님은 사사를 세워 그들을 구원하게 하십니다.

문제는 이러한 타락에 따른 하나님의 징계, 회개와 부르짖음, 구원으로 이어지는 역사가 한 번 혹은 두세 번만이 아니라는 것입니다. 옷니엘부터 삼손까지 열한 명의 사사와 이후 왕정 시대, 남북국 시대를 관통하여 수십 번 반복하는 역사가 성경에 기록되어 있습니다.

이것이 의미하는 메시지가 무엇일까 생각해 봅니다. 이렇게 끝없는 반복되는 역사가 목이 곧고 은혜를 금방 잊어버리는 패역한 이스라엘 민족이기에 벌어지는 것일까요?

이런 완악한 민족을 선민으로 택하신 하나님의 실수 때문일까 생각해 보지만 하나님은 실수하실 수 없는 분이라는 것을 믿기에 달리 판단하여야 할 것이라는 생각이 들었습니다.

이것이 우리에게 주시는 하나님의 생각과 처분에 대한 예표라 생각하니 예수님의 말씀과 잘 맞아떨어집니다.

구원은 오직 믿음으로부터 주어지고 부족한 사람들은 수시로 실족하여 넘어지지만, 언제든지 회개하고 돌이켜 주님 앞에 나아오기만 하면 그분은 우리를 일곱 번씩 칠십 번이라도 용서하십니다. 너희의 죄를 기억도 하지 않으시겠다고 약속하신 예수님의 말씀은 정말 우리에게 주어진 무엇과도 비교할 수 없는 복음입니다. 우리는 또한 이를 통해 구약에서 보여 주신 하나님의 뜻과 신약에서 말씀하신 예수님의 뜻이 정확히 일치한다는 것을 알 수 있습니다.

두 번째 묵상은 "너무도 쉽게 세상에 물드는 하나님의 백성들"입니다.

여호수아와 하나님의 역사를 본 장로들이 죽은 후 여호와를 모르는 세대가 일어나 이방인과 통혼하고 이방신을 섬기기 시작합니다.

출애굽을 시작으로 레위기, 민수기를 거쳐 여호수아서에 이르기까지 약 50년간 엄청난 하나님의 역사하심을 똑똑히 보았으며 모세와 여호수아를 통한 치밀한 교육을 받은 그들이 불과 한 세대도 지나지 않아 하나님을 잊어 가며 세상에 물들기 시작한 것입니다.

왜 그럴까요? 이방인들에게 하나님의 말씀이 스며들어 믿음이 퍼져 나갔다는 기록은 없고 오히려 선택받고 교육받은 이스라엘이 타락하고만 이 사실을 어떻게 받아들여야 할까요?

하나님을 선택하여 믿음을 지키기는 참으로 힘들고, 세상에 젖어 들기는 참으로 쉬운 우리의 처지와 어찌 이리 비슷할까요?

사사가 일어나 구원이 임한 후 그가 죽을 때까지만 하나님을 바라보다가 곧바로 타락하여 징계를 받기를 되풀이하는 사사기의 기록을 묵상하며 왜 그때나 지금이나 하나님의 말씀대로만 사는 것이 이리도 힘들까 생각해 봅니다.

별로 노력하지 않아도 아무 생각 없이 살아가면 편하기만 할 것입니다. 정신을 바짝 차려 말씀을 지키고 세상과 구별되게 살아가는 것이 얼마나 힘들고, 우리는 왜 그 힘든 길을 선택해야 하는지 확고한 이해가 필요합니다.

하나님은 우리에게 어떤 존재이신가요? 그리고 힘든 그 길을 선택했을 때 우리에게 돌아오는 보상은 무엇인가요? 또 하나님이 우리에게 그 길로 오라고 요구하신다는 것이 믿어지나요?

짧은 믿음 생활에서 만족할 만한 답을 구할 수 없었지만, 어렴풋이 말씀의 중심을 느낄 수는 있었고 몇 번인가 내 영혼에 속삭이시는 레마의 말씀을 경험했습니다. 나를 돕고 깨닫게 하시는 손길을 느끼며 부르시는 그 길을 따라가야 한다는 믿음이 들어왔기에 오늘 본문을 이해할 수 있었습니다.

구약 시대, 토라의 말씀은 율법이 되어 이스라엘의 영과 육을 지배했지만 그들에게만 한정되었고, 복음의 소식이 들린 후 비로소 세상 모든 민족에게 하나님의 말씀이 퍼져 나갔다는 사실에 유의하며 말씀을 읽고 묵상하니 모든 것이 새롭습니다.

주님, 내 영을 깨우쳐 늘 새롭게 하소서….

세 번째 묵상은 "사사 시대와 현세대의 닮은 점"입니다.

이스라엘이 가나안을 정복하였으나 하나님께서 명령하신 대로 가나안 거민을 다 쫓아내지 못하고 같이 동거하매 그들의 문화와 우상에 물들어 타락하게 됩니다.

하나님이 요구하신 이스라엘의 영적 세계는 흠 없고 깨끗한 것이었지만 타락한 영적 세계를 가진 가나안 거민과 동거하게 되자 너무나 쉽게 오염되고 만 것입니다. 깨끗한 생수에 더러운 물 한 방울이 떨어진 것처럼 말입니다.

2장 3절: "…… 내가 그들을 너희 앞에서 쫓아내지 아니하리니 그들이
너희 옆구리에 가시가 될 것이며, 그들의 신들이 너희에게 올
무가 되리라."

이 말씀처럼 완전한 하나님의 나라를 구현하지 못한 이스라엘은 죄
와 우상의 유혹에 빠지게 되고 사사 시대에 타락과 징계, 호소와 구원
의 역사가 사사의 숫자만큼 반복됩니다.

이 사사기의 기록은 현재 우리 시대의 영적 상황과 놀라우리만큼 닮
아 있음을 알 수 있습니다. 이 세상의 수많은 유혹 속에 사는 우리의
영은 너무나 쉽게 오염되고, 넘어져서 고통받습니다. 우리 영이 고통
속에 하나님의 구원을 간구하면 선하신 하나님이 구원의 손길을 내미
시매 우리 영이 구원을 받습니다. 그러나 또 시간이 지나가면 구원의
은혜를 잊어버리고 타락의 굴레에 빠지기를 반복하는 것입니다.

본문 사사기를 묵상하니 이 기록이 그 옛날 이스라엘의 역사가 아
니라 바로 지금 우리 사회에서 벌어지는 영적 타락의 기록같이 느껴집
니다.

수많은 유혹과 우상에 노출된 우리의 영혼은 너무나 쉽게 하나님을
잊고 죄성에 빠져듭니다. 그러다 뉘우치고 회개하는 자에게 언제나 구
원의 손길을 내미시는 하나님을 경험합니다. 하지만 그것도 잠시, 다시
타락하고 또 회개하고 또 구원받는 것이 반복됩니다. 그러나 하나님은
인내하시며 우리를 거두어 주십니다.

마지막 묵상은 "마음 상한 자들을 다스리는 지혜"입니다.

8장 2절: "에브라임의 끝물 포도가 아비에셀의 맏물 포도보다 낫지
아니하냐."

사사 기드온이 미디안을 격파하고 진군하는 과정에서 에브라임 사람들이 시비를 걸고 있습니다.

승리가 눈앞에 보이고 큰 전공과 논공행상이 예상되는 시점이 되니 그동안 엎드려 있던 각 족속들이 기드온에게 나아 와 자기의 몫을 주장하기 시작하는데, 오늘 에브라임 사람들이 그러합니다.

같은 편, 우리 종족이라도 이런 시기심과 발목 잡기는 언제나 있게 마련입니다. 이때 리더의 대응이 중요합니다.

차가운 논리로 그들의 비겁함과 기회주의적 처신을 지적하며 기여도에 따라 과실을 독점하려 한다면, 이런 무리들의 시기심이 적군보다 더욱더 큰 위협이 됨을 역사의 교훈을 통해 우리는 알고 있습니다.

이때 기드온은 지혜롭게도 8장 2~3절의 말로 대응하여 그들 에브라임을 수용하고 내분의 요인을 제거합니다. "나 아비에셀의 공보다도 너희 에브라임의 공이 더 크다."라는 이 한마디의 말은 성공의 영광이 눈앞에 보이는 리더가 마지막에 실족하지 않기 위해 유의하여야 할 큰 덕목인 것입니다.

기도

하나님, 은혜와 사랑이 한량없으시며 오래 참고 노하기를 더디 하시는 하나님의 성품을 기뻐하며 닮아 가기를 원합니다. 부족한 저희의 영을 바로잡아 주소서. 어리석은 우리를 항상 감싸 주시는 그 은혜에 늘 감사하는 마음으로 주님을 바라봅니다.

또 기드온의 성공이 누구의 공인지 성경은 말씀하고 계십니다. 모든 것이 하나님이 함께하심으로 이루어지는 놀라운 성과인데 종종 우리는 그것이 자신의 능력이라고 착각합니다.

이와 함께 슬며시 들어오는 것이 바로 교만이라 이에 빠지게 되면 그동안 만들어 온 모든 성과가 한순간에 사라진다는 교훈을 늘 새기며 살아가겠습니다. 오늘 기드온이 에브라임을 높이는 말로 구슬리는 지혜를 배웁니다.

말씀은 지혜의 보고임을 느끼며 예수님의 이름으로 기도합니다. 아멘.

오늘 첫 묵상은 "쓰임 받을 때 주의하라"입니다.

'기드온(여룹바알)'은 포도주 틀에 숨어 밀을 타작하던 소심하고 작은 자였지만 하나님의 부름을 받아 크게 쓰임을 받게 됩니다.

그 후에 얻게 된 명성으로 부귀영화를 누렸고 여룹바알의 집안이라는 왕조를 형성하는 등 세상의 부와 권력에 매몰되어 갑니다.

무려 70명의 자녀를 보았고 그 자녀들이 모두 나귀를 탔다는 짧은 기록뿐이지만, 미루어 모든 것을 짐작하게 합니다. 그러나 그의 사후에 70명의 자녀 중 한 명만 빼고 모두 한자리에서 죽고 마는 멸문지화의 변을 당하고 맙니다.

그는 에브라임이 도발할 때 "에브라임의 끝물 포도가 아비에셀의 맏물 포도보다 낫지 아니하냐?"라고 설득하여 내분의 소지를 없애는 현명한 사람이었습니다.

하지만 쓰임이 끝난 후 세상에서 떠받들리는 부귀와 권력의 욕심에 넘어지고 만 것이라 생각됩니다. 하나님이 부르셔서 능력 주시고 이끌어 주심으로 크게 쓰임을 받지만 그에 따르는 명성에 묻혀 하나님과의 관계가 잊혀진다면 그다음은 결코 좋을 일이 없음을 알게 해 주는 오늘의 본문인 것입니다.

작년에 모 대형 교회를 일구어 온 담임 목사가 교회를 그 아들에게 세습하고 교단 재판국이 이를 승인한 사건으로 인해 세상에서 큰 지탄을 받는, 부끄럽고 참담한 일이 있었습니다.

그는 하나님께 크게 쓰임 받아 놀라운 부흥 사역을 잘 감당한 큰 일꾼이었습니다. 그러나 교회가 커지고 물질이 넘치며 목사의 권위가 예수님을 가리게 되니, 교회를 자기의 소유물처럼 여기는 지경이 된 것을 깨닫지 못한 불행한 결과인 것입니다.

우리나라 교회는 어렵고 곤궁한 시기에 영적으로 더 맑았으며 세상의 빛과 소금으로서 영향력을 가짐으로써 근대화의 큰 역할을 했습니다.

그러나 먹고살 만해진 시기부터 교회는 대형화되어 물질과 권력의 속성을 가지면서 세상에서 빛과 소금으로서의 영향력을 잃어버리게 되었습니다. 급기야 세상에서 지탄받는 목사교로 타락하고 말았습니다.

오늘 묵상을 통해 크게 쓰임 받아 능력을 세상에 떨치고 성공하는 그때가 가장 위험한 순간임을 깨닫습니다.

두 번째 묵상은 "쓰임 받는 자는 모든 것이 형통한가?"입니다.

기드온 뒤에 세워지는 사사들은 활동에 대한 별 언급이 없습니다. 사사가 세워지지 않은 시기에는 이스라엘이 타락하여 이방 민족에게 침탈을 당하는 징계가 계속 반복됩니다. 그러다 유명한 사사 삼손이 등장합니다. 그의 치세 20년은 하나님의 약속에 의한 탄생과 신화적인 힘을 이용한 블레셋과의 투쟁으로 그려지고 있습니다.

기드온은 크게 쓰임을 받은 후 얻게 된 명성으로 부귀영화를 누렸고 여룹바알의 집안이라는 왕조를 형성하는 등 세상의 부와 권력에 매몰

되었기에 오래지 않아 멸문지화를 당했습니다. 반대로 삼손은 여자에 대해 절제하지 못하는 행태를 보임으로써 그 큰 활약에도 결국 비참한 최후를 맞이하게 됩니다.

크게 쓰임 받는 일은 너무나도 좋은 일이기도 하지만 또 매우 위험한 일이기도 합니다. 스스로 삼가고 주의하지 않으면 짧은 영광 뒤에 긴 몰락을 겪게 됩니다. 항상 주의하고 자중하여 성공하는 순간이 가장 위험한 때임을 깨달아야 합니다.

로마 시대에 탄압받던 지하 교회가 오랜 박해를 견디고 사회를 변화시켜 로마 황제에게 공인받은 그 승리의 순간을 기억합시다. 양지로 나온 교회가 세상 권력과 야합하여 ○○○교회로 변질되고 만, 그 사탄의 한판 되치기로 중세 암흑 시기가 오게 된 역사를 똑바로 인식하여야 합니다.

나도 언젠가 물질이 풍부해지고 영향력이 커지는 시점이 있을 터인데, 그때 반드시 주의하고 깨어 있도록 조심하여야 할 것이라는 마음을 가져 봅니다.

세 번째 묵상은 "수신제가"입니다.

사사로서 기드온의 역할은 훌륭하였으나 성공 이후 금으로 에봇을 만들고 첩을 두어 아들을 낳으니 그가 아비멜렉입니다.

아비멜렉의 역할은 이스마엘과 유사하여 그 형제들을 대적하였고, 여룹바알의 집안을 망하게 하였습니다. 아비멜렉을 옹립하고 또 배반하는 세겜 땅 주민들의 반응은 과거 야곱의 딸 디나의 사건으로 얼룩진 역사의 보복일 수도 있다고 생각됩니다.

사사 입다의 시대 또한 정실부인 소생들과 기생의 아들 입다 사이의 갈등을 기본으로 하고 있습니다. 그는 큰 용사였으나 소실의 자식이라는 이유로 배척되었다가 암몬과의 전쟁으로 인하여 사사로 세워졌고 자기의 역할을 잘 감당했습니다. 하지만 하나님이 금하신 사람을 제물로 한 서원을 드린 벌로 자기의 무남독녀 외동딸을 번제로 바치게 되는 벌을 받습니다.

12장 기록에서는 전쟁이 승리로 마무리되어 갈 시점에 에브라임 사람들이 기드온에게 한 것처럼 또 입다에게도 시비를 거는 교활함을 보입니다.

어제의 묵상처럼 기드온은 현명하고 지혜롭게 그들을 구슬려 내분을 막았지만, 입다는 원칙을 내세우는 강퍅함으로 인하여 에브라임과 전쟁을 벌이고 그들 사만 이천 명을 죽이는 참극을 벌입니다. 이러한 입다의 성품은 소실 자식에 대한 차별로 인한 분노로 형성되었을 것이라 짐작됩니다.

유명한 사사 삼손의 이야기가 13~16장에 길게 기술되어 있습니다. 그러나 삼손의 문제는 한 가지, 여자 문제만은 자신의 욕정대로 행하였고 결국 그 결과로 죽음에 이르게 됩니다.

자신을 하나님께 드린 나실인은 자신의 몸과 마음을 정결하게 하고 하나님만을 바라보아야 했지만 삼손은 자신의 뜻을 고집하였고, 블레셋과의 싸움도 결국 자신의 분노로 인하여 일어나게 된 것을 바로 알아야 합니다.

사사 시대는 혼탁한 시대라고 합니다. 이스라엘이 죄에 빠질 때 사사의 역할로 그들을 구원하였지만, 사사들의 성공과 실패를 따져 보면 결국 사사로 세워진 그들의 마음가짐에 모든 것이 달려 있습니다. 아비멜렉, 입다, 삼손 모두 자기를 다스리는 데 실패한 사사들임을 알 수 있습니다.

이는 우리 격언 중에 '수신제가치국평천하(修身齊家治國平天下)'라는 말이 잘 적용됨을 느끼게 됩니다.

> "자신의 몸을 정결하게 하고 집안을 잘 다스리는 자가 나라를 다스려 천하를 평안하게 한다."

자신을 잘 관리하고 집안을 다스려 평안하게 할 때 하나님이 세상에 나아가 할 일, 즉 사명을 주실 것입니다. 그중 가장 중요한 것은 말씀에 근거한 자기 자신의 올바른 관리라는 것을 생각하게 합니다.

✝ 기도

하나님, 사사들의 성공과 실패를 묵상하며 자기 자신의 관리가 얼마나 중요한지 알아가는 시간을 가졌습니다. 하나님 앞에 바로 서 있지 아니한 사사들의 말로가 좋지 아니함을 보며 교훈을 얻습니다. 언제나 바로 인도해 주시기를 구하며 예수님의 이름으로 기도합니다. 아멘.

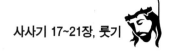
오늘 본문의 초입부와 마지막 구절에 기록된 동일한 말씀에 유의하여 묵상합니다.

> 17장 6절, 21장 25절: "그때에 이스라엘에 왕이 없었으므로 사람이 각기 자기의 소견에 옳은 대로 행하였더라."

이 구절은 참으로 많은 것을 생각하게 하는 묵상 제목으로, 여러 각도에서 묵상하고 정리해 보았습니다.

오늘 첫 묵상은 "일어난 현상에 대하여"입니다.

여호수아 이후, 가나안 정복이 불완전하게 끝나고 곧바로 이스라엘의 타락이 시작되었습니다. 타락에는 반드시 징계가 따르고 회개하여 부르짖으면 사사를 보내어 구원하시기를 반복하는 시기였습니다.

오늘 본문은 또 다른 이스라엘의 영적 타락을 기록하고 있습니다.

"이스라엘에 왕이 없었으므로 ……"라는 말씀은 한 나라의 왕이 없었다는 말이 아니라 왕이신 하나님을 잊었다는 말씀이며 "자기 소견에 옳은 대로 ……"라는 말씀은 인본주의에 빠진 것을 의미합니다. 이 점을 유념하여 읽어야 바른 맥락을 집을 수 있습니다.

그 결과 이스라엘 사회에 어떤 일이 벌어졌는가 판단해 보면 말세적

증상을 보이는 현재 우리 사회의 현상과 놀랄 만큼 닮아 있다는 것을 깨닫게 됩니다.

17장, 유력한 집안 미가에게 일어난 일을 묵상합니다. 자식과 어미가 은 천백을 서로 훔치고 저주한 일, 어이없는 후처리 과정을 봅니다.

여호와의 이름을 부르는 자가 훔치고 저주받은 은으로 십계명 중 첫째로 금지한 신상을 새기어 신당에 두어도, 또 그것을 단 지파가 탈취하여 그 지파의 우상으로 보존하는 기막힌 일을 자행해도 자기 소견에 옳은 대로 행하니 거리낄 것이 없습니다.

또 그때까지 기업으로 땅을 분배받지 못한 단 지파의 처지를 헤아려 봅니다. 유다를 비롯한 유력 지파는 자기의 땅을 차지하였지만 군소 지파에 대한 배려가 없는 지파 이기심에 그들은 그때까지 정착하지 못하고 헤매고 있었습니다. 정착할 땅 라이스를 칠 때 타 지파의 도움도 없었습니다.

또 레위 사람의 타락을 보여 주는 축첩과 그들에 대한 베냐민 지파에 속한 기브아 사람들의 극악한 범죄, 그리고 레위인의 이해할 수 없는 대응. 현재 우리 사회에 만연한 기막힌 범죄와 다를 바가 없음을 느끼게 합니다.

이로 인한 베냐민을 향한 나머지 지파의 전쟁 전개 과정과 베냐민 지파의 몰락에 이르는 과정은 과연 하나님의 뜻인가 아니면 하나님의 뜻을 빙자한 자기 소견대로 행한 일이었는가를 생각해 봅니다.

이 모든 사건의 기록을 묵상하며 문자적 사실보다는 그 일이 왜 어떤 원인으로 벌어졌을까 깊이 생각해 보았는데, 그 결과 오늘 묵상의 제목으로 주신 '자기 소견'이 묵상의 열쇠가 되었습니다.

- 하나님의 뜻=신본주의
- 나(사람)의 뜻=인본주의

사회와 백성 전체에 하나님의 뜻을 기준으로 한 가치관이 형성되면 건강하고 밝은 사회가 이루어지지만, 사람의 생각이 우선하는 인본주의가 득세할 경우 무한 자유를 구가하다가 타락으로 치닫게 됨은 근대 사회의 전개 과정에서 명확히 드러납니다.

자유와 방종 그리고 끝을 알 수 없는 타락. 바로 우리가 겪고 있는 현대 사회의 예표인 것입니다. 오늘 본문이 주는 교훈은 하나님을 떠난 인간들이 겪고야 말 필연적 결과인 것을 알아야 할 것입니다.

두 번째 묵상은 "의미에 대하여"입니다.

이스라엘에 왕이 없다고 합니다. 사사 시대는 옷니엘부터 삼손까지 12명의 사사가 다스리던 시기입니다.

이후 이스라엘이 왕을 구하여 사울을 왕으로 세우기 전이라 왕이 없었던 것은 모두가 아는 역사적 사실입니다. 그럼에도 성경은 이스라엘에 왕이 없었다고 합니다. 여기서 성경이 말씀하시는 왕은 누구일까 생각해 보니 그 왕은 여호와 하나님인 것을 깨닫게 됩니다.

즉, 이스라엘 민족의 중심이 하나님의 뜻을 떠나 자기의 생각이 중심에 자리하게 된, 이방 민족과 다를 바 없게 된 시기라는 것을 말하고 있는 것입니다.

이 시기에 일어난 많은 사건은 하나님의 가르침과는 관계가 없다는 것이 기록되어 있습니다. 미가의 집안에서 일어난 모자간의 절도 사건, 한 가정에서 신상을 제작하고 레위인을 가족의 제사장 삼은 것, 단 지파가 분배받은 땅을 떠나 다른 곳으로 가면서 미가의 집안을 약탈한 사건, 레위인의 첩과 그에게 행한 일부 베냐민의 악행, 그로 인한 민족 내부의 전쟁과 베냐민 지파의 멸절 사태 등을 기록한 것이 오늘의 본문 내용입니다.

사건 하나하나 하나님의 가르침과는 상관없이 전개되지만 그 당사자의 입으로는 여호와 하나님의 뜻 안에서 행한다고 말합니다.
이 영적 암흑 시기를 한마디로 정의한 말씀이 "자기의 소견에 옳은 대로 행한다."입니다. 참으로 적절한 표현임을 알 수 있습니다.
이 영적 암흑 시기는 여호수아가 죽고 광야 세대가 모두 떠나 여호와를 알지 못하는 2세들의 시기로, 가나안 입성 후 불과 수십 년이 지난 때입니다.

모세는 후계자를 세워 여호와 하나님의 가르침이 계속 이어지게 하였지만 여호수아는 후계자를 세우지 않음으로 그들이 받은 가르침과 경험이 후세에 전달되지 않았습니다.
하나님을 경험한 세대가 물러가며 그 경험을 후세에 전수하지 않으면 선택받은 백성 이스라엘이라 할지라도 이방 민족과 다를 바 없다는 것이 성경이 말씀하시는 교훈인 것입니다.

오늘날 이스라엘의 철저한 말씀과 역사 교육, 탈무드를 통한 정신 교육이 그들의 정체성을 지키는 큰 힘이 된 것은 이러한 역사의 교훈을 잊지 않은 결과라고 믿습니다.

세 번째 묵상은 "절대 기준과 상대 기준의 차이에 대하여"입니다.

하나님이 사람을 지으실 때 하나님의 속성대로 지으시고 각 사람의 생각대로 선택할 수 있는 자유 의지를 주셨으니 사람은 하나하나가 다 제각각의 우주인 것입니다.

각각 다른 사람들이 자기만의 고유한 사고 체계와 행동 양식을 가지고 있으니 많은 사람이 모여 살 경우 서로 다름으로 인한 충돌이 생겨날 수밖에 없게 됩니다. 자기 기준에 옳기 때문에 다른 사람들이 틀리다고 주장할 수 있는 것이지요.

내가 옳기 때문에 네가 틀리다고 주장하지만 상대의 기준으로 판단하면 내가 틀릴 수 있습니다. 즉, 나를 기준으로 한 판단이 바로 '상대 기준'입니다.

이 세상이 혼란스럽고 어지러운 이유는 서로의 다름을 인정하지 못하고 자기 자신만의 잣대로 세상을 재단하기 때문입니다.

하나님이 지으신 세계에는 또 하나의 기준이 존재하니, 바로 하나님의 말씀입니다. 그리고 첫 사람에게 말씀하십니다.

"내가 지은 이 세상을 네게 맡기니 네 마음대로 하려니와 오직 하나만 은 금하라."

이 기준만 지키면 하나님의 나라, 낙원이 유지될 것인데 첫 사람들은 자기 소견에 보암직하고 먹음직하다고 판단하여 말씀을 거역하게 됩니 다. 이때 하나님의 말씀으로 금하신 것이 '절대 기준', 첫 사람들의 생 각은 '상대 기준'이라고 할 수 있습니다.

'절대 기준'하에서 각자의 소견대로 행하면 지구가 태양을 돌고 지구 가 속한 태양계가 은하계를 도는 것처럼 이 세상은 커다란 우주가 되 어 질서 있게 돌아갈 것입니다. 이것이 하나님이 바라시는 이 세상의 모습일 것입니다.

구약 시대에 절대 기준이 되는 것은 모세를 통해 주신 율법이며, 이 를 보완하는 것이 도덕률과 세상의 법률입니다.

사사 시대에 자기 소견에 옳은대로 행했다는 것은 하나님의 율법과 도덕률과 세상 법률을 무시하며 살았다는 것입니다. 그 결과는 혼란하 고 타락한 세상 속에 살아간 이스라엘의 역사인 것입니다.

✝ 기도

하나님, 하나님의 뜻을 떠난 자의 비참함에 대해 깨닫고 돌이킬 수 있는 영적 자각이 우리에게 있게 은혜를 허락하여 주소서.
말씀대로 살아가지 못한 미가의 집안과 단 지파, 레위인의 첩으로 인한 베냐민 지파 의 멸절 사건 등을 묵상하며 안타까운 심정을 금할 수 없습니다.
하나님의 말씀을 떠난 그들의 행위와 그로 인한 그들의 몰락을 기록한 성경 말씀을 묵상하며 지금의 우리를 돌아보니, 우리의 처지도 별로 다르지 않음을 느끼게 됩니다.

하나님의 말씀을 절대 기준 삼아 우리의 판단으로 행하면 서로 간에 **충돌**이 없을 것이라고 이해하지만, 절대 기준의 존재를 부정하는 인본주의가 세상을 **휩쓸고** 있으니 어찌해야 합니까? 하나님, 우리의 어리석은 영을 깨우쳐 주소서.

하나님의 말씀대로 사는 것, 그리고 그 말씀을 온전히 후대에 전해야 하는 이유를 우리에게 알게 하시니 감사합니다.

우리 후손이 만들어 갈 새로운 세상을 풍요롭게 하는 것은 바로 우리가 후손에게 어떤 가치관과 경험을 가르치는가 하는 교육의 중요성을 인식하는 것입니다.

하루하루의 삶에 지치지 않고 좋은 교육의 본을 보이는 삶을 자녀들에게 물려 주도록 저희의 영혼을 지켜 주소서. 예수님의 이름으로 기도합니다. 아멘.

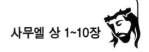

오늘 첫 묵상은 "쓰임 받는 자의 자격"입니다.

엘리는 사사 시대 마지막 시기의 대제사장입니다. 그는 영적으로 무지했고 제사장의 소임을 제대로 수행하지 못했습니다. 게다가 자식 교육에 실패하여 그의 두 아들 비느하스와 홉니는 하나님의 제사를 멸시하는 자임에도 그들을 제어하지 못하여 결국은 하나님의 진노로 멸문지화를 당하는 것으로 성경에 기록된 어리석은 자입니다.

이러한 자가 성전을 지키고 있을 때 한나의 기도가 시작되고 그 간절한 기도의 모양을 술 취한 자의 넋두리로 판단할 정도로 영적으로 무지함을 드러냅니다.

그런데 한나의 기도에 대하여 그가 응답을 주고 또 한나는 그 말을 전적으로 수용하여 하나님의 은총이 속히 임하는 놀라운 역사가 이루어집니다.

> 1장 17절: 엘리가 대답하여 이르되 "평안히 가라. 이스라엘의 하나님이 네가 기도하여 구한 것을 허락하시기를 원하노라."
>
> 1장 18절: 이르되 "당신의 여종이 당신께 은혜 입기를 원하나이다."하고 가서 먹고 얼굴에 다시는 근심 빛이 없더라.

하나님은 사무엘을 세우시기 위해 한나를 통해 기도하게 하신 것이지만, 그 역사를 이루어 가는 과정에 엘리가 쓰임을 받습니다.

엘리에게 무슨 영적 능력이 있어서가 아니라 한나를 믿게 할 그 말씀을 전해야 할 위치에 있었기에 자기의 소명대로 말을 전한 것입니다.

또 한나는 무능한 제사장의 말을 하나님의 응답으로 믿고 받아들였기에 이후 걱정 근심이 없었고 그 이후에 그의 기도가 속히 응답되어 사무엘을 얻게 된 것입니다.

즉 엘리는 어떤 자질이 있어서가 아니라 그 순간에 하나님이 세우시고 택함을 받은 자였기에 하나님의 응답을 대언한 것이고 한나는 그 대언을 순전히 믿었기에 하나님의 역사가 그에게 일어난 것입니다.

두 번째 묵상은 "간절한 기도의 의미"입니다.

오늘 본문은 한나의 간절한 기도가 응답을 받아 태어났으며 그녀의 서원에 따라 하나님께 드려진 아이 사무엘이 사사로 커 간다는 내용입니다.

성경에는 간절한 기도와 그에 따른 놀라운 응답의 역사가 여러 건 기록되어 있는데, 간절한 기도는 대략 2가지로 구분하여 판단해 볼 수 있습니다.

첫째는 급하고 엄중한 상황에서 하나님의 도우심을 구하는 기도로서, 벌어지는 상황을 급반전시키는 역사를 보여 주줍니다. 또 하나는 시간적으로 여유가 있는 상황에서 어려운 환경을 타개할 수 있도록 도움을 구하는 기도로서, 자신의 의지와 노력을 담아 긴 시간 동안 구하는 것입니다.

이처럼 기도를 드려야 할 이유도 두 가지로 구별되며 두 가지가 복합적으로 작용하기도 합니다.

먼저 자기 자신의 간절한 소원을 들어주시기를 구하는 것으로 그 기도가 하나님의 뜻에 합한 경우, 하나님이 보시기에 가장 좋은 때에 그 기도에 반드시 응답을 주십니다. 속히 응답받기도 하지만 많이 기다려야 할 수도 있고, 만일 기다리지 못하고 중도 포기하면 응답을 받지 못할 수도 있습니다.

다음으로 하나님이 어떤 역사를 하시기 위해 그 선택된 자로 하여금 기도하도록 몰아가시는 경우를 살펴봅시다. 이 사례는 오늘 본문처럼 시대에 필요한 사사를 세상에 보내는 수단으로 한나를 택하는 것과 이전의 사사기에 기록된 삼손을 보내기 위해 그들의 부모에게 말씀하시는 경우 등이 있습니다.

물론 한나의 경우 두 가지 요인이 복합되었겠지만, 큰 틀로는 사무엘을 세상에 보내기 위한 하나님의 강권하신 역사인 것으로 이해가 됩니다.

세 번째 묵상은 "버린 왕과 새로운 왕"입니다.

세상의 왕은 백성을 신민으로 삼고 다스리는 자의 이름입니다. 신민이 된 백성은 왕에게 복종하여 그에게 충성을 맹세해야 하며, 그 대가로 왕의 보호를 받습니다.

사사 시대의 마지막 사사 사무엘의 치리가 끝나 가는 시점에서 오늘 이스라엘은 그런 왕을 요구하고 있습니다. 이러한 요구를 받은 사무엘이 하나님께 기도하자 하나님의 대답은 이러합니다.

8장 7절: "그들이 나를 버려 자기들의 왕이 되지 못하게 함이니라."

그리고 그들이 요구하는 왕, 즉 세상의 왕이 너희들을 다스릴 통치가 어떠할지를 8장 11~18절에서 자세하게 말씀하여 주십니다.

이러한 하나님의 답변과 가르침을 들은 이스라엘의 대답이 바로 8장 19절, "아니로소이다. 우리도 우리의 왕이 있어야 하리니."라는 부분입니다.

결국 하나님은 사울을 왕으로 택하여 주시지만 이후의 역사를 보건대 하늘의 왕 하나님의 통치를 받는 것이 좋았는지 세상의 왕에 의한 통치가 좋았는지 평가가 있어야 할 것입니다.

이스라엘은 언약의 백성입니다. 그 언약은 하나님의 택함으로 성립하였고 "너희는 나의 백성이 되고 나는 너희의 하나님(=왕)이 되리라."라는 말씀으로 하나님이 우리의 왕이 되심을 분명히 하고 있습니다.

왕의 백성이 된 자의 가장 큰 의무는 복종입니다. 그런데 출애굽 이후 사사기까지의 역사를 보면 이스라엘은 끊임없이 왕 되신 하나님을 거역합니다.

그럼에도 하나님께서는 그들을 징계는 하실지언정 회개하고 돌이킬 때까지 기다려 주시고 용서하여 회복시키시는 인자한 왕의 모습을 보여 주십니다.

그럼에도 오늘 이스라엘의 반역을 봅니다. 왕이신 하나님을 배반하고 새로운 왕을 택합니다. 이를 세상의 역사로 풀어 보면 반역으로 새 왕조를 세우는 것과 같은 것입니다. 반역에 대한 왕의 대응은 멸문지화로 보복하는 것이 보통이지만, 하나님은 새 왕이 너희들에게 행할 일을 말씀하시고 그럼에도 이스라엘이 "아니로소이다. 우리의 왕을 세워 주소서."라고 요구하자 순순히 새 왕을 세워 주십니다.

오늘 이스라엘은 왕을 버리고 새 왕을 택하는 반역의 역사를 쓰고 있는 것입니다. 하늘의 왕에서 세상의 왕으로 말입니다.

기도

하나님, 사람이 가진 어떠한 성품이라도 당신의 뜻에 합하게 사용하시는 하나님의 역사를 보고 배웁니다. 그러나 누구든지 하나님의 뜻 안에서 행하며 살아가지만 엘리처럼 부족하게 쓰임 받기보다 좋은 쪽으로 사용되어지기를 바랍니다.

간절한 기도에 응답하시는 하나님의 마음을 바로 알아, 뜻에 합한 기도를 드림으로써 속히 응답받는 기쁨을 누리기를 원하며 성령님의 도우심을 구합니다.

하나님, 반역한 백성은 버려지거나 피의 보복으로 강제 진압하는 것이 보통이지만 하나님은 그리하지 않으십니다. 끝까지 함께하시고 지켜 주시며, 결국 예수님의 십자가 핏값으로 우리를 구원하여 주시니 그 인자하심이 영원하십니다. 크신 은혜에 깊은 감사의 마음을 담아 예수님의 이름으로 기도합니다. 아멘.

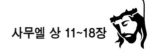
오늘 첫 묵상은 "왕이 된 사울, 그리고 몰락의 시작"입니다.

사울은 백성들의 요구로 하나님이 지명하여 사무엘에 의해 기름 부음을 받아 왕이 됩니다. 그러나 모든 백성이 다 수긍하지 아니하며 그와 그의 집을 아는 사람들은 "사울도 선지자들 중에 있느냐?"라며 무시했습니다. 또 일부는 "이 사람이 어떻게 우리를 구원하겠느냐?"라고 멸시했습니다. 그때 사울은 잠잠히 있을 수밖에 없었고, 계속 집에서 농사를 지으며 지냅니다.

그러나 나하스의 침략과 그의 요구 조건 앞에 이스라엘이 흔들릴 때 분연히 일어나 병사를 소집하고 조직하여 침략자를 격퇴함으로써 비로소 왕의 지위와 권위를 확보하여 명실상부한 왕의 자리를 차지하게 됩니다.

그때서야 백성들이 전에 사울을 무시하던 자들을 제거하고 길갈에서 왕으로 세우게 되니, 하나님의 지명과 백성들의 추대가 합해져서 왕으로의 권위를 인정받습니다.

가장 작은 베냐민 지파, 그중에서도 한미한 마드리 가문 출신인 기스의 아들 사울이 왕이 될 때 그는 하나님 앞에 겸손하였으나 권위가 확립된 이후 교만에 빠집니다. 그리고 그는 두 가지 잘못으로 하나님께 버림받게 됩니다.

하나는 전쟁에 앞서 위급한 상황을 맞아 사무엘을 기다리지 못하고 자기 자신이 제사를 집전한 것이고, 또 하나는 전쟁에 이긴 후 모두 진멸하라는 여호와의 명을 어기고 좋은 탈취물을 취하고 사무엘에게는 여호와께 드리려 했다고 변명한 것입니다. 이런 잘못으로 하나님께 버림받았습니다.

그러나 세상의 왕위는 그 이후로도 상당 기간 유지되는데, 사울은 하나님의 도우심도 받아 가며 왕으로서 치적을 쌓아 갑니다. 그러나 하나님이 새로 기름 부어 왕으로 지명한 다윗의 등장으로 사울의 몰락이 시작되며 이후 사울에서 다윗에게로 왕위가 이전되는 지루한 과정을 그린 역사를 보게 됩니다.

이러한 본문의 전개를 묵상하며 하나님의 기름 부으심이 세상에 실체로 나타나기까지 상당한 시간과 세상적인 노력이 필요함을 알게 되었습니다. 또 하나님의 촛대가 옮겨져도 세상의 변화는 상당히 늦게 나타남을 사울에서 다윗으로의 왕위 이전의 역사에서 확인할 수 있었습니다.

하나님의 말씀을 들었어도 늘 순종하며 겸손함으로 스스로 삼가고 절제하며 애쓰고 노력하는 것이 필요함을 알게 해 주는 묵상의 시간이었습니다.

두 번째 묵상은 "교만과 시기심"입니다.

겸손하고 착한 사람 사울, 그의 집안은 가장 작은 베냐민 지파 중에서도 가장 작은 집안이라 배경도 없고, 왕으로 세워졌어도 일부 무뢰배들에게 무시당할 정도였습니다. 하지만 그러한 사유로 하나님이 택하셨음을 주목하게 됩니다.

하나님은 작고 약한 자를 들어 쓰시기를 기뻐하시니, 이는 그를 통해 이루어 가시는 모든 일이 하나님의 뜻에 있음을 알게 하시기 위함입니다. 즉, 사람이 교만에 빠지지 않도록 미리 경계하심이라 이해가 됩니다.

암몬 사람 나하스의 길르앗 야베스 침략 사건은 사울이 왕권을 확립하는 사건이 됩니다. 여호와의 영이 그에게 임하고 백성을 불러모아 암몬을 물리침으로써 비로소 백성들에게 왕으로서의 권위를 인정받게 됩니다.

사울은 이후 백성이 왕을 구한 이유인 이민족으로부터의 안전 보장을 위해 블레셋을 비롯하여 모압, 암몬, 에돔, 소바 등 주변 이방 나라와의 전쟁에 승리하여 기대에 부응합니다.

그러나 이 과정에서 두 가지 큰 실책으로 하나님께 버림을 받게 됩니다. 하나는 사울을 기다리지 못하여 왕이 드려서는 안 될 제사를 스스로 드린 것이고, 또 하나는 아말렉을 진멸하라는 명령을 어기고 자신이 보기에 좋은 것을 취하면서도 하나님의 명을 따랐다고 변명한 것입니다.

그 결과 사무엘의 입을 통해 여호와께서 그의 왕위를 빼앗아 다른 자에게 넘긴다는 왕위 변경 통보를 받지만 실제로 그 일이 이루어진 것은 이십 년도 더 지나 사울이 죽고 다윗이 왕으로 추대되었을 때입니다.

여호와의 기름 부음을 받은 자 사울이 몰락한 것은 불순종과 자기의 의가 하나님을 앞섰기 때문이지만, 실제 그의 몰락은 교만과 시기심이 마음에 들어옴으로써 시작된 것을 알 수 있습니다.

사람이 빠지기 가장 쉬운 함정이요, 올무인 것은 바로 교만의 문제입니다. 사람을 통해 일하시는 하나님의 역사가 크게 나타나면, 그 일에 쓰임 받은 자는 그 일이 자기의 능력과 노력으로 된 것이라 생각하게 되는 유혹에 빠질 수 있습니다.

또 하나는 서로 비교함으로써 발생하는 시기심의 문제입니다. 나보다 낫다고 평가되는 그 사람을 시기하는 마음의 시작이 바로 내가 가장 크다는 교만한 마음에서 비롯된 것을 잘 음미해야 합니다.

하나님이 주신 달란트의 분량대로 나는 나이고 너는 너일 뿐, 서로 비교하여 우열을 가릴 수는 없는 것이 사람인 것입니다.

시기심과 교만, 이 두 가지는 사람이 성공의 길에 들어섰을 때 가장 주의해야 할 유혹임을 깨달아야 할 것입니다. 오늘 묵상의 주제인 '교만과 시기심'은 바로 '변해 가는 사울의 마음'을 추적해 보는 일인 것입니다.

사울을 대체하여 다윗이 기름 부음을 받음으로써 그의 형통함이 세상에 드러나게 됩니다. 그런 다윗을 시기하는 자가 두 명 있습니다. 하나는 다윗의 큰형 엘리압이요, 또 다른 하나는 사울왕이었습니다. 그들의 시기심은 자기와의 비교 때문에 생긴 것이라고 성경은 기록하고 있습니다.

16장 13절: "사무엘이 기름 뿔 병을 가져다가 그의 형제 중에서 그에게 부었더니 이날 이후로 다윗이 여호와의 영에게 크게 감동

되니라."

다윗의 형들, 특히 장자인 엘리압은 당연히 자기가 기름 부음을 받을 것으로 생각했지만 사무엘은 가장 어린 동생 다윗에게 기름 부었습니다. 그 이후 다윗은 여호와의 영에 감동된 삶을 살아가는 것을 보고 그 마음에 시기심이 가득했을 것이라 짐작됩니다.

17장 28절: "...... 나는 네 교만과 네 마음의 완악함을 아노니 네가 전쟁을 구경하러 왔도다."

아버지의 심부름으로 전쟁터에 온 막냇동생에게 할 말이 아닙니다. 그 마음 깊숙이 자기 대신 기름 부음을 받은 동생에 대한 시기심이 작용한 것입니다. 이에 대한 다윗의 대답에는 기름 부음을 받은 자의 당당함이 나타나 있습니다.

17장 29절: 다윗이 이르되 "내가 무엇을 하였나이까? 어찌 이유가 없으리이까?"

이후 다윗의 기록 어디를 보아도 다윗의 형들에 대한 이야기가 보이지 않음을 유의해야 할 것입니다. 또 다른 한 사람, 사울 역시 왕으로서의 자격지심 때문에 다윗을 미워하게 됩니다.

18장 7절: "사울이 죽인 자는 천천이요, 다윗은 만만이로다."

큰 승리의 환영식장에서 "사울은 천천이요, 다윗은 만만이라."라며 자기보다 다윗에게 더 큰 영광을 돌리는 백성들의 노래를 들은 사울은 시기심과 교만에 빠진 자의 전형을 보여 줍니다.

이후 시기심에 정신을 잃은 사울의 광기와 말씀에 순종하며 여호와의 길을 가는 기름 부음을 받은 자 다윗의 인생 역전의 시나리오가 성경에 기록됩니다.

18장 8절: "그가 더 얻을 것이 이 나라 말고 무엇이냐?"

한 가정의 큰 형으로서의 마음가짐을 잃게 하고 한 나라의 왕을 실족하게 하는 큰 유혹은 바로 상호 비교하여 열등하다고 느껴질 때 그 마음에 들어오는 무서운 유혹, 바로 '교만과 시기심'입니다.

오늘 묵상에서 사울의 마음의 변해 가는 과정을 지켜보며 항상 주의하며 근신하는 자, 언제나 주 안에서 자신을 낮추는 자, 하나님의 창조 질서에 순종하는 자의 삶을 추구해야 할 것을 알게 되었습니다.

✝ 기도

하나님, 성경의 가르침은 이 세상은 절대적인 만족이 없고 오직 상대적인 만족만 있음을 말씀하고 있습니다. 서로 비교하여 나의 것이 그들보다 많으면 행복해하고 적으면 불행해합니다. 내가 그보다 우월해야 마음이 놓이고 그가 나보다 우월하면 시기심으로 마음이 완악해집니다.

결국 그 상대적 비교에서 부족하다고 생각되면 불행하고 불안해져 결국 넘어지고 마는 것이 하나님과 관계없이 사는 많은 사람의 한계입니다. 이를 인식하며 하나님 안에 서 있는 것이 얼마나 큰 축복인지 깨닫게 됩니다.

언제나 하나님 안에서 만족하는 행복한 자의 삶을 구하며 예수님의 이름으로 기도합니다. 아멘.

순종 제45일 차(수)

사무엘 상 19~22장, 시편 34·52·59편

오늘 첫 묵상은 "하나님이 지키시는 자와 하나님께 버림받은 자"입니다.

오늘 본문 전체 맥락을 분석해 보면 사울의 심리 상태는 열등감과 질투, 불안감에 매몰된 매우 불안정한 상태입니다.

절대 권력을 가진 왕으로서의 이성적이고 합리적 판단을 기대할 수 없기에 다윗의 생명은 보호받을 수 없는 상황이 되고 말았습니다.

그러나 다윗은 온전히 하나님을 바라보는 자로서 하나님의 보호하심 안에 있기에 비록 고되고 절망적인 도피 생활 속에서도 몸과 마음을 지켜 나갈 수 있었습니다.

왕이 죽이라고 명령을 내렸지만 많은 도움의 손길이 다윗을 지켰습니다. 이것은 결코 우연이거나 다윗의 능력에서 비롯된 것이 아닙니다.

아내 미갈과 왕자 요나단, 제사장 아히멜렉 등 많은 사람의 도움이 있었습니다. 가드 왕 아기스의 판단 실수, 모압 왕의 미스베 로의 망명 허용 등이 사울의 추격을 벗어나 쉴 틈을 벌어 주었습니다. 다윗을 지켜 주는 이런 일련의 과정은 하나님의 보호하심이 아니면 연속해서 일어나기 어려운 것입니다.

다윗이 라마나욧으로 도피했을 때 성령은 사울의 전령은 물론 사울까지도 가로막아 다윗 앞에서 예언하며 벗은 몸으로 누워 있음으로써 부끄럽게 하셨습니다. 이것은 왕의 권력을 가진 사울이었지만 결코 다윗을 해할 수 없었으며, 스스로 몰락의 길을 걷고 있다는 것을 알지 못했음을 보여 주고 있습니다.

여러 시편의 기록을 읽으며 오직 여호와 하나님만을 바라보며 시련을 견뎌 낸 다윗의 마음을 그려 봅니다. 비록 고되고 절망적인 상황이지만 하나님에 대한 믿음과 소망을 놓지 않은 다윗….

절대로 포기하지 않고 견디는 그 마음을 하나님이 기뻐하신다는 것을 알 수 있는 묵상의 시간이었습니다.

두 번째 묵상은 "권력의 폭주"입니다.

신정 국가인 이스라엘에서 사무엘에 의해 왕으로 세워진 사울은 여러 차례의 전쟁에서 승리한 덕에 확고한 왕권을 확립하게 됩니다.

왕권이 확립되자 세상의 권력이 그에게로 쏠리며 제사장들까지도 왕을 두려워하게 됩니다. 왕이 찾는 다윗이 도망해 오자 제사장인 아히멜렉이 두려워하며 영접하는 장면을 봅니다.

21장 1절: "…… 아히멜렉이 떨며 다윗을 영접하여 ……"

그리고 다윗을 고발하지 않고 도왔다는 이유로 사울에 의해 제사장의 온 집안과 성읍이 몰살되는 참변을 당합니다. 심지어 마지막 사사로서 사울을 왕으로 세운 사무엘조차 다윗을 세우러 갈 때, "사울이 나를 죽이겠나이다."라고 걱정했던 것이 16장 2절에 기록되어 있습니다.

하나님이 세상의 왕을 세워 달라는 이스라엘에게 "너희가 구하는 왕은 너희에게 이렇게 할 것이라."라고 하신 말씀대로 일이 벌어지고 있는 것입니다.

겸손하고 착한 사람이었던 사울이 세상의 권력이 주어지자 변해 가는 과정을 묵상하며 현재의 우리나라와 교회를 바라봅니다. 그때의 사울이나 지금의 지도자들의 행태가 하나도 다름이 없음을 알게 됩니다.

절대 기준인 하나님의 말씀을 벗어난 사울의 비참한 말로를 알고 있다면 지금의 지도자들의 말로도 같을 것이라는, 성경의 교훈을 바로 깨달아야 할 것입니다.

 기도

하나님, 말씀 묵상을 통하여 저희에게 주시는 교훈을 배우고 깨달아 아는 지혜가 모두에게 주어지기를 구합니다.

세상에서 주어지는 달콤한 것들에 취해서 하나님의 말씀에서 벗어난 어리석은 사울과 고난 속에서도 오직 하나님만을 바라본 다윗의 결말을 그린 성경의 말씀이 마음에 남는다면, 그 교훈으로 말미암아 지금 이 세상에서도 항상 근신하고 주의해야만 할 것입니다.

그러나 자칭 크리스천이라 말하는 지도층에 속한 대부분의 사람이 보이는 행태는 그러한 교훈을 잊은 것처럼 보여 안타깝습니다. 그들이 말씀을 묵상하고 아는 것은 종교적 지식에 지나지 않는다는 반증이니, 말씀에 구속되어 말과 행동을 하나님의 뜻에 합하게 처신하는 진정한 하나님의 사람들은 얼마나 될까요?

세상의 빛과 소금 역할을 할 그 한 줌의 사람들을 지키시고 사용하여 주시기를 간구하며 예수님의 이름으로 기도합니다. 아멘.

오늘 첫 묵상은 "하나님이 택한 자와 버린 자 사이의 언약의 결과"입니다.

질투와 시기심을 억누르지 못한 사울은 자기의 충직한 신하 다윗의 목숨을 찾아다녔지만 오히려 다윗이 사울의 생명을 취할 기회를 두 번 가지게 됩니다.

엔게디 광야의 동굴 속에서 사울의 목 대신 옷자락을 베었을 때, 사울이 다윗에게 한 말이 이러하였습니다.

> 24장 20~21절: "보라! 나는 네가 반드시 왕이 될 것을 알고, …… 그런즉 너는 내 후손을 끊지 아니하며 내 아버지의 집에서 내 이름을 멸하지 아니할 것을 이제 여호와의 이름으로 맹세하라."

이에 다윗이 맹세하였고 이후 사울과 사울의 집이 몰락하였을 때 다윗이 요나단의 아들 므비보셋을 살려 보호함으로써 이 맹세가 지켜집니다(삼하 9장).

두 번째로 십 광야에서 사울의 목 대신 사울의 창과 물병을 취한 후 서로 대화할 때 한 말을 주목하여 음미해 봅니다.

> 26장 25절: "내 아들 다윗아…. 네게 복이 있을지로다. 네가 큰일을 행

하겠고 반드시 승리를 얻으리라...."

하나님의 뜻을 거스르지 않은 다윗의 처분에 사울은 부끄러워하며 스스로 다윗을 축복하였고, 사울의 말대로 다 이루어졌으니 이 말의 이루어짐은 이후 다윗의 치적이 증명하고 있습니다.

하나님의 역사하시는 현장에서 감동받은 심령으로 한 말과 맹세는 반드시 이루어진다는 명백한 사례인 것이니, 본문을 묵상하며 신중히 생각하고 하나님의 뜻을 물어 확인한 후 입으로 선포하여 그대로 이루어지는 역사를 볼 수 있는 자가 되기를 소망합니다.

두 번째 묵상은 "돌이키지 못하는 마음"입니다.

사울이 죽음에 이르는 과정을 기록한 '사무엘 상'의 기록이 31장으로 끝났습니다.

왕의 자리가 얼마나 놓기 힘든 것인지 알 수 있었습니다. 그러나 그에게 주어진 많은 경고의 말씀과 두 번에 걸쳐 다윗이 그에게 베푼 호의를 무시하지 아니하였더라면, 또 사무엘이 그에게 선포한 여호와의 말씀을 단 한 번만이라도 새겨들었더라면, 비참한 죽음을 면할 수 있었을 것이지만 끝내 그리하지 못하였습니다.

왕의 자리가 주는 큰 유혹인 부와 권력에 취한 사울에게는 그 자리를 주신 하나님의 말씀이 들리지 않았습니다. 자기의 자리를 위협한다고 생각되는 다윗을 죽이기로 작정하고, 하나님의 뜻이 자기를 떠나 다윗에게 간 것을 인정하지 못하고 세상의 권력으로 그 자리를 지키고자 합니다.

하지만 하나님의 기름 부음을 받은 자의 권세는 다윗도, 사무엘도 어찌하지 못하고 하나님의 시기와 방법으로만 처분할 수 있다는 것을 알게 하십니다. 하나님이 세우신 자는 하나님의 방법으로 폐하실 때까지 기다려야 한다는 것입니다.

우리 주변에도 이와 같은 위치에 있는 한 사람을 주목하여 봅니다. 그는 분명 하나님의 뜻을 행하기 위해 세워진 자이지만, 그의 행실은 참으로 악하기 짝이 없습니다. 그의 자리는 그가 죽거나 은퇴 시기가 되어야만 물러날 수 있는 자리이기에 그의 악함을 이유로 그를 내치는 것은 기본적으로 불법인 것이라 참으로 답답한 상황입니다.

이를 해결하는 가장 좋은 방법은 그 스스로 깨달아 물러나는 것이지만 그 자리가 주는 달콤한 유혹을 그 스스로는 떨칠 수 없어 보입니다. 결국 하나님의 때가 올 때까지 기다려야 하지만 사울의 시간이 장장 40년, 그는 몇 년일까요?

그 기간 동안 그가 쌓아 놓을 악의 크기는 얼마나 될까요? 자기가 쌓은 악에 대한 평가는 결국 자기가 받을 것이니 참 불쌍한 사람, 그 과정에 실족하게 될 많은 영혼의 외침을 그 스스로 감당해야만 할 것입니다.

세 번째 묵상은 "택함을 받은 자의 권세"입니다.

사무엘에 의해 여호와의 기름 부음을 받은 사울은 이스라엘의 첫 번째 왕으로 세워진 자입니다.

하나님에 의해 지명된 왕, 그 명분은 실로 대단한 것이라 사무엘이 그를 버렸어도 그의 포악함을 동반한 실정과 미친 행동에도 그의 왕위는 견고했습니다. 사무엘에 의해 기름 부음 받은 또 하나의 인물, 다윗 또한 백성들에 의해 차기 왕의 권위가 실리기 시작합니다.

택함을 받았다는 명분이 이처럼 대단하기에 야곱이 그토록 장자의 명분에 집착하여 에서의 장자 명분을 가로채는 계략을 꾸민 것이라 이해됩니다.

그러기에 사울이 여러 실책으로 사무엘에 의해 왕위를 부정당했음에도 그의 왕위는 40년이나 유지되었고, 또 다윗이 두 번이나 사울의 목숨을 취하지 않은 것도 24장 6절, "…… 그는 여호와의 기름 부음을 받은 자가 됨이니라."라는 명분 때문이었습니다.

그리고 또 한 가지, 다윗 자신도 '기름 부음 받은 자'였기에 암묵적으로 자기 자신도 그러한 대우를 받아야 한다는 것을 백성들에게 주장하고 싶었을 것입니다.

지도자의 잘못을 지적하며 그 잘못을 바로잡겠다고 나선다면 이는 하극상이요, 과거 시대에서는 반역이 됩니다. 지도자가 잘못 세워지면 그 나라, 그 민족, 그 집단이 겪어야 할 피해는 말할 수 없도록 크기에 이를 바로잡겠다고 나서는 무리들이 내세우는 것이 바로 명분입니다.

'그는 하나님께 불순종하기에 하나님이 버리셨다.', '그는 나라의 근간을 부정하고 도의를 어기며, 백성을 곤궁하게 하였다.' 등등 자신의 반역을 정당화하고 백성의 지지를 얻을 수 있는 바로 그것, 그럴듯한 명분이 필요한 이유인 것입니다.

하나님이 세우신 자라면, 그 누구라도 그에게 맡겨지고 또 그를 통해 이루고자 하시는 일이 있음을 알아야 할 것입니다.

그 일을 하기 위한 권세가 그에게 주어졌으며, 이는 사람의 생각이 아닌 하나님의 뜻에 속한 것이기에 그의 행위의 잘잘못을 따지기보다 왜 그가 우리 앞에 오게 되었나, 그의 역할이 무엇일까를 먼저 생각하는 것이 필요하다고 판단됩니다.

다윗은 사울에게 주어진 역할이 끝나면 하나님이 그를 돌려보내실 것이라고 믿기에 사람이 먼저 나서지 말아야 할 것이라는 이 말("……그는 여호와의 기름 부음을 받은 자가 됨이니라.")로 그를 따르는 무리를 말리고 있는 것입니다.

사람의 생각으로 판단하기보다, 하나님의 뜻을 먼저 구하라는 우리 주님의 가르침을 마음에 새기며 사울과 다윗의 생애를 묵상해 봅니다.

✝ 기도

하나님, 사울에 대한 기록을 묵상하며 달콤한 세상의 유혹과 자기의 생각에 빠져 눈을 닫고 귀를 막아 버린 우리의 모습을 봅니다.
잘못된 길을 갈 경우, 많은 경고의 메시지가 주어지지만 우리의 영혼은 깨닫지 못하는 경우가 대부분임을 알고 있습니다.
주님만을 바라보는 자만이 이 경고를 알아들을 수 있기에 항상 유의하여 주님을 바라보겠습니다. 우리의 영을 지켜 주소서.
하나님의 뜻은 반드시 이루어지겠지만 그것을 가로막는 것, 하나님이 일 하시는 것을 막는 유일한 것이 바로 우리의 불순종에서 기인한 자아라는 것을 알지만 언제나 나의 생각, 나의 자아가 앞서는 우리를 봅니다.
온전한 순종이 제사보다 낫다고 하신 말씀을 기억하며 예수님의 이름으로 기도합니다. 아멘.

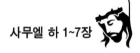
오늘 첫 묵상은 "말씀을 쫓아 산 자에게 찾아온 왕위"입니다.

하나님이 선택하여 사무엘에 의해 기름 부음을 받은 다윗이지만 그는 왕권을 찾아다니지 않았습니다.

그의 목숨을 찾는 사울을 피하기 위해 온갖 고난을 겪었지만 그를 따르는 무리가 생기고 민심이 그에게 쏠린 것은 하나님의 뜻에 합한 행동과 하나님에 의해 기름 부어진 자(사울)를 존중하는 태도와 그 자신도 역시 '기름 부음을 받은 자'라는 명분 때문이라 생각됩니다.

사울이 죽고 민심이 자기에게 쏠리는 상황, 하나님에 의해 기름 부음까지 받은 다윗이기에 차기 왕권이 자기에게 있다고 주장할 수도 있었지만 그리하지 않았습니다.

2장 1절에서 하나님께 갈 곳을 물어 헤브론으로 올라가니, 거기에 흩어져 거주하는 유다 족속이 다윗에게 찾아와 추대하여 왕이 됩니다.

그리고 여러 과정을 거쳐 이스라엘의 나머지 11지파가 다윗에게 나아와 다윗을 통일 왕국의 왕으로 추대하여 하나님의 역사가 완성되는 것이 5장 3절까지의 기록입니다.

자기의 생각과 욕심을 내려놓고 하나님의 약속이 이루어지기를 기다리는 것이 과연 쉽게 할 수 있는 일일까 생각해 봅니다. 눈앞에 기회가 어른거리는 것을 보면서 자제하고 기다릴 수 있을까요?

다윗은 그것을 해냈기에 그의 많은 허물에도 불구하고 역사상 가장 위대한 인물로 기억된 것이라 생각합니다.

그것을 해낸 다윗이 차지하게 된 권력에는 정당성과 도덕성이 함께 주어졌음을 알 수 있습니다. 쟁취한 것이 아니고 추대된 것이기에….

나를 내려놓고 말씀에 의지하며 세상을 긴 호흡으로 관조하며 살아가야겠다고 생각하게 되는 이 밤입니다….

두 번째 묵상은 "감사하기"입니다.

다윗은 오랜 기다림 끝에 이스라엘 12지파 전체의 왕으로 세워지고 언약궤를 모시면서 확고한 권력을 장악합니다.

이날에 네 집을 영원히 세워 주시겠다는 하나님의 약속을 받으며 하나님께 감사하며 드린 말씀이 바로 "내가 무엇이기에…"입니다.

> 7장 18절: "…… 나는 누구이오며 내 집은 무엇이기에 나를 여기까지 이르게 하셨나이까?"

오늘에 이르기까지 다윗의 생애를 묵상해 봅니다. 그는 이새의 여덟째, 막내로 태어나 아들 취급도 제대로 받지 못하고 광야의 목동으로 살아가다가 사무엘에 의해 기름 부음을 받게 됩니다.

이후 그의 인생은 이름 없이 스러져 갈 수밖에 없는 목동에서 극적으로 반전되어 하나님이 예비하신 길을 가게 되지만 그 길은 험난하기만 합니다.

골리앗과의 싸움에 이김으로써 그는 이스라엘의 떠오르는 별이 되지만 백성의 신망이 그에게로 쏠리는 것에 불안을 느낀 사울에게 평생 쫓기는 삶을 살게 됩니다.

십대 중반에 이스라엘 정계에 뛰어든 다윗이 삼십대 후반에 지금의 자리에 이르기까지 20년 이상을 정말로 파란만장한 삶을 살아온 것이 사무엘 상 편에 잘 기록되어 있습니다.

그 어려운 시간을 잘 견뎌 낸 것은 하나님에 대한 절대적인 믿음과 실천인 것을 음미하여야 할 것이니, 그의 절절한 심정을 잘 표현한 것이 바로 시편의 기록들입니다.

그러한 믿음이 있었기에 절체절명의 순간에도 하나님을 바라보았으며, 사울을 죽일 수 있는 절호의 기회에서도 "그는 여호와의 기름 부음 받은 자"라고 하며 물러날 수 있는 용기를 보이게 되었으니 이는 결국 백성의 신망을 얻는 큰 명분이 된 것을 유의하여야 합니다.

결국 그는 '하늘이 낸 자'가 되어 오늘의 자리에 이르게 되었고, 그를 선택하신 하나님을 기쁘게 하여 "그는 내 마음에 합한 자"라는 영광을 얻은 유일한 사람이 되었습니다.

성경 전체를 찾아보아도 이러한 영광을 받은 사람은 하나님이 "그는 나와 대면하여 말하는 자"라고 말씀하신 모세 이외에는 없었음을 알 수 있습니다.

그리고 그 모든 것을 잘 표현한 말이 바로 7장 18절, "…… 나는 누구이오며 내 집은 무엇이기에 나를 여기까지 이르게 하셨나이까?" 바로 이 구절입니다. 가장 겸손하며 더할 나위 없이 감사하는 마음의 표현인 것이 느껴집니다.

기도

하나님, 모든 일의 역사는 하나님의 뜻으로 이루어지며, 그 일에 쓰임 받는 것을 영광으로 생각하여 나를 내세우지 않는 다윗의 겸손함을 보며 사울과 다윗의 상반된 행보와 결말을 묵상하게 됩니다. 내가 가야 할 길을 택할 수 있도록 가르쳐 주심을 감사하며 예수님의 이름으로 기도합니다. 아멘.

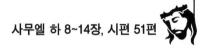

오늘 묵상은 "회개와 용서, 그리고 죄와 벌"입니다.

성공한 다윗의 앞길에는 거침이 없습니다. 주변 이민족과의 싸움에 언제나 승리하고 요나단의 남은 아들 무비보셋을 거두어 주는 등 강군, 성군의 길을 갑니다. 그런데 슬며시 들어온 자만심에 다윗이 실족하고 맙니다.

암몬과의 싸움이 계속되고 왕이 전선에 나가야 할 시기에 군사령관 요압만 내보내고 자신은 왕궁에 머무는 느슨함을 보입니다. 그 순간, 슬며시 들어온 치명적 유혹에 다윗이 실족하게 되니 바로 밧세바 간통 사건이 벌어지게 됩니다.

엄격한 자기 관리와 하나님의 말씀을 기준으로 삼으며 광야에서 살아갈 때라면 생각하기 힘든 일이 벌어진 것입니다. 다윗은 성공의 길에서 마음이 풀어진 그 순간을 비집고 들어온 유혹에 걸려 넘어지자 그 사건을 무마하기 위해 계속 더 큰 죄를 저지릅니다. 결국 자신의 충직한 신하 우리아를 교활한 계교를 써서 적군의 손에 죽게 하고 밧세바를 아내로 취하는 파렴치함을 보입니다.

하나님 앞에 선 자라면, 그리고 하나님을 먼저 생각했다면 절대 할 수 없는 죄를 저지른 다윗, 이 순간만은 하나님의 촛대가 옮겨 갈 상황입니다.

그러나 다행히도 선지자 나단을 통해 경고하시는 하나님의 목소리를 깨달은 다윗의 즉각적인 회개가 그를 구원합니다.

12장 13절: "...... 내가 여호와께 범죄하였노라, ..."

사울이 유사한 상황에서 사무엘을 통한 경고의 말씀을 들었어도 변명으로 일관하며 회개하지 아니한 결과, 하나님의 촛대가 다윗에게 옮겨 간 것을 우리는 성경 기록을 통해 알고 있습니다. 결국 실족했어도 회개하고 돌이키면 용서하시겠다는 하나님의 약속이 다윗을 구원한 것을 유념하여야 합니다.

사람은 누구나 그 자신의 뜻과 상관없이 죄를 지을 수밖에 없는 불완전한 존재입니다. 그러나 복음으로 전해진 말씀으로 우리의 죄를 사하시고 돌이킬 수 있는 길을 열어 놓으셨습니다. 아멘! 할렐루야!

굳이 지은 죄의 경중을 따진다면 다윗의 죄가 더 크고 악질적이었지만 그에 대한 회개의 결과는 완전히 다른 것이었습니다.

기록된 대로 사울은 당분간 형통하게 잘나가다가 끝내 비참한 종말을 맞이하였지만 다윗은 죗값을 치르고 왕위를 지킬 수 있었습니다.

그러나 하나님은 공의의 하나님이시라…. 다윗이 회개함으로써 죄는 용서하셨지만 죄지음에 대한 벌까지 면제하신 것은 아닙니다. 다윗은 혹독한 대가를 치르게 되는데, 나단의 입을 통해 선포된 그 예언의 말씀이 어떻게 실행되고 있는지 살펴봅니다.

12장 10절: "...... 칼이 네 집에서 영원토록 떠나지 아니하리라."

→ 영원을 약속받았던 다윗의 왕조가 솔로몬 이후에 찢어지고 외세의 침략에 무너지게 된다.

> 12장 11절: "...... 너와 네 집에 재앙을 일으키고 내가 네 눈앞에서 네 아내를 빼앗아 ...... 그 사람들이 네 아내들과 더불어 백주에 동침하리라."

→ 친자식 압살롬의 반역으로 광야로 쫓겨나고 남겨진 후궁 모두가 백주에 압살롬에게 겁탈을 당하게 된다.

> 12장 14절: "...... 당신이 낳은 아이가 반드시 죽으리이다."

→ 다윗이 피눈물로 드리는 금식 기도에도 불구하고 밧세바에게 난 첫아이가 크게 앓다가 죽었다.

이와 같이 회개함으로써 죄의 용서는 받을 수 있어도 저지른 죄의 대가는 가혹하게 치러야 한다는 교훈을 정확히 가르쳐 주고 계십니다.

이후에도 흔들리는 다윗의 정신 상태를 보여 주는 사건들이 계속 벌어지니, 왕자들의 난을 제대로 수습하지 못합니다.

암논의 배다른 누이 다말 겁탈 사건을 징계하지 못함으로써 다말의 친오빠인 압살롬의 복수를 불러와 암논이 살해당하고, 모든 왕자가 다 죽었다는 유언비어에 왕실이 크게 흔들리는 사건을 겪게 됩니다.

자신의 자녀들 문제에 엄정한 법 집행으로 강력한 왕권을 행사하지 못한 다윗의 무기력을 보며 더 이상 그는 젊었을 때의 다윗이 아님을 알 수 있습니다.

결국 그는 고난의 시기에 보였던 총기가 흐려지며 하나님 말씀에서 멀어지는 사람의 약한 모습을 보이지만, 그래도 끝까지 하나님의 말씀을 놓지 않음으로써 자신에게 주어진 사명을 완수하며 조상 곁으로 돌아가게 됩니다.

기도

하나님, 다윗과 같이 하나님의 마음에 합한 자도 나이가 들어 가며 실족함을 봅니다. 어쩔 수 없이 연약한 사람이 온전히 하나님 앞에 바로 설 수 없음을 아시기에, 긍휼히 여기사 오직 믿음으로 구원하여 주시고 회개함으로써 죄 사함의 길을 열어 주시겠다는 복음을 우리에게 주신 하나님께 감사드립니다.

비록 다윗같이 잃어버린 것이 많을지라도 다윗같이 하나님을 바라보는 마음만은 끝까지 지켜 나가겠습니다. 예수님의 이름으로 기도합니다. 아멘.

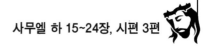
오늘 묵상은 "다윗의 일생은 무엇을 말하는가?"입니다.

파란만장한 삶, 이 말이 참 잘 적용되는 다윗의 일생입니다. 집안의 막내로 태어나 양치기로 일생을 보냈을 삶이 하나님의 선택하심에 따라 극적인 변화가 일어납니다.

골리앗과의 싸움을 기화로 촉망받는 젊은이로 사울 앞에 서게 되지만 백성들의 너무나 큰 칭송이 화가 되어 사울에게 쫓기는 몸이 되어 광야를 떠돕니다.

그러나 이 고난의 시기에 평생 그를 따르는 충신들이 모여들고, 이는 백성들의 마음을 얻어 차기 왕의 기반을 다지는 계기가 됩니다. 결국 오랜 고난의 시기를 거쳐 유다의 왕으로 세워지고 이스라엘 전체를 다스리는 왕의 자리를 차지합니다.

하나님의 기름 부음을 받은 자로서 하나님 안에 거하며 그의 인도하심을 받을 때 "모든 것이 합력하여 선을 이루느니라."라는 말씀이 꼭 그를 위한 말처럼 느껴지는 형통한 삶을 살게 되지만, 조금이라도 교만하거나 정욕에 빠질 경우 가혹한 징벌이 그에게 임하였으니, 오늘 본문이 그것을 잘 표현하고 있습니다.

밧세바 사건에서 기인한 자녀들의 타락과 이를 제대로 제어하지 못하는 다윗은 결국 아들 압살롬의 반역을 자초하여 나라를 결딴내고야 마는 원인을 제공합니다.

이 과정에서 보이는 민심의 이반은 요즘 우리나라의 정치 상황과 매우 유사합니다. 실권자 요압을 제어하지 못해 그에게 휘둘리며 믿었던 신하들은 그를 배신하고 비열한 처신을 합니다. 또한, 유다 백성들과 이스라엘 백성들 간의 갈등을 제어하지 못한 결과로 세바의 반역을 초래합니다. 심지어 이 모든 곡절을 다 겪은 뒤에 인구를 계수하는 문제로 백성 칠만 명이 역병에 죽는 징계를 받습니다.

정말로 파란만장한 삶의 여정을 보여 주는 사무엘 상, 하 편의 기록을 묵상하며 다윗의 일생은 무엇을 위한 삶일까, 또 우리에게 어떤 교훈을 보여 주기 위한 것일까 생각해 봅니다.

역사의 관점에서 보면 사사 시대를 마감하고 왕조 시대를 확립하는 역할이라 봅니다. 사울의 뒤를 이어 2대 왕으로 절대 왕권과 왕실의 기틀을 확립하여 그 아들 솔로몬의 치세를 준비하는 역할을 한 것입니다.

영적 관점으로는 하나님의 기름 부음을 받은 자로서 많은 과정을 거치더라도 결국 하나님의 역사하심을 증명하는 삶을 살아 낸 것입니다.

교훈의 관점으로는 하나님의 뜻에 충실히 순종하는 삶을 살아갈 때는 처한 환경을 뛰어넘는 형통함의 은혜가 임하지만, 자신의 뜻이 앞서는 순간 교만과 정욕에 무너져 엄청난 징계의 환란을 겪게 된다는 교훈을 주는 생생한 사례가 됩니다.

하나님의 말씀과 역사하심은 반드시 이루어집니다. 그러나 그 사명을 받은 자의 삶은 결코 평탄하지 않으며 사명을 이루기 위한 눈물 나는 인고의 과정을 몸으로 감당해야 함을 알게 해 주는 사무엘 상, 하 편의 묵상이었습니다.

기도

하나님, 저는 어떤 삶을 살아야 하나요? 주님이 저를 세상에 보내신 목적을 알고 그에 합당한 삶을 살기를 원하지만, 솔직히 두려운 마음이 듭니다.

잘 견디게 용기와 현명함을 주시고 바른길로 인도하여 주소서. 예수님의 이름으로 기도합니다. 아멘.

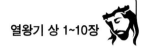

오늘 첫 묵상은 "역사 기록의 행간 읽기"입니다.

우리는 솔로몬이 역사상 가장 지혜롭고 가장 큰 영화를 누린 왕이라고 배웠습니다. 그래서 그의 치세는 태평성세이고 이스라엘 역사상 가장 강력한 위세를 떨친 시기라는 인식을 가지고 있습니다. 과연 그런가 하고 성경 기록을 역사 기록의 관점으로 읽고 관련 자료를 찾아보니 좀 다르게 해석됩니다.

사무엘서나 열왕기서는 모두 역사서로서 기록의 사실성이 중요하지만 대부분의 역사서가 그러하듯이 승자의 기록이며 영광의 기록이기에 가려진 부분을 유의하여 읽어야 참역사의 진실을 알게 됩니다.

다윗이 늙고 병들어 정신이 혼미한 틈을 타 서열 1위의 왕자인 아도니아가 신권을 가진 제사장 아비아달과 군권을 가진 요압을 위시하여 많은 지지자를 모아 거사하여 스스로 왕이라 칭합니다.

그러나 왕위 지명권을 가진 다윗이 솔로몬을 지명하여 왕으로 선포합니다. 그러자 아도니아에게 붙었던 제사장 아비아달, 군사령관 요압 등 많은 가담자가 혼비백산하여 흩어져 도망갔다는 내용을 "…… 각기 갈 길로 간지라."라고 간략히 기록해 놓았습니다.

> 1장 49절: "아도니아와 함께한 손님들이 다 놀라 일어나 각기 갈 길로
> 간지라."

성공하면 충신이요, 실패하면 역적이 되는 쿠데타에 가담한 자들이 솔로몬의 지명 소식에 저항하지 못하고 흩어졌다는 것은 거사 명분이 약하고 확고한 지지 기반도 없이 인기에 끌려 아도니아 편에 섰다는 것을 의미합니다.

결국 모반의 주모자 3명(아도니아, 아비아달, 요압)과 다윗을 저주했던 시므이까지 솔로몬의 통치에 위협이 되는 세력 전부를 제거하는 데 성공하고 확고하게 왕권을 장악하였습니다. 이것이 솔로몬의 냉정하고 번뜩이는 정치 감각과 다윗의 유지에 따른 계산된 행동임이 2장에 잘 표현되어 있습니다.

그 결과 다윗의 절대지지 기반인 유다 지파와 사울의지지 기반이었던 베냐민 지파는 요압과 시므이의 처단으로 힘을 잃습니다. 결국 12지파의 느슨한 연합체였던 이스라엘 왕국이 솔로몬의 강력한 왕권에 복속되어 신민이 되었음을 알게 됩니다.

이후 이스라엘은 유능한 군사령관 요압을 대체할 인물의 부재로 군사력이 위축되고 솔로몬의 건축 사역으로 많은 부담에 시달리게 됩니다.

솔로몬 사후에 백성들이 들고일어나 왕이 지운 노역을 가볍게 해 달라는 청원을 한 것도 견제받지 않는 강력한 왕권의 부작용인 것입니다. 또 즉위 초기에 애굽과 혼인 동맹을 맺고, 중반 이후 이방 국가들과 혼인 외교로 수많은 이방 여인을 궁 안에 들여놓아 우상에 빠지고만 솔로몬은 하나님의 길에서 멀어지고 맙니다. 그러나 이를 말리며 고언하는 신하는 없었습니다.

솔로몬이 현명하고 지식이 뛰어난 왕인 것은 확실합니다. 그러나 군사력 약화로 인해 영토를 상실하고 백성에게 과중한 부담을 지우는 등 화려한 겉모습 속에 결국 나라가 쪼개진 원인이 숨어 있던 것을 바로 알아야 하겠습니다.

두 번째 묵상은 "왕의 자격"입니다.

"큰 사람은 하늘이 낸다."라는 말이 있습니다. 세상에서 많은 사람이 애쓰고 노력하여 한 역할을 감당하지만, 큰 역할을 감당할 사람은 사람의 노력만으로 만들어지지는 않는다는 뜻으로 해석됩니다.

압살롬 이후 아도니아가 스스로 왕이 되고자 하여 다윗도 어쩌지 못한 권력자 요압과 제사장 아비아달을 포섭하여 왕으로 옹립하며 기선을 잡았습니다. 그러나 왕위 지명권을 가진 다윗에 의해 세워진 솔로몬에게 힘 한번 쓰지 못하고 무너지고 맙니다.

아도니아는 군사령관 요압과 제사장 아비아달로 대표되는 세상의 권력을 가지고 대항했지만 솔로몬이 가진 정통성과 명분, 위로부터 지명된 신권 앞에 허무하게 무너지고 맙니다.

왕위 지명권이 다윗에게 있고, 그 위에 여호와 하나님의 뜻이 있는 것인데 아도니아는 이를 가볍게 여기고 자기의 방법으로 왕위를 차지하려 한 것입니다.

명분과 정통성을 바탕으로 세워진 솔로몬과 실력과 대세를 바탕으로 한 아도니아의 대결은 너무나도 허무하게 결론지어졌는데, 그 결말을 표현한 구절이 다음과 같습니다.

> 1장 49절: "아도니아와 함께한 손님들이 다 놀라 일어나 각기 갈 길로 간지라."

세상의 권세가 명분과 신권을 당하지 못함을 보여 준 것이며, 아도니아 또한 이를 인식하고 있음을 보여 주는 구절이 2장 15절입니다.

> 2장 15절: "…… 이 왕위는 내 것이었고 온 이스라엘은 다 내게로 향하여 왕으로 삼으려 하였는데 그 왕권이 돌아가 내 아우의 것이 되었음은 여호와께로 말미암음이니이다."

반역자들을 처단하고 왕권을 확립한 솔로몬은 여호와께 천 개의 번제를 드리는 정성을 보이며 여호와 하나님의 마음에 들었고, 자신의 유익을 구하지 않고 백성을 바로 재판할 지혜를 구하는 마음을 보임으로써 하나님을 흡족하게 하여 전무후무한 축복을 받게 됩니다.

이어지는 두 여인의 아기에 대한 현명한 판결로 그 지혜를 세상에 드러내게 됩니다. 그리고 다윗의 필생 소원이었던 여호와의 성전을 건축하게 됩니다. 성전 건축을 위한 모든 준비가 이미 다 되어 있기에 일사천리로 완성하고 이어서 솔로몬의 궁궐까지 거창하게 짓게 됩니다.

하나님이 주신 대로 그의 왕국은 강성하여 주위 나라의 조공을 받고 솔로몬왕의 지혜가 온 세상을 덮으니 그와 그의 나라는 사상 유례가 없는 영화로움을 구가하게 됩니다.

다윗과 사울, 압살롬과 아도니아와 솔로몬…. 오늘 본문 묵상은 하나님의 기름 부음을 받은 자와 세상의 권세와 사람의 노력으로 왕이 되고자 한 사람들의 대립과 갈등이 어떤 결말을 맞이하는가를 잘 보여 주는 예화라는 것을 알 수 있습니다.

오늘의 묵상을 교훈 삼아 욕심을 제어하고 순리대로 행하며 올바로 살아가고자 하는 마음가짐으로 하나님께 나아갑니다….

✝ 기도

하나님, 스스로 알고 있었지만 자기의 능력과 욕심을 제어하지 못하여 일을 벌인 아도니아가 결국 죽음을 당하게 된 것을 기록하고 있는 오늘의 본문을 묵상하며, 나의 생각과 나의 욕망에 따른 행위가 과연 하나님의 뜻에 합한 것인가를 반드시 확인해야만 할 것이라 생각했습니다.

마음을 비우고 해야 할 것과 하지 말아야 할 것을 구별할 지혜와 명철을 구하는 시간이 되었음을 고백합니다.

늘 깨어 있는 자가 되기를 구하며 예수님의 이름으로 기도합니다. 아멘.

오늘 첫 묵상은 "아버지의 마음-하나님"입니다.

잠언서는 일반적으로 주 저자인 솔로몬이 자녀에게 주는 교훈이라고 알려졌습니다. 하지만 저는 잠언서의 진정한 저술 목적을 하나님이 솔로몬에게 부어 주신 지혜를 일반 백성에게 전달하는 수단으로 해석하고자 합니다.

전편에 흐르는 주제가 무엇인가 생각해 봅니다.

> "내 아들아.... 내 아들아, 너는 이렇게 살아야 한다. 내 앞에 바로 서야 한다. 세상의 유혹에 실족하지 말아라."

사랑하는 아들을 위한 아버지의 절절한 마음이 느껴집니다. 누가 나를 그리 사랑하시기에 저렇게 절절한 마음을 표현할 수 있을까요? 바로 나의 아버지, 나의 하나님이시라고 생각합니다.

잠언의 많은 부분이 세상의 유혹에 대처하여 자신을 지킬 수 있도록 훈계하는 내용이지만, 결국 그것은 하나님 앞에 바르게, 경건한 삶을 살라는 뜻이라는 것을 알 수 있습니다.

> 4장 23절: "모든 지킬 만한 것 중에 더욱 네 마음을 지키라. 생명의 근원이 이에서 남이니라."

세상을 살면서 어떻게 내 마음을 지킬 수 있을까요? 순간순간 들어오는 세상의 제안에서 올바른 선택으로 나를 지킬 수 있는 방법은 무엇일까요?

최근 유기성 목사님이 설교에서 말씀하신 "24시간 주님을 바라보라."라는 제안이 마음에 남아 있었는데, 그것이 바로 오늘 본문을 묵상하며 찾던 해답이라 느껴집니다.

그렇습니다. 주님, 제가 어찌 저의 능력과 의지만으로 하나님 앞에 온전히 설 수 있을까요? 오직 주의 도우심을 구하며 24시간 주님만을 바라볼 때 나의 수호자시며, 인도자이신 주님의 영이 나를 도우시고 바른길로 인도하실 것이라 믿습니다.

두 번째 묵상은 "아버지의 마음-부모"입니다.

세상에 나아가는 어린 자식을 사랑하는 부모의 마음이 여기에 나타나 있습니다.

> "내 아들아, 너는 네 아비의 훈계를 들으며 네 어미의 법을 떠나지 말라."

세상의 유혹과 꼬임의 무서움을 아는 부모가 이리 사이로 어린 양을 보내는 목자의 심정으로 자식에게 말해 주어야 할 것을 정리한 것이 바로 잠언의 기록입니다.

반드시 "내 아들아, 너는 ……"으로 시작하는 수많은 지혜와 충고의 말씀, 조심하고 또 조심해야 할 것들, 대표적인 유혹의 종류와 대처법

등을 말하고 있는데 그 절박한 외침의 소리에서 부모님의 애타는 사랑이 느껴집니다.

> 4장 23절: "모든 지킬 만한 것 중에 더욱 네 마음을 지키라. 생명의 근원이 이에서 남이니라."
>
> 6장 10~11절: "좀 더 자자. 좀 더 졸자. 손을 모으고 좀 더 누워 있자, 하면 네 빈궁이 강도같이 오며, 네 곤핍이 군사같이 이르리라."

 기도

하나님, 감사합니다. 세상을 살아갈 지혜의 말씀과 지켜야 할 생활의 규범을 부모의 마음으로 주시니 내가 이를 의지하며 살아가겠습니다. 늘 지키시고 인도하시는 그 마음을 잊지 않고 명심하며 하나님 앞으로 나아가겠습니다. 감사의 마음을 담아 예수님의 이름으로 기도합니다. 아멘.

오늘 첫 묵상은 "지혜는 무엇인가?"입니다.

8장 12절: "나 지혜는 명철로 주소를 삼으며, 지식과 근신을 찾아 얻나니."

잠언 8장은 지혜를 1인칭 주어로 하여 우리에게 주는 말씀입니다.

따라서 저 유명한 구절인 17절의 "나를 사랑하는 자들이 나의 사랑을 입으며, 나를 먼저 찾는 자가 나를 만날 것이니라."에 나오는 "나"는 하나님이 아니라 지혜로 이해해야 합니다.

22~32절에는 '나', 즉 지혜는 태초부터 하나님께 속하였으니 하나님이 '나(지혜)'를 도구 삼아 세상을 창조하시고 기뻐하셨다고 자기를 소개합니다.

그러므로 잠언 8장이 우리에게 주는 교훈의 의미는 "하나님과 같은 속성을 가지고 지어진 너희 사람들아, 하나님이 나를 가지신 것 같이 너희도 나를 가지기를 구하라. 나 지혜를 가진 사람은 마땅히 하나님의 길을 가는 데 어김이 없으리라."인 것입니다.

9장 10절: "여호와를 경외하는 것이 지혜의 근본이요, 거룩하신 이를 아는 것이 명철이니라."

10장 1절: "지혜로운 아들은 아비를 기쁘게 하려니와, ..."

잠언은 "내 아들아, 너는 지혜롭게 살아가라. 지혜는 나 여호와를 바로 아는 것이며, 나를 아는 자는 나의 길을 바로 따라오게 되니 세상에서 실족하지 않으리라."라는 교훈을 끝없이 우리에게 주고 있음을 알 수 있습니다.

두 번째 묵상은 "사랑한다, 내게로 돌아오라"입니다.

> 8장 17절: "나를 사랑하는 자들이 나의 사랑을 입으며 나를 간절히 찾는 자가 나를 만날 것이니라."

혼자 하는 짝사랑은 할 수는 있어도 그 사랑은 이루어지지 않지요. 하지만 서로 하는 사랑은 복된 사랑이며 그 사랑을 받는 사람은 행복한 사람이지요. 그리고 서로 사랑하게 되면 천국에 사는 천국 시민이 됩니다.

하나님은 당신이 바라시는 영원한 나라의 완성을 위한 가장 중요한 요소, 바로 당신과 같은 속성을 지녔으며 스스로 선택할 수 있는 자유의지를 주어 창조하신 사람이 세상에서 돌아와 당신을 사랑해 주기를 바라며 기다리고 계심이 이 말씀에서 느껴집니다.

예수께서 새 계명을 주신 것을 기억합니다.

> "너희는 서로 사랑하라. 내가 너희를 사랑한 것 같이...."

몇 년 전, 많은 번민을 떨치고자 말씀 일독을 작정하고 한 적이 있습니다. 그때 성경을 완독한 마지막 날 하나님의 마음이 느껴졌습니다. 수만 구절의 말씀이 흘러간 후 단 한 문장으로 깨달은 말씀이 있습니다.

"사랑한다, 내게로 돌아오라...."

아버지!

기도

하나님, 부족한 저희가 얼마나 하나님을 닮아 가기를 바라시는지 잠언을 묵상하며
알아 갑니다.
"하나님이 주시는 지혜를 구하라. 후히 주시는 지혜가 너희를 생명의 길, 하나님의 길
로 인도하리라."라고 애타게 호소하시는 하나님의 마음을 느끼며, "내가 주님을 사랑
합니다. 주님이 아시나이다."라고 고백한 베드로와 같이 내 마음을 드립니다.
나를 받아 주소서. 예수님의 이름으로 기도합니다. 아멘.

오늘 첫 묵상은 "보석과도 같은 말씀"입니다.

16장 초반에 마음을 열게 하는 말씀이 여럿 포진해 있으니 마치 보석 상자를 여는 것 같습니다.

> 16장 2절: "사람의 행위가 자기 보기에는 모두 깨끗하여도 여호와는 심령을 감찰하시느니라."
>
> 16장 3절: "너의 행사를 여호와께 맡기라. 그리하면 네가 경영하는 것이 이루어지리라."
>
> 16장 4절: "여호와께서 온갖 것을 그 쓰임에 적당하게 지으셨나니, 악인도 악한 날에 적당하게 하셨느니라."
>
> 16장 9절: "사람이 마음으로 자기의 길을 계획할지라도 그의 걸음을 인도하시는 이는 여호와시니라."

여호와는, 여호와께, 여호와께서, 여호와시니라…. 모든 말씀이 여호와 하나님으로 시작해서 여호와 하나님으로 끝나는데, 그 말씀대로 아니 된 것이 없습니다.

사람이 자기의 의로 행하여 행위를 포장할지라도 마음의 중심을 보시는 하나님의 눈을 속일 수는 없는 것입니다. 자기의 지식과 계획으로 행위를 할지라도 하나님의 도우심이 없으면 모든 것이 허사입니다.

악인도 악하게 쓰신다면 목적에 적합한 피조물이니, 하나님의 회초리가 매워야 하듯이 그도 그 목적에 합한 자입니다. 나의 생각을 내려 놓고 하나님의 인도하심대로 걸어가야 모든 것이 형통할 것입니다.

두 번째 묵상은 "다른 시각으로 바라보기"입니다.

16장 4절: "여호와께서 온갖 것을 그 쓰임에 적당하게 지으셨나니 악인도 악한 날에 적당하게 하셨느니라."

KJV 성경에는 위 구절을 좀 더 실감나게 번역하고 있습니다.

"주께서는 자신을 위하여 모든 것을 만드셨나니 참으로 사악한 자도 악한 날을 위하여 만드셨느니라."

정말로 파렴치하고 뻔뻔한 자, 그 사악함이 마귀의 화신이라 여겨지는 자, 잔악한 범죄자들을 바라볼 때 우리의 마음은 분노하게 되며 그들은 이 세상에서 없어져야 할 존재라고 생각하게 됩니다.

그들이 몸담고 있는 사회와 주변 사람들에게 큰 해악을 끼치는 이런 자들은 당연히 처벌받고 사라져야만 합니다. 그것이 이 세상의 법이며 사람들의 인식인 것입니다.

악한 자들이 벌을 받고 사라지면 이 세상은 평화로워질 것이라고 생각하지만 처벌받는 범죄자가 늘어날수록 이 사회가 점점 더 어두워지는 것은 어떤 이유에서일까요? 악한 자가 나타나서 세상이 어두워진 것일까요? 아니면 세상이 어두워져서 악한 자가 나타난 것일까요?

우리의 역사 교과서는 세상을 혼란에 빠뜨리는 악한 자가 나타나서 세상이 어두워졌다고 말합니다. 그러나 하나님은 악한 날에 어울리는 악한 자를 만드셨다고 하셨습니다.

오늘 마음에 와닿은 "악한 날이 되었기에 악한 자를 만드셨다."라는 말씀의 뜻을 음미해 봅니다.

하나님은 악한 자도 당신의 뜻에 합하게 사용하시는 분이시라 이 세상이 악해지면 거기에 합당할 만큼 사악한 자를 만들어 세상에 보내신다는 뜻이 아닐까요?

그렇다면 우리가 보고 판단하는 그 악한 자의 악한 정도는 이 세상의 악한 정도와 비례한다고 판단할 수 있을 것입니다. 결국 악한 자의 출현은 이 세상의 악한 정도를 비추는 거울이자 하나님이 우리에게 주시는 경고의 메시지인 것입니다.

이런 시각에서 바라보면 악한 자는 당연히 대적하여 몰아내야 하지만, 먼저 우리의 악함을 먼저 돌아보고 회개해야 합니다. 그것이 악한 자를 세상에 보내신 하나님의 뜻을 바로 깨닫는 길이 될 것이라는 생각이 들어오는 묵상이었습니다.

✝ 기도

하나님, 보석과도 같은 말씀 주시니 감사합니다. 언제나 우리에게 좋은 것을 주시기 원하시는 하나님의 사랑과 은혜를 언제나 잊지 않는 저희 되겠습니다.
우리를 향한 사랑과 도우심과 인도하심을 믿으며 말씀으로 우리의 삶을 지탱해 나가겠습니다. 그리고 오늘 주신 말씀을 묵상하니 나의 생각만으로 판단하기보다 주님의 뜻을 먼저 구하고 판단하여야 한다고 생각이 정리됩니다.
언제나 바로 판단할 수 있는 지혜를 구하며 예수님의 이름으로 기도합니다. 아멘.

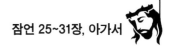

오늘 묵상은 "사랑의 힘"입니다.

> 1장 16절: "나의 사랑하는 자야, ..."

아가서는 솔로몬왕과 술람미 여인의 사랑 이야기입니다. 솔로몬은 영광스러운 통일 이스라엘의 존귀한 왕입니다. 술람미 여인은 1장 5, 6절에 언급된 것을 근거로 그 신분을 짐작해 보면, 예루살렘의 딸들과 대비되는 계층의 출신으로 얼굴이 검어질 정도로 험한 일을 합니다. 또한, 게달의 장막이란 가난한 목자가 염소 털로 짠 보잘것없는 장막이니 한미한 계층의 가난한 신분을 나타낸 것입니다. 거기에 남자 형제들에게 치여 포도원지기 생활을 하는 처지를 한탄하는 여인이니 왕과의 결합은 상상할 수 없는 미천한 신분인 것을 알 수 있습니다.

이러한 신분의 차이를 뛰어넘어 결합이 이루어지는 경우는 서로 사랑하는 사이에서만 가능합니다. 이는 많은 소설의 단골 소재이며 실제로 왕위를 버린 영국의 에드워드8세와 심프슨 부인이 이런 사례입니다.

아가서는 신분을 뛰어넘는 결합은 사랑하는 사이에만 가능함을 시사하고, 하나님과 우리 사이의 관계와 나아가야 할 방향을 크게 표현하고 있습니다.

왕과 한미한 처지의 여인처럼 뛰어넘을 수 없는 커다란 신분의 차이는 하나님과 죄의 종노릇하는 우리의 처지와 같으며, 이를 뛰어넘을 수 있는 유일한 길은 사랑입니다.

하나님과 우리 사이를 잇는 사랑의 메신저가 바로 예수님이시니, 이는 예수님이 우리에게 복음으로 선포하신 "내가 길이요 진리요 생명이니, 나로 말미암지 않고서는 아버지께로 올 자가 없느니라."라는 말씀으로 증거하고 계십니다.

죄로 인하여 하나님에게서 멀어져 돌아갈 수 없는 우리를 불쌍히 여기시는 하나님께서 우리를 죄에서 구원하여 다시 에덴으로 돌아올 수 있는 구원의 동아줄로 보내 주신 것이 그리스도 예수님이십니다.

그를 믿는 자마다 구원의 길로 인도될 것을 이미 구약에서 예언해 놓으셨고, 그중 하나가 바로 아가서인 것을 알 수 있습니다.

아가서 1장부터 8장에 이르도록 수많은 표현을 요약하면 서로 간의 순수한 사랑이 모든 허물을 덮어 버리고 서로를 향한 무한한 이끌림에 사로잡히게 합니다.

또 주변 사람들과 세상의 환경이 이들의 사랑을 방해하지만 순수한 사랑의 열정으로 능히 극복할 수 있으며, 그 순수한 사랑의 열매는 참으로 달고 훌륭한 것입니다. 이는 우리가 주님의 사랑 안에서 그의 이름을 믿고 그를 의지함으로써 하나님 앞으로 나아갈 때 겪게 될 상황과 그 결말을 정확하게 그려서 보여 주는 본문인 것입니다.

"사랑은 허다한 허물을 덮느니라...."

✝ 기도

하나님, 주께서 보여 주시고 말씀하신 것이 이처럼 명확함에도 미련한 저희가 알지 못하고 있었습니다. 이제 은혜로 말씀을 통독하고 말씀을 묵상하며 주님의 뜻을 알아 갈 수 있는 기회를 주심에 감사하나이다.

닥쳐올 많은 시험과 방해 속에서 마지막 날까지 주어진 말씀 통독 기회를 하나도 놓치지 않고 완독할 수 있도록 은혜 베풀어 주소서.

언제나 어디서나 주님만 바라보는 생명줄을 놓치지 않을 힘을 허락하여 주소서….

예수님의 이름으로 기도합니다. 아멘.

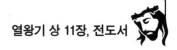
오늘 첫 묵상은 "깨끗한 생수와 더러운 물"입니다.

솔로몬 통치하의 이스라엘은 완전한 나라였습니다. 나라는 부강하여 주변에 감히 대항하는 적이 없고 주변국이 스스로 조공을 바치며 통치자는 지혜와 지식이 비할 데 없이 뛰어나 세상에 칭송과 존경이 자자했습니다. 무엇보다도 하나님의 말씀이 온 나라에 절대적인 믿음으로 자리하여 생활의 규범이 되었으니 무엇 하나 부족함 없는 완전한 나라였습니다.

그러나 하나님의 말씀이 흐려지고 솔로몬의 지혜가 그 자리를 대신하게 되자 그토록 막강하던 나라에 금이 가기 시작합니다.

정략 결혼 정책으로 무려 천 명의 이방 공주를 맞이하여 오랜 시간 즐거움과 쾌락에 젖어 든 솔로몬은 영혼이 혼미해져 하나님이 금하신 이방신을 궁전에 불러들이는 죄를 짓고 맙니다.

그와 이스라엘 공동체의 영혼이 오염되기 시작함으로써 분열과 몰락의 역사가 시작된 것이고, 그 이후의 결과는 우리가 알고 있는 역사적 사실대로 진행되고 맙니다.

오늘 본문을 묵상하며 오랫동안 품어 왔던 의문이 다시 떠오릅니다.

창조주이자 절대자이시며 절대 진리의 말씀이신 하나님의 계명이 지배하는 나라에 시집온 이방 공주들은 하나님께 감화되고 하나님의 말씀이 그들을 교화하여 그들이 믿던 우상을 버리고, 그들의 친정 나라에까지 말씀이 퍼져 나가야 할 것이 당연하다고 생각됩니다. 그러나 그리되었다는 기록은 전혀 없고 오히려 이스라엘과 솔로몬이 우상에 빠지고 마는 어이없는 일이 벌어집니다.

'하나님의 말씀이 이방의 우상보다 못해서 그런 것인가?' 아니면 '그들의 교리가 하나님의 권능보다 더 우월하여 사람들이 그리로 빠진 것인가?' 실제 벌어진 결과를 묵상할 때 전혀 이해할 수 없었습니다.

이 사례를 어떻게 받아들여야 할 것인가 고민하고 묵상하다가 맑은 샘에 대한 노래 가사가 떠올랐습니다.

순수하고 깨끗한 생명의 물 생수....
세상의 쾌락과 유혹의 요소가 가득한 오염된 물....

두 종류의 물이 섞이면 어떻게 될까요? 깨끗한 생수에 더러운 물 한 방울이 떨어지면? 물 전체가 오염됩니다. 더러운 물에 생수를 퍼부어 봐야 더러운 물은 그대로입니다.

이 두 사례에 생각이 미치니 비로소 오늘의 본문이 이해가 됩니다. 이것은 우월성의 비교가 아니요, 능력의 고하 문제도 아니며, 단지 순수성을 더럽히는 오염의 문제라는 것을 깨달았습니다.

절대 진리는 순결하고 고귀한 것이기에 다른 사소한 것이 조금만 섞여도 전체가 오염된다는 사실을…. 진리와 생명의 길을 찾는 자는 좁은 문을 택하라 하신 말씀이 이해가 됩니다.

"너는 지킬 만한 것. 너의 마음을 지키라."

그 대단했던 솔로몬도 오랜 세월, 40년간의 절대 권력과 절대 풍요 속에 조금씩 젖어 들어 결국 말년에 총기가 흐려지며 무너지고 만 것입니다.

다만 그의 부왕 다윗을 생각하신 하나님은 그의 생전에는 징계하지 않으시고 그의 아들 시대에 징계하시는 은혜를 베풀고 계심을 봅니다.

이 부분은 우리 부모의 믿음과 기도가 우리 자녀에게 얼마나 큰 축복이 되는 것인가 생각하게 됩니다.

2대, 3대, 그 이상의 믿음의 집안 자녀들은 얼마나 복된 사람들인가, 우리 집안에 이제야 첫 믿음을 세워 가는 나는 참 부럽기만 합니다.

그리고 나의 자녀를 위해 얼마나 기도의 분량을 쌓아야 부모의 역할을 할 수 있을까, 길은 멀지만 또 한편으로 큰 도전으로 느껴집니다.

주님… 멀고 험한 길, 좁은 길을 택하여 길을 떠납니다. 실족하지 않고 먼 길 돌아 헤매지 않도록 제 손을 잡아 주소서….

유혹과 핍박에 되돌아서지 않도록 지켜 주소서…. "유대인의 누룩을 주의하라."라고 하신 예수님의 말씀이 내게서 잊히지 않도록 늘 깨워 주소서….

두 번째 묵상은 "사명이란 무엇이며 누가 사명자인가?"입니다.

하나님은 태초부터 나를 아시고 나를 통해 이루고자 하시는 뜻이 있으시며 그를 위해 나를 세상에 보내셨다고 배웠습니다.

즉, 누구라도 이 세상에 덧없이 왔다 가는 인생은 없는 것이며 가장 성공적인 삶을 사는 길은 나를 보내신 이의 뜻대로 살아 내는 것입니다.

요한복음 17장 4절에 기록된 예수님의 기도가 이를 확증하는 말씀이니, 나를 향하신 하나님의 계획을 이루는 것이 하나님을 영화롭게 하는 일이며 가장 성공적인 인생을 살아가는 것입니다.

> 요한복음 17장 4절: "아버지께서 내게 하라고 주신 일을 내가 이루어
> 아버지를 이 세상에서 영화롭게 하였사오니."
> 전도서 3장 22절: "...... 이는 그것이 그의 몫이기 때문이라."

여기에서 그의 몫이란 바로 나를 향하신 하나님의 뜻인 것입니다. 그리고 나를 향하신 하나님의 뜻을 이루어 가기 위한 삶을 사는 것을 '사명'이라 합니다.

사명자의 길을 간다는 것은 꼭 큰 사람이 대단한 일을 행하는 것만을 의미하는 것이 아니며, 누구라도 이 세상에 보내진 뜻에 합당한 일을 하는 것을 의미한다고 할 수 있습니다.

이 세상에서 가장 현명하고 영화로운 자, 인간 세상에서 누릴 수 있는 모든 영화를 다 누려 본 솔로몬이 말년에 인생 만사 모든 것을 다 통찰해 내린 결론이 있습니다.

바로 사명자의 길을 가며 누리는 것들, 환란과 고통, 먹고 마시며 수고함, 낙을 누리는 것, 이 모두가 하나님의 선물이라고 말하고 있습니다.

> 3장 10~13절: "하나님이 인생들에게 노고를 주사 애쓰게 하신 것을 내
> 가 보았노라. 하나님이 모든 것을 지으시매 때를 따라 아

름답게 하셨고 또 사람들에게는 영원을 사모하는 마음을 주셨느니라. 그러나 하나님이 하시는 일의 시종을 사람으로 측량할 수 없게 하셨도다. 사람들이 사는 동안에 기뻐하며 선을 행하는 것보다 더 나은 것이 없는 줄을 내가 알았고 사람마다 먹고 마시는 것과 수고함으로 낙을 누리는 그것이 하나님의 선물인 줄도 또한 알았도다.”

그리고 오늘 묵상의 결론에 해당하는 구절에 깨달은 자 솔로몬의 탄식이 배어 있습니다.

3장 22절: “그러므로 나는 사람이 자기 일에 즐거워하는 것보다 더 나은 것이 없음을 보았나니 이는 그것이 그의 몫이기 때문이라. 아! 그의 뒤에 일어날 일이 무엇인지를 보게 하려고 그를 도로 데리고 올 자가 누구이랴?”

솔로몬이 깨달은 결론은 남과 비교할 필요 없이 지기에게 주어진 “자기 일”을 충실히 하는 것, 바로 이것이 그에게 주어진 사명입니다.

그리고 “자기 일”을 하면서 겪는 어려움과 고통도 그의 몫이지만 “자기 일”을 하면서 누리는 낙도 하나님의 선물이며 그 모든 것을 기뻐하며 살아 내는 것이 사명자가 가야 할 길이라는 것입니다.

세 번째 묵상은 “가장 지혜로운 사람이 찾은 결론”입니다.

역사상 가장 지혜로운 사람으로서 가장 부유하며 가장 큰 권세를 가졌으며 가장 행복했을 것으로 여겨지는 솔로몬왕. 하나님으로부터 전무후무한 복을 받은 사람, 아버지 다윗으로부터 강력한 나라를 물려받았으며, 하나님이 주신 지혜로 다스리니 그의 치세 동안 이스라엘은 역사상 유례없이 강력하고 부강한 나라가 되었습니다. 또한, 솔로몬은 세상 모든 나라와 혼인 관계를 맺어 무려 천 명의 처첩과 비빈을 거느린 행복에 겨운 삶을 산 사람입니다.

행복에 겨운 삶을 살아 본 그의 인생 말년에 그가 쓴 전도서는 "헛되고 헛되며 헛되고 헛되니 모든 것이 헛되도다."라고 시작해 "일의 결국을 다 들었으니 하나님을 경외하고 그의 명령을 지킬지어다. 이것이 사람의 본분이니라. 하나님은 모든 행위와 모든 은밀한 일을 선악 간에 심판하시리라."라고 끝을 맺습니다.

가장 지혜로운 자가 세상에서 누릴 수 있는 모든 영화를 누린 뒤에 내린 결론이 "모든 것이 헛되다."라는 것입니다. "지혜가 많으면 번뇌도 많으니 지식을 더하는 자는 근심도 더한다."라고 하며 "일평생에 근심하며 수고하는 것이 슬픔뿐이라, 그의 마음이 밤에도 쉬지 못하나니 이것도 헛되도다."라고 한탄합니다.

그러다가 그가 깨달은 것은 다음과 같습니다.

> 3장 13절: "사람마다 먹고 마시는 것과 수고함으로 낙을 누리는 그것
> 이 하나님의 선물인 줄도 또한 알았도다."
>
> 3장 14절: "하나님께서 행하시는 모든 것은 영원히 있을 것이라. 그 위
> 에 더할 수도 없고 그것에서 덜할 수도 없나니 하나님이 이
> 같이 행하심은 사람들이 그의 앞에서 경외하게 하려 하심

인 줄을 내가 알았도다.”

하나님은 태초부터 나를 아시고 나를 통해 이루고자 하시는 뜻이 있으시며 그를 위해 나를 세상에 보내셨다고 하셨습니다.

즉, 이 세상에 덧없이 왔다 가는 인생은 없는 것이며 가장 성공적인 삶을 사는 길은 나를 보내신 이의 뜻대로 살아 내는 것입니다.

> 3장 22절: “그러므로 나는 사람이 자기 일에 즐거워하는 것보다 더 나은 것이 없음을 보았나니 이는 그것이 그의 몫이기 때문이라 ……”

22절 말씀 중 “…… 이는 그것이 그의 몫이기 때문이라.”에서 그의 몫이란 바로 나를 향하신 하나님의 뜻인 것입니다. 그리고 나를 향하신 하나님의 뜻을 이루어 가기 위한 삶을 사는 것을 ‘사명’이라고 합니다.

사명자의 길을 간다는 것은 이 세상의 기준으로 대단한 일을 행하는 것만을 의미하는 것이 아니며 누구라도 이 세상에 보내진 뜻에 합당한 일을 하는 것을 의미한다고 할 수 있습니다.

그리하여 가장 지혜로운 자가 일생을 누리고 살며 판단한, 사람이 해야 할 본분은 “하나님의 경외하며, 그의 명령을 지키라.”라는 것으로 결론짓게 됩니다.

그러나 열왕기 상 11장에 기록한 솔로몬의 말년은 하나님의 전무후무한 복을 받은 자로서 그의 지혜와는 무관한, 하나님을 분노하게 만드는 타락한 삶을 그리고 있으니 이를 통해 사람은 어쩔 수 없이 부족한 존재라는 것을 알 수 있습니다.

✝ 기도

하나님, 가장 현명한 사람이 깨달은 헛됨도 있지만, 또 "그의 몫"이라는 말씀으로 삶의 목적을 생각하게 하심을 감사합니다.

나를 세상에 헛되게 보내시지 않으셨을 터이니 그 보내신 목적에 맞게 살아가야 할 의무가 내게 있음을 알았습니다. 그것을 내게 주신 사명이라 이해하며 수고함으로 낙을 누리는 하나님의 선물을 받는 자 되기를 구합니다.

나를 이 세상의 그 누구와도 비교하지 아니하고 오직 나에게 주어진 삶을 즐겁게 감당하며 살아갈 때, 나의 살아감이 하나님께 영광을 돌리는 삶이 되고 또 하나님이 나를 보내신 뜻을 실현하는 것이 됨을 알았습니다.

평안함과 기쁨을 주시는 말씀에 감사하며 예수님의 이름으로 기도합니다. 아멘.

오늘 첫 묵상은 "다윗의 마음은 어디를 바라보고 있는가?"입니다.

1장 1~3절은 너무나 마음을 푸근하게 하는 말씀이며 믿음과 소망을 가지게 합니다. 이런 말씀을 내게 들려주시니 얼마나 좋은지 읽을 때마다 마음이 푸근해집니다.

> 시편 1편 1절: "복 있는 사람은 악인의 꾀를 따르지 아니하며, 죄인들의 길에 서지 아니하며, 오만한 자들의 자리에 앉지 아니하고"

2편부터 17편까지는 다윗의 고난과 도움을 구하는 절절한 호소로 가득 차 있는 눈물의 기록입니다.

그의 목숨을 찾는 사울의 추적을 피해 도망 다니는 고단한 과정과 순간순간 닥치는 절체절명의 위기 속에서 그를 지탱해 준 것은 오직 여호와에 대한 신뢰감일 것입니다.

절대적인 신뢰가 없으면 견딜 수 없는 상황, 포기하지 않게 하는 그 믿음이 엄혹한 상황에 무너지지 않고 그를 견디게 한 힘이라 생각됩니다.

그는 끊임없이 기도하며 버텼을 것이지만 가장 견디기 어려웠던 것은 하나님의 응답을 들을 수 없고 혼자 버려진 것 아닌가 하는 고독감에 빠져들 때였을 것입니다.

이럴 때 사탄의 속삭임이 크게 들리고 포기하고픈 마음이 스며들고 배신감에 절망하게 되면 실족하게 되는 것입니다.

그러나 다윗이 역사에 기록되고 하나님의 마음에 합한 자 라는 평가를 받는 것은 바로 이런 상황을 끝까지 견뎌 냈을 뿐 아니라 사울에 대한 처분을 하나님께 의뢰했기 때문입니다. 결국 18편에 그는 승리의 개가를 부르며 하나님을 송축하는 감격의 노래를 부르게 됩니다.

요한계시록에 "환란 날에 끝까지 견디는 성도가 복이 있을 것"이라 기록된 것을 유의하게 됩니다.

시편 초반부에 기록된 고뇌에 찬 다윗의 기도와 실족하지 않고 견디어 18편의 개가를 부르는 내용은 우리가 살아가면서 겪어야 할 과정을 미리 보여 준 것이라 생각됩니다.

두 번째 묵상은 "무엇이 다윗을 '하나님의 마음에 합한 자'가 되게 한 것일까?"입니다.

다윗은 훌륭한 능력이나 외모, 출신 성분과는 거리가 먼 사람이었으며, 삶 또한 평탄하지 않았습니다.

평생을 싸움터에서 지낸 관계로 그의 평생 소원이었던 성전 건축도, 하나님은 그의 손으로 하지 못하게 하시고 그의 아들 솔로몬에 의해서 완성하게 하십니다.

밧세바 간통 사건과 병력이 될 백성 계수 사건으로 큰 징계를 받았으며 그의 아들들의 분쟁과 압살롬의 반역 등 말년 역시 평안하지 않았지만, 다윗 그는 "하나님의 마음에 합한 자"라는 평가를 받은 유일한 사람입니다.

어떤 마음을 가졌기에 하나님의 마음에 합한 자라는 평가를 받았을까요? 이 문제에 대한 해답이 바로 시편의 기록이라 생각됩니다.

오늘 18편까지의 기록에 나타난 다윗의 마음가짐을 봅니다. 그에게 수많은 환란이 닥치고 죽음의 고비에 놓였을 때도 그는 결코 하나님을 놓지 않았습니다.

구원의 응답이 없을지라도 그는 하나님을 신뢰하였고, 원수가 에워싸고 목숨을 노려도 그는 하나님을 믿고 잠을 잘 수 있었습니다. 고난의 세월이 오래 지속되어도 실망하지 않고 기다렸으며 위기를 헤쳐 나갈 때도 그는 교만하지 않고 하나님께 감사했습니다. 그리고 환경의 좋고 나쁨에 관계없이 오직 찬양으로 하나님을 경배하는 마음을 보였기에 그는 "하나님의 마음에 합한 자"가 된 것입니다.

> 18편 1절: "나의 힘이신 여호와여 내가 주를 사랑하나이다."
> 18편 2절: "여호와는 나의 반석이시요 나의 요새시요 나를 건지시는 이시요 나의 하나님이시요 내가 그 안에 피할 나의 바위시요 나의 방패시요 나의 구원의 뿔이시요 나의 산성이시로다."

세 번째 묵상은 "나의 마음이 가야 할 길"입니다.

한 사람의 글에는 그의 내면세계가 배어 있기에, 그의 글을 읽어 보면 그의 처지에서 어떻게 생각하며 반응하는지도 알 수 있습니다.

오늘 16편까지의 시편 저자는 모두 다윗으로, 8편을 제외한 나머지 17개의 시편은 그가 고난을 당할 때, 그의 심령이 괴로울 때 지은 시로서 하나님에 대한 절대적인 의지와 신뢰가 잘 나타나 있습니다.

3편의 경우 아들 압살롬의 반역에 직면하여 예루살렘에 후궁들은 남겨 두고 맨발로 머리를 가리고 울며 도망하는 상황에서 지은 것이라 합니다.

그 급박한 상황에서 하나님을 바라보며 시를 쓴다는 것을 상상할 수 있을까요? 5, 6절에 하나님을 의지하여 잠을 이룰 수 있는 다윗의 마음이 드러납니다.

"천만인이 나를 에워싸 진 친다 해도 나는 두려워하지 아니하리이다."

그리고 그의 마음을 잘 나타낸 결론 같은 구절이 1편 1절의 말씀, "나는 복 있는 사람이니 악인의 꾀, 죄인의 길, 오만한 자의 자리를 탐하지 않으리라."라는 것입니다.

당장의 위기 모면을 위하여, 눈앞의 이익을 위하여, 권력과 권세를 바라며 하나님을 멀리하지 아니하는 것이 복된 길이라는 확고한 믿음이 하나님의 마음에 합한 자, 다윗을 만든 것입니다.

지금 우리가 살아가는 세상에서 대부분의 사람은 생활을 위해 갑에게 아부하고, 강포한 자들을 피하며, 저질 문화에 적당히 동화하고 병약한 자들을 외면하며 살아갑니다. 반대로 하면 세상살이가 참으로 힘들어지기에 누구나 그리 합니다. 그리고 그것을 누가 탓할 수 있을까요?

하지만 그 마음의 중심이 하나님께 속해 있다면 현실에서 드러나게 행하지 못할지라도 자신의 힘이 미치는 만큼만이라도 하나님 보시기에 기뻐하실 만한 행위를 할 수 있을 것입니다.

그리고 하나님이 주시는 기회가 온다면 좀 더 크게 소금의 역할을 할 수 있을 것입니다. 이러한 사람이 여럿이 된다면 세상을 바꿀 수 있는 밑바탕이 될 것이라 믿으며 복 있는 사람이 많아지는 세상을 기대합니다.

"복 있는 사람은 악인의 꾀를 따르지 아니하며, 죄인들의 길에 서지 아니하며, 오만한 자들의 자리에 앉지 아니하고"

✝ 기도

하나님, 환경과 여건에 관계없이 하나님만을 의뢰하는 다윗의 마음을 봅니다. 그 마음을 기쁘게 여기시고 "내 마음에 합한 자"라고 불러 주신 하나님의 마음을 생각합니다.

믿는 우리에게 소금의 역할을 하라 하시지만, 소금은 자신의 몸이 녹아 물에 섞여야 그 짠맛을 낼 수 있고, 그대로 있으면 모래 알갱이와 다를 바 없습니다. 자신이 녹아 없어져야 하는 이 역할을 감당하기가 두렵습니다.

연약하고 부족한 제가 어찌 그 험하고 좁은 길을 갈 수 있겠습니까? 오직 하나님의 도우심을 간구하며 기도할 때, 제게 희망의 빛을 비추사 포기하지 않고 끝까지 견딜 수 있는 자 되도록 지켜 주소서.

마음의 중심을 하나님께 옮긴 자의 삶을 살아갈 수 있도록 힘과 지혜와 용기를 부어 주소서. 예수님의 이름으로 기도합니다. 아멘.

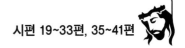
오늘 묵상은 "평안함과 고난의 비율"입니다.

> 22편 1절: "내 하나님이여, 내 하나님이여, 어찌 나를 버리셨나이까?
> ……"
> 23편 1절: "여호와는 나의 목자시니 내게 부족함이 없으리로다."

오늘 묵상하는 시편은 총 22편인데, 그중 2개인 23편과 24편만 그 내용이 평안하고 은혜롭습니다. 5편은 다윗의 바라는 마음을 나타내며 나머지 15편은 고난과 고통 속에 하나님을 의지하여 견디는 내용입니다.

22편 1절에 다윗이 부르짖은 "내 하나님이여, 내 하나님이여, 어찌 나를 버리셨나이까?"라는 말은 절망 중에 하나님을 바라보는 다윗의 심중이 드러나는 말로써 십자가 위 예수님의 마지막 말씀과도 같은 것입니다.

22편 11절의 "나를 멀리하지 마옵소서, 환난이 가까우나 도울 자 없나이다."라는 말 역시 "하나님만이 나를 구원하실 분입니다."라고 부르짖는 절절함이 느껴집니다.

그를 둘러싼 모든 환경이 그를 배척하지만 오직 하나님만을 의지하여 고난을 견디며 헤쳐 나간 다윗의 일생을 바라보며 우리의 인생도 이와 같다고 느껴집니다.

처음 교회에 나올 때 주 예수를 구주로 믿고 의지하면 모든 것이 형통하고 복을 받을 것이라고만 생각했습니다. 그러나 13년이 지난 지금 돌아보면 분명 은혜로 구원받고, 장래의 일에 걱정보다는 희망이 보이고, 그동안 하나님의 보호하심과 돌보심이라 믿어지는 일이 몇 번 있었지만 대부분의 시간을 어렵게 지내 왔습니다.

하지만 그 시간을 좌절하지 않고 견딜 수 있었던 힘은 믿고 의지할 대상으로 하나님을 바라본 것이라 고백할 수 있습니다.

22편 중 2편만이 평안함에 대한 감사이며 나머지 15편은 고난의 절규와 인내의 기록입니다. 이것은 우리 인생의 평안과 고난의 비율을 나타내는 것으로 생각됩니다.

그러나 감사한 것은 고난의 시기를 견딜 수 있는 힘의 근원이 하나님을 의지하는 것이며 그 말씀의 약속이라는 것을 깨달아 간다는 것입니다.

✝ 기도

하나님, "나를 멀리하지 마옵소서, 환난이 가까우나 도울 자 없나이다."라는 말씀과 "여호와는 나의 목자시니 내게 부족함이 없으리로다."라는 말씀 사이에서 방황하고 있는 저를 봅니다. 주님의 말씀만을 의지하여 견디고 나아가오니 저의 기도를 들으시고 응답하여 주소서. 예수님의 이름으로 기도합니다. 아멘.

성경은 같은 단어나 구절을 반복하여 기록하는 문학적 특징이 있으며, 이것은 그 내용을 특별히 강조하는 의미로 사용됩니다.

> 42편 1절: "하나님이여, 사슴이 시냇물을 찾기에 갈급함같이 내 영혼이 주를 찾기에 갈급하나이다."
>
> 42편 5절, 11절, 43편 5절: "내 영혼아, 네가 어찌하여 낙심하며 어찌하여 내 속에서 불안해하는가? 너는 하나님께 소망을 두라. 그가 나타나 도우심으로 말미암아 내가 여전히 찬송하리로다."

42편 5절과 11절, 43편 5절에 글자 하나 다름이 없는 동일한 문장이 세 번이나 사용되고 있습니다. 이 문장 직전에 기록된 내용이 하나같이 하나님을 찾아 헤매며, 도우심을 구하지만 아직 응답받지 못하는 상황에서 부르짖는 외마디 소리입니다.

오늘 첫 묵상은 "하나님은 어디에 계시는가? 언제 오시는가?"입니다.

> "내 영혼아, 네가 어찌하여 낙심하며 어찌하여 내 속에서 불안해하는가? 너는 하나님께 소망을 두라. ......"

낙심되고 불안하기 짝이 없는 마음을 다스리며 오직 하나님만을 의뢰하는 절박한 심정이 느껴집니다. 그럼에도 그의 도우심을 의심하지 않고 찬송하는 마음을 보이기에 하나님의 도우심이 있는 것이라 생각됩니다.

이는 히브리서 11장 1절의 말씀으로 확인하신 것을 유념할 필요가 있습니다.

"믿음은 바라는 것들의 실상이요, 보이지 않는 것들의 증거니"

"믿음은 바라는 것들의 실상"이라는 말씀은 뒤집어 생각하면 어떠한 일이 실제로 일어나기 위한 조건이 바로 믿음이며, 믿음으로 말미암아 일이 시작된다는 것으로 해석할 수 있습니다.

오늘 본문에 세 번이나 언급한 하나님의 구원이 실재하기 위한 조건은 하나님만을 바라보는 것입니다. 이 시편의 기록이 나에게 주시는 말씀은 "하나님, 당신은 어디에 계시며, 언제 우리에게 오십니까?"라고 부르짖기보다 하나님이 나를 돌보신다는 확신을 가지고 기도하라는 말씀으로 이해합니다.

당신을 간절히 찾는 자를 만나 주시겠다는 약속의 말씀을 근거로 이 믿음을 실재하는 사실로 만들어 주실 유일한 분이심을 확신하게 하십니다.

두 번째 묵상은 "소망의 힘"입니다.

오늘도 묵상하는 시편 전체가 다 고난 중에 신음하며 견디어 나가는 저자의 심중을 표현하는 내용들입니다.

"세상살이가 어찌 이리 힘들고 어려운지요, 나는 어떻게 해야만 합니까? 나를 도우시는 이가 누구이십니까?"라고 부르짖는 저자의 외침은 바로 나의 부르짖음이 아닙니까?

그리고 또 세 번이나 반복하여 다짐을 합니다. "너는 하나님께 소망을 두라. 그가 나타나 너를 도우시리라." 그는 자기를 바라보는 자를 기억하시고 반드시 도움의 길을 열어 주시는 분이라고 말하고 있습니다.

마음의 소망은 어떤 힘이 있을까 생각해 봅니다. 이는 어떤 물리적 힘도 아니고 세상에서 유효하게 사용할 그 무엇도 아니지만, 내 말과 행동이 세상에 휘둘리지 아니하게 하는, 즉 나의 중심을 견고하게 하여 나의 길을 정하게 하는 힘이 됩니다.

하나님은 이렇게 "당신을 향한 마음의 중심이 바로 선 자를 기억하시시리니, 마른땅에서 샘물을 보이시고 가야 할 길을 보이시리라…."라는 이 믿음이 하나님을 향한 내 마음의 소망입니다.

믿음이 없는 자는 좌절하고 주저앉을 때, 이 소망을 가진 자는 모든 어려움을 견디며 애쓰고 나아갈 힘이 있으며 반드시 그 어려움을 극복할 새 길을 찾고야 마는 사례를 볼 수 있으니, 이것이 마음의 소망을 가진 자의 힘이 됨을 깨닫게 합니다.

✝ 기도

하나님, 세상의 어려움을 보지 아니하고 오직 하나님을 바라보는 자를 하나님이 기억하실 것을 믿습니다. 하나님의 도우심을 기대하는 소망을 가진 자의 마음을 돌보아 주소서. 예수님의 이름으로 기도합니다. 아멘.

오늘 첫 묵상은 "잠잠히 하나님만 바라보기"입니다.

62편 1, 2절과 5, 6절이 거의 같습니다. 2번 반복된 것이지요.

> 1절: "나의 영혼이 잠잠히 하나님만 바람이여, 나의 구원이 그에게서
> 나오는도다."
>
> 2절: "오직 그만이 나의 반석이시요 나의 구원이시요 나의 요새이시니
> 내가 크게 흔들리지 아니하리로다."
>
> 5절: "나의 영혼아 잠잠히 하나님만 바라라, 무릇 나의 소망이 그로부
> 터 나오는도다."
>
> 6절: "오직 그만이 나의 반석이시요 나의 구원이시요 나의 요새이시니
> 내가 흔들리지 아니하리로다."

잠잠히 바라본다는 것은 흔들림 없이 고요한 상태로 바라본다는 것이니, 믿음을 위한 조건이 없으며 여건에 흔들리지 않는다는 뜻입니다.

어제 묵상처럼 "믿음은 바라는 것의 실상"이라는 조건을 대입한다면 하나님만이 나의 구원이심을 온전히 믿기에 수많은 외적 상황에 상관없이 하나님만을 바라보는 것, 그때가 "잠잠히 하나님만 바라본다."라는 상태인 것입니다.

순수하고 깨끗한 마음만이 하나님께로 나아가는 가장 좋은 방법인 것입니다. "믿음은 바라는 것의 실상"이라 하신 말씀처럼 온전한 마음

으로 하나님만을 바라보는 영혼을 기뻐하실 것이며 기뻐하시는 자에게 은혜를 한량없이 베풀어 주실 것입니다.

"그"는 누구신가? 천지의 창조자시요, 우리 생명의 근원이시요, 역사의 주관자시며, 천지 만물의 주인이십니다. "그" 없이, "그"의 허락 없이 이루어질 일이 없는 근본의 존재이신 분, 여호와 하나님, 다윗은 "그"가 누군지 몰라서 이러한 고백을 하고 있는 것일까요?

너무나 잘 알고 누구보다 하나님을 의지하는 다윗이지만, 고난의 순간순간에 하나님만을 의지함을 자기의 영혼에게 절절히 고백해야만 할 상황을 노래하고 있는 것입니다.

머릿속 지식으로 아는 것과 입으로 아는 것을 고백하는 것의 차이를 유의하여 느껴야 합니다. 성경 말씀에 "마음으로 믿어 의에 이르고 입으로 고백하여 구원을 얻는다."라고 기록된 것의 의미를 묵상해 봅니다.

안다는 것은 내 안에 어떤 기본 자격이 형성된다는 것이지만, 아는 것을 입으로 소리 내어 하나님께 말씀드리는 것, 그것은 기도이며 기도는 하나님과 내가 일 대 일로 대화하는 것입니다. 하늘 아버지이신 그분은 우리와 대화하기를 바라신다 하셨습니다.

그 과정에서 우리는 하나님의 마음을 알아 가고 하나님은 우리를 위해 우리가 바라는 것보다 더 좋은 것을 주기를 원하신다 하셨습니다.

신약에서도 예수님께서 "아버지께 기도하라."라고 수없이 말씀하시고 기도에 반드시 응답하시는 하나님의 약속을 가르치셨습니다.

다윗은 하나님을 믿었고 또 얼마나 많은 시편 기록을 남겼습니까? 그 하나하나가 다 기도인 것입니다. 그 기도를 통해 하나님과 의사소통하였기에, 그의 일생에 하나님과 동행하며 큰 치적을 쌓았으며 하나님 마음에 합한 자라 인정을 받은 것을 알아야 할 것입니다.

언제나 어디서나 어떤 상황에서도 잊지 않고 가장 먼저 해야 할 것이 기도인 것입니다.

두 번째 묵상은 "무엇을 믿는가?"입니다.

73편의 기록은 지금 세상을 살아가는 그리스도인이라면 누구나 갖게 되는 의문이자 해답일 것입니다. 악인의 형통함과 의인의 고난이 그들이 죽을 때까지 그대로, 이 세상에서 보응과 보답을 받지 못하고 끝나 버리는 상황을 바라보며 '하나님은 정말 계신가?', '영원한 삶은 과연 존재하는가?'라는 고민을 하게 됩니다.

> 73편 13절: "내가 내 마음을 깨끗하게 하며 내 손을 씻어 무죄하다 한 것이 실로 헛되도다."

인본주의와 과학적 사고로는 이 문제에 대한 해답을 찾을 수 없으며 종교적으로는 영생, 심판, 천국과 지옥 혹은 윤회라는 개념으로 이를 설명하곤 합니다.

이 세상에서 가장 확실한 진실은 모든 사람은 반드시 죽는다는 것으로, 이는 누구도 부인하지 못하는 사실입니다. 사람들은 죽음을 두려워하여 오래 살거나 죽지 않으려고 애써 보지만 그 누구도 성공하지 못했습니다.

그러나 악인의 반열에 서 있던 사람들 중 죽음을 앞두고 자기의 인생을 만족하며 "잘 살았으니 기쁘게 생을 마감한다."라고 하며 죽는 사람이 있었던가요?

권력자들, 큰 부자들이 그들의 무덤을 크고 호화롭게 꾸미는 이유는 죽음 이후에도 영원히 살기를 소망하기 때문이 아닐까요? 파라오들이 미이라가 된 것이나 진시황이 병마용갱을 만든 것은 그들 역시 영생을 소망하였다는 증거인 것입니다.

오히려 고난 속에서 힘들게 살았던 사람 중 생을 마감할 때, 영생에 들어감을 기뻐하며 죽음을 맞이하는 사람이 많이 있음을 볼 수 있습니다.

과연 누가 행복한 사람일까요? 이 문제에 대한 해답이 성경 속에 있음을 봅니다.

> 전도서 3장 11절: "하나님이 모든 것을 지으시되 때를 따라 아름답게 하셨고 또 사람에게 영원을 사모하는 마음을 주셨느니라."

하나님이 모든 사람에게 영원을 사모하는 마음을 주셨다고 기록하고 있습니다. 그리고 "주 안에 있는 자는 멸망하지 아니하고 주와 함께 영원한 생을 누리리라."라고 약속하신 것을 믿는 주의 자녀들이라면 이 생에서의 삶의 여건이 어떠하든 주 앞에 의인으로 살아가야 할 이유가 되는 것입니다.

믿음과 관계없이 이성적, 논리적으로 이 세상에서 어떻게 살아야 잘 산 것인지 판단해 봅니다.

가장 확실한 기준인 죽음을 전제로 하면 두 가지로 나눌 수 있습니다.

1. 죽은 것으로 끝이며 죽음 이후는 없다.
2. 죽음 이후에 영생이 있다.

1번의 경우, 세상의 삶을 위해 자기만족을 추구하여 성공한 사람들은 잘 산 것이 됩니다. 그리고 영생을 믿으며 의를 지키고 힘들게 살아간 사람 역시 자기의 믿음 안에서 잘 산 것입니다.

2번의 경우, 세상의 삶을 위해 자기만족을 추구하며 산 사람은 땅을 치고 후회하게 될 것이지만 되돌아갈 방법이 없습니다. 그러나 영생을 믿었기에 믿음의 의를 지키며 힘들게 살아간 사람들은 가장 큰 행복을 만끽하게 될 것입니다.

죽음 이후가 어떨 것인지 아는 사람은 아무도 없습니다. 그러나 세상의 논리로 따져 보아도 영생이 있음을 믿는 것이 합리적이라는 것을 알 수 있습니다.

1번의 경우라도 두 가지 삶 모두 자기만족으로 행복할 것이며, 2번의 경우라면 무조건 믿는 자의 삶이 정답인 것이기 때문이지요.

> 24절: "주의 교훈으로 나를 인도하시고, 후에는 영광으로 나를 영접하시리니."

✝기도

하나님, 누구나 알지만 누구나 쉽게 할 수 없는 그것, 내 일생 동안 쉬지 않고 주께 기도드리며 살아가기를 간절히 바랍니다.

하나님께서는 우리가 아무것도 고려함 없이 순수한 마음으로 주님께 나아갈 때, 그 마음을 기뻐 받으실 줄 알지만 온갖 세상 염려와 욕심에 물든 마음을 내려놓지 못함을 용서하여 주소서. 어리석음으로 눈이 가리지 아니하도록 내 영을 일깨워 주소서.

영원을 사모하는 마음을 주셨으니 영원을 바라며 살게 하소서. 예수님의 이름으로 기도합니다. 아멘.

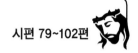

오늘 첫 묵상은 "시험"입니다.

> 81장 7절: "네가 고난 중에 부르짖으매 내가 너를 건졌고 우렛소리의
> 은밀한 곳에서 네게 응답하며 므리바 물가에서 너를 시험하
> 였도다."

하나님은 우리를 시험한다고 하십니다. 하나님의 시험이란 우리가 하나님 앞에 제대로 서 있는지, 믿음대로 살아갈 수 있는지, 하나님의 뜻에 합하게 사용될 수 있는지 확인하신다는 것입니다.

시험 받는다는 것은 괴로운 일입니다. 모든 면에서 편하지 않지요. 육적으로 힘들고, 영적으로 피곤하며, 세상에서 봉변을 당해도 인내해야 하며, 험하고 딱한 사정을 겪는 이웃을 보며 그 아픔을 나누어야 합니다.

악한 자의 횡포를 보아도 징계하기보다 불쌍한 마음으로 품어야 합니다. 결코 나의 위선이 아닌 주님의 긍휼함에 힘입어야 하기에 더더욱 힘들게 되어 있습니다.

그러나 그 힘든 시험을 통과한 자에게 하나님이 주시는 위로와 축복이 얼마나 큰지를 알면 기쁜 마음으로 감당할 수 있을 것입니다.

반대로 유혹이 있습니다. 시험과 비슷해서 우리를 속이지만 분명히 구분해야 합니다. 유혹은 사탄이 주는 것으로, 하나님이 주시는 시험

과 완전히 다르게 우리를 속이며 결과는 우리를 사망으로 인도합니다.

유혹은 달콤하며 행하기 쉽고 편안합니다. '정신 줄'을 놓고 마음의 경계를 풀어 버린 채 이끄는 대로 따라가면 됩니다. 결과는 잠언에서 누누이 경고하던 대로 음녀에게 빠져 영혼까지 죽음에 이르는 길로 가는 것이지요.

시험은 철저히 우리의 본성을 거슬러야 하기에 괴롭습니다. 나를 내려놓고 하나님의 성품을 따라가야 합니다. 하지만 그 끝은 주님의 나라요, 영생에 이르는 길입니다.

유혹은 우리의 본성을 따라가면 되기에 평안하고 즐겁습니다만, 그 길의 끝은 멸망이라는 것을 잠언의 말씀으로 우리에게 가르쳐 주고 계십니다.

두 번째 묵상은 "죄인의 곤고함과 주안에 거하는 자의 평안함"입니다.

79편은 하나님 앞에 불순종으로 죄지은 자들이 당하는 환란을 겪으며 구원을 바라는 간절함을 노래하고 있으며, 91편은 하나님을 의뢰하며 그 안에 거하는 자들에 대한 하나님의 보호와 은혜를 감사하며 노래하는 구절로 둘은 완전히 대비되는 구절입니다. 79편의 내용을 요약하는 대표 구절이 8절로, 전후의 사정을 잘 함축하여 나타내고 있습니다.

"우리 조상들의 죄악을 기억하지 마시고 주의 긍휼로 우리를 속히 영접하소서. 우리가 매우 가련하게 되었나이다."

91편 14, 15절은 주 안에 거하며 그를 따르는 자들에 대한 하나님의 보호하심이 잘 나타나 있습니다.

"그가 나를 사랑한즉 내가 그를 건지리라. 그가 내 이름을 안즉 내가 그를 높이리라."

"그가 내게 간구하리니 내가 그에게 응답하리라. 그들이 환난 당할 때에 내가 그와 함께하여 그를 건지고 영화롭게 하리라."

✝ 기도

하나님, 내 영혼을 깨우셔서 유혹에 빠지지 않게 하시고 괴로운 시험의 길에서도 말씀을 깨달아 언제라도 주님께로 돌아올 수 있도록 늘 지켜 주소서.

이렇게 분명한 말씀을 주셨음에도 불구하고 유혹의 길을 가는 자들의 어리석음을 불쌍히 여기소서. 한 번 넘어가 지은 죄의 굴레를 돌이키지 못하여 더 큰 죄악에 빠져가는 인생을 가련하게 여겨 주소서.

주는 자비로우시고 사랑이 많으신 분이심을 믿기에 간구하오니 그들을 구원하여 주소서. 예수님의 이름으로 기도합니다. 아멘.

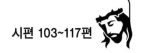

오늘 첫 묵상은 "입으로 내뱉는 말의 결과"입니다.

> 106편 32~33절: "그들이 또 므리바 물에서 여호와를 노하시게 하였음
> 으로 그들 때문에 재난이 모세에게 이르렀나니. 이는
> 그들이 그의 뜻을 거역함으로 말미암아 모세가 그의
> 입술로 망령되이 말하였음이라."

광야로 이스라엘 민족을 이끌어 가는 모세는 끝도 없이 불평하는
이스라엘 족속에게 어지간히 시달렸나 봅니다. 오늘은 마실 물이 없다
하여 애굽에서의 향수를 들먹이며 모세를 괴롭히니, 그의 인내가 바닥
나고 맙니다.

하나님께 호소하니 말씀하시기를 "반석을 명령하여 물을 내라."라고
하십니다(민수기 20장 8절). 여기서 모세는 감정을 추스르지 못하여 하
나님이 주신 권능 위에 자신의 감정을 덧입혀 이스라엘 족속에게 호통
을 치고 맙니다.

> 민수기 20장 10~11절: "반역한 너희여 들으라. 우리가 너희를 위하여
> 이 반석에서 물을 내랴?"라고 모세가 그의 손을
> 들어 그의 지팡이로 반석을 두 번치니....

시원하게 감정을 섞어 이스라엘 민족 앞에서 호통을 치며 하나님이

주신 권능을 행사합니다.

얼마나 속이 시원했을까요? 그러나 단 한 번 절제하지 못한 이 말로 인해 하나님께 책망받고 필생의 과업이던 가나안에 들어가지 못하게 됩니다.

얼마나 억울할까요? 얼마나 후회가 될까요? "하나님, 너무하십니다." 라고 원망이 나올 수 있는 상황이 되어 버렸습니다.

단 한 번 자신의 감정을 추스르지 못하고 내뱉은 한 마디 거친 말의 결과는 참으로 가혹했습니다. 내뱉어 버린 말은 다시 주워 담을 수 없고 씁쓸한 결과로 모세에게 되돌아가고 말았습니다.

주님의 말씀으로 주신 교훈 중에 우리가 하는 '말의 권세'에 대한 것이 여러 구절 있음을 기억합니다. 하나님께 드리는 기도의 말에 어떤 응답이 오는지 잘 알고 있으며 입으로 시인하는 믿음의 고백으로 구원에 이름도 잘 압니다.

은혜의 말을 하는 자에게는 어떤 은혜가 따르고, 저주와 원망의 말을 입에 달고 사는 자의 처지가 어떠한지를 우리 주변의 많은 사례를 통해 알고 있습니다.

입으로 하는 말의 방향대로 그의 길이 인도되는 말의 권세 있음을 깨달아 항상 주의하고 신중한 언어 생활을 해야 하며, 특히 감정을 추스르지 못해 순간적으로 내뱉는 말이 없도록 주의해야겠습니다.

두 번째 묵상은 "죽음의 의미"입니다.

사람은 반드시 죽습니다. 이 절대적인 사실을 부인할 자는 아무도 없기에 누구나 맞이할 죽음을 어떻게 준비해야 할 것인가 고민해 봅니다.

죽음 이후에는 아무것도 없다고 믿는 사람들은 이 세상의 복락을 위하여 애쓰며 살고, 심지어는 남을 짓밟으면서도 이 세상에서 자신만의 행복을 추구합니다.

어차피 죽고 나면 아무것도 없다고 믿기에 그리하지만, 그들이 맞이하는 죽음은 공포 그 자체일 뿐이라 어떻게든 피해 보려 애쓰지만 피할 수 없습니다.

자신이 쌓아 놓은 물질과 권력으로 크고 호화로운 무덤을 만들어 내세에까지 행복을 누리려 하지만 무덤은 무덤일 뿐, 자신이 부인한 죽음 이후의 세계를 스스로 인정한 꼴입니다.

장례식장에 가 보면 망자에 대한 비통함과 남겨진 가족들의 회한이 섞인 눈물의 자리가 대부분이지만, 또 어떤 자리는 차분하며 어떻게 보면 기쁘고 홀가분한 느낌을 주는 자리도 있습니다. 이런 곳은 대부분 믿음 생활을 잘 마치고 주님이 영접하여 주실 것을 확신하는 성도의 빈소입니다.

이 세상에서 원없이 자기 마음대로 자기만을 위해 살다가 죽음을 공포와 후회로 맞이하는 자, 믿음으로 자기를 세상에 보내신 이의 뜻에 합하게 행하며 이 세상에서 자신의 유익만을 구하지 아니하며 살다가 죽음을 평안함과 큰 기대감으로 맞이하는 자, 과연 누가 행복한 사람일까요?

하나님이 이들을 귀히 여기사 그가 예비하신 천국의 처소로 영접하실 것을 약속하시는 그 말씀을 마음에 담아 둡니다.

116편 15절: "그의 경건한 자들의 죽음은 여호와께서 보시기에 귀중한 것이로다."

✝기도

주님이 주신 교훈 중에 우리가 하는 "말의 권세"에 대한 것이 여러 구절 있음을 기억합니다. 하나님께 드리는 기도의 말에 어떤 응답이 오는지 잘 알고 있으며 입으로 시인하는 믿음의 고백으로 구원의 이름도 잘 압니다.

은혜의 말을 하는 자에게는 은혜가 따르고 저주와 원망의 말을 입에 달고 사는 자에게는 어떤 처지가 따르는지 우리는 주변의 많은 사례를 통해 알고 있습니다.

입으로 하는 말의 방향대로 그의 길이 인도되는 "말의 권세"가 있음을 깨달아 항상 주의하고 신중한 언어 생활을 하며, 특히 감정을 추스르지 못해 순간적으로 내뱉는 말이 없도록 주의하겠습니다.

하나님, 누구나 당신 앞으로 돌아가지만 심판의 자리에서 기쁘게 맞이하시는 자들과 그러지 아니하시는 자들로 구분하실 때 염소의 자리에 서지 아니하고 양의 자리에 서기를 원합니다.

늘 내가 가야 할 길에서 실족하지 아니하도록 지켜 주소서. 예수님의 이름으로 기도합니다. 아멘.

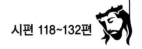
제가 좋아하는 은혜로운 CCM 중 〈내가 산을 향하여〉라는 곡이 있는데, 그 찬양 곡의 가사로 쓰인 것이 바로 오늘 묵상하는 121편의 내용입니다.

> 내가 산을 향하여 눈을 들리라 나의 도움이 어디서 올까
> 나의 도움은 천지를 지으신 여호와에게서 로다
> 여호와께서 너로 실족하지 아니하게 하시며 너를 지키시는 이가 졸지 아니하시리로다
> 이스라엘을 지키시는 이는 졸지도 아니하시고 주무시지도 아니하시리로다
> 여호와는 너를 지키시는 이시라 여호와께서 네 오른쪽에서 네 그늘이 되시나니
> 낮의 해가 너를 상하게 하지 아니하며 밤의 달도 너를 해치지 아니하리로다
> 여호와께서 너를 지켜 모든 환난을 면하게 하시며 또 네 영혼을 지키시리로다
> 여호와께서 너의 출입을 지금부터 영원까지 지키시리로다

그동안 신앙생활을 하면서 말씀 읽기보다 찬양 곡을 듣고 부르는 것을 더 좋아했습니다. 이유 없이 그냥 좋았기에 찬송가와 CCM을 흥얼거리며 나름 즐거워하며 지내는 동안, 특별히 찬양 곡의 가사가 아주

정제된 언어로 된 기도문과 같다는 느낌도 들었지요.

몇 가지 곡의 음율과 가사가 특별히 마음에 남았는데, 오늘 묵상 본문 중 121편 전체를 가사로 사용한 CCM 〈내가 산을 향하여〉도 그중 하나입니다.

그동안 막연히 '성경 어느 구절에 이 내용이 있었지…'라고 생각하고 말았는데 오늘 본문 중 이 가사 전체를 찾아 읽으니 참 기뻤습니다.

하나님도 이 찬양을 기뻐하실 것이라 확신이 듭니다. 주님, 제 마음으로 좋아합니다.

오늘 묵상은 "사랑하는 자식에게 주시는 잠의 의미"입니다.

127편의 내용을 요약하면 다음과 같습니다.

> "여호와께서 도와주시지 않으면 사람의 수고가 헛되도다."
> "사람이 일찍 일어나고, 늦게 누우며, 애쓰고 수고하는 것이 헛되도다."
> "그러므로 여호와께서 그의 사랑하시는 자에게 잠을 주시는도다."

잠은 왜 필요할까요? 죄가 인간 세상에 들어오기 전부터 잠은 존재했습니다. 아담이 깊게 잠든 중에 하나님께서 아담의 갈비뼈로 하와를 만드셨다고 기록되어 있습니다. 이때의 잠은 기쁨으로 가득한 하루의 수확이며 기대되는 내일을 맞이하기 위한 것이었습니다.

그런데 인간 세상에 죄가 들어옴으로 인하여 사람들의 하루하루 삶은 죄로 인해 피폐해져 갔습니다. 또한, 우리의 잠은 무엇을 먹을까 마실까 염려하며 무엇엔가 쫓기면서 불안한 내일을 겁내며 맞이하는 노곤한 마무리가 된 것입니다.

누군가에게는 오늘 하루가 죽지 못해 살아가는 지옥 같은 하루일 수도 있습니다. 어려운 사람은 더 곤란해질 내일이 두려워 잠들기를 두려워할 것이며, 내일의 삶에 고난이 예정된 사람들은 깨기를 원치 않는 잠일 수도 있습니다.

경제적으로 윤택한 부자들이라도 사업가에게는 매달 돌아오는 어음 결제와 직원 월급 걱정에 잠이 오지 않는 밤일 수 있으며, 불안한 세계 정세와 시장 상황에 어떻게 대처할 것인가를 고민하는 불면의 밤일 수 있습니다.

그런데 하나님께서 우리를 사랑하시므로 날마다 어김없이 잠을 주십니다. 오늘 힘겨웠던 순간들을 다 잊어버리고 내일을 새로이 다시 시작할 수 있는 활력과 용기를 주시기 위함입니다.

잠이라는 것…. 우리를 향한 하나님의 놀라운 선물임을 깨닫습니다. 고난의 시절을 지나고 있는 다윗은 다음과 같이 고백하고 있습니다.

> 시편 17편 15절: "나는 의로운 중에 주의 얼굴을 보리니 깰 때에 주의 형상으로 만족하리이다."

"깰 때에 주의 형상으로 만족한다."라는 그 고백…. 내가 잠들었을 때도 졸지도 주무시지도 않고 내 영혼을 사랑의 눈으로 바라보시며 지쳐 있는 내 삶을 보듬어 주시는 주님의 따뜻한 사랑의 손길을 느낍니다.

아침에 눈을 뜰 때마다 여전히 눈동자처럼 나를 보호하시는 주님의 시선 안에서 내 영혼이 즐거워하며 참된 평강을 누립니다.

기도

사랑하시는 자에게 잠을 주시는 하나님, 오늘도 주님의 사랑의 품 안에서 평안하고 고요한 영혼의 깊은 단잠을 청해 봅니다. 포근히 지켜 주실 하나님을 의지하며, 예수님의 이름으로 기도합니다. 아멘.

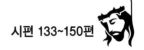
오늘 묵상은 "기뻐하라, 감사하라, 찬양하라."입니다.

150편이나 되는 시편은 무엇을 말씀하고자 하신 것일까요? 생각해 보니 '기쁨', '감사', '찬양' 이 세 단어가 시편 전체를 관통하는 키워드임을 인식하게 되었습니다.

예수님은 "나는 율법을 폐하러 온 것이 아니라 완전하게 하려 왔노라."라고 말씀하셨습니다. 우리가 생각하는 성경이란, 구약은 오래된 약속이라 신약이 온 뒤에는 대체하여 폐기할 말씀 정도로 인식하고, 역사적 기록물 아니면 신약의 말씀을 뒷받침하는 보조 교재 정도로 보았기에 율법을 완전하게 하신다는 말씀 자체가 이해되지 않았습니다. 하지만 묵상을 생활화하다 보니 성경을 보는 눈이 조금 달라짐을 느끼게 됩니다.

우선 신, 구약은 별도의 책이 아니라 하나의 커다란 맥락 안에서 서로 상호 보완하며 하나님이 우리에게 하실 말씀의 완성을 향해 기술되고 있다는 것입니다.

오늘 본문으로 시편 전체 150편이 끝나게 됩니다. 그중에 136편 전체 26절은 모든 경우에 "감사하라."라고 선포하고 있습니다. 146편부터 150편까지 기쁨과 감사함으로 "찬양하라."라고 노래하며 시편 150편이 끝나게 됩니다.

과연 우리는 모든 경우에 기뻐하고 감사하며 찬양을 드릴 수 있을까요? 아주 고통스럽고 나쁜 경우에도 그리할 수 있을까 생각해 봅니다.

> 로마서 8장 28절: "우리가 알거니와 [하나님]을 사랑하는 자들 곧 그분
> 의 목적에 따라 부르심을 받은 자들에게는 모든 것
> 이 합력하여 선을 이루느니라."

이 말씀대로 그의 뜻을 따라 "부르심을 받은 자"는 "모든 것이 합력하여" "선을 이룬다."라고 하신 말씀을 상기해 봅니다.

"모든 것이 합력한다."라는 말의 의미를 생각해 봅니다. 모든 것이란 좋은 것과 나쁜 것을 다 포함한다는 의미인데, 만일 내가 부르심을 받은 자 또는 그의 뜻 안에 있는 자라면 내게 고통스럽고 나쁜 사건일지라도 내게 선하게 작용하는 것이라는 깨달음이 옵니다.

성경의 구절 중 이해하기 어렵거나 뜻 구별이 모호하여 해석이 갈릴 수 있는 경우에는 반드시 다른 성경 구절로 상호 보완·확증하여 알게 해 준다고 배웠습니다.

"모든 경우에 감사하라."라는 말씀을 그대로 받아들일 수 없었지만 로마서 8장 28절 말씀을 근거로 수긍하며 받아들입니다.

✝ 기도

하나님, 내가 주 안에 있다면 모든 것이 내게 좋은 것이니 기뻐하며 감사할 수 있겠습니다. 어떤 경우에 처해도 찬양하며 받아들일 수 있겠습니다. 바울처럼. 예수님의 이름으로 기도합니다. 아멘.

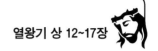
오늘 첫 묵상은 "르호보암은 누구의 말을 들었는가?"입니다.

12장 15절: "이 일은 여호와께로 말미암아 난 것이라,"

솔로몬이 말년에 실족하여 여호와 보시기에 악한 길로 갔고 그 대가로 여호와께서 징계를(열왕기 상 11장 11~13절) 예고하셨음을 기억하고 본문을 묵상합니다.

르호보암이 왕이 된 후 이스라엘 12지파가 모여 우리의 짐을 가볍게 해 달라고 새 왕에게 청원합니다. 이는 이미 솔로몬 말년에 그의 통치가 흐려지고 나라가 어지러워졌다는 증거입니다.

여기서 르호보암은 그의 나라가 화합의 길로 갈 것인가 아니면 분열하여 쪼개질 것인가를 결정할 중요한 판단을 해야 할 상황에서 신하에게 자문을 구합니다. 그러자 선왕의 노신들과 새로 부상하는 젊은 신하들의 의견이 정반대로 나뉘게 됩니다.

르호보암은 자기를 따르는 젊은 신하들의 의견을 좇아 청원을 거부함으로써 나라가 쪼개지고 이후 동족상잔의 내전으로 결국 둘 다 망하게 될 결정을 내립니다.

이 결정이 얼마나 어리석었는지는 이후의 역사가 증명하고, 열왕기를 읽는 우리는 르호보암을 비난하게 됩니다. 조금만 더 현명하게 판단했더라면…. 왜 어리석게도 젊은이들의 치기 어린 조언을 따라 나라를 망쳤냐고 비난하게 됩니다.

여기서 르호보암은 젊은 신하들의 말을 들었지만 결과적으로 여호 와께서 이미 선포하신 솔로몬에 대한 징계를 예고하신 대로 행한 결과를 가져왔습니다.

그렇다면 그는 누구의 말을 들은 것일까요? 그가 내린 판단의 결과에 그의 책임이 있는가 하는 것이 오늘 묵상의 주제가 되었습니다. 그는 자기를 따르는 젊은 신하들의 말을 들은 것일까요 아니면 여호와 하나님의 말씀을 들은 것일까요?

이러한 일이 우리 주변에도 있음을 인지합니다.

그의 악한 행동이 교회를 망치고 있지만, 맹목적으로 그를 떠받드는 목사교 신도들의 지지를 바탕 삼아 버티고 있지요. 그는 악한 역할을 잘 감당하고 있지만 과연 그를 비난할 수 있을까 하는 생각이 듭니다.

왜냐하면 그는 하나님이 우리 교회를 향한 징계의 회초리 역할로 보낸 자이기 때문에 그는 그의 역할을 잘 감당 한다고 여겨지기 때문입니다. 다만 악역으로 쓰임을 받은 자의 최후가 비참하기에 그의 영혼이 불쌍할 따름입니다.

눈앞에 드러난 사실만으로 판단하지 말아야 할 이유를 오늘 본문의 묵상을 통해 인식하게 됩니다. 하나님의 뜻이 어디에 있는지 늘 고민하며 찾아가야만 할 상황을 이해하며 묵상하는 시간이었습니다.

두 번째 묵상은 "마음 깊이 새겨진 원한"입니다.

다윗으로 인하여 이스라엘이 견고하게 되고 슬기로운 왕 솔로몬의 치세에 세상에서 가장 영화로운 나라가 되었지만, 말년의 솔로몬이 부귀영화에 무너져 하나님 보시기에 악을 행하였으니 사방에 대적이 일어나고 백성들은 고된 노역에 신음하게 됩니다.

다윗이 유다의 왕으로 세워지고 12지파 전체의 왕으로 세워지기까지 동족 간에 일어난 7년여의 전쟁은 사울의 집과 다윗의 집 간에 벌어진 헤게모니 싸움입니다. 결국 기름 부음 받은 자 다윗에게 대세가 넘어감으로써 유다와 베냐민 지파를 제외한 10지파가 굴복하고 다윗에게 돌아오게 됩니다.

이들 10지파는 다윗왕과 솔로몬왕 치하 약 70년 이상의 기간 동안 부강한 나라의 백성으로 잘 지내 왔지만 그들 마음속 깊은 곳에는 사울의 신하로서 다윗에게 굴복한 상처가 맺혀 있었습니다. 이를 증명하는 구절이 바로 12장 16절의 말씀입니다.

> "우리가 다윗과 무슨 관계가 있느냐? 이새의 아들에게서 받을 유산이 없도다."

여로보암을 위시한 이스라엘 백성 10개 지파의 청원을 르호보암이 포악하게 내쳤습니다. 그러자 이새의 아들 다윗부터 다윗의 아들 솔로몬, 솔로몬의 아들 르호보암까지 무려 100여 년 전의 일을 기억해 내며 눈앞의 르호보암이 아니라 그의 증조부 이새의 이름을 거명하며 반발한 말이 바로 "우리가 다윗과 무슨 관계가 있느냐? 이새의 아들에게서 받을 유산이 없도다."입니다.

그리고 정통 왕위 계승자 르호보암을 대적하여 여로보암을 왕으로 세우고 독립해 버리니 바로 남·북국 분열 시대가 도래한 것입니다.

사람의 마음에 한번 새겨져 확고하게 자리 잡은 관념을 고정 관념이라 합니다. 이는 백지장 위에 처음 그려진 그림 같아서 한번 그려지고 나면 수정이 되지 않습니다. 그 위에 덧칠하여 지우고 새로 그릴 수 있지만 그 바탕이 없어진 것이 아니라서 어떤 계기가 주어지면 다시 드러나게 되는데, 오늘 말씀이 바로 그러한 깊은 마음의 상처가 드러나는 것을 잘 표현해 주고 있습니다.

이러한 마음의 깊은 고정 관념은 세상의 조건이 달라진다 해서 쉽게 변하지 않음을 알게 됩니다. 오직 생명의 말씀에 감화된 깊은 회개와 거듭남의 은혜가 있어야 사람의 본질이 변하고 상처가 치유되는 역사가 일어남을 우리에게 가르쳐 주고 있으니 바로 다음의 말씀입니다.

> 고린도 후서 5장 17절: "그런즉 누구든지 그리스도 안에 있으면 새로운 피조물이라. 이전 것은 지나갔으니 보라 새 것이 되었도다."

✝ 기도

하나님, 르호보암의 결정에 많은 아쉬움이 있지만 그 또한 하나님의 뜻대로 이루어 가는 역사하심에 쓰임 받은 것을 알 수 있습니다.

모든 사람은 이 세상에서 하나님이 주신 사명, 즉 그가 감당해야 할 역할이 있다고 믿기에 그의 행위가 자의적이라 해도 그 결과는 하나님의 뜻에 쓰임 받은 것이라 생각합니다. 다만 가룟인 유다에게 예수께서 "네 할 일을 하라."라고 하신 후 그를 불쌍히 여기신 것처럼 악한 일에 쓰임 받는 그 누군가를 비난하면서도 안타까운 마음을 가지게 되는 이 마음을 용서하소서.

그리고 또 한 가지, 이스라엘 10지파의 마음속 깊은 곳에 맺혀 있는 상처가 어떠한 것인지도 생각하게 합니다. 이 상처는 다윗과 솔로몬왕의 통치로 풍요와 안정, 세상의 영광 속에 70여 년을 살게 했어도 지워지지 않았음을 봅니다.

마음의 근본을 바꿀 수 있는 복음의 능력을 새삼 깨닫게 하는 시간이었음을 고백합니다. 우리의 마음을 정케 하시는 예수님의 이름으로 기도합니다. 아멘.

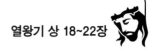
오늘 첫 묵상은 "선지자들이 겪는 삶의 굴곡을 어떻게 보아야 하나?"입니다.

엘리야는 하나님과 동행하며 하나님의 뜻을 세상에 선포하였고 많은 이적을 보여 준 능력 있는 선지자였습니다. 사악한 왕 아합에게 수년간의 가뭄을 선포하고 사르밧 과부와 함께하며 이적을 보였으며, 갈멜산에서 바알의 선지자 450명과 대결하고, 가뭄의 그침을 아합에게 선포하는 등 그의 권능은 당대에 제일이었습니다.

하지만 이스라엘 역사에서도 암흑기인 아합과 이세벨의 치하에서도 하나님의 뜻을 선포하는 데 거침이 없었던 그가 이세벨의 목숨 위협에 도망하는 어이없는 행태를 보이기도 합니다.

결국 호렙산에서 하나님의 말씀을 받고 다시 사역에 나서게 되고 하사엘, 예후, 엘리사에게 기름을 부어 각각 왕과 선지자로 세우게 됩니다.

우리 주변에도 하나님의 권능을 증거하며 대단한 능력으로 사역하는 큰 일꾼을 많이 보지만 때로 그들이 실족하여 하나님의 이름을 욕되게 하는 경우를 보기도 합니다. 반대로 죄 속을 헤매던 구제불능일 것 같던 사람들이 어느 순간 회개하고 새사람이 되어 하나님의 권능과 은혜를 간증하는 경우를 보기도 합니다.

그러나 세상은 참으로 악하여 실족하는 자들에게 가차 없이 돌을 던지며 회개하는 자들을 용납하지 않고 배척하고 있음을 봅니다. 이런 세상에서 누가 살아남을 수 있을까요? 엘리야라도 실격자로 취급당하고 말 것입니다.

예수님의 용서와 관용, 사랑이 없으면 누구라도 살아 내기 힘든 세상을 우리가 살고 있는 것입니다. 언제라도 바라보고 돌아갈 수 있는 그분이 우리에게 오신, 이 큰 기쁨의 소식… 복음에 감사하며 엘리사의 행적을 따라갑니다.

두 번째 묵상은 "징계가 즉각적이지 않은 이유"입니다.

이스라엘 역사상 가장 사악한 왕이라 지적된 아합, 그에게 엘레사, 미가야 등 여러 선지자를 통해 하나님의 징계가 선포되지만 그의 재위 22년이 지나 아람과의 전쟁 중에 전사할 때까지 실질적인 징계는 없었습니다.

나봇의 포도원 강탈 사건 후 엘리야를 통해 강한 질책과 저주를 내렸어도(21장 19~24절) 아합이 옷을 찢고 굵은 베로 몸을 묶는 겸비함을 보이자(21장 27절) 그의 생전에는 재앙을 면하고 그의 아들 대에서야 징계가 실현됨을 봅니다.

이는 솔로몬이 타락하여 징계를 하실 때도 그 아비 다윗을 생각하여 솔로몬의 아들 르호보암 대에서 징계하신 사건과 유사합니다.

아합 개인에 대한 저주가 직접 실현된 것은 죽은 이후 그의 피를 사마리아 연못가에서 개들이 핥은 것(21장 19절, 22장 38절)이 유일합니다. 그의 집안이 몰락한 것은 그의 사후에 벌어진 사건이며, 오히려 그는 아람과의 전쟁에서 승리한 영웅으로 그려지기도 합니다.

이러한 기록을 묵상하며 드는 생각은 '왜 죄를 지은 자에게 즉각적인 징계가 임하지 않는가?'라는 것입니다.

세상에는 자기만을 생각하는 이기적인 자, 악한 자, 범죄자들이 잘 먹고 잘 살다가 천수를 누리고 평안히 죽는 것을 보며 좁은 길을 가다가 실족하는 많은 영혼이 있습니다.

하나님을 믿고 성경을 통독하며 드는 가장 큰 의문도 바로 이것을 어떻게 판단하고 받아들여야 하는가였고 지금도 많은 갈등 속에 고민하는 문제이기도 합니다.

최후의 심판 날에 우리 주님 앞에서 양과 염소로 구분될 그때만을 소망하며 지켜보기에는 우리의 인내심과 믿음이 너무나 부족합니다. 그렇기에 우리 살아생전에 권선징악이 실현되는 것을 보기 원하지만, 하나님의 처분은 우리의 인내를 뛰어넘습니다.

"하나님, 저 자의 악함을 보시지 않으십니까? 저 자의 강포함에 피눈물을 흘리는 어린양의 호소가 들리지 않으십니까? 어찌 우리의 기도를 들어주시지 않으십니까?"

이런 기도로 호소해도 응답이 없으신 하나님을 원망하며, 그 앞을 떠나는 영혼들을 불러 세우지 않으시는 하나님을 바라보며 드는 의문이기도 합니다.

"요한계시록에서 요구하는 성도의 인내가 어디까지이며, 시편 기록에서 다윗이 그토록 찾은 하나님은 어디에 계신가?"라며 아우슈비츠 처형대 앞에 서서 중얼거리던 유대인들의 눈빛이 떠오르기도 합니다.

그럼에도 영원한 약속의 말씀을 붙들고 고뇌하며 한 발 한 발 나아

가는 제 자신을 바라보는 묵상의 시간을 가질 수 있음에 감사할 따름
입니다.

기도

하나님, 오랫동안 고민하던 주제를 또 꺼내들며 응답을 기다립니다. 역시 대답이 없
으실 하나님을 바라보며 '역시 그렇지.'라며 돌아설 것을 알면서 또 기도로 묻습니다.
'언젠가는 대답해 주시겠지. 아니, 깨닫게 해 주시겠지.'라고 생각하면서요. 내 마음을
지켜 주시기를 기대하며 예수님의 이름으로 기도합니다. 아멘.

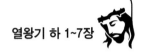
오늘 첫 묵상은 "바라는 것"입니다.

엘리야는 초기 이스라엘의 선지자로 가장 크다고 인정받은 사람입니다. 그는 성경 기록 중 에녹과 함께 죽지 않고 하늘로 들리어 간 두 명 중 한 명으로, 나중에 변화산에서 모세와 함께 예수님과 대화를 나누는 큰 선지자입니다.

그의 사역은 전적으로 하나님의 계시에 의한 것으로 열왕기 기록에 의하면 하나님의 명이 그에게 임하고 이를 충실히 세상에 선포하는 것이었습니다. 반면 엘리사는 엘리야의 후계자로서 엘리야가 승천할 때 그에게 "당신의 성령이 하시는 역사가 갑절이나 내게 있게 하소서."라고 구하고 받음으로써 그 능력을 갖게 되었습니다.

엘리사의 사역 기록을 보면 엘리야에게서 받은 능력을 거침없이 사용하는 것을 봅니다. 무려 14번이나 기록된 그의 이적은 그 스스로, 즉각적인 선포로 이루어졌는데 엘리야와 다른 점은 기도의 응답이나 성령의 계시가 아니라는 점입니다.

엘리사가 사모하여 엘리야에게 강청하여 받은 능력을 잘 사용한 역사를 바라보며 바라는 것은 무엇이든지 예수님의 이름으로 구하라는 말씀에 의지하여 저도 구해 봅니다. 그리고 하나님의 뜻에 합하게 사용하겠다는 결심을 다집니다.

두 번째 묵상은 "최소한의 헌신과 큰 노력"입니다.

남편을 잃은 과부는 빚에 두 아들까지 빼앗길 처지에 몰려 엘리사에게 호소합니다. 엘리사가 물어 이르되 "네게 무엇이 있느냐?", "내게는 기름 한 그릇 외에 아무것도 없나이다.", "그릇을 많이 빌려 기름을 부으라."

빚을 갚고도 남을 만큼 기름을 채우고 빈 그릇이 없어지자 기름이 그쳤다는 이야기인데, 이는 예수님이 보이신 오병이어의 기적과 같은 맥락입니다.

먼저 조그만 헌신, 노력, 예물을 요구하고 그것으로 필요를 충분히 채우고도 남을 만큼 베풀어 주십니다. 오천 명을 위해 물고기 두 마리와 보리떡 다섯 개가 필요했고, 한 과부의 빚을 위해서는 기름 한 그릇이 필요했습니다.

그리고 한 가지 더, 충분히 많은 수의 그릇을 빌려 오는 수고가 더해졌는데 만일 과부와 아들들이 적당히 그릇을 빌려 왔으면 필요한 수량의 기름을 받지 못했을 것입니다.

✝ 기도

하나님, 오늘 본문을 묵상하며 저도 엘리사처럼 영적 능력을 갑절이나 구하고 싶고, 하나님의 이름으로 능력을 발하고 싶은 욕구가 크게 일어납니다. 예수님께서 구하라 하셨으니 기도와 간구로 큰 축복을 구하고 큰 능력을 구합니다.
그러나 모든 유혹으로부터 끝까지 견디는 자가 복이 있으리라는 성경 마지막 말씀을 유념하며 초심을 잃지 않도록 노력할 것입니다. 말씀에 의지하며 예수님의 이름으로 기도합니다. 아멘.

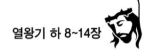

오늘 첫 묵상은 "같은 행동, 다른 의미"입니다.

여호와께서 부르신 7년 기근이 이스라엘 땅에 임합니다.

고난의 시절이 시작되었고 백성들은 살길을 찾아 헤매며 견뎌야 합니다. 이때 살길을 찾아 타국으로 떠나는 사람의 이야기가 성경에 기록되어 있습니다.

아브라함과 이삭이 가뭄을 피해 애굽으로 떠나고 엘리멜렉과 나오미는 모압으로 떠나가지만 결과는 좋지 못했습니다. 이유는 하나님께 묻지 않고 스스로의 생각으로 행했기 때문입니다.

아브라함과 이삭은 아내를 빼앗기거나 현지인들에게 배척을 당하고, 엘리멜렉과 나오미는 남편과 아들을 잃고 빈손으로 돌아가야 하는 불행을 당합니다.

오늘 수넴 여인도 가뭄을 피해 블레셋 땅으로 떠나 7년을 우거하다가 무사히 돌아와 자신의 재산을 도로 찾을 때 엘리사의 사환 게하시의 증언으로 인하여 왕의 도움을 받게 됩니다.

가뭄을 피해 이방 땅으로 떠나간 행위는 같은데 거기서 겪고 돌아온 결과가 서로 다른 이유를 살펴보면 큰 차이가 있으니 바로 '누구의 생각으로 움직였는가?'입니다.

8장 2절: "여인이 일어나서 하나님의 사람의 말대로 행하여"

아브라함과 이삭, 엘리멜렉과 나오미의 경우와 수넴 여인의 행동은 같았지만 수넴 여인이 블레셋 땅으로 떠난 이유가 여호와의 뜻을 받은 엘리사의 말을 들어 순종하였기 때문입니다.

이 세상에는 이름을 알리는 큰 자선가도 있고, 이름을 숨기는 작은 선행가도 있습니다. 자신의 공명을 위한 자선과 주님이 주시는 긍휼함으로 돕는 손길, 겉으로 보기에 같은 행위라도 그 행위가 이루어진 동기가 다르다면 세상의 평가는 어떠할지 몰라도 하나님은 그 행위의 의미를 정확히 구분하여 주실 것이라 믿습니다.

두 번째 묵상은 "더러워지기는 쉬우나 회복은 어렵다"입니다.

여로보암이 뿌린 우상의 씨가 자라나 아합과 이세벨로 만개하여 북이스라엘을 타락하게 하고 그들의 씨인 아달랴가 남유다에 들어가 남유다마저 우상에 물들게 됩니다.

마치 깨끗한 연못에 더러운 오물 한 바가지가 부어진 것처럼 너무도 쉽게 연못 전체가 더러워짐을 알 수 있는 역사인 것입니다.

반대로 그 더러워진 연못을 다시 깨끗하게 하려면 어떻게 해야 하는지 생각해 봅니다. 일단 오물 덩어리를 걷어 내야 할 것이며, 이후 더러워진 물 전체를 완전히 퍼낸 후에 새 물을 채워야 예전의 깨끗한 연못이 될 것입니다.

더러워지기는 너무나 쉬운데 다시 깨끗함을 회복하기란 얼마나 힘들고 지난한 일인지 짐작이 됩니다.

더구나 죄는 그대로 있지 않고 누룩과 같이 스스로 번식하여 그릇

안의 모든 가루를 다 부풀게 합니다. 그러니 그 오염의 정도는 물에 부어진 오물과는 비교할 수 없을 만큼 큰 것입니다.

타락한 북이스라엘 회복의 역사를 찾아보아도 예후를 통해 아합과 이세벨의 씨 전체와 그들의 추종자들, 바알 선지자들을 몰살시켰지만 그 산당과 금송아지는 제거하지 못했습니다. 남 유다에서는 아달랴를 제거한 여호야다로 인한 요아스의 개혁이 있었으나 역시 산당까지 제거하지 못하였고 여호야다의 사후에 다시 타락의 길에 빠지고 맙니다.

바알을 세상의 물질 숭배를 대변하는 상징으로 본다면 이 세상이 온통 바알의 세상임을 알 수 있으며, 하나님의 나라를 어떻게 오염시키는지 그리고 하나님의 나라 회복이 얼마나 힘들고 지난한 과정을 거쳐야 할 것인지 짐작할 수 있습니다.

오늘 본문 묵상을 통해 더러움에 빠지지 않도록 철저히 주의해야 함과 회복을 위해서는 작은 것 하나도 남기지 않고 완전히 씻어 내야만 다시 더러움에 떨어지지 않음을 인식할 수 있었습니다.

더러움에 빠지지 않고 나를 지키는 것은 참으로 힘들고 어려운 길입니다. 주님은 그 길로 우리를 부르고 계십니다.

세 번째 묵상은 "이스라엘 왕의 길"입니다.

이스라엘 왕위 변천사는 반역의 역사입니다. 이스라엘의 첫 번째 왕인 느밧의 아들 여로보암은 통일 왕국의 르호보암에게 반역하여 북이스라엘 왕국을 세운 자입니다.

그는 정치적인 이유로 예루살렘 성전을 대항하여 금송아지 우상을 만들어 이스라엘 백성에게 섬기게 함으로써 하나님의 길에서 멀어지게 하는 죄를 범했습니다. 결국 이스라엘왕국이 멸망하기까지 그 죄의 고리가 길고 끈질기게 이어졌음을 봅니다.

이스라엘의 여러 왕의 후기를 보면 "이스라엘을 범죄 하게 한 느밧의 아들 여로보암의 모든 죄에서 떠나지 아니하였더라."라는 말이 꼭 들어감을 알 수 있습니다.

그래서 "이스라엘 왕의 길"이란 "하나님을 거역하는 죄의 길"을 지칭하는 말이 되었고, 느밧의 아들 여로보암의 예와 같이 앞선 사람의 잘못된 인도가 그 뒤를 따르는 많은 사람에게 얼마나 큰 해악을 오랫동안 끼치는지 잘 보여 주는 사례가 된 것입니다.

앞서가는 사람이 남긴 발자국은 뒤를 따르는 많은 이의 길잡이가 됩니다. 그가 바른길을 가면 많은 사람이 바른길로 인도되지만, 잘못된 길로 가면 수많은 사람이 어둠의 나락으로 빠지게 됩니다. 이를 생각하며 새길을 앞서가는 사람의 책임이 얼마나 무거운지 느끼게 됩니다.

✝ 기도

하나님, 영적 분별이 필요한 시기입니다. 늘 바른길만을 찾으며 분별할 수 있도록 우리를 도우소서. 무슨 일에서든지 세상을 바라보지 않고 언제나 주님 뜻 안에서 행하며 사는 자 되기를 원합니다. 교만과 욕심에 무너지지 않도록 늘 지켜 주소서. 예수님의 이름으로 기도합니다. 아멘.

아모스

오늘 첫 묵상은 "하나님의 호소"입니다.

풍족하였으나 죄악이 가득한 시기에 아모스를 통해 하나님을 잊어 가는 세상을 향해 절규하는 하나님의 애타는 심정을 느낍니다.

1장 3절에서 2장 2절까지 무려 8번이나 같은 문장이 나옵니다. "…… 의 서너 가지 죄로 말미암아 내가 그 벌을 돌이키지 아니하리니 ……" 라고 기록되어 있습니다.

성경을 읽으며 유의해야 할 점 중에 하나가 바로 동일한 단어나 문장의 반복입니다. 이는 단순 반복이 아니라 엄청난 의지의 표현을 강조하는 것임을 인식해야 합니다.

즉 이스라엘, 유다 및 주변 모든 공동체의 죄악에 대해 경고하며 징계를 선포하고 그대로 실행하시는 하나님의 역사를 유의하여 보고 기억해야 합니다.

그러나 하나님은 징계를 위해 징계하시는 분이 아님을 우리는 알아야 하는데, 4장 2절에서 11절까지 5번이나 "…… 하였으나 너희가 내게로 돌아오지 아니하였느니라."라고 한탄하고 계십니다.

죄짓고 잘못된 길로 가는 자식들을 돌이키고자 하는 부모의 마음을 느껴 보시기 바랍니다.

처음에는 직접 말씀으로, 다음에는 선지자를 보내 설득하시고, 그래도 말을 듣지 않으면 징계의 회초리를 드는 하나님이시지만 그 속마음은 돌아오라는 것이지요.

제발 잘못된 길에서 회개하여 돌이키고 내게로 돌아오라고 말하는 애타는 부모의 마음이 느껴집니다.

두 번째 묵상은 "나를 찾으라"입니다.

세상을 살아가면서 위급한 일을 당할 때, 갈급함으로 애가 탈 때, 큰 환란이 닥쳤을 때, 우리의 마음가짐이 드러납니다.

이러한 상황이 닥치면 우리가 가졌다고 생각하는 가장 믿을 만한 것을 찾게 되는데, 그것은 유력한 사람, 친구, 재물, 자신의 능력, 부모 형제 등일 것입니다.

작은 일이라면 이러한 것들이 도움이 될 수도 있겠지만, 보다 큰일 앞에서는 어떻게 될지 모릅니다. 더욱이 우리의 범죄함으로 인하여 하나님으로부터 비롯된 큰 환란이라면 이러한 것들이 무슨 도움이 될까요?

당시의 이스라엘은 여로보암 2세의 치하에서 번영을 누리고 있었지만 영적으로 타락해서 장차 다가올 큰 환란을 모르고 있었습니다.

이때 하나님은 뽕나무 농사를 짓던 평범한 농부 아모스를 부르시고 이스라엘의 실상과 타락상을 질책하시며 내리실 징계를 선포하게 하셨습니다.

각 나라와 족속들의 서너 가지 허물을 지적하시며 내리실 징계를 선포하시고, 여러 가지 방법으로 돌이키게 하였어도 돌아오지 않은 이스라엘에게 하나님은 노하시고 징계를 내리십니다.

하지만 그러한 징계의 환란을 주시는 와중에 하나님은 말씀하십니다. 타락과 배반에 공의의 진노로 징계와 환란을 내리시지만 그들을 버리지 아니하시는 하나님의 마음이 이 말씀 한마디에 녹아 있습니다.

> 5장 4절: "여호와께서 이스라엘 족속에게 이와 같이 말씀하시기를, 너희는 나를 찾으라. 그리하면 살리라."

너희가 가진 모든 것은 다 쓸모없으니 "나를 찾으라."라고 말씀하십니다. 그래야만 너희가 살 수 있다고 하십니다.

하나님은 공의의 하나님이시기에 그의 백성이 잘못한 것을 용서하지 않으시지만 징계로 끝내지 않으시고 문을 닫으실지라도 반드시 회복의 뒷문을 열어 주십니다. 그분의 사랑은 한량없으시니 우리가 영원히 의지할 수 있음을 알 수 있습니다.

세 번째 묵상은 "말씀이 들리지 않는 이유"입니다.

> 5장 13절: "이런 때에 지혜자가 잠잠하나니 이는 악한 때임이라."

세상을 살아가면서 수많은 소리를 듣습니다. 뉴스, 광고, 지식, 상식과 권면의 말, 유혹의 말 등등. 그러나 사람들은 귀에 울리는 수많은 소리 중에서 자기가 필요한 것만 가려서 받아들이고 기억합니다.

즉, 모든 소리가 다 귀에 울리지만 듣고자 하는 소리만 가려서 취하기에 사람들이 듣기를 즐겨 하지 않는 소리는 있어도 없는 것과 같다는 뜻입니다.

그래서 현명한 사람들은 사람들에게 받아들여지지 않을 내용은 말해 봐야 소용없다는 것을 알기에 말하지 않게 됩니다.

악한 때, 즉 세상의 가치관이 무너지고 이기심과 탐욕이 세상에 만연할 때, 뜻 있는 자들은 세상에 빛과 소금의 역할을 다하기 위하여 바른 권면과 경고의 소리를 내기 시작합니다.

이때 세상이 돌이켜 자정의 기운이 돌면 건강한 사회로 돌아갈 희망이 있지만, 대체로 잠시 주춤하다가 더 악하게 변해 갑니다. 이 지경이 되면 뜻 있는 자들의 소리는 묻히고 또 스스로 말을 거두게 됩니다.

하나님의 말씀은 태초부터 계셨고 그것이 문자로 정리된 것이 성경 말씀입니다. 사람의 역사 이래 말씀은 늘 우리와 함께하셨지만 사람들이 그 말씀을 들을 때가 있었고 듣지 않을 때가 있었습니다. 말씀이 들리지 않는다 하는 것은 말씀이 없어서가 아니라 내 마음이 말씀 듣기를 기뻐하지 않는다는 뜻입니다

아모스는 이러한 시기에 하나님의 사명을 받아 말씀을 선포하지만 결국 그의 선포대로 이스라엘은 징계의 길로 가고 약속의 말씀대로 회복의 역사를 기록하게 됩니다.

기도

하나님 감사합니다. 오늘 본문 묵상에서 잘못된 길로 가는 저희를 버려두지 아니하시고 언제나 사랑으로 품으시고 바른길로 인도하시는 그 마음을 알 수 있었습니다.

징계의 회초리가 매울수록 우리를 향한 아버지의 사랑이 큼을 알겠사오니 속히 돌이키고 아버지께로 나아가도록 근신하겠습니다.

그리고 세상이 악해졌지만 그래도 경고의 말씀이 들리는 이때 우리가 돌이켜 바로 서기를 원합니다. 이 시기가 지나면 우리를 회복시키기 위한 하나님의 징계가 떨어질 것을 사람들이 알게 하여 주소서.

아모스의 호소처럼 "주 여호와여 청컨대 사하소서, 야곱이 미약하오니 어떻게 서리이까?"라고 기도하오니 주님의 뜻을 돌이키소서.

그 옛날 니느웨를 구원하기 위하여 그 한 사람 요나를 일으키신 것처럼 이 나라에도 그 한 사람이 있게 하여 주소서.

예수님의 이름으로 기도합니다. 아멘.

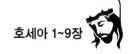

오늘 묵상은 "무엇이 음행인가?"입니다.

3장 1절: "…… 즐길지라도 여호와가 그들을 사랑하나니"

성경을 읽다 보면 우리를 하나님의 신부라 칭하는 경우를 봅니다. 하나님을 남편으로, 우리를 아내로 비유하는 표현이 가지는 의미는 사람에게 가정을 주시고 그 가정을 유지하는 근본으로 남편과 아내를 서로 사랑과 복종으로 묶어 주신 것처럼, 우리와 하나님과의 관계 역시 사랑과 복종으로 이루어져야 한다는 것입니다.

호세아서 전편에 흐르는 하나님의 말씀은 "사랑하는 아내가 음행을 하였고 그것에 분노하여 징계를 내리지만 그럼에도 그를 사랑하기에 돌이키고 돌아오면 언제나 받아 주시겠다."라는 것입니다.

그리고 그것을 상징적으로 보여 주는 것이 바로 호세아와 고멜의 가정사인 것입니다.

아내 된 우리가 어떤 음행을 하였기에 하나님이 진노하시는 걸까요?

아담의 불순종으로 인한 하나님과의 관계 단절이 원죄가 되었고 너희는 나 이외의 신을 섬기지 말라는 말씀을 어기고 여러 우상을 섬기는 것, 이것이 바로 하나님이 보시기에 사랑하는 여인의 음행인 것이라고 말씀하십니다.

우상에게 마음을 돌리는 것, 이것이 음행입니다. 여기서 우상이라 함은 바알과 아세라 등 그 당시의 다른 종교만을 의미하지는 않습니다.

현재 우리의 우상(마음을 빼앗는 모든 것)은 돈, 권력, 쾌락, 교만함, 게으름, 거기에 더하여 타인을 배려하지 않는 이기심까지 참으로 다양합니다.

절대 기준인 말씀을 근간으로 서로 사랑하고 배려하며 살아야 함에도 나만 잘 살겠다고, 또 내 마음대로 살겠다고 하는 모든 행위가 하나님 보시기에 악한 것임을 깨닫게 하십니다.

✝ 기도

하나님, 우리의 마음을 빼앗는 우상은 우리가 인식하는 것보다 많으며, 그것들은 교묘하게 우리의 눈을 가리고 있음을 깨닫습니다.
우리의 영을 맑게 하사 바로 보아 알게 하시고 주님의 교훈을 늘 가슴에 새기며 실천하며 살게 하소서. 예수님의 이름으로 기도합니다. 아멘.

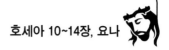

오늘 첫 묵상은 "내게로 돌아오라"입니다.

십계명의 제1, 2조는 첫 계명으로 하나님이 생각하시는 가장 중요한 내용을 담고 있습니다.

> 출애굽기 20장 3절: "너는 나 이외에는 다른 신들을 네게 두지 말라."
>
> 출애굽기 20장 4절: "너를 위하여 새긴 우상을 만들지 말고 …… 어떤 형상도 만들지 말며, …… 나, 네 하나님 여호와는 질투하는 하나님인즉 ……"

유일하신 하나님을 버리고 다른 것을 숭배하는 것을 엄격히 금하시며, 만일 그리하면 질투까지 하시는 하나님께서 큰 징계를 내릴 것을 명확히 하신 것입니다.

그럼에도 불구하고 이스라엘은 타락했고 계시하신 대로 징계의 회초리가 그들에게 아프게 떨어졌습니다. 그러나 그들은 돌이키지 않았습니다.

이쯤 되면 타락하고 돌이키지 않은, 택하신 민족 이스라엘은 버림받아 마땅하지만 은혜와 자비의 하나님은 그리하지 않으십니다. 오히려 그들을 향한 애타는 심정과 긍휼함을 나타내십니다.

> 11장 8절: "에브라임이여, 내가 어찌 너를 놓겠느냐? 이스라엘이여, 내

가 어찌 너를 버리겠느냐? ······ 내 마음이 내 속에서 돌이키
어 나의 긍휼이 온전히 불붙 듯하도다.”

14장 1절: “이스라엘아 네 하나님 여호와께로 돌아오라.”

돌아오라는 말이 가지는 의미는 원래 있던 곳에서 떠나간 그 누구를 부르는 것입니다. 호세아서 전편에 흐르는 말씀을 정리하면, 하나님의 백성 이스라엘이 하나님의 뜻을 어기고 우상에 빠져 하나님으로부터 멀어졌고, 질투의 하나님은 이를 두고 볼 수 없어 징계로 다스리지만 버리지는 아니하시고 돌이켜 내게로 돌아오라고 호소합니다.

그리고 최종적인 치유책을 가르치십니다.

14장 2절: “너는 말씀을 가지고 여호와께로 돌아와서 아뢰기를 모든
불의를 제거하시고 선한 바를 받으소서. 우리가 수송아지를
대신하여 입술의 열매를 주께 드리리이다.”

그리하면 여호와의 진노가 떠나가고 그들을 은혜와 용서로 받아 주시고 영화로운 백성이 되게 하시겠노라 약속하는 것으로(14장 4~8절) 호세아서를 마치게 됩니다.

두 번째 묵상은 “강권하신 은혜”입니다.

요나의 기록은 이성적, 논리적으로는 해석되지 않는 일의 연속입니다. 하나님이 시키신 일에 요나는 순종하지 아니하였고, 결국 니느웨

가 회개함으로 말미암아 재앙을 면하게 되자 요나는 감히 하나님께 크게 성을 내고 맙니다.

감히 대드는 요나에게 마지막으로 하신 말씀이 바로 다음과 같습니다.

"이 큰 성읍 니느웨를 내가 어찌 아끼지 아니하겠느냐?"

이스라엘을 핍박하는 적성국의 수도를 구원하고자 하신 하나님의 뜻, 거기에 불순종하는 요나, 주신 사명을 수행토록 강제하시는 하나님. 걸어서 사흘을 길 정도로 큰 성읍에 피지배 민족의 선지자 요나가 겨우 하루 동안 선포한 예언 때문에 왕으로부터 백성에 이르기까지 금식하며 회개한 니느웨 사람들, 그들이 여호와를 알기나 했던가요?

이 모든 일은 결국 니느웨의 구원을 통한 하나님의 강권적, 일방적인 은혜의 시현을 상징적으로 보여 주신 것이라 이해됩니다.

그들이 무엇을 했기에 구원을 받을 자격이 있었을까요? 어떤 작용이 있어 회개의 마음을 가질 수 있었을까요? 아무 이유도 찾을 수 없이 그저 하나님이 아끼심으로 말미암아 구원의 은혜가 주어진 것뿐입니다.

요나의 기록은 신약에 나타나는 회복의 역사가 어떻게 임하게 될지를 예표하는, 하나님의 의중을 암시하는 예언서인 것을 묵상을 통해 깨달았습니다.

자격 없는 우리에게 거저 주어진 은혜가 있음을 우리는 알고 있습니다. 니느웨같이 우리의 노력 없이 주어진 은혜…. 바로 구원의 복된 말씀, 복음인 것입니다.

니느웨가 회개하여 구원받은 것처럼, 그 이름을 믿는 자에게 주어지는 구원과 죄 사함의 역사, 하나님을 아버지라 부를 수 있는 권세….

전적으로 하나님이 우리에게 주시는 은혜임을 깨달았기에 감사함으로 주께 나아갑니다….

 기도

하나님, 호세아, 요나서 묵상을 마치며 우리를 향하신 하나님의 무한하신 사랑과 인자하심을 느꼈습니다.

호된 징계는 하나님의 사랑을 나타내신 것이며 그래도 깨닫지 못하는 그들을 향하여 애타는 심정으로 다시 부르시는 소리, "내게로 돌아오라. 아직도 내가 너희를 사랑한다."라고 호소하시는 하나님의 사랑을 알 수 있습니다.

조건 없이 니느웨를 아끼시고 구원의 역사를 베푸시는 하나님의 처분을 묵상하며 예수님의 구원 사역을 떠올리기도 합니다.

조건 없는 사랑으로 구원의 약속을 주시고, 언제든 돌이켜 돌아갈 수 있는 영원한 곳이 있는 저희가 행복한 존재임을 느끼며, 감사함을 담아 예수님의 이름으로 기도합니다. 아멘.

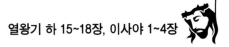
오늘 첫 묵상은 "그리하면"입니다.

이사야 1장 2절: "내가 자식을 양육하였거늘 그들이 나를 거역하였도다."

12절: "너희가 내 앞에 보이러 오니 그것을 누가 너희에게 요구하였느뇨, 내 마당만 밟을 뿐이니라."

13절: "월삭과 안식일과 대회로 모이는 것도 그러하니 성회와 아울러 악을 행하는 것을 내가 견디지 못하겠노라."

14절: "내 마음이 너희의 월삭과 정한 절기를 싫어하나니 그것이 내게 무거운 짐이라 내가 지기에 곤비하였느니라."

15절: "너희가 손을 펼 때에 내가 눈을 가리우고 너희가 많이 기도할지라도 내가 듣지 아니하리니 이는 너희의 손에 피가 가득함이니라."

17절: "선행을 배우며 공의를 구하며 학대받는 자를 도와주며 고아를 위하여 신원하며 과부를 위하여 변호하라 하셨느니라."

18절: "여호와께서 말씀하시되 오라 우리가 서로 변론하자, 너희 죄가 주홍 같을지라도 눈과 같이 희어질 것이요 진홍같이 붉을지라도 양털같이 되리라."

19절: "너희가 즐겨 순종하면 땅의 아름다운 소산을 먹을 것이요,"

20절: "너희가 거절하여 배반하면 칼에 삼키우리라. 여호와의 입의 말씀이니라."

이사야 1장에서 표현하는 모습이 우리 사회 상당수의 예배당에서 드리는 예배 모습과 같다는 느낌이 강하게 듭니다. 거창하게 지어진 회당에서 거룩한 모습으로 예배하며 많은 재물을 드리지만 그 회당 안에는 주님이 계시지 않습니다. 성령이 떠나가신 공허한 공간에서 자기의 의를 드러내며 자기의 유익을 구하는 공허한 기도를 누가 들어줄까요?

하나님의 깊은 한숨 소리가 들립니다. "너희가 기름진 제물을 올려도 받지 않겠으며, 너희가 많이 기도할지라도 내가 듣지 않겠다."라고 말씀하십니다. 하나님이 바라시는 제물은 상한 심령이며, 진실한 마음이 담긴 기도라고 말씀하십니다.

그러나 우리 사회 상당수의 강단에서 쏟아지는 기도는 얼마나 화려하고 가식이 가득한지, 무지하고 분별하지 못하는 어리석은 영혼들을 현혹하고 있습니다. 또한 하나님과 전혀 무관한, 예수님을 참칭한 가짜 목회자를 맹목적으로 따르는 눈 감은 무리가 예배를 어지럽히고 있습니다.

그럼에도 하나님의 뜻을 구하며 눈물로 기도하는 몇몇 참된 기도자만이 우리의 희망인 이때, 나도 가슴을 치며 주님 앞에 엎드려야 하겠습니다.

"주님, 우리의 상하고 애통한 심령으로 드리는 이 기도를 받으시옵소서."

하지만 우리에게는 소망이 있습니다. 주께서 우리를 오라 부르시기 때문입니다. 주님 앞에서 서로 변론하고 주님의 판정을 들읍시다. 우리의 판단으로 정죄하지 맙시다.

정죄함의 권세는 오직 하나님께만 있음을 엄중히 인식합시다. 오늘 묵상의 주제인 "오라 우리가 서로 변론하자."라는 말의 다음에 "그리하면"이라는 말이 있어야만 하나님의 뜻이 명확해질 것이라 생각됩니다.

> "여호와께서 말씀하시되 오라 우리가 서로 변론하자. (그리하면) 너희 죄가 주홍 같을지라도 눈과 같이 희어질 것이요 진홍같이 붉을지라도 양털같이 되리라."

"너희가 순종하면 아름다운 소산을 먹을 것이요, 너희가 거절하여 배반하면 칼에 삼키워질 것이다."라고 선포하시는 하나님의 말씀을 엄중히 듣겠습니다….

두 번째 묵상은 "진실한 예배"입니다.

크고 화려한 예배당 건물에 몰려오는 수많은 예배자를 보시며 하나님은 슬퍼하십니다.

> "너희의 무수한 제물이 내게 무엇이 유익하느냐? 나는 희생 제물의 피를 기뻐하지 아니하노라."
> "너희가 내 앞에 보이러 오니 이것을 누가 너희에게 요구하였느냐?"

그리고 12절에서 "내 마당만 밟을 뿐이니라."라고 하신 말씀이 가슴 아프게 다가옵니다.
> "헛된 제물을 가져오지 말라."

"성회와 더불어 악을 행하는 것을 내가 견디지 못하겠노라."

"내 마음이 너희의 월삭과 정한 절기를 싫어하나니"

이렇게 하나님은 우리의 예배 태도를 못마땅하게 여기십니다. 그 이유를 15절에 이렇게 말씀하십니다. "너희의 손에 피가 가득함이라." 우리의 손에 피가 가득하다고 하십니다.

그 피가 무엇일까요? 우리의 악한 행실이 그 원인이니, 17절의 말씀을 역으로 해석한 것이 악행입니다.

"선행을 배우며" → 악한 일을 행하였다.

"정의를 구하며" → 불의에 물들었다.

"학대받는 자를 도와주며" → 도움의 손길을 내밀지 않았다.

"고아를 위해 신원하며" → 사랑을 베풀지 않았다.

"과부를 위해 변호하라." → 어려운 이웃을 외면하였다.

그러나 하나님은 죄악으로 인한 허물을 질책하시면서, 한편으로 바라는 바를 말씀하십니다. "내게로 돌아오라. 그리고 서로 변론하자."라고 하신 말씀은 "언제든지 너희의 말을 들어 주고 또 하나님의 뜻을 가르칠 테니 너희는 내 말에 순종하라. 그리하면 너희의 죄를 깨끗이 씻어 없이 하여 주겠다."라는 뜻입니다.

18절: "...... 너희의 죄가 주홍 같을지라도 눈과 같이 희어질 것이요, 진
　　　홍같이 붉을지라도 양털같이 희게 되리라."

19절: "너희가 즐겨 순종하면 땅의 아름다운 소산을 먹을 것이요,"

20절: "너희가 거절하여 배반하면 칼에 삼켜지리라."

✝ 기도

하나님, 불순종하는 배은망덕한 백성을 아끼는 자녀와 같이 생각하시는 주님의 사랑을 느끼는 오늘의 본문 묵상입니다.

돌아서는 자녀를 향해 오라고 부르시는 주님의 호소에 응답할 수 있는 자들이 되기를 바라며, 언제나 당신의 선한 뜻을 묵상하며 순종하는 자의 삶을 살아가기를 원합니다.

비록 유혹에 넘어지고 나태함에 빠져 고개를 돌릴지라도 언제든지 깨닫고 돌이킬 때 주님은 은혜로 용서해 주신다는 약속의 말씀을 의지하며 살아갑니다.

감사한 마음을 담아 예수님의 이름으로 기도합니다. 아멘.

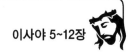
오늘 첫 묵상은 "부르심과 응답"입니다.

하나님의 부르심은 때가 없습니다. 사람이라면 무엇을 하기 위한 준비와 조건이 필요하지만, 하나님이 부르실 때는 순종만이 필요합니다.

부르심을 알았을 때 6장 8절, "내가 여기 있나이다. 나를 사용하소서…"라는 고백을 한 이사야처럼 순종할 때 주님의 뜻이 비로소 실행됨을 알게 하십니다.

순종하고 그의 뜻대로 행하기만 하면 모든 것이 미리 예비된 것처럼 다 이루어질 것이기 때문입니다.

그러나 사명을 받은 자는 한 가지 꼭 해야 할 것이 있는데, 반드시 주님의 뜻을 물어 확인해야만 합니다. 왜냐하면 자기의 생각과 자기의 의가 주님의 뜻이라는 착각에 빠지지 않아야만 바른길로 갈 수 있기 때문입니다.

과거 우리 주변에 열심히 하나님의 일을 한다며 밤잠을 못 자 가며 애쓰는 사람이 있었습니다. 그러나 그는 혼자만의 독선과 아집으로 처리하여 교회를 갈등과 분열로 몰아넣었으며 결국은 교회를 결딴내어 버린 최악의 열매를 맺고 말았음을 우리는 보아 알고 있습니다.

누구나 그 사실을 알고 있지만 그는 스스로의 의에 빠져 눈과 귀를 막고 지금도 마귀의 종노릇을 하고 있는 안타까운 모습을 보이고 있으니, 이것이 사명을 받은 자가 하나님의 뜻을 확인하고 유념하여야 하는 이유인 것입니다.

6장 11절에 이사야는 묻고 있습니다. "주여, 어느 때까지니이까?"
주님이 주시는 사명은 이해하기 어려운 경우가 많습니다. 또 불가능해 보이기도 하고 무엇 때문에 이 일을 해야 하는지 알 수 없을 때가 많기에 반드시 그 뜻을 확인해야 하고, 그 이후에는 그대로 순종해야만 합니다.

> 6장 10절: "이 백성의 마음을 둔하게 하며 그들의 귀가 막히고 그들의 눈이 감기게 하라. ......"

왜 백성의 귀를 막고 눈을 감기게 해야만 하는가요? 오히려 그들의 눈과 귀를 열어서 하나님의 뜻을 알게 하고 돌이키게 해야 하지 않을까요?
이것이 우리의 생각이지만, 주님은 거룩한 씨를 구분하려 하신다고 말씀하시고 있음을 유념해야 합니다.

두 번째 묵상은 "'쓰임 받는 자'와 '남은 자'는 누구를 가리키는 것인가?"입니다.

성경은 수만 구절의 사례가 기록된 종합 기록으로, 읽는 사람의 시각에 따라 그리고 주어지는 감동(레마의 말씀)에 따라 서로 다른 해석이 가능한 말씀 모음입니다.

10장 5절: "앗수르 사람은 화 있을 진저 그는 내 진노의 막대기요, 그 손의 몽둥이는 내 분노라."

이 본문을 묵상하는 제 영혼의 시각은 과거 수년간 심각하게 겪었던 상황을 반영하기에 예수님의 탄생을 예언하는 구절을 읽어도 큰 감흥이 없고, 과거 심각하게 겪었던 교회의 상황과 그 사태의 해석을 반영하는 한 구절에 마음이 꽂힙니다.

하나님 앞에 범죄하면서도 그 잘못을 깨닫지 못하고 경고의 신호를 무시하는, 징계받기에 합당하게 된 우리 교회에 하나님의 징계가 떨어집니다.

하나님은 사람의 손을 사용하여 일하시기에 징계의 회초리를 누군가의 손에 들려 우리에게 보내셨는데, 그가 바로 하나님이 세우신 자입니다.

그에게는 하나님이 허락한 그 회초리를 마음껏 휘두를 권세가 있었지만, 하나님의 뜻에 의한 행위라 해도 그것은 자기의 의에 의한 범죄 행위라고 지적하고 있습니다.

10장 7절: "그의 뜻은 이같지 아니하며 …… 다만 그의 마음은 허다한 나라를 파괴하며 멸절하려 하는도다."

그리고 그 쓰임 받는 자에 대한 처벌을 말씀하고 계십니다.

10장 12절: "그러므로 주께서 주의 일을 시온산과 예루살렘에 다 행하신 후에 앗수르왕의 완악한 마음의 열매와 높은 눈의 자랑을 벌하시리라."

여기서 앗수르왕으로 비유되는 그 "쓰임 받는 자"는 누구일까요? 또 파멸의 시간이 지나고 "남은 자"만 주께로 돌아올 것이라고 하십니다. 여기서 말씀하신 그 "남은 자"는 누구일까요?

> 10장 21절: "남은 자, 곧 야곱의 남은 자가 능하신 하나님께로 돌아올 것이라."
> 10장 22절: "이스라엘이여, 네 백성이 바다의 모래 같을지라도 남은 자 만 돌아오리니 넘치는 공의로 파멸이 작정되었음이라."

그리고 약속하십니다.

> 10장 24절: "…… 시온에 거주하는 내 백성들아, 앗수르가 애굽이 한 것 처럼 막대기로 너를 때리며 몽둥이를 들어 너를 칠지라도 그를 두려워하지 말라."
> 10장 25절: "내가 오래지 아니하여 네게는 분을 그치고 그들은 내 진 노로 멸하리라 하시도다."

10장 1~27절의 말씀이 지금 우리가 겪고 있는 사태의 시작과 종말을 상징적으로 보여 주는 예언이라 묵상되며 "내가 오래지 아니하여 ……" 라고 하신 그대로 속히 이루실 것을 소망합니다.

다만 진실한 회개와 간절한 기도로, 바로 보고 바로 행하는 몇몇 "남은 자"만 주께로 돌아올 것이라 말씀하시니 그 "남은 자"들은 누가 될까요?

기도

하나님, 하나님의 생각은 우리와 다르고 하늘이 땅보다 높음같이 우리의 생각보다 높이 계시다는 것을 믿기에 나의 생각을 내려놓고 말씀에 순종할 것을 다짐합니다.
교회의 일을 생각하며 견디기 괴로운 시간을 보내고 있지만 아직 끝이 보이지 않습니다. 하나님의 뜻과 처분을 기다리지 못하고 마음대로 그 자들을 정죄하고 단죄하는 나의 생각이 주님 보시기에 얼마나 악한 죄가 될지를 생각하면 섬뜩하지만 그 마음을 떨치기가 어렵습니다.
또 한 번 오늘 주시는 말씀을 묵상하며 마음을 가다듬습니다. 그리고 오늘 새벽 기도 시간에 주님이 찾으실 만하다고 생각되는 그 한 사람을 보았습니다. 소돔을 앞에 두고 아브라함과 약속하신 전례를 기대하며, 그 한 사람으로 인하여 우리의 허물을 사해 주시기를 간절히 구합니다. 예수님의 이름으로 기도합니다. 아멘.

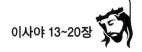

오늘 묵상은 "교만은 어디에서 오는가?"입니다.

14장 12~15절: "너 아침의 아들 계명성이여, 어찌 그리 하늘에서 떨어졌으며 너 열국을 엎은 자여, 어찌 그리 땅에 찍혔는고. 네가 네 마음에 이르기를 내가 하늘에 올라 하나님의 뭇별 위에 나의 보좌를 높이리라. 내가 북극 집회의 산 위에 앉으리라. 가장 높은 구름에 올라가 지극히 높은 이와 같아지리라 하는도다. 그러나 이제 네가 스올 곧 구덩이 맨 밑에 떨어짐을 당하리로다."

본문에서 말하는 계명성은 샛별, 곧 금성을 말합니다. 계명성은 하늘에서 해와 달이 없으면 가장 밝게 빛나는 존재로, 밤하늘에서 찬란한 빛을 세상에 뿌리지만 동이 트면 그 존재가 희미해지는 운명을 가진 존재입니다.

이 샛별은 당시 떠오르는 별인 바벨론 왕국을 상징하는데, 가장 찬란한 바벨론 왕국도 결국은 가장 비참해질 것이라고 예언한 것입니다.

또한, 계명성은 루시퍼를 지칭하는 말이기도 합니다. 루시퍼는 "빛을 가져온 자"라는 뜻으로 'lux(빛)'와 'ferre(가져오는)'가 합쳐진 것으로 샛별이 별 중에서 가장 먼저 뜨는 가장 밝은 별이라서 붙여진 이름으로 처음에는 사탄과는 관계가 없었습니다.

루시퍼는 원래 하느님의 오른쪽에 앉도록 허락받은, 가장 신뢰받는 천사장이었습니다. 그런데 하나님의 은총을 한몸에 받던 루시퍼는 스스로의 교만에 넘어가 하나님 자리에 앉을 생각을 품었습니다.

그런 관점으로 묵상한 본문에서 가장 주목해야 하는 것은 "아침의 아들 계명성" 루시퍼가 품었던 생각입니다.

"내가 하늘에 올라 하나님의 뭇별 위에 나의 보좌를 높이리라. 내가 북극 집회의 산 위에 좌정하리라. 가장 높은 구름에 올라가 지극히 높은 이와 같아지리라 하는도다."

하나님은 그에게 최고의 능력과 지위를 주셨지만 그 능력과 지위는 그에게 부여된 사명을 효과적으로 수행하기 위함입니다.

그런데 루시퍼는 주어진 능력과 지위를 이용하여 뭇별 위에 군림하려고 하였고, 나아가서는 지극히 높은 자, 즉 하나님과 겨뤄 보려고 한 것입니다.

루시퍼의 생각, 한없이 높아지려는 생각은 사람이라면 누구나 가지고 있는 가장 보편적인 것입니다.

인간의 불행은 자신이 가진 능력을 자신의 것으로 알고, 그것으로 자신의 영역을 넓히려고 하는 데서 시작합니다. 그러나 각자의 세력 확장은 상호 충돌이 불가피합니다. 이 높아지려는 마음이 곧 교만입니다.

높아지고 독점하기 위해서는 다른 사람을 반드시 무너뜨려야 합니다. 그래서 교만은 언제나 파괴를 동반합니다. 교만한 자들이 벌이는 행위의 결과가 어떠한지는 우리의 주변에서 너무나 많이 보고 느끼고 있습니다. 이 슬픈 현실에 안타까움을 느낍니다.

자신이 가진 것이 많을수록, 능력이 뛰어날수록, 이룩한 성취가 클수록 빠지기 쉬운 것이 바로 교만입니다. 이것은 참으로 묘한 것이라 자신도 인식하지 못하는 사이에 슬며시 들어와 눈과 귀를 막아서 전혀 다른 사람으로 바꾸어 버립니다.

지금까지 훌륭했던 사람이 자기밖에 모르는 불통의 사람으로 변해 버리며, 말과 행동에서 관용과 배려의 향기를 풍기던 사람이 비교와 무시함의 차가운 기운을 뿌리는 불편한 사람이 되고 맙니다. 그가 세상에서 큰 자가 될수록 더 큰 해악을 끼치게 되며 결국 그 자신을 몰락의 길로 이끌게 되는 무서운 마음이 바로 교만입니다.

✝️ 기도

하나님, 나약한 우리를 돌아보며 우리에게 주어진 능력과 권세가 누구로부터 왔는지를 바로 안다면 결코 교만에 빠지지 않아야 하건만, 그 유혹의 마성은 너무나도 커서 우리가 감당할 수 없습니다.

많은 가르침과 훈계에도 불구하고 우리의 내면에 피어나는 교만의 마음으로부터 우리를 지켜 주소서. 주님만을 바라보고 오늘 하루도 유혹에 빠지지 않도록 주의하며, 예수님의 이름으로 기도합니다. 아멘.

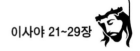
오늘 첫 묵상은 "통곡할 때와 기뻐할 때를 구분하지 못하는 죄"입니다.

> 22장 12절: "그날에 주 만군의 여호와께서 명령하사 통곡하며 애곡하며 머리털을 뜯으며 굵은 베를 띠라 하셨거늘"
>
> 22장 13절: "너희가 기뻐하며 즐거워하여 소를 죽이고 양을 잡아 고기를 먹고 포도주를 마시면서 내일 죽으리니 먹고 마시자 하는도다."
>
> 22장 14절: "만군의 여호와께서 친히 내 귀에 들려 이르시되 진실로 이 죄악은 너희가 죽기까지 용서하지 못하리라 하셨느니라. 주 만군의 여호와의 말씀이니라."

하나님이 "그날에 통곡하고 애곡하라."라고 하셨는데 이스라엘 백성들의 반응은 "내일 죽더라도 오늘은 먹고 마시며 즐기자."라는 것이었고, 이에 하나님의 대답은 "이 죄악은 너희가 죽기까지 용서하지 못하리라."라는 것이었습니다.

이는 하나님이 선지자를 통해 경고하신 것에 대한 이스라엘의 반응이 즉각적이지 못하고, 또 임박한 환란을 애써 무시하며 오늘의 안위만 생각하며 말씀을 흘려 버렸다는 것입니다.

하나님의 말씀을 애써 무시하고, 오늘에 안주하며 내일 벌어질 일에 대한 대비를 게을리하는 것에 대한 대가는 죽을 때까지 용서받지 못하는 큰 죄악이라고 선언하시는 하나님의 뜻을 잘 헤아려 보아야 할 것입니다.

우리 주변에 일어나는 많은 경우가 이와 너무나 유사합니다. 오늘의 일을 내일로 미루고, 공직자는 자기가 그 자리에 있는 동안만 문제가 없으면 모든 일을 무성의하게 미루어 버립니다.

또 전쟁의 징후가 보여도 애써 무시하며 괜찮다고 말하는 위정자들, 내일 망하게 될 회사에서 상여금 잔치를 벌이는 경영진과 노조 대표들, 사고가 발생하기 전까지는 이상 없음을 주장하며 아무 대책을 세우지 않는 그 자리를 책임진 자들의 행태가 오늘 본문 13절에 비유로 적혀 있음을 유념합니다.

이 모든 무책임한 행위 직후에 발생할 기가 막히는 일에 대해 아무도 책임지지 않고 또 책임질 수도 없는 사태가 벌어지게 됩니다. 물론 그 피해를 전적으로 감당하고 뒤처리에 눈물을 흘리는 것은 모두 일반 국민들입니다.

오늘의 본문은 즉시 해야 할 때 적절한 대비를 하지 않는 것의 대가가 얼마나 큰 것인지 하나님이 엄히 경고하신 것이라 판단됩니다.

두 번째 묵상은 "나에게 주님은 어떤 분이신가?"입니다.

> 25장 4절: "주는 포학자의 기세가 성벽을 충돌하는 폭풍과 같을 때에
> 빈궁한 자의 요새이시며 환난당한 가난한 자의 요새이시며
> 폭풍 중에 피난처시며 폭양을 피하는 그늘이 되셨사오니"

25장 5절: "마른땅에 폭양을 제함같이 주께서 외인의 소란을 그치게
하시며 폭양을 구름으로 가리움같이 포학한 자의 노래를
낮추시리이다."

흔히 세상살이는 대양을 항해하는 배와 같다고 말합니다. 배가 아무
리 크다 해도 망망대해에서는 한낱 조각배라 바람과 파도에 시달리며
항해 방향을 찾기 위해 별을 찾고 나침반을 보아야 합니다.

평생의 항해를 하다 보면 폭풍이 칠 때 피항해야 하며, 식량이 떨어
지면 항구에 들러 보급을 받아야 합니다. 해적을 만날 때는 죽을힘을
다해 도망가야만 하지요.

이때 우리의 피난처가 되시며 폭양을 피할 그늘이 되시는 그분이 계
심을 감사해야 합니다. 그분은 멀리 계신 분이 아니며 우리의 믿음으
로 말미암아 우리 안에 거하시는 우리 아버지, 하나님이십니다.

언제나 나에게 가장 좋은 것을 주기를 원하시며 바른길로 인도하시
는 분, 언제나 내 손을 잡아 이끌지는 아니하시지만 바른길을 가르쳐
주시고 생명의 길을 보여 주시지요.

내가 믿음으로 순종하여 그 길을 선택하기를 바라시는 분, 그분이
나의 하나님이십니다.

✝ 기도

하나님, "이 죄악은 너희가 죽기까지 용서하지 못하리라."라고 진노하시는 하나님의 뜻을 우리가 잘 헤아릴 수 있는 영적 분별력을 저희에게 허락하여 주소서.

말씀은 들으나 전적으로 순종하지 못하는 영적 이기심과 게으름과 나태함이 우리를 죄악의 구렁텅이에서 빠져나오지 못하게 하는 큰 요인임을 우리가 깨달아 알도록 지켜 주소서.

순종해야 할 때 즉각 순종할 수 있는 마음이 우리에게 스며들기를 간구하며 예수님의 이름으로 기도드립니다. 아멘.

오늘 첫 묵상은 "위기가 닥쳤을 때"입니다.

이사야 36장과 열왕기 하 18장 13~37절의 내용은 사용된 단어와 어순의 차이만 있을 뿐 완전히 같은 내용으로 되어 있습니다. 주 내용은 당시 중동 지방의 패자 앗수르가 세력을 확장하여 여러 나라를 멸하고 유다에게 나아와 항복을 요구하는 것입니다.

국가 간에 전쟁이 있으면 큰 나라는 자력으로 맞서 싸우고, 작은 나라는 연합체를 구성하거나 다른 큰 나라에 원군을 요청하게 되는데 유다의 경우가 바로 이에 해당합니다.

당시 정세상 애굽에 의지하여 원군을 요청하는 것이 가장 적당한 대응책이었습니다. 단, 사람의 생각으로만 그렇다는 것입니다.

당시 주변 정세가 혼미해지자 이스라엘은 안위를 위한 대책으로 애굽과의 동맹을 택하면서 하나님의 뜻을 구하지 아니하였습니다.

이에 대한 하나님의 감정이 1절에 적나라하게 기록되어 있는데, 이 시기에 가장 적합한 대응책인 애굽을 의지하려는 사람의 생각을 어리석다고 비판하시는 하나님의 말씀을 봅니다.

> 30장 1절: "여호와께서 이르시되 패역한 자식들은 화 있을진저, 그들이 계교를 베푸나 나로 말미암지 아니하며 맹약을 맺으나 나의 영으로 말미암지 아니하고 죄에 죄를 더하도다."

30장 15절: "너희가 돌이켜 조용히 있어야 구원을 얻을 것이요, 잠잠
하고 신뢰하여야 힘을 얻을 것이거늘 너희가 원하지 아니
하고,"

30장 18절: "그러나 여호와께서 기다리시나니 이는 너희에게 은혜를
베풀려 하심이요 일어나시리니 이는 너희를 긍휼히 여기려
하심이라. 대저 여호와는 정의의 하나님이시라 그를 기다
리는 자마다 복이 있도다."

30장 후반절 요약: "너희 패역한 백성들아! 너희는 바른길을 버리며,
첩경에서 돌이키라. ...... 너희가 내게 부르짖으면 내
가 앗수르를 칠 것인데 누구를 의지하느냐?"

31장 1절: "도움을 구하러 애굽으로 내려가는 자들은 화 있을진저, 그
들은 말을 의지하며 병거의 많음과 마병의 심히 강함을 의지
하고 이스라엘의 거룩하신 이를 앙모하지 아니하며 여호와
를 구하지 아니하나니"

하나님께 먼저 묻지 아니하고 하는 행위, 계교를 베풀며 누구와 맹
약을 맺는 등의 행위를 죄에 죄를 더하는 행위라고 강력하게 말씀하십
니다.

이 말씀의 행간에는 "나에게 물어보라. 그리하면 가장 좋은 방법을
알려 주겠다."라는 하나님의 마음이 숨어 있음을 알아야 합니다.

18절의 말씀도 "너희는 세상을 바라보며 조급해하지 마라. 모든 일
은 나 여호와의 뜻에 달린 것이니 나만 바라보라. 가장 좋은 때에 내
가 너희를 도우리니 나를 믿고 기다리라."라는 뜻이니 온전한 믿음을
요구하시는 것입니다.

하나님은 사랑이시라 우리에게 좋은 것을 주시기를 원하신다 하셨습니다. 또 우리와 함께하며 인격적 교제하기를 좋아하시는 그분을 무한 신뢰하여 그의 대답을 기다리는 자, 언제나 먼저 하나님께 물어보고 대답을 들은 후 행하는 자를 기뻐하십니다.

그러나 세상의 다른 민족들과는 다르게 택하신 백성 이스라엘은 하나님을 먼저 의뢰하여야 하거늘, 그들 역시 세상과 다르지 않게 움직이고 있기에 하나님이 경고하고 계심을 알 수 있습니다.

두 번째 묵상은 "절체절명의 순간에 내 마음은 어디를 의지할까?"입니다.

히스기야왕 시절에 앗수르왕 산헤립이 침공하여 예루살렘을 포위한 상황입니다. 유다는 앗수르의 장수 랍사게가 항복을 강요하며 위협하고 하나님을 모욕해도 아무 말도 하지 못하고 전전긍긍합니다. 그러나 히스기야왕은 드물게 하나님 앞에 정직한 자로서 하나님이 함께하는 자였습니다.

> 열왕기 하 18장 5절: "히스기야가 하나님만을 의지하여 그의 전후 유다왕 중에 그러한 자가 없었으니 ......"
> 열왕기 하 18장 7절: "여호와께서 그와 함께하시매 그가 어디를 가든지 형통하였더라."

이러한 히스기야에게 큰 위기가 닥치고 고립무원의 상황에서 그가 택한 해결책은 하나님 앞에 엎드리는 것이었고 이사야에게 의뢰하여 말씀을 구하는 것이었습니다.

그는 선왕들처럼 애굽과 같은 강국과의 동맹에 의지하지 않았고, 화친을 맺지 않고 하나님께 매달렸습니다. 이런 그의 태도에 하나님이 응답하사 십팔만 오천이나 되는 앗수르 군대가 하룻밤 사이에 전멸하고 산헤립이 그의 고국에서 피살되는 역사적인 구원을 받게 됩니다.

어려움이 닥쳤을 때 과거의 나는 어떤 반응을 보였는지 회상해 봅니다.

먼저 내 능력으로 감당할 수 있을까 먼저 헤아려 보았고, 또 누구에게 의뢰하여 이 상황을 모면할 수 있을까 고민하였습니다. 상황을 극복하면 다행이고 안 되면 그대로 감당하며 포기하고 물러났는데, 이제 주님을 믿는 자로서 나는 어떻게 반응해야 하나 생각해 봅니다.

겉보기는 전과 다름없이 행합니다. 능력을 재 보고 도움을 받을 곳을 찾으며 주변을 두리번거립니다. 그러나 달라진 것은 그 경황 중에 기도를 한다는 것입니다. 도우심을 구하고 주님이 내게 선한 것으로 응답하실 것을 믿으며 주님의 역사가 어떻게 나타날지를 큰 호기심으로 바라보며 어려움을 견뎌 냅니다.

고난은 더 큰 축복을 위해 먼저 주시는 것이라고 믿습니다. 그 믿음이 나를 견디게 하는 든든한 힘이 됩니다.

기도

언제나 마음대로 행하는 우리, 멀리 달아나 어둠 속으로 빠져드는 우리를 안타까이 바라보시는 하나님, 애타는 마음으로 "먼저 나에게 물으라. 어두운 세상을 헤매지 말고 내게로 돌아오라."라고 말씀하시는 하나님의 음성을 귀 기울여 듣겠습니다. 들을 귀 있는 자는 들으라고 외치시는 예수님의 음성을 기억합니다.

살아가다 보면 위기의 순간이 닥치고 중요한 선택을 해야 할 때가 있습니다. 그럴 때마다 가장 먼저 우리 주님을 의뢰하며 기도하고, 지혜를 구하는 삶을 살아가야 함을 말씀하신 오늘의 본문을 읽습니다.

그 바탕 위에서 하나님의 도움을 구하며 슬기롭게 헤쳐 나가는, 믿는 자의 삶을 살아가도록 늘 깨우쳐 주시기를 구하며 예수님의 이름으로 기도드립니다. 아멘.

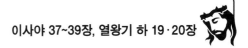

오늘 첫 묵상은 "사람의 마음"입니다.

오늘 이사야와 열왕기의 본문은 완전히 같은 사건을 기록하고 있습니다. 앗수르왕 산헤립의 항복 요구에 대한 히스기야의 대응과 결말, 병들어 죽어 가는 히스기야의 기도를 들으시는 여호와 하나님의 자비가 기록된, 믿는 자에게 참으로 은혜로운 내용입니다.

히스기야는 압도적 무력을 지닌 앗수르의 위협에 맞서 애굽을 의지하지 않고 하나님 앞에 나아와 기도하며 하나님의 구원을 호소합니다. 이런 그의 선택에 대해 이사야를 통해 말씀하시는 하나님의 응답은 놀라움 그 자체입니다.

> 열왕기 하 19장 7절: "내가 한 영을 그의 속에 두어 그로 소문을 듣고 그의 본국으로 돌아가게 하고 또 그의 본국에서 그에게 칼에 죽게 하리라."

이 말씀대로 예루살렘을 포위했던 앗수르 군사 십팔만 오천 명이 하룻밤에 죽고 산헤립은 그의 본국에서 칼에 맞아 암살되고 마니 하나님의 말씀대로 되었음을 알 수 있습니다.

패권국인 앗수르의 위협에 맞서 세상의 정세에 휘둘리지 않고 하나님 앞에 문제를 가지고 나와 구원을 간절히 호소하고, 또 병들어 누웠을 때 하나님의 사망 선고를 눈물로 기도하여 하나님의 뜻을 돌이키게 합니다. 그 증거로 해시계의 바늘을 십 도 뒤로 물러가게 한 사건은 히스기야가 가진 믿음의 진실함과 성실함을 잘 보여 주고 있습니다.

이런 히스기야가 마음 줄을 놓아 버린 것 같은 어처구니없는 행위를 하는데, 앗수르의 뒤를 이어 떠오르는 신흥 강국 바벨론 사신에게 보여서는 안 될 것, 유다의 모든 은밀한 것을 다 보여 주는 실수를 하고 맙니다.

이 사건이 무엇을 의미하는지는 이사야가 히스기야에게 한 질책에서 잘 보입니다.

> 열왕기 하 20장 17~18절: "날이 이르리니 왕궁의 모든 것과 왕의 조상들이 오늘까지 쌓아 두었던 것이 바벨론으로 옮긴바 되고 하나도 남지 아니할 것이요, 또 왕의 몸에서 난 아들 중에서 사로잡혀 바벨론 왕궁의 환관이 되리라, 하셨나이다."

이 말은 유다가 바벨론에게 멸망할 것이라는 예언인데 이 말을 들은 히스기야의 대답이 참으로 실망스럽습니다.

> 열왕기 하 20장 19절: "당신이 전한바 여호와의 말씀이 선하시니이다. 만일 내가 사는 날에 태평과 진실이 있을진대 어찌 선하지 아니하리요."

이 말은 유다 왕국의 안위나 자기 후손의 비극은 모르겠고, 자기 대에는 평안하리니 좋을 뿐이라는 졸렬한 마음을 드러낸 것입니다. 요즘 우리가 겪는, 소위 지도층 인사들의 무책임한 행태와 다를 바 없습니다.

이는 사람의 마음이 사소한 유혹에 쉽게 흔들리고 당장의 현실을 회피하고 싶어 하는 인간의 심리 상태를 잘 보여 주고 있습니다.

왕이란 막중한 자리에 있는 사람의 마음이 외적의 침략이라는 절대적 위기 앞에서는 잘 견디고 슬기롭게 대처하다가 병문안 온 외국의 사신에게 어이없이 무너진 것입니다. 이 순간 자기만 평안하다면 이후에 벌어질 일에 대해서는 애써 눈을 감고 책임을 회피합니다. 그와 같은 자가 없다는 평가를 받은 히스기야도 이러하였으니, 참 온전한 사람 찾기가 어렵다는 것을 새삼 깨닫습니다.

두 번째 묵상은 "성경에 세 번씩이나 기록된 사건의 의미"입니다.

열왕기 19장과 이사야 37장의 기록은 서로 복사한 것처럼 똑같고 역대 하 32장에는 같은 내용이 간략하게 기록되어 있습니다.

성경의 표현 방법 중 특정 구절을 반복하는 것은 그 내용이 중요함을 의미하는데, 이 사건은 무려 1개의 장을 통째로 중복하고도 모자라 역대 하 32장에 같은 내용을 또 기록하고 있습니다.

유다왕 히스기야 시대에 당시 막강한 위력을 가진 앗수르의 산헤립이 침공하며 유다를 위협하였을 때 히스기야의 처신이 어떠했는가가 중요한 묵상 포인트입니다.

무지막지한 무력의 위협과 여호와를 모욕하는 심리전 앞에 전전긍

궁하며 대응책을 찾아야만 하는 유다와 히스기야, 통상적인 대응책은 결사 항전의 의지를 보이거나 앗수르의 적대국에 원조를 요청하거나 사신과 예물을 보내고 항복하는 것 중 하나입니다.

그러나 다른 왕들과는 달리 그가 행한 대응책은 여호와의 전에 들어가 통곡하며 구원을 호소하고, 당대의 선지자 이사야에게 구원의 기도를 부탁하는 것이었습니다.

히스기야의 마음이 잘 드러난 구절이 열왕기 하 19장 17~19절에 기록되어 있습니다.

> 17절: "여호와여 앗수르 여러 왕이 과연 여러 민족과 그들의 땅을 황폐하게 하고"
>
> 18절: "또 그들의 신들을 불에 던졌사오니 이는 그들이 신이 아니요, 사람의 손으로 만든 것 곧 나무와 돌뿐이므로 멸하였나이다."
>
> 19절: "우리 하나님 여호와여 원하건대 이제 우리를 그의 손에서 구원하옵소서. 그리하시면 천하만국이 주 여호와가 홀로 하나님이신 줄 알리이다."

그는 구원의 소망을 이 세상의 무력에 의존하지 않고 여호와께 전적으로 의뢰하고 있는 것입니다.

이에 여호와 하나님의 구원이 이사야를 통하여 전달되었고 앗수르 군사 십팔만 오천 명이 하룻밤 새 전멸하고 산헤립은 고국에서 피살됨으로써 여호와 하나님의 뜻이 실현되었음이 기록되어 있습니다.

당시 정세를 판단해 볼 때 앗수르의 침공을 견딜 수 있는 나라는 없었을 것입니다. 히스기야가 세상의 판단으로 대응했다면 패망하거나 굴욕적인 항복 이외에 다른 수가 없었을 것입니다.

　절체절명의 순간에 세상을 바라보지 않고 오직 여호와 하나님께 기도하며 매달려 하나님의 구원의 은혜를 받았다는 것이 이 이야기의 핵심이기에 이 사례를 기억하고 유념하라는 뜻이 담긴 기록으로 이해됩니다.

✝ 기도

하나님, 사람의 마음은 참으로 흔들리는 갈대와 같다고 한 어느 철학자의 말이 떠오르는 오늘의 본문 묵상이었습니다.

하나님 앞에 견고한 믿음을 가졌던 히스기야의 마음이 사소한 일에 무너지고 또 무책임하기 짝이 없는 나태함을 보여 주는 사례를 묵상하며 하나님 보시기에 한결같은 마음을 유지하기가 얼마나 어려운지 알게 됩니다.

우리가 살아가는 하루하루에는 판단하고 선택해야 할 일이 수시로 있습니다. 이때 우리의 마음이 어디를 바라볼까 생각해 봅니다.

감당하기 어려운 일 앞에서 누구의 도움을 바랄까요? 부족한 재정 상황에서 누구에게 꾸어 달라 할까요?

그럴 때 우리의 눈이 유력한 자, 친분이 있는 자, 권력과 돈이 많은 그 누구를 찾기보다 히스기야처럼 먼저 하나님 전에 나아가 기도하며 아뢰고 "어찌할까요?"라고 묻는 자가 되기를 소원합니다.

세상보다 먼저 하나님을 의뢰하는 하나님에 대한 믿음과 무한한 신뢰가 내 마음에 자리하기를 바랍니다. 또한, 오직 성령님의 도우심을 구하며 언제든지 뉘우치고 돌이킬 수 있는 소망을 주신 그리스도의 복음을 생각하며 감사한 마음을 담아 예수님의 이름으로 기도드립니다. 아멘.

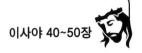

오늘 묵상은 "왜 용서해야 하는가?"입니다.

이사야서는 작은 성경이라고도 합니다. 이사야서는 예수님이 오시기 약 700년 전에 기록된 예언서입니다.

이사야서를 이루는 66장이 성경의 66편과 같으며 1~39장은 구약 시대를 나타내고 40장 이후는 신약 시대를 나타낸다고 합니다.

절묘하게도 신약 시대를 예표하는 첫 40장은 그리스도의 오심을 기록하고 있습니다.

> 40장 3절: "외치는 자의 소리여, 이르되 너희는 광야에서 여호와의 길
> 을 예비하라. 사막에서 우리 하나님의 대로를 평탄하게 하
> 라."

바로 신약 시대의 서막을 여는 세례 요한의 외침을 예언하고 있습니다.

40장 이후의 내용은 죄악과 징계, 환란과 전쟁의 혼탁한 세상을 언급한 1~39장의 내용과 전혀 다른, 구원과 회복의 역사를 선언하고 있으니 이것이 바로 신약의 내용인 것입니다.

> 40장 2절: "…… 그 노역의 때가 끝났고 그 죄악이 사함을 받았느니라."
> 40장 31절: "오직 여호와를 앙망하는 자는 새 힘을 얻으리니 독수리
> 가 날개 치며 올라감 같을 것이요, ……"

41장 10절: "두려워하지 말라 내가 너와 함께 함이라. 놀라지 말라 나는 네 하나님이 됨이라. 내가 너를 굳세게 하리라. 참으로 너를 도와주리라. 참으로 나의 의로운 오른손으로 너를 붙들리라."

42장 3절: "상한 갈대를 꺾지 아니하며 꺼져 가는 등불을 끄지 아니하고 진실로 정의를 시행할 것이며,"

43장 1절: "...... 내가 너를 구속하였고 내가 너를 지명하여 불렀나니 너는 내 것이라."

43장 21절: "이 백성은 내가 나를 위하여 지었나니 나를 찬송하게 하려 함이라."

43장 25절: "나, 곧 나는 나를 위하여 네 허물을 도말하는 자니 네 죄를 기억하지 아니하리라."

43장 26절: "너는 나에게 기억이 나게 하라. 우리가 함께 변론하자. 너는 말하여 네가 의로움을 나타내라."

아멘…. 우리가 아는 주옥같은 말씀이 너무나 많이 기록되어 있으나, 그중 43장 25, 26절이 특히 마음에 닿습니다.

"원수를 사랑하고 미운 자를 용서하라."라는 예수님 말씀의 근거가 바로 이것이니 바로 나를 위함이라는 것입니다.

그 원수가 아니라 바로 "나"를 위하여. 내 마음은 하나님의 거룩한 성전이니 내 안에 미움과 분노가 스며들면 거룩한 성전이 더러워지는 것입니다. 내 안에 성령이 거하실 수 없게 되니 그것은 내게 불행인 것, 그래서 원수를 사랑하고 용서하는 것은 바로 나를 위한 것입니다. 그 원수는 하나님이 심판하실 것이니 내가 하나님을 대신하여 그를 정죄할 필요가 없습니다.

그리고 하나님은 나와 변론하자 하십니다.

"너는 나에게 기억이 나게 하라, 우리가 함께 변론하자, 너는 말하여
네가 의로움을 나타내라."

나는 사람인지라 원수를 사랑하고 용서한다 할지라도 마음에 앙금
이 남을 수밖에 없기에 하나님께 하소연하라 하신 것입니다.

"네 힘든 마음을 나에게 말해 내가 알게 하라. 네 말을 내가 듣고 알
게 하라. 네 억울함을 내가 듣고 내가 너를 위로하리라. 그리하여 내가
너의 행위를 의롭다고 인정하리라."라고 말씀하시는 하나님의 자상하
고 인자하심이 느껴지는 묵상이 되었습니다.

✝ 기도

하나님, 부족한 저희를 사랑하시기에 언제나 자상하고 인자하심으로 지키고 보호하
여 주심을 이 묵상을 통해 느끼게 하시니 참으로 감사합니다. 언제나 주님의 말씀 안
에서 살아가는 자 되겠습니다.
예수님의 이름으로 기도합니다. 아멘.

오늘 묵상은 "하나님의 배려하심"입니다.

> 57장 1절: "의인이 죽을지라도 마음에 두는 자가 없고 진실한 이들이
> 거두어 감을 당할지라도 깨닫는 자가 없도다. 의인들은 악한
> 자들 앞에서 불리어 가도다."
> 57장 2절: "그들은 평안에 들어갔나니 바른길로 가는 자들은 그들의
> 침상에서 편히 쉬리라."

의인은 누구이며 진실한 자들은 누구인가요? 바로 말씀대로 살기를 애쓰는 자들이며, 말씀에 순종하는 삶을 추구하는 자들입니다.

그런데 세상에 악한 일이 벌어지는 현장에서는 누가 보아도 악하다 여겨지는 자들, 범죄의 가해자들보다는 의롭고 진실한 자들이 횡액을 당하는 경우가 많습니다.

하나님의 정의와 공의를 생각하면 이해되지 않는 일이며, '하나님은 과연 어디에 계신가?'라고 의심하게 하는 상황입니다.

이런 의문에 대해 57장 2절의 말씀을 주심으로써 이러한 상황을 이해하고 받아들이게 하십니다.

> "그들은 평안에 들어갔나니 바른길로 가는 자들은 그들의 침상에서
> 편히 쉬리라."

하나님은 당신이 기뻐하시고 아끼시는 의로운 자들을 보호하사 먼저 안식처로 부르신 것이라고 설명하십니다. 즉 우리의 눈으로 볼 때 죽어야 할 자들은 살고, 살아야 할 자들이 대신 죽는 현상은 의인을 보호하기 위해 하나님이 먼저 안식처로 부르셨다는 말입니다.

이 말씀을 묵상하니 우리 생각에 슬퍼해야 할 상황이 오히려 기뻐해야 할 상황이고 데려감을 당한 그들을 부러워해야 할 것이라는 생각이 듭니다.

 기도

하나님, 우리에게 괴롭고 원망스러운 상황 속에서도 감사할 수 있는 마음을 주심에 경배드리며 예수님의 이름으로 기도합니다. 아멘.

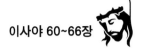

순종 제85일 차(월)

이사야 60~66장

오늘 묵상은 "나의 빛인가, 하나님의 빛인가?"입니다.

> 60장 1절: "일어나라 빛을 발하라 이는 네 빛이 이르렀고 여호와의 영
> 광이 네 위에 임하였음이니라"
> 60장 2절: "보라 어둠이 땅을 덮을 것이며 캄캄함이 만민을 가리려니
> 와 오직 여호와께서 네 위에 임하실 것이며 그의 영광이 네
> 위에 나타나리니"
> 60장 3절: "나라들은 네 빛으로, 왕들은 비치는 네 광명으로 나아오
> 리라"

하나님은 나에게 "일어나서 너의 빛을 발하라. 네가 발하는 빛으로 말미암아 세상의 모든 것이 인도될 것이다."라고 말씀하십니다. 참으로 기쁘고 또 어깨가 으쓱할 만한 말씀입니다.

그리고 이 말씀이 나오기까지의 과정을 이해하려면 이사야서 전편에 일관되게 흐르는 기록의 의미를 살펴야 합니다.

선택받은 민족 이스라엘, 그들은 목이 곧은 백성이라 하나님의 끊임없는 돌보심과 인도하심에도 수시로 실족하고, 자기의 소견대로 그릇 행하여 자기의 길을 가다가 하나님께 징계받고 엎드려져서야 회개하고, 용서받아 돌아오기를 끝없이 반복합니다.

그럼에도 하나님은 포기하지 않으시고 끝까지 그들을 단련시키십니

다. 그리고 때가 되자 그들을 일으키시며 영광을 부어 주십니다. "일어나라. 너의 영광을 드러내라. 그리고 세상을 인도하라."라고 하시는 것이지요.

여기서 크게 주의해야 할 것이 이 주어진 영광에 나의 공로가 조금이라도 있는 것처럼 교만이 들어가서는 안 된다는 것입니다. 이 영광의 빛은 하나님께서 내 위에 임하심으로 말미암은 것, 하나님이 나를 빛나게 해 주신 것이지 나 스스로 빛날 일은 없다는 것을 깊이 깨달아야만 합니다.

나는 죄인이요, 너무나 부족하고 연약하여 수시로 넘어지고 하나님을 실망시키는 존재입니다. 다만 오직 한 가지 하나님 앞에 주장할 의가 있으니, 징계받아 넘어진 후 언제나 깨닫고 뉘우쳐 하나님께로 되돌아갔다는 것, 그 한 가지뿐인 것입니다.

언제든지 믿음으로 하나님만을 바라본 그것을 하나님께서 우리의 의로 인정해 주신다는 것, 이는 전적으로 순종하며 믿음을 보인 아브라함을 보시고 그것을 의로 여기셨다는 성경의 기록에서 하나님의 깊은 마음을 알 수 있는 것입니다.

✝ 기도

하나님, 나의 공로는 없으나 믿음만을 보시고 나의 죄를 기억하지 아니하시고 나를 의롭다 인정해 주시는 하나님의 자비하심, 그리고 나를 영광스러운 빛으로 세워 주시는 하나님의 은혜에 감사하며 예수님의 이름으로 기도드립니다. 아멘.

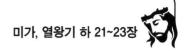

오늘 묵상은 "행위와 보응의 시차"입니다.

유다의 모든 왕 중에 가장 악한 왕이라 평가되는 왕이 바로 므낫세입니다. 그는 불과 12세에 왕이 되어 67세의 나이로 편안히 죽어 장사되니 그의 치세가 무려 55년이나 되었습니다.

그가 행한 악행은 열왕기 하 21장에 자세히 기록되었고 그의 악행으로 말미암은 하나님의 진노는 가장 선한 왕 중의 하나인 요시아 시대를 건너뛰어 유다에 내려졌습니다.

유다 역사에 선한 왕으로 기록된 요시아, 그는 8세에 왕이 되어 불과 39세에 애굽의 왕 바로 느고에게 살해되어 장사되니 그의 치세는 31년이었습니다.

그가 여호와 보시기에 정직히 행한 일은 열왕기 하 22장, 23장 1~25절에 자세히 기록되어 있습니다.

> 23장 25절: "요시아와 같이 마음을 다하며 뜻을 다하며 힘을 다하여 모세의 모든 율법을 따라 여호와께로 돌이킨 왕은 요시아 전에도 없었고 후에도 그와 같은 자가 없었더라."

요시아의 공로에도 불구하고 요시아 이후의 유다는 므낫세의 악행에 따른 하나님의 진노와 그에 따른 재앙에 엎어져 유다의 멸망으로 귀결되고 말았음을 기록에서 알 수 있습니다.

죄를 범하기는 어찌 이리 쉽고 악인들은 평안하며, 말씀대로 살기는 아무리 힘쓰고 노력해도 어찌 이리 어렵고 의인들의 인생은 고달픈지, 하나님께 하소연해야 할 것 같은 마음이 듭니다.

비록 세상에서 인정받지 못해도 하나님이 아실 것이며, 그것으로 충분하다고 하지만 그래도 견디기 힘든 것은 사실이기에 말씀에서라도 위로를 받고 싶은 것입니다.

✝ 기도

하나님, 오늘 열왕기의 기록을 묵상하며 므낫세와 요시아의 상반된 행위와 그에 상응하지 않은 그들의 인생을 비교하며 마음이 괴로워짐을 느끼며, 우리의 연약한 심령을 아시는 주님의 위로와 도우심을 구합니다.

우리 주님이 다시 오실 때, 모든 행위가 다 의로 심판받아 양과 염소가 구별되고 그 행위에 상응하는 상급과 처벌이 있을 것을 알지만, 지금 이 순간을 살아가는 우리의 마음을 지키기가 쉽지 않음을 살펴 주시기를 구합니다.

우리의 마음을 지켜 주소서. 예수님의 이름으로 간절히 기도드립니다. 아멘….

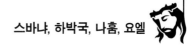
오늘 묵상은 "어찌 그리하시나이까?"입니다.

하박국 1장 13절: "...... 어찌하여 거짓된 자들을 방관하시며, 악인이 자기보다 의로운 사람을 삼키는데도 잠잠하시나이까?"

이 말씀이 지금 우리가 하나님 앞에서 부르짖으며 드리는 기도와 같음을 느끼기에 하나님의 대답이 기대가 됩니다. 왜냐하면 그것이 우리가 구하는 기도의 응답이기 때문이지요.

하박국 2장 3~4절: "이 묵시는 정한 때가 있나니 그 종말이 속히 이르겠고, 결코 거짓되지 아니하리라. 비록 더딜지라도 기다리라. 지체하지 않고 반드시 응하리라. 보라 그의 마음은 교만하여 그 속에서 정직하지 못하나, 의인은 그의 믿음으로 말미암아 살리라."

유한한 우리의 눈에는 부조리하고 포악한 세상에 하나님의 정의와 공의가 보이지 않기에 13절처럼 부르짖게 됩니다. 그러나 무한하신 하나님의 역사는 결코 지워지지 않음을 우리에게 말씀하고 계십니다.

"내가 의인으로 인정하는 자여! 네가 보기에 내가 악인들을 용납하고 그들의 행사를 방관하는 것처럼 보일지라도 바로 알라. 내가 나의 때에 그들을 반드시 심판할 것이며 그들의 행위대로 그들에게 보응하리라. 너는 기다리라, 아직 나의 때가 이르지 아니하였느니라."

마치 제자들의 "이스라엘을 회복하실 때가 이때입니까?"라는 질문에 예수님이 사도행전 1장 6~7절에서 "때와 시기는 아버지께서 자기 권한에 두셨으니 너희가 알 바 아니요,"라고 하신 것과 같은 맥락입니다.

그리고 우리에게 요구하십니다.

"너는 너의 믿음을 내게 보이라. 너의 믿음이 너를 살리리라."

그렇습니다. 오직 믿음, 그 믿음만이 긴 기다림에서 너를 지키고 그 믿음을 통해서만 하나님의 정의와 공의가 실현됨을 볼 수 있다고 말씀하고 계십니다.

이런 응답을 들은 하박국은 하나님의 뜻을 이해하며 그 기쁨을 기도로 올려 드리니 3장 17, 18절에 그 결론을 적어 놓고 있습니다.

"비록 무화과나무가 무성하지 못하며 포도나무에 열매가 없으며 ......
외양간에 소가 없을지라도, 나는 여호와로 말미암아 즐거워하며 나의 구원의 하나님으로 말미암아 기뻐하리로다."

✟ 기도

하나님 앞에 나온 우리가 언제나 마음에 담고 있던 그 질문, "왜 그러합니까?"에 대하여 오늘 하박국을 묵상하며 답변을 들었습니다.

전에도 그 답변 말씀을 이론적으로 공부하며 설교로 그 해설을 들었으나 가슴에 와 닿지 않았기에 '그런가 보다'라고 생각하고 넘어갈 뿐이었습니다.

하박국이 드린 기도와 같이 순전한 믿음으로 하나님의 말씀을 바로 들을 수 있는 자가 되기를 소원하며 예수님의 이름으로 기도합니다. 아멘.

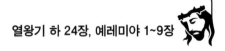

오늘 첫 묵상은 "남겨진 그루터기의 뜻"입니다.

열왕기 하 24장 14절: "그가 또 예루살렘의 모든 백성과 모든 지도자와 모든 용사 만 명과 모든 장인과 대장장이를 사로잡아 가매 비천한 자 외에는 그 땅에 남은 자가 없었더라"

드디어 유다 왕국의 끝이 보입니다. 단순히 싸움에 지고 약탈을 당하는 수준을 넘어 나라의 근간을 이루고 힘의 근원이 되는 지도급 인사, 용사들, 장인들을 모두 바벨론으로 납치해 갑니다.

이는 나라의 구성 요소 중 가장 중요한 부분인 백성의 씨를 말리는 것으로, 단순한 패망의 수준을 넘어 역사 자체를 지워 버리는 행위이고, 이런 조치를 당한 민족은 역사에서 사라지는 것이 일반적인 수순입니다.

하나님의 징계가 이 정도로 피눈물 나도록 엄한 것은 이스라엘 백성들이 타락했고 그에 따른 하나님의 경고를 철저히 무시한 것에서 기인한 결과입니다.

그러나 하나님은 이스라엘을 완전히 버리신 것이 아니었습니다. 예레미야를 통해 회복을 예언하신 것은 물론이요, 오래전 이사야를 통해 하나님의 뜻을 보이신 것을 기억합니다.

이사야 6장 13절: "그중에 십분의 일이 아직 남아 있을지라도 이것도 황폐하게 될 것이나 밤나무와 상수리나무가 베임을 당하여도 그 그루터기는 남아 있는 것 같이 거룩한 씨가 이 땅의 그루터기니라."

그는 그가 뜻하신 바를 반드시 이루실 분이며 그분이 우리에게 하신 약속은 반드시 지키시는 분임을 믿기에 이 예언 구절을 신뢰하는 마음으로 묵상합니다.

하나님은 패역한 이스라엘을 징계하고 계십니다. 그러나 완전히 버리지 않으시고 회복을 약속하십니다. 너희가 회개하고 돌이키기만 한다면…

그들이 바벨론 강가에서 고향을 바라보며 눈물짓는 그 긴 70년의 세월이 지난 후, 사람은 상상할 수 없는 방법, 바벨론 왕의 마음을 움직여 회복의 역사를 만들어 가시는 하나님을 바라보며 우리의 처지를 판단해 봅니다.

우리 교회 60여 년 역사의 은혜 속에 우리가 나태하고, 많이 부패해졌던 것이 아닐까요? 우리 속에 가만히 들어온, 마귀에게 쓰임 받는 자의 분탕질을 영적으로 대처하지 못했습니다. 또한, 예수님의 자리를 참칭한 가짜 목사를 우상으로 떠받드는 눈먼 자들이 강대상을 차지했었습니다. 이런 현실을 냉정하게 바라봅시다.

하나님의 징계가 있었습니다. 그리고 그 징계는 아직 끝나지 않았습니다. 징계가 없다면 우리는 하나님께 버림받은 것이니 이 징계를 감사함으로 받아야 합니다.

눈물로 회개하며 하나님의 뜻을 바로 알도록 기도하며 사탄의 장난을 영적으로 분별하여 바로 대응할 수 있어야 하겠습니다.

눈먼 자들을 깨우치며 마귀의 종노릇을 하는 자들을 구별하여 내치도록 애써야 하겠습니다. 사도 바울도 가만히 교회에 들어온 거짓 교사를 물리치라고 권고하고 있음을 유념해야 합니다.

많은 성도가 떠나고 교회의 재정은 피폐해졌으며 남은 가라지들이 아직도 준동하고 있습니다. 하지만 남겨진 그루터기에서 새 생명의 싹이 터 오르듯 남은 자들로 새 희망의 불꽃을 피워 올려야 하나님의 뜻을 이루어 나가는 길이 될 것이라 생각합니다.

하나님, 우리를 도와주소서….

두 번째 묵상은 "징계가 무익한 이유"입니다.

> 예레미야 2장 30절: "내가 너희 자녀들을 때린 것이 무익함은 그들이
> 징계를 받아들이지 아니함이라, 너희 칼이 사나운
> 사자같이 너희 선지자를 삼켰느니라."

눈물의 선지자 예레미야, 그는 타락해 망해 가는 조국을 바라보며 징계하시는 하나님의 말씀을 전하는 괴로운 사역에 쓰임 받은 사람입니다. 무려 40여 년 동안이나 말이죠.

하나님의 징계는 그들을 버리는 것이 아니라 회개하고 돌아오게 하시기 위함이지만, 문제는 그들이 징계의 뜻을 깨달아 알고 돌이켜야

하는데 지금의 이스라엘은 그렇지 않다는 것입니다.

징계를 거부하고 자기들의 칼로 말씀을 전하는 선지자들을 쳐 버렸기에 결국 멸망에 이르고 만 것입니다. 그 과정을 지켜보며 눈물짓는 예레미야의 비통한 심정이 전편에 흐르고 있습니다.

66편 전체 성경을 관통해 흐르는 하나님의 메시지는 간단하고 또 명확합니다.

"사랑한다, 내게로 돌아오라."입니다.

세 번째 묵상은 "지금 우리에게 그 한 사람이 있을까?"입니다.

유다 왕국의 멸망이 다가왔습니다. 열왕기 하 24장은 간략한 역사적 기록으로 유다왕국의 멸망을 기록하였고, 예레미야는 이 시기에 멸망을 향해 달려가는 이스라엘 민족의 타락상을 기록하고 있습니다.

수많은 단어로 이스라엘의 타락상과 불순종을 기록한 예레미야 9장까지의 기록은 끝이 없지만 그 사이에 숨어 있는 몇 안 되는 하나님의 말씀을 묵상합니다.

> 예레미야 3장 12절: "배역한 이스라엘아 돌아오라. 나의 노한 얼굴을 너희에게로 향하지 아니하리라. 나는 긍휼이 있는 자라, 노를 한없이 품지 아니하느니라."

이 말씀처럼 아무리 부패하고 반역한 백성일지라도 하나님이 택하신 민족 이스라엘이 회개하고 돌이켜 하나님 앞으로 나아오기만 하면, 언제든지 용서하겠다고 하십니다. 그러나 이 말씀에 응하는 백성이 없습니다.

그럼에도 안타까우신 하나님은 예레미야를 보내어 자기 백성에게 호소하십니다. "너희의 악을 깨닫고 돌이키라."라고 무수히 대언하게 하지만 그들의 마음은 완악하여 말씀을 들으려 하지 않습니다.

결국 므낫세의 악행으로 인한 진노의 선포가 요시아의 공로를 건너뛰어 여호아하스 시대로부터 임하게 되고 시드기야 시대에 종말을 고하게 됩니다.

'이런 돌이킬 수 없는 역사의 흐름을 누가 거역할 수 있을까?'라고 포기하게 되지만 한 줄기 희망의 메시지를 발견하였으니, 예레미야 5장 1절의 말씀입니다.

"너희가 만일 정의를 행하며 진리를 구하는 자를 한 사람이라도 찾으면 내가 이 성읍을 용서하리라."

이 말씀은 창세기 18장에서 소돔과 고모라를 멸하시려는 하나님의 뜻을 돌이키기 위하여 아브라함이 하나님께 간구하던 내용과 유사합니다.

"그곳에서 의인을 찾으시면 그들로 인하여 뜻을 돌이키소서."

그리고 그 의인의 숫자를 50명에서 10명까지 감해 주도록 하나님께 구하여 허락을 받았지만 결국 그 의인 10명이 없어 멸망의 나락으로 떨어져 버린 소돔과 고모라, 죄악의 도시는 이렇게 역사에서 지워지고 맙니다.

그러나 하나님은 당신이 택하신 이스라엘을 얼마나 사랑하시는지, 용서를 구하는 아브라함과 같은 자가 없음에도 자신의 입으로 이 약속을 하십니다. 그것도 소돔은 10명인데 반해 이스라엘은 단 한 사람입니다. 단 한 사람이라도 지킬 만한 의인이 있으면 그 한 사람으로 인하여 이스라엘을 용서하시겠다고 하십니다.

✟ 기도

하나님, 우리의 영을 바로 인도하사 바로 볼 수 있는 지혜를 부어 주시며 악한 무리에 맞서 담대히 싸울 수 있는 강건함을 허락하여 주소서.

멸망의 길을 눈감고 가는 이스라엘을 바라보시는 하나님의 애타는 마음이 느껴집니다. 단 한 사람만이라도 내가 찾고 지킬 만한 의인이 있으면 그로 인해 나의 진노를 돌이키시겠다고 합니다. 그러나 그 한 사람이 어디에 있습니까?

지금 우리 교회, 우리 사회도 그 한 사람을 찾아야 할 상황이 아닌지 참으로 걱정이 됩니다. 하나님 우리를 살려 주소서. 예수님의 이름으로 간절히 기도합니다. 아멘.

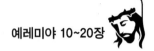

오늘 묵상은 "지도자의 죄와 백성의 죄"입니다.

> 15장 4절: "유다왕 히스기야의 아들 므낫세가 예루살렘에서 행한 것으로 말미암아 내가 그들을 세계 여러 민족 가운데에 흩으리라."

유다왕 중에 가장 악한 왕이라 기록된 므낫세, 무려 55년간 여호와 보시기에 악을 행하여 유다를 우상의 천지를 만들고 그 백성을 죄악의 길로 인도하였습니다.

그 결과 예레미야의 간구에도 불구하고 하나님의 징계는 번복되지 않아서 유다 왕국이 멸망하고 모든 백성은 바벨론 포로로 끌려가게 되었는데, 이는 지도자의 잘못으로 인한 것이었습니다.

> 18장 8절: "만일 내가 말한 그 민족이 그의 악에서 돌이키면 내가 그에게 내리기로 생각하였던 재앙에 대하여 뜻을 돌이키겠고"
>
> 18장 10절: "만일 그들이 나 보기에 악한 것을 행하여 내 목소리를 청종하지 아니하면 내가 그에게 유익하게 하리라고 한 복에 대하여 뜻을 돌이키리라."
>
> 18장 12절: "그러나 그들이 말하기를 이는 헛되니 우리는 우리의 계획대로 행하며 우리는 각기 악한 마음이 완악한 대로 행하리라 하느니라."

하나님은 수많은 선지자를 통하여 자기 백성에게 말씀하셨습니다. "내 말을 청종하여 악에서 돌이키라. 그리하면 은혜로 구원할 것이나, 불순종하면 크게 징계할 것이다."라고 말입니다.

이 선지자를 통한 말씀에 이스라엘 백성들이 보인 반응은 많은 선지자를 박해하고 심지어는 죽이기까지 하였습니다. 예레미야도 죽이려 한 것이 18장 7절에 "…… 오라, 우리가 꾀를 내어 예레미야를 치자. …… 그의 어떤 말에도 주의하지 말자."라고 기록되어 있습니다.

불순종에 대해 진노하시는 하나님이시지만 그 진노는 징계가 목적이 아니라 회복이 목적이시기에 언제든지 그리고 누구든지 진심으로 통회하고 돌이키면 그 진노를 돌이키시겠다고 말씀하고 계심을 유의하여 생각해야 합니다.

그러나 이 시기에 선포되는 말씀에 대한 백성의 반응은 다음과 같았습니다.

> 12절: "그러나 그들이 말하기를 이는 헛되니 우리는 우리의 계획대로 행하며 우리는 각기 악한 마음이 완악한 대로 행하리라 하느니라."

결국 위로는 지도자의 죄악과 아래로는 백성의 불순종이 합하여 유다의 멸망을 가져온 것으로, 그들 중 한 사람이라도 속죄와 회복의 길을 택하였다면 멸망까지는 가지 않았을 것이라는 뜻을 본문 묵상에서 깨달을 수 있었습니다.

구약의 역사서를 읽어 보면 지도자가 잘못 행할 경우 그 죄의 대가는 백성들이 받게 되는 것을 알 수 있습니다. 그리고 그 지도자는 하나님의 뜻을 받은 그 누군가에 의해 제거되거나 역사책에 악한 왕이라 기록될 뿐입니다.

물론 심판대 앞에 섰을 때 그 죗값을 치룰 것을 알지만 이 세상에서는 좀 억울한 감도 있습니다. 백성들의 경우는 징계와 회개가 반복되고 있음을 봅니다. 지도자는 악의 길에서 돌이키는 경우가 거의 없지만 백성들은 완전히 망해서 소망이 없어지더라도 결국은 하나님을 기억하고 돌이켜 하나님 앞에 부르짖으며 돌아오는 것을 알 수 있습니다.

즉, 백성이 구원의 희망인 것입니다.

✝ 기도

하나님, 우리를 구원하여 주소서. 지도자의 완악함에 고통받는 우리를 불쌍히 여겨 주소서. 우리가 어디에 떨어지더라도 결국 하나님만을 바라볼 수밖에 없는 존재임을 고백하나이다. 예수님의 이름으로 기도합니다. 아멘.

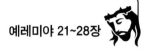

오늘 첫 묵상은 "사망의 길, 생명의 길"입니다.

21장 8절: "보라, 내가 너희 앞에 생명의 길과 사망의 길을 두었노라. 너는 이 백성에게 전하라."

망할 길을 향해 달려가는 눈먼 유다 왕국의 백성들에게, 하나님의 뜻을 전하는 예레미야에게 말씀이 임합니다. 오랫동안 지속되는 유다의 죄악과 하나님의 말씀을 배척하는 무리로 인해 하나님의 진노의 역사가 펼쳐집니다.

바벨론을 들어 징계하시되 "그들 바벨론의 강포함으로 인하여 큰 환란을 너희가 겪으리라."라고 선포하십니다. 바벨론을 사용하여 징계를 내리실 것이니, 그 "징계를 거부하면 칼과 기근과 전염병에 죽을 것이며 항복하여 징계를 받아들이면 살 것이나 포로로 잡혀갈 것이다."라고 말씀하십니다.

큰 진노와 징계, 그러나 우리를 버리지 않으시는 하나님의 사랑을 다음의 구절에서 확인할 수 있습니다.

24장 5절: "내가 이곳에서 옮겨 갈대아인의 땅에 이르게 한 유다 포로를 이 좋은 무화과같이 잘 돌볼 것이라."

25장 11절: "이 민족들은 칠십 년 동안 바벨론의 왕을 섬기리라."

15장 12절: "칠십 년이 끝나면 내가 바벨론의 왕과 그의 나라와 갈대아인의 땅을 그 죄악으로 말미암아 벌하여 영원히 폐허가 되게 하되 ……"

징계를 겸손히 받아들여 포로로 잡혀갈지라도 하나님이 잘 돌보아 주실 것이며 칠십 년의 기한을 정한 후에 회복시킬 것이라고 약속하십니다.

징계의 몽둥이로 사용하신 바벨론은 "그들의 강포함으로 인하여 그들이 행한 대로 갚으리라."라고 말씀하시는 하나님의 마음을 잘 이해해야 합니다.

생명의 길은 하나님의 뜻에 순종하는 길입니다. 순종하면 그 길이 아무리 거친 가시밭길 같을지라도 하나님이 은혜로 지켜 주시고 회복시켜 주실 것이라는 사실을 믿음으로 받아들여야 합니다.

그리고 악하게 쓰임 받은 후 버려지는 바벨론 같은 불쌍한 자들을 보며 징계하실망정 버리지 않고 회복시키시는, 약속을 받은 백성들의 복을 부러워하게 됩니다.

두 번째 묵상은 "거짓과 참의 구별"입니다.

27장과 28장에 예레미야와 거짓 선지자들과의 다툼이 길게 기록되어 있습니다.

예레미야의 대언은 유다 백성들이 받아들이기 거북한 회개를 촉구하고 바벨론에 항복하라는 것이며, 하나냐와 같은 거짓 선지자들은 하나님이 바벨론으로부터 지켜 주실 것이니 안심하라는 달콤한 메시지입니다.

강력한 무력을 지닌 바벨론이 침공하여 항복을 요구하는 와중에 유다 백성들은 누구의 말을 신뢰하게 될지 생각해 봅니다.

마음을 불편하게 하는 말씀을 전하는 예레미야와 마음을 안심시키는 듣기 좋은 말을 전하는 하나냐와 같은 무리들, 누구의 말을 들어야하는지 판단해야 합니다. 큰 시험과 환란 앞에서 사람의 마음은 냉정하고 이성적으로 판단하지 못하는 것을 봅니다.

당장의 만족과 위로가 필요한 여린 마음은 달콤한 속삭임에 빠지게되고, 결국 하나님의 뜻을 저버리는 선택을 하고 맙니다. 회개와 순종을 거부하고 눈을 감아 버리는 완악함이 결국 패망과 포로의 길을 선택하고 마는 결과를 가져왔습니다.

쉽고 편안한 넓은 길, 어렵고 힘든 좁은 길 중 어느 길을 택해야 생명의 길인지 알 수 있을까요? 이에 대한 답은 예수님의 말씀 속에 있음을 유념하게 하는 묵상이었습니다.

> 마태복음 7장 13~14절: "좁은 문으로 들어가라. 멸망으로 인도하는 문은 크고 그 길이 넓어 그리로 들어가는 자가 많고, 생명으로 인도하는 문은 좁고 길이 협착하여 찾는 자가 적음이라."

✝ **기도**

하나님, 어지러운 세상에서 우리의 길을 바로 선택하기가 어렵습니다. 어느 길이 생명의 길인지 알 수 없을 때 성경 말씀으로 주신 지혜로 찾아가겠습니다.

당장의 유익과 편함을 좇지 아니하고 본성을 거슬러야 하기에 불편하고 어려운 길을 믿음으로 선택하는 저희가 되기를 원합니다.

성령님, 우리의 연약함을 도우소서. 예수님의 이름으로 간절히 기도합니다. 아멘.

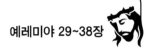

오늘 첫 묵상은 "바로 듣는다는 것"입니다.

예레미야는 참으로 오랫동안 하나님의 말씀을 전하였지만 그 말씀을 들어야 하는 이스라엘의 왕과 고관들, 그리고 백성들은 듣기를 거부하였습니다.

왜냐하면 듣고 싶지 않은 말만 전하는 예레미야에 대적하여 달콤한 희망의 말을 전하는 거짓 선지자들이 있었기 때문입니다. 이스라엘은 엄중한 현실을 마주하기 싫은 마음에 거짓말에 더 귀를 기울이게 되었습니다.

멸망의 때에는 홀린 듯 모든 것이 멸망의 길에 빠져들어 가기에 선지자 한 사람의 외침이 대세를 돌릴 수 없게 되기도 합니다. 그 상태가 바로 이 시기의 이스라엘입니다. 바로 듣는다는 것은 중요한 것이지만 불편하고 받아들이기 꺼려지는 마음을 극복할 수 있는 영적 깨우침이 필요합니다.

그러나 이 엄중한 시기를 지나는 이스라엘은 리더십이 흔들리고 가치관이 혼란하여 죄가 죄인 줄 모르는 상태입니다. 거기에 거슬리는 말을 전하는 예언자와 달콤한 말을 전하는 예언자가 섞여 있습니다. 그러니 일반 백성들과 기득권에 매몰된 지도층이 예레미야가 전하는 눈물의 예언을 달갑게 생각하지 않았으며 그 결과 멸망의 길에 들어서고 만 것입니다.

영적으로 깨어 있는 그 한 사람의 존재가 이토록 소중합니다. 그 한 사람이 바로 서서 깨우침을 주변에 전하여야 하고 그 말씀이 확산되어야 그 조직, 사회가 살아나게 됩니다. 그러니 저 하나만이라도 성경 말씀을 기준으로 말씀을 바로 듣고 깨달을 수 있도록 애쓰며 나아가는 자 되기를 소원합니다.

두 번째 묵상은 "그곳에서"입니다.

> 29장 7절: "너희는 내가 사로잡혀 가게 한 그 성읍의 평안을 구하고 그를 위하여 여호와께 기도하라. 이는 그 성읍이 평안함으로 너희도 평안할 것임이라."
>
> 29장 10절: "바벨론에서 칠십 년이 차면 내가 너희를 돌보고 나의 선한 말을 너희에게 성취하여 너희를 이곳으로 돌아오게 하리라."

여호와 하나님 앞에 범죄한 이스라엘은 하나님의 진노로 말미암아 나라가 망하고 그 백성들은 포로로 잡혀가 세상에서 끊어질 위기에 처했습니다.

하나님이 택하지 않으신 민족이라면 역사의 무대에서 사라지고 잊힐 상황입니다. 이스라엘을 택하신 하나님의 긍휼하심과 자비하심, 그리고 끝까지 사랑하시는 마음이 이 두 문장에 잘 나타나 있습니다. 이역만리 타향에서의 포로 생활이 얼마나 고달프고 희망이 없는지 잘 알기에 이 말씀은 특별한 것입니다.

오래전에 크게 성공한 노래, 바벨론 강가에서 부르는 〈히브리 노예들의 합창〉에서의 그 막막한 심정일 수밖에 없는 그 생활을 회복의 시간 소망의 시간으로 바꿔 주신 이 두 마디의 말씀이 그들을 구원한 것입니다.

당시 세계 최강국 바벨론에는 그들에게 패망한 나라의 백성들이 얼마나 많이 포로로 잡혀 와 노예 생활을 했을지 짐작이 갑니다. 그러나 이스라엘 민족 외에 어느 민족이 돌아가 망해 버린 자기들의 나라를 재건하였는지 알 수 없습니다.

예레미야의 예언대로 이스라엘은 정체성을 회복, 유지하였고 다니엘과 세 친구의 역할로 이스라엘은 특별한 대우를 받습니다. 그리고 고레스왕의 마음을 움직이신 하나님의 은혜로 칠십 년 만에 고향으로 돌아가 성전을 재건하게 됩니다.

바벨론의 패권이 유지되는 시기에 어느 민족이 이러한 대우를 받을 수 있었겠습니까? 바벨론의 패권이 유지되는 그 기간 동안 패역한 이스라엘은 회개와 돌이킴의 시간을 가졌고, 망한 나라의 성전을 재건할 수 있었습니다. 바벨론을 들어 징계의 회초리로 사용하신 하나님의 역사는 징계를 넘어 회복의 기회를 함께 부여하신 놀라운 은혜의 역사인 것을 알게 하는 오늘의 묵상이었습니다.

✝ 기도

하나님, 참으로 혼란한 이 시기를 살아가는 저희를 가엾게 여겨 주소서. 리더십은 실종되고 기득권에 눈감은 자들이 분탕질하는 혼란 속에서 우리의 처신이 어떠해야 할지를 바로 깨달아 알게 하여 주소서.

엄중한 주변 정세를 똑바로 직시하며 현명한 판단을 할 수 있는 영적 통찰력을 허락하시고 무엇보다 깨어서 말씀을 바로 전할 수 있는 그 한 사람이 저희에게 있게 하여 주소서. 하나님이 의인 열 명을 찾으실 때 "내가 여기 있나이다."라고 나설 수 있는 그 한 사람이 우리 중에 있기를 바랍니다.

그러나 오늘 회복의 희망을 주시는 말씀을 묵상하며 징계의 회초리가 맵고 아플수록 회복의 은혜가 더 큼을 알 수 있었습니다. 찬양곡 가사 중에 "내게 닥치는 환란을 원망하지 마세요. 그 뒤에 따라오는 더 큰 은혜를 기대하세요."라는 내용을 기억합니다. 오늘 묵상한 이 두 구절이 바로 이 가사의 실례를 보는 것 같았습니다. 늘 우리를 사랑하시는 하나님의 마음을 알아 가며 감사한 마음을 담아 예수님의 이름으로 기도합니다. 아멘.

오늘 첫 묵상은 "잡혀간 자"입니다.

부패하여 하나님을 버린 유다는 멸망했습니다. 나라만 멸망한 것이 아니라 대부분의 백성들까지 먼 타국 땅으로 강제 이주되었습니다. 이는 국가 형성의 근본인 국체, 국민, 영토까지 모두 사라진 것입니다. 이렇게 되면 그 민족은 역사에서 완전히 지워지고 맙니다.

그러나 우리 하나님은 택하신 백성을 징계는 하시지만 버리지는 않으십니다. 눈물의 선지자 예레미야를 통해 칠십 년의 약속을 주시고 완악한 백성들이 바벨론 강가에서 눈물로 회개하여 돌이키게 한 후, 고레스왕의 마음을 움직여 정확히 칠십 년 후에 예루살렘으로 귀환시키십니다.

오늘의 묵상 본문에는 예레미야를 통해 말씀하시는 하나님의 말씀에 순종한 자들과 끝까지 거역한 자들의 말로가 잘 나타나 있습니다.

예레미야의 예언은 바벨론에 항복하고 갈대아인을 섬기라는 것이었는데, 결국 유다 왕국이 점령당하고 주요 인사들이 포로로 잡혀갑니다.

바벨론에 포로로 잡혀간 백성들은 머나먼 이국땅에서 노예 생활을 하지만 예언대로 칠십 년 뒤에 귀환하여 성전을 재건하는 데 쓰임을 받게 됩니다. 이때 느브갓네살 왕에게 항복한 여호야긴은 기나긴 포로 생활 후에 바벨론에게 망한 패전국 왕들 중에서 특별한 대우를 받아 평안한 말년을 보내게 되었다고 기록하고 있습니다.

이사야 6장 13절에서 모든 생명의 나무가 베어져도 하나님께서는 남겨진 그 그루터기를 가지고도 거룩한 씨로 다시 회복시키겠다고 약속하신 것을 기억합니다.

두 번째 묵상은 "남겨진 자"입니다.

열왕기 하 25장 12절에는 "시위대장이 그 땅의 비천한 자를 남겨 두어 포도원을 다스리는 자와 농부가 되게 하였더라."라고 기록하고 있는데, 이 구절은 약 150년쯤 전에 이사야 6장 11~13절에 기록한 예언이 실현된 것으로 보입니다.

바벨론의 침략으로 성전과 성벽과 왕궁이 돌 위에 돌 하나 남지 않을 정도로 완전히 파괴되고, 쓸 만한 자들이 모두 바벨론으로 끌려가 거주하는 주민이 없고, 그중에 십분의 일이 아직 남아 있을지라도 이것도 황폐하게 되었습니다.

느브갓네살왕에 의해 세워졌던 시드기야왕은 바벨론을 배반하고 애굽을 의지하여 대항하다가 결국 유다 왕국의 완전한 몰락을 자초합니다. 눈앞에서 아들들이 죽임을 당한 후 그 자신도 두 눈이 빠지는 참변을 당했으며, 포로가 되는 것을 면하고 본국에 남았던 자들도 바벨론 총독과 현지 주둔군을 죽이고 애굽으로 도망갔다가 결국 애굽을 점령하러 온 바벨론에게 진멸당하고 맙니다.

하나님은 우리의 순전한 믿음에서 우러나는 온전한 순종을 원하십니다. 모든 피조물 중 하나님의 속성을 주신 것은 오직 우리 사람뿐으로 그 속성의 의미는 무엇이든 임의로 선택할 수 있는 자유 의지입니다. 그 자유 의지로 하나님을 선택하기를 바라시는 것, 그것이 바로 하나님이 이루고자 하시는 천국의 완성이라 판단됩니다.

그것을 위하여 모든 길을 우리 앞에 예비하여 주시고 하나님께로 가는 길을 가르쳐 주십니다. 그러나 우리는 너무 연약하고 또 유혹에 쉽게 넘어지지만 다시 일어나고 돌이키도록 하나님은 기다려 주십니다.

너무 멀리 가 버리면 회초리를 들어 징계하시지만 절대로 버리지는 않으시지요. 바로 이것이 하나님의 사랑하심과 선하심을 증명하는 것, 바로 믿음이라 할 수 있는 것입니다.

성경의 기록을 잘 상고해 보면 이스라엘이 실족하는 장면이 정말로 많이 나옵니다. 또 그보다 많은 징계의 회초리가 떨어짐을 봅니다. 그러나 그 어디에도 하나님이 택하신 백성을 버렸다는 기록은 찾을 수 없습니다. 비록 무섭게 진노하셨더라도 모세와 같은 충실한 종의 진언을 들으시고 그들을 용서하셨던 것을 기억합니다.

자의든 타의든 예레미야에 의해 선포된 하나님의 말씀대로 행한 자들의 행보는 회복의 역사에 쓰임 받았지만, 자신의 생각대로 행한 자들의 말로는 비참한 멸망이었음을 유념하게 됩니다.

✝ 기도

하나님, 정확한 영 분별이 필요함을 느낍니다. 예레미야의 예언 선포와 거짓 예언자들의 말을 구별할 영적 분별이 있었다면 오늘 본 유다의 어리석음을 되풀이하지 않을 수 있었을 것입니다.

예레미야의 호소가 마음에 들지 않았던 자들은 자신들의 판단대로 행하여 스스로 멸망의 길로 달려갔다는 것을 역사 기록을 통해 알 수 있으니, 자신의 의를 내세우며 눈을 가리고 귀를 막은 영적 무지가 얼마나 큰 죄인지 깨닫게 됩니다.

우리의 마음이 늘 깨어 있어 하나님만을 바라보기 원하며 예수님의 이름으로 기도합니다. 아멘.

오늘 첫 묵상은 "메시지의 일관성"입니다.

예레미야와 예레미야 애가는 그 기록된 양이 많음에도 불구하고 전하는 메시지는 단순합니다. 그리고 같은 내용이 뒤섞여 있고 내용이 대부분 중복됩니다. 그 예로 남유다 왕국의 최후를 묘사한 장면이 39장에 있는데, 글자 하나 다르지 않은 내용이 52장의 끝부분에 또 기록되어 있습니다.

"하나님의 말씀에 순종하라. 스스로 성결하게 하여 택한 백성의 삶을 살아가라. 그리하지 아니하면 내가 징계를 내리리라." 이 말씀은 이스라엘 백성에게 주시는 하나님의 반복된 메시지인 것입니다.

또 이스라엘을 대적하는 주변 민족들은 하나님께서 이스라엘을 징계하기 위한 회초리로 사용되지만, 그들의 악행은 결코 용서받을 수 있는 것이 아니어서 그들의 역할이 끝나면 그에 합당한 보응이 그들에게 떨어집니다.

이스라엘과 관계가 있는 민족인 에돔은 야곱의 형제인 에서의 후손이지만 이스라엘을 대적한 죄로 인하여 큰 징계로 멸망할 것이며 출애굽할 때에 이스라엘을 대적하고 괴롭힌 여러 민족 역시 그에 상당하는 징계를 받는다는 것을 장황하게, 그리고 거듭하여 설명하고 있습니다. 이것이 예레미야서가 말하고자 하는 것입니다.

그리고 "너희들이 언제든지 회개하고 돌이켜 내게로 돌아오면, 내가 너희의 죄를 묻지 아니하고 용서하며 회복시키리라."라고 말씀하시는 하나님의 뜻을 생각하게 하십니다.

두 번째 묵상은 "시온산과 에서의 산"입니다.

> 오바댜 21절: "구원받은 자들이 시온산에 올라와서 에서의 산을 심판 하리니 나라가 여호와께 속하리라."

야곱과 에서, 두 형제의 갈등에서 시작된 애증의 관계가 그들의 후손에게로 이어져 역사적인 미움과 적대의 관계로 이어집니다.

그래도 유다는 은근히 에돔을 같은 핏줄로 인식하여 도움을 기대하지만 에돔 족속은 유다가 자신의 권리를 빼앗고 자기의 터전을 차지했다는 미운 마음으로 유다를 대하게 됩니다.

사실 하나님의 선택이 야곱에게 있었기에 모든 것이 야곱의 입장에서 판단되고 기록되었지만 형인 에서의 입장에서는 억울하기 짝이 없는 일인 것은 분명합니다.

야곱이 장자의 권리와 축복을 속임수로 가로채고 도망갔다가 20년 만에 돌아온 것을 용서하고 같이 살았습니다. 하지만 결국 자신의 근거지를 내어주고 세일산으로 밀려났기에 마음 깊이 원한이 쌓일 수밖에 없었던 것입니다. 그러나 그런 것에 대한 배려 없이 일방적으로 도움만 기대하는 유다의 무신경함을 탓할 수밖에 없습니다.

그럼에도 성경은 에서의 후손인 에돔을 질책합니다. 대대로 유다에 적대적인 에돔을 심판한다고 하십니다. 왜 그럴까요?

가장 중요한 이유는 하나님의 선택이 야곱에게 있었기 때문입니다. 말씀하시기를 "태중에 두 민족이 있는데 큰 자가 작은 자를 섬기리라." 라고 하셨습니다.

유목 사회에서 장자의 권리는 둘째 이하 모든 형제보다 크고, 책임 또한 막중했기에 장자인 에서의 입장에서는 하나님의 선택을 흔쾌히 받아들일 수 없었을 것입니다. 또한 그는 장자의 명분을 너무 가볍게 여기는 실책을 저지릅니다.

성경 기록 어디에도 에서와 하나님과의 관계가 언급된 것을 찾을 수 없습니다. 에서는 능력이 뛰어난 사냥꾼이자 자신의 능력으로 일가를 이룬 에돔 족속의 시조입니다. 즉, 하나님께 의뢰하지 않고 자기의 능력을 믿는 삶을 살아간 사람입니다.

자신을 믿는 자와 하나님을 의뢰하는 자, 하나님이 선택한 자와 그렇지 아니한 자의 비교를 유의하여 보아야 합니다.

'과연 나는 누구를 의지하는가?', '나의 판단은 무엇을 근거로 하는가?' 정말로 내가 하나님을 믿는다면 이런 사항은 고심할 필요가 없는 것이지만, 문제는 나의 유익을 위해 하나님을 믿으면서 하나님을 나의 구주로 믿는다고 착각하는 경우입니다.

'내가 하나님을 택하였는가 아니면 하나님이 나를 택하셨는가?' 하나님이 내 편인지 내가 하나님 편인지를 엄격히 구분할 영적 지각을 가져야 할 것입니다. 하나님이 나를 택하시고 내가 하나님 편에 설 경우 세상의 모든 일은 나를 중심으로 판단될 것입니다.

✝ 기도

하나님, 사랑하는 자녀를 징계하시는 아버지의 깊은 뜻을 생각합니다. 그리고 가장 큰 저주는 그냥 내버려 두는 것임을 또 알게 하십니다.

이 세상에서 악인의 형통함과 의인의 고난을 우리의 눈으로 판단하지 아니하고 하나님의 눈으로 이해하는 깨달음이 저희에게 주어지기를 원합니다.

하나님이 우리를 택하고 사랑하신 것이지, 우리가 하나님을 택하고 사랑한 것이 아님을 알고 우리의 분수를 지키고 말씀에 순종하는 삶을 살아가는 저희가 되기를 소원하며 예수님의 이름으로 기도합니다. 아멘.

오늘 첫 묵상은 "야베스는 누구인가?"입니다.

오늘 묵상 구절 전편에 걸쳐 이스라엘의 족보를 길게 기록하고 있습니다. 아담으로부터 아브라함까지 야곱의 아들들의 계보를 자세히 기록하여 사울왕까지 언급한 것이 9장까지의 기록입니다. 특이하게도 12지파를 소개하는 그 중간에 한참 후대인 다윗과 솔로몬의 계보가 삽입된 것을 유의하여 볼 필요가 있습니다. 또 1~9장 전체는 족보 기록이지만 단 한 구절, 야베스의 기도가 삽입되어 있음을 유의하여 보아야 합니다.

> 4장 10절: "야베스가 하나님께 아뢰어 이르되 주께서 내게 복을 주시려거든 나의 지역을 넓히시고 주의 손으로 나를 도우사 나로 환란을 벗어나 내게 근심이 없게 하옵소서. 하였더니 하나님이 그가 구하는 것을 허락하셨더라."

성경에는 아담 이후 아브라함을 거쳐 다윗까지, 또 그리스도 예수님까지의 내력이 신·구약에 여러 번 기록되고 있음을 봅니다. 그 수많은 사람의 이름과 상하 관계가 그물처럼 엮여 하나의 역사를 이루어 가는데, 나의 이름은 어디쯤 있을까 생각해 봅니다.

물론 성경 계보에야 없지만 우리 집안의 족보인 대동보에는 나의 이름이 기록되어 있습니다. 수많은 이름 중 하나이기에 무시할 수도 있지만 그 작은 이름 하나하나가 모여서 큰 역사를 이루어 감을 알기에 결코 무시할 수 없는 없는 것입니다. 사람의 역사를 이끌어 가시는 하나님의 시야에 작은 이름 하나도 빠지지 않음을 안다면 족보 내에서 나의 비중이 어떠하든 가볍게 살 수는 없다는 마음이 듭니다.

수많은 이름 중 하나인 야베스와 그의 기도문이 삽입된 이유를 생각해 봅니다.

4장 9절에 야베스는 그의 형제보다 귀중한 자라고 하였는데, 그 이유가 그 어머니가 수고로이 낳았기 때문이라고 합니다.

세상에 그 어느 자식이 어머니의 수고 없이 태어났을까요? 이는 모든 자식은 그 어머니가 보기에 다 귀중한 자라는 의미 아닐까요? 그러면 야베스는 바로 나이기도 합니다. 야베스의 기도는 나의 기도이기도 합니다. 그러기에 성경에 언급하고 약속된 그 기록은 나에게도 똑같이 적용됨을 알 수 있습니다.

두 번째 묵상은 "족보의 의미"입니다.

성경에는 족보가 참 여러 책에 기록되어 있습니다. 창세기 5장에 아담의 계보를 기록한 것을 필두로 노아, 셈, 데라의 계보가 차례대로 기록되어 있습니다. 또 오늘 묵상 본문에도 아담으로부터 이스라엘 12지파 전체의 족보가 기록되어 있고, 신약 성경에는 마태복음 1장과 누가복음 3장에 예수님의 족보가 자세히 기록되어 있습니다.

족보에 몇몇 위인으로 기억되는 사람들과 예수님이 기록된 것이야 당연하겠지만, 분량이 한정된 66권 성경에 기록할 것이 없어서 역할이 드러나지 않는 수많은 인명을 기록해 놓았을까요? 성경 말씀은 그 문장 하나하나가 다 중요한 것인데, 이토록 많은 지면을 할애해 기록해 놓은 족보는 어떤 의미가 있을지 생각해 봅니다.

하나님께서는 역할이 분명하지 않고 의미가 없을 것 같은, 많은 사람의 이름을 다 소중하게 여기실 것이라는 생각이 듭니다. 마태복음 10장 30절에 하나님은 우리의 머리털까지도 다 세고 계신다는 기록이 있음을 볼 때 이 생각은 확실한 것입니다.

그리고 아담으로부터 예수님까지의 계보가 명분에 의해 구분되었으며, 사람의 족보라면 빼어 버릴 것 같은 흠 있는 사람들이 중간중간에 끼어 있음에도 이를 꺼려하지 않았습니다. 이런 기록은 사람의 생각과 다른 하나님의 뜻이라 생각하게 됩니다.

즉, 하나님 앞에서는 그 사람의 역할과 크기에 관계없이 다 동일하게 소중한 자들인 것입니다. 그중에서 명분에 따라 거룩한 선택으로 쓰임을 받고 있다는 것을 알게 됩니다.

하나님께서 당신 앞에 온전한 자들을 택하시고 또 시험하셔서 하나님의 역사에 사용하신 자들이 우리가 기억하는 위인들과 예수님인 것입니다.

우리는 드러난 이들만 기억하지만 하나님은 모든 사람을 다 기억하고 계심을 나타낸 것이 바로 수많은 사람의 이름이 기록된 족보를 성경에 여러 차례 수록한 것입니다. 이것이 하나님의 진정한 뜻이라 판단됩니다.

✝ 기도

하나님, 감사합니다. 오늘 묵상은 공로가 없어도 우리를 하나하나 다 기억하고 생각하신다는 하나님의 마음을 이해하는 시간이 되었습니다.

쓰임 받을 수 있는 자가 되어, "내가 여기 있나이다."라고 고백할 수 있기를 기대하며 예수님의 이름으로 기도합니다. 아멘.

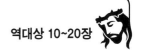

오늘 묵상은 "기름 부음 받은 자의 행보"입니다.

사울이 전쟁에 패해 그의 아들 요나단과 함께 전사함으로써 여호와의 기름 부음 받은 자인 이스라엘 첫 왕의 행보는 실패로 끝납니다. 그의 실패에 대해 성경은 단 한마디, "여호와께 범죄하였다."라고 기록합니다.

10장 13, 14절에서 그 범죄를 "여호와의 말씀을 지키지 아니하고 신접한 자에게 가르침을 청하고 여호와께 묻지 않았다."라고 구체적으로 설명합니다.

그리고 그다음에 기름 부음 받은 자 다윗의 행보가 기록된 것이 오늘의 본문입니다. 이스라엘 두 번째 왕으로 다윗 왕가를 세워 유다 왕국이 망할 때까지 유지하고 그리스도 예수님까지 다윗의 자손이라 칭함을 받는 그의 영광은 어떻게 만들어졌는가에 대한 설명이 주요 묵상이 됩니다.

다윗이 골리앗을 이긴 후 백성의 신망을 받게 되자 사울은 그를 정치적 경쟁자, 즉 그의 왕위를 찬탈할 가능성이 큰 역적으로 여깁니다. 다윗은 고달픈 고난의 세월을 무려 20년 가량 겪지만 이 기간은 그를 훌륭한 왕으로 세우기 위한 연단의 기간이었습니다. 그렇게 하신 하나님의 섭리를 보게 됩니다.

그 힘거운 시간을 겪으면서도 하나님의 기름 부음 받은 자 사울을 대적하지 아니하고 두 번이나 그의 손에 들어온 사울의 목숨을 해하지 아니합니다. 대신 백성을 보호하는 처신을 함으로써 참되고 충성된 신하들이 그의 주변에 모이게 되고 온 이스라엘 백성의 마음에 그의 위상이 각인됩니다.

드디어 사울의 시간이 가고 다윗의 때가 임하자, 자연스럽게 그의 길이 열리게 됩니다. 스스로 왕이라 주장하지 않아도 온 백성이 그를 바라며 왕으로 추대하고, 다윗 주변에 모인 충성된 신하들이 나서서 주변 적대 세력을 제압하니 그의 왕권이 반석 위에 세워지는 역사가 일어납니다.

이 과정을 묵상해 보면 다윗은 하나님의 선택을 받은 자로서 사무엘에게 기름 부음을 받아 장래가 예비되었습니다. 그는 용감하였고 능력 있었습니다. 골리앗과의 싸움 전에 보인 그의 정치적 언행은 장래의 지도자가 자신임을 은연중에 드러낸 것입니다.

사울에게 핍박받는 일은 그 스스로 자초한 것이나 다름없었지만 대적하지 아니하며 하나님의 기름 부음 받은 자 사울을 존중합니다. 그렇게 다음으로 기름 부음 받은 자인 자신도 존중받아야 한다는 당위성을 백성들에게 무언으로 스며들게 하였습니다.

무엇보다 중요한 것은 시편에 무수히 기록된 그의 마음을 적은 시에서 알 수 있듯이, 그는 오직 하나님만을 바라보았으며 철저히 하나님의 주권을 인정하여 자기 자신의 뜻을 먼저 내세우지 아니하고 하나님의 뜻을 먼저 구했다는 것입니다.

이 과정을 자세히 묵상하면 절대적인 기준에 의거한 명분을 얻는 자가 천심과 민심을 얻는다는 것을 깨닫습니다.

✝️ **기도**

하나님, 언제나 하나님만을 바라보며 순리를 따라가는 다윗처럼 되기를 원합니다. 유혹에 넘어지고 욕심에 눈이 가려 나의 의가 드러내는 어리석음에 빠지지 않도록 지켜 주소서. 예수님의 이름으로 기도합니다. 아멘.

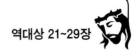

오늘 묵상은 "하나님이 기뻐하시는 다윗의 마음"입니다.

다윗은 하나님이 기뻐하시는, "하나님의 마음에 합한 자"라 칭함을 받은 유일한 사람입니다. 다윗의 어떤 마음가짐이 이런 영광을 받을 이유가 되는지 오늘 묵상 본문에 잘 표현되어 있습니다.

그는 완전한 사람은 아니었고 가끔 유혹에 빠져 실족하는 모습을 보이지만, 사울과 다른 점은 잘못을 지적받았을 때 변명하거나 숨기려 하지 않고 즉시 회개하고 용서를 빌었다는 것입니다.

21장 1절에서는 사탄이 다윗을 충동하여 인구 조사를 시킵니다. 이는 하나님만을 의지하던 다윗이 자신의 힘이 얼마나 되는지를 알게 하여, 하나님에 대한 연결을 느슨하게 하고 자신의 힘과 능력을 내세우게 하는 은밀한 유혹이었습니다. 그러나 다윗은 그것을 알지 못했습니다.

다윗은 충성스러운 신하들의 고언을 무시하고 명령을 강제했고, 그 결과 하나님이 이 일을 악하게 여기시고 이스라엘을 치시게 됩니다. 이번에도 잘못을 깨달은 즉시 회개하지만, 그대로 넘어갈 수는 없는 일이었습니다. 선견자 갓을 통하여 받아야 할 하나님의 징계 세 가지를 제시하실 때, 다윗은 자기가 그 징계를 받겠다고 합니다.

> 21장 13절: "여호와께서는 긍휼이 심히 크시니 내가 그의 손에 빠지고 사람의 손에 빠지지 아니하기를 원하나이다."

21장 17절: "명령하여 백성을 계수하게 한 자가 내가 아니니이까? 범죄하고 일을 행한 자는 곧 나이니이다."

이런 다윗의 반응 때문에 하나님의 마음이 움직이게 되니 그 내용이 21장 15절에 잘 나타나 있습니다.

여호와께서 보시고 이 재앙 내림을 뉘우치사 멸하는 천사에게 이르시되, "족하다. 이제는 네 손을 거두라." 하시니 ......

이후로도 다윗은 밧세바 간통 사건과 우리아를 죽인 일과 같은 큰 범죄 행위가 탄로되었을 때도 같은 반응을 보이고, 평생 소원이던 성전 건축이 하나님께 거부당해도 원망하지 않고 순종합니다.

이런 다윗의 마음이 죽을 때까지 지속되었기에 "하나님의 마음에 합한 자"라는 영광을 받게 된 것입니다.

✝ 기도

하나님, 늘 하나님의 마음에 합한 자의 길을 걸어간 다윗의 마음을 본받는 자가 되기를 소원하오니 주님의 영으로 지켜 주소서. 예수님의 이름으로 기도합니다. 아멘.

오늘 묵상은 "준비된 기도"입니다.

오늘 본문은 솔로몬왕의 영광과 그의 치적을 좋은 쪽으로만 바라본 기록이며 그의 즉위 후 사망까지 기록하고 있습니다. 성전 건축의 전말과 여러 도시의 건축과 나라의 부강에 힘쓴 것, 시바여왕의 방문에 대한 내용이 흥미롭습니다.

이 모든 것은 다윗의 준비로부터 시작됩니다. 좋은 유산과 강한 나라의 안정된 왕권 위에 솔로몬의 지혜가 더해졌습니다. 즉위 초에 벌어진 아도니아의 음모와 권신 요압을 효과적으로 제압한 것은 분명히 솔로몬의 능력인 것입니다.

솔로몬이 여호와의 전에 천 마리 희생으로 번제를 드렸던 밤에 하나님이 솔로몬에게 나타나 "너는 구하라."라고 하셨을 때 솔로몬은 지혜를 구합니다.

왕이 되어 나라를 다스리기 시작한 약관의 솔로몬, 그는 자신의 뜻대로 통치하려 하지만 분명히 부족한 것이 많고 아쉬운 마음이 들었을 것입니다. 이때 그가 필요하다고 느낀 것이 많은 백성의 이해를 분별하고 판결할 지혜였을 것이고, 그 마음이 있었기에 하나님께서 "네게 무엇을 주랴?"라고 물으셨을 때 망설이지 않고 구했을 것입니다.

여기서 하나님이 크게 만족하십니다.

1장 11절: "이런 마음이 네게 있어서 부나 재물이나 영광이나 원수의

생명 멸하기를 구하지 아니하고 오직 내가 네게 다스리게 한
내 백성을 재판하기 위하여 지혜와 지식을 구하였으니 ......"

보통의 사람들이 구하는 일생의 부귀와 영광을 구하지 아니하고 "내
가 네게 다스리게 한 백성을 잘 이끌기 위한 너의 마음이 나를 기쁘게
한다."라고 말씀하시는 하나님의 마음이 잘 읽히는 구절입니다.

이처럼 자기에게 맡겨진 사명을 잘 감당하기 위하여 무엇이 필요한
가 생각하는 사람은 잘 준비된 자입니다. 그런 사람은 기회가 왔을 때
즉각 그것을 구할 수 있고 또 그 결과를 하나님이 기뻐하십니다.

✝ 기도

하나님, 제가 무엇을 해야 할지 생각하며 저를 보내신 그 뜻을 짐작해 봅니다.
기도와 간구로 주님께 바랄 때 이생의 영광과 욕심을 위한 것보다 솔로몬처럼 사명
을 잘 감당할 수 있는 수단을 주님의 이름으로 구할 수 있는 자 되기를 구하며 예수
님의 이름으로 기도합니다. 아멘.

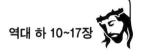

오늘 묵상은 "역사의 배경을 이해하기"입니다.

솔로몬이 죽고 르호보암이 왕이 되었습니다. 그는 노역의 멍에를 가볍게 해 달라는 온 이스라엘 백성들의 청원을 두고 선왕의 노신하들과 자기 앞의 젊은 신하들의 의견을 구하였습니다. 결국 젊은 신하들의 의견을 따라 백성의 청원을 거절하였습니다. 이것은 역사에 기록된 대로 통일 왕국 이스라엘이 북이스라엘과 남유다로 갈라지는 계기가 되었습니다.

솔로몬의 말기에 시작된 영적 타락이 북이스라엘을 지배하여 "여로보암의 죄"라고 기록된 암흑의 역사가 시작되었습니다. 남유다는 르호보암 이후 아비야, 아사, 여호사밧까지 그런대로 여호와의 길을 지킬 때는 형통하였으나 여호와를 의뢰하지 않기 시작하자 하나님께서 다윗에게 약속하신 후손에 대한 영원한 축복이 사라지기 시작함을 보여 줍니다.

이 모든 것의 시작은 가장 영화롭고 지혜로웠던 솔로몬의 타락에서 시작된 것을 알 수 있습니다.

하나님 마음에 합한 자라고 인정받은 다윗으로 말미암아 그와 그의 아들 솔로몬까지는 형통하였으나 결국 르호보암에 이르러 다윗에게 주신 축복이 스러져 감을 알 수 있습니다.

르호보암이 노신하들의 의견을 거부하고 젊은 신하의 의견에 따라 포악한 결정을 하고 그로 말미암아 나라가 남·북국으로 쪼개집니다. 결국 솔로몬의 죄로 인한 하나님의 진노와 징계하심의 역사가 시작된 것입니다. 이는 10장 15절에 기록되어 있습니다.

"왕이 이같이 백성의 말을 듣지 아니하였으니 이 일은 하나님께로 말미암아 난 것이라. 여호와께서 전에 실로 사람 아히야로 하여금 느밧의 아들 여로보암에게 이르신 말씀을 응하게 하심이더라."

역사에 어떤 일이 기록될 때 그 역사를 일으킨 배경을 이해할 필요가 있음을 깨달아야 합니다. 르호보암이 포악한 결정을 하여 나라가 쪼개졌지만 그 일은 하나님께로 말미암았다고 성경은 말씀하십니다.

솔로몬의 죄에 대한 징계가 그 아버지 다윗으로 말미암아 솔로몬의 후손에게 내려진 것이라고 오늘 성경 본문은 가르쳐 주고 있습니다.

✝ 기도

하나님, 우리가 어떤 일의 판단을 할 때 그 표면의 기록만 보지 않고 그 일이 이루어지게 된 이면의 일을 바로 보아 알기를 원합니다.

오늘 읽은 본문을 보면 르호보암의 잘못으로 이스라엘의 역사가 망가지기 시작한 것처럼 보이지만 사실은 그 전 솔로몬의 영적 타락이 원인이 되어 하나님의 진노와 징계의 역사가 시작됨을 알 수 있었습니다.

과거 우리 교회에 벌어졌고 지금도 일부 진행 중인 기막힌 일도 마찬가지입니다. 그들의 잘못만 바라보지 아니하고 그들이 여기까지 오게 된 이유를 바로 알아서 그들을 우리 교회에 보내신 이의 뜻을 우리가 깨달아 알기를 원합니다. 주여, 불쌍히 여기시고 우리의 무지함을 깨우쳐 주소서.

예수님의 이름으로 간절히 기도드립니다. 아멘.

오늘 묵상은 "누구의 말을 들을 것인가?"입니다.

아합은 북이스라엘 왕국의 역대 왕 중 가장 악한 왕으로, 그의 아내 이세벨과 합작하여 바알을 숭배하고 여호와의 선지자들을 멸한 것도 모자라 엘리야까지 죽이려 한 자입니다.

그들의 악행으로 말미암아 표면적으로는 북이스라엘에 여호와의 선지자는 오바댜가 숨기고 돌봐 준 자 백 명 외에는 아무도 없었습니다.

아람과의 전쟁을 위하여 북이스라엘의 가장 악한 왕 아합이 남유다의 신실한 왕 여호사밧과 혼인 동맹을 맺고 길르앗 라몬을 치고자 할 때, 여호사밧의 요청에 의해 여호와의 뜻을 묻게 됩니다. 이때 400명이나 되는 선지자들이 동원되어 거짓 예언으로 전쟁을 부추기게 됩니다.

이 400명은 이세벨이 살려 둔 자들로, 여호와의 사람이 아니며 필요에 의한 거짓 명분을 만들기 위해 쓰이는 자들입니다. 오직 미가야만 참선지자인 것입니다.

참예언과 거짓 예언은 실제 이루어진 일에 따라 나중에 확인되는 것입니다. 그러므로 예언 당시에는 분별할 수 없기에 예언을 받는 당사자의 믿음에 따라 선택하게 됩니다.

전쟁의 명분이 필요한 아합의 뜻에 의해 동원된 400명의 예언은 여호와의 뜻과는 상관없는 것이지만 받아들여졌고, 미가야만이 여호와의 뜻을 정확히 예언하였지만 이는 아합의 뜻과 다르기에 받아들여지지 않은 것입니다.

그 결과 아합은 죽음을 피할 수 있는 기회를 스스로 버린 결과를 가져옵니다.

 기도

하나님, 하나님의 뜻을 구하는 사람과 그들의 기도가 참으로 많은 세상입니다. 그러나 다른 한편으로는 자신의 뜻을 합리화하기 위한 수단으로 말씀을 이용하는 자가 너무 많고, 응답이 자기의 뜻과 다르면 외면하는 사람 또한 많습니다. 하나님을 중심에 둔 자와 자기를 중심에 둔 자가 이러한 사례로 구별된다고 생각합니다.

말씀에 따라 자기의 행보를 결정하는, 하나님 중심의 삶을 살아가는 진정으로 믿는 자가 되기를 소원하며 예수님의 이름으로 기도합니다. 아멘.

오늘 묵상은 "우리의 근본은 어디에 있는가?"입니다.

솔로몬으로부터 시작된 영적 타락으로 인해 유다는 몰락의 길을 갑니다. 그렇게 많은 하나님의 은혜와 이적을 직접 보고 들은 이스라엘 백성이라면 어떤 경우라도 하나님만을 의뢰하며 그 앞을 떠나지 말아야 하거늘 실상은 그렇지 못함을 봅니다.

수많은 성경 기록을 보아도 하나님 앞에 신실한 강력한 왕이나 선지자·사사가 이끌던 시기에도 백성들의 우상 숭배는 은밀하게 자행됐습니다. 그리고 조금이라도 그 영적 중심이 흐트러지면 어김없이 아세라·바알·몰렉이 판치며 심지어 여호와의 전에까지 아세라 목상들을 세우는 기막힌 행태를 보입니다.

여호사밧, 히스기야, 요시아 등 유다 왕국의 신실한 현군이 등장할 때마다 우상을 제거하는 것이 큰일이 되었고, 므낫세와 같은 암군이 등장하면 너무나도 크게 타락하고야 마는 이스라엘을 보며 과연 택함을 받은 백성 이스라엘의 중심은 어디에 있는가 하는 의문을 가지게 됩니다.

원래 하나님 앞에 깨끗했던 품성이 가나안 이방 우상에게 물들어 가는 것인지 아니면 원래 하나님과 무관한 그들이 하나님께로 이끌리고 있는 것인지 묵상을 통하여 판단해야만 하는 상황입니다.

즉, 이스라엘(우리)은 근본이 깨끗한 하나님의 자녀인데 세상 더러움에 물들어 가는 것인지 아니면 하나님과 무관한 타락한 영혼인데 하나님 말씀에 이끌려 정화되어 가는 것인지 판단해야만 하는 상황인 것입니다.

역대기에 나타난 기록을 정리해 보면 이스라엘 민족 지도층의 영적 리더십이 확고하면 백성들이 겉으로는 하나님 앞에 바로 서 있지만 속으로는 은밀하게 우상을 숭배합니다. 그러기에 지도층의 영적 타락이 시작되면 자발적으로 온 민족에 우상 숭배가 만연해집니다.

그러기에 여호사밧, 히스기야, 요시아 등 유다 왕국의 신실한 현군이 등장할 때면 가장 먼저 강력한 힘으로 우상 제거 작업을 하는 것입니다. 그러나 수많은 우상과 산당이 파괴되어 버려져도 이들이 사라지면 어김없이 우상에 물들어 버립니다.

결국 이스라엘(우리)은 근본적으로 죄에 속한 영혼이며 하나님의 말씀에 의해 하나님 앞으로 이끌리는 바람과 같은 존재라는 것을 깨닫게 됩니다.

✝ 기도

하나님, 오늘 묵상을 통해 하나님과의 관계가 끊어진 이후 우리는 죄의 종으로 하나님 앞에 영원한 죄인이라는 것을 알게 하십니다.
은혜와 사랑으로 우리를 부르시는 하나님의 말씀에 순종하는 것만이 우리가 하나님께로 돌아가는 유일한 길임을 자각하며 그 길이 되신 예수님의 공로가 우리 구원의 소망인 것을 고백합니다.
감사한 마음을 담아 예수님의 이름으로 기도합니다. 아멘.

오늘 묵상은 "말해야 할 때 하지 않으면"입니다.

3장 18~21절까지의 말씀을 묵상합니다.

바벨론에 포로로 잡혀간 제사장 에스겔에게 하나님의 영이 임하여 선지자의 사역을 시작하게 됩니다. 텔아빕, 그발 강가에 거주하는 이스라엘 족속에게 찾아가지만 일주일간 두려움에 떨며 조용히 지내다가 처음으로 여호와의 말씀이 임하여 사역을 시작하게 됩니다.

그러나 첫 말씀은 오늘 묵상 구절 3장 18~21절의 말씀으로, 전체 내용이 에스겔에게 엄청난 경고를 주시는 것으로 시작합니다.

> "너는 가서 내 말을 전하라. 두려움이나 거리낌으로 말해야 할 때 하지 않아서 악인이 회개하여 돌이킬 기회를 얻지 못하게 하면 그 악인은 그의 죄로 인하여 죽을 것이지만, 그의 핏값을 너에게서 찾으리라."
> "그러나 네가 말을 전하였을 때 그 악인이 돌이키지 아니하면 그는 그의 죄로 죽을 것이지만 너는 네 생명을 보존하리라."

이 말씀의 요점은 "두려워하지 말고 말씀을 전하라. 하지 못하면 네가 그들의 핏값을 대신 감당하여야 할 것이다."라는 것입니다.

신약에서도 복음서와 야고보서에 같은 의미를 가지는 말씀이 두 번에 걸쳐 나타납니다. 성도 된 자는 자신의 삶을 통해 말씀대로 살아내야 하며, 또 타인의 잘못을 인지하거든 잘못된 길을 가는 것을 방치하지 말고 반드시 돌이킬 수 있도록 권면해야 함을 강조하시는 말씀으로 받아들입니다.

✝️ 기도

하나님, 에스겔서의 첫 부분을 읽고 전체 줄거리를 요약해 보니 성도의 삶을 살아내는 것이 참으로 어렵다는 생각이 듭니다.

더럽고 곤란한 일을 외면하고 상대하지 않으면 편안할 것을 하나님은 그런 행위를 싫어하시나 봅니다. 포로로 잡혀 온 이스라엘 족속에게 죄를 지적하며 회개를 촉구하고, 남유다가 멸망한 후에는 회복의 약속을 선포하기 위해 수많은 기행을 해내는 에스겔의 순종을 묵상하며 내 마음의 각오를 다져 가고자 합니다.

말씀 속에서 내 삶의 지침을 찾아 가도록 내 영을 도우소서. 예수님의 이름으로 기도합니다. 아멘.

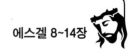
오늘 묵상은 "죄악의 무리에서 살아남는 자"입니다.

> 14장 14절: "비록 노아, 다니엘, 욥, 이 세 사람이 거기에 있을지라도 그
> 들은 자기의 공의로 자기의 생명만 건지리라."

하나님의 선택받은 민족 이스라엘의 죄가 하나님을 진노하게 하여 징계하심의 역사가 일어납니다. 누구나 그의 마음 중심이 하나님을 떠나면 죄인입니다. 그는 질투하는 하나님이시라, 사랑하는 자들이 자기와 연합하는 것을 기뻐하시기에 사람이 그의 사랑에서 떨어져 나감을 용납하지 않으십니다.

너무나 사랑하는 그의 피조물이기에 그들이 하나님께 등을 돌리며 떠나감을 슬퍼하시며 돌아오라고 호소하십니다. 그리고 에스겔 같은 대언자를 통하여 그들에게 호소하시다가 끝내 분노하시며 징계를 내리십니다.

그러나 온 사회에 죄악이 만연하여 멸망의 구렁에 빠져들어도 그중에서도 살아남는 자들이 있으니 위 예에서 든 노아, 다니엘, 욥 같은 공의로운 자들입니다. 그러나 구원은 하나님 앞에 선 공의로운 자에게만 해당되며 그들로 인하여 덤으로 구원받는 자는 없습니다. 설교 중에 기억나는 구절이 있는데, "누구나 자기의 믿음으로 천국에 들어가는 것이지, 자기 부인의 치마폭을 잡고 구원에 들어가지는 못한다."라는 것입니다.

그러나 하나님의 속성은 사랑이시기에 그의 분노는 분노로 끝나지 않음을 알 수 있습니다. 그리하여 그 징계를 받아 망하게 된 그들이 잘못을 깨닫고 돌아오면 또 기쁘게 받아 주십니다.

11장 20절: "내 율례를 따르며 내 규례를 지켜 행하게 하리니 그들은 내 백성이 되고 나는 그들의 하나님이 되리라."

✝ 기도

하나님, 에스겔의 묵상을 하면서 느끼는 것은 선택받은 민족 이스라엘이 왜 그렇게 하나님의 마음을 떠나 죄악에 빠지게 되는 것이 쉬운가 하는 것입니다.

하나님과 연합하여 사는 것이 어려운 일인지 늘 묵상하고 말씀 안에 살려고 애쓰지만, 주변 모두가 생각하는 대로 휩쓸려 몸을 맡기면 편안할 것이라는 그 달콤하고 나태한 유혹을 떨치기가 쉽지 않음을 절감합니다.

그래도 우리를 향하신 하나님의 마음을 생각하며 그중에서 구별된 자로 살고자 애쓰는 저의 마음을 지키시고 힘이 되어 주시기를 예수님의 이름으로 간절히 구합니다. 아멘.

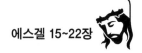

오늘 첫 묵상은 "왜 그의 사랑 안에 살기가 그리 어려운가?"입니다.

오늘 묵상 구절 전편에 하나님의 탄식과 안타까움, 진노와 한숨이 흐르고 있음을 느낍니다. 16장 5절의 기록처럼 들에 버려진 핏덩이와 같은 예루살렘을 은혜로 거두어 이후 14절까지 화려하게 성장시켰음에도 그들 예루살렘은 하나님을 배반한 음녀의 삶을 살아갑니다.

이스라엘을 세우신 하나님의 뜻은 그들로 하나님 나라의 제사장이 되어 온 세상에 하나님의 뜻을 전하는 것이었기에 그들은 하나님만을 바라보며 그의 뜻대로 행해야만 했습니다. 그러나 그들이 이해와 역학적인 관계에 따라 이웃 나라들과 교류하고 그들의 문화에 젖어 들고 만 것을 지아비를 버린 음란한 여인에 비유하여 설명한 것입니다.

그들의 타락으로 인해 하나님의 분노와 징계의 회초리가 수시로 떨어지지만 그들의 회개는 일시적인 것에 그치고 시간이 지나면 또 타락하고 마는 안타까운 역사가 되풀이됩니다.

그럼에도 불구하고 하나님의 사랑은 식지 않아서 또 인내하시며 돌아오라 말씀하십니다. 그 모든 것이 "내가 너의 어렸을 적에 너에게 한 나의 약속" 때문이라 말씀하십니다.

> 16장 60절: "그러나 내가 너의 어렸을 때에 너와 세운 언약을 기억하고 너와 영원한 언약을 세우리라."

신실하신 하나님의 약속 때문에 우리의 끝없는 실족에도 불구하고 다시 돌이킬 기회를 얻는 것을 알게 됩니다. 성경 전편에 흐르는 하나님의 말씀, "내가 너를 사랑한다. 내게로 돌아오라."라는 외침을 기억해야만 할 것입니다.

두 번째 묵상은 "누가 살 자이며 누가 죽을 자인가?"입니다.

18장 20절: "범죄하는 그 영혼은 죽을지라 아들은 아버지의 죄악을 담당하지 아니할 것이요 아버지는 아들의 죄악을 담당하지 아니하리니 의인의 공의도 자기에게로 돌아가고 악인의 악도 자기에게로 돌아가리라."

18장 21절: "그러나 악인이 만일 그가 행한 모든 죄에서 돌이켜 떠나 내 모든 율례를 지키고 정의와 공의를 행하면 반드시 살고 죽지 아니할 것이라."

18장 22절: "그 범죄한 것이 하나도 기억함이 되지 아니하리니 그가 행한 공의로 살리라."

18장 23절: "주 여호와의 말씀이니라 내가 어찌 악인이 죽는 것을 조금인들 기뻐하랴 그가 돌이켜 그 길에서 떠나 사는 것을 어찌 기뻐하지 아니하겠느냐."

18장 24절: "만일 의인이 돌이켜 그 공의에서 떠나 범죄하고 악인이 행하는 모든 가증한 일대로 행하면 살겠느냐 그가 행한 공의로운 일은 하나도 기억함이 되지 아니하리니 그가 그 범한 허물과 그 지은 죄로 죽으리라."

에스겔서를 읽으면서 느끼는 하나님의 감정을 요약하면, 이스라엘을 너무나 사랑하셔서 그에게 모든 것을 주었는데 그들의 배신에 너무 가슴 아파 분노하심입니다. 온갖 표현으로 그들의 행위를 비판하시고 그들을 징계하겠다고 하십니다. 그리고 실제 이루어진 역사를 보면 그 징계는 가혹한 것이었음을 알 수 있습니다. 그러나 하나님의 속성은 공의와 사랑이시라, 그 맹렬한 분노의 불길 뒤로 그 사랑의 마음을 보이시니 바로 18장 20~24절의 말씀입니다.

"내가 어찌 악인이 죽는 것을 조금인들 기뻐하랴, 그가 돌이켜 그 길에서 떠나 사는 것을 어찌 기뻐하지 아니하겠느냐."

그러나 공의의 하나님은 엄격하심이라, 첫째로 "의인의 공의도 자기에게로 돌아가고, 악인의 악도 자기에게로 돌아간다."라고 말씀하십니다. 둘째로 "악인이 돌이켜 정의와 공의를 행하면 반드시 살리라."라고 말씀하십니다. 셋째로 "의인이 돌이켜 공의에서 떠나 범죄하면, 그가 행한 공의로운 일은 하나도 기억되지 아니하리라."라고 하십니다.

이 말씀에 특별히 가슴 찔리는 자들이 있을 것입니다. 내가 전에 이렇게 대단한 일을 했다고 자랑하는, 소위 성공했다고 평가받는 자들은 과거의 영광으로 지금의 어두움을 덮으려 하는 자들입니다.

또 반성해야 할 자들도 있을 것입니다. 한번 죄인이자 모자란 사람으로 낙인찍힌 자들의 회개와 돌이킴을 인정하지 않고 과거의 낙인찍은 색안경으로 판단하는 자들, 부모와 그 집안의 내력을 문제 삼아 그 자녀들의 품성을 판단하지 않고 같은 인간으로 매도해 버리는 자들입니다.

하나님은 악인이라도 멸망하는 것을 안타까워하시며, 그들이 돌이켜 하나님 앞으로 돌아오는 것을 기뻐하시며 기다리시는 분이십니다.

이러하신 분 앞에서 우리가 스스로 판단하여 염소와 양으로 구분하고 판단·정죄하여 손가락질하는 것은 하나님의 뜻에 어긋나는 일이기에 성경 곳곳에서 "너희는 비판, 정죄하지 말라. 그것은 오직 하나님의 권한이니 너희가 판단하는 대로 너희가 판단 받을 것이다."라고 경고를 주고 계심을 우리는 알아야 할 것입니다.

그러나 우리 스스로는 성경 말씀에 근거하여 양의 길과 염소의 길을 두렵고 떨리는 마음으로 분별할 필요가 있습니다. 왜냐하면 나는 양의 길이라 판단되는 길을 걸어야 할 것이며, 염소의 길을 가는 자들을 생명의 길로 인도해야 할 의무가 있기 때문입니다. 비판 정죄는 하나님의 권한에 속한 것이지만, 정확한 분별과 그에 따른 행위는 우리의 의무입니다.

✝ 기도

하나님, 당신의 사랑하심과 공의로우심을 우리가 바로 알고 깨닫게 되기를 바라며 말씀을 묵상합니다. 우리의 공로는 없습니다. 오직 하나님의 자비하심과 사랑만이 우리의 의지가 됨을 고백합니다. 끝없는 타락에도 불구하고 우리가 회개하고 돌이켜 당신께 돌아오기를 기다리시는 하나님의 마음을 깨달으며 감사할 뿐입니다.

우리의 마음에는 언제나 교만함이 스며 있어 하나님의 뜻을 먼저 구하기보다 스스로 '너는 염소다.', '나는 양이다.'라고 판단하고 맙니다.

오직 두렵고 떨리는 마음으로 하나님의 뜻을 먼저 구하는 마음이 우리에게 떠나지 않게 지켜 주소서. 하나님의 사랑하심에 감사하고 공의로우심에 마음을 다스리며 살아갑니다. 예수님의 이름으로 감사하며 기도드립니다. 아멘.

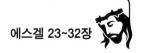

오늘 묵상은 "절대적인 순종"입니다.

선지자이며 부시의 아들인 에스겔은 제사장 가문 출신으로, 주전 597년에 여호야긴 왕이 바벨론의 포로가 되어 잡혀 올 때 같이 잡혀 왔고 그발 강가에 있는 델아빕에서 유대 포로들과 함께 살았습니다. 그때 그의 나이는 25살이었고 그 후 5년 뒤, 주전 592년에 사명을 받아 22년 동안 예언 활동을 하다가 주전 570년에 바벨론에서 죽은 것으로 추정됩니다.

> 24장 16절: "인자야, 내가 네 눈에 기뻐하는 것을 한 번 쳐서 빼앗으리니 너는 슬퍼하거나 울거나 눈물을 흘리거나 하지 말고"
>
> 24장 17절: "죽은 자들을 위하여 슬퍼하지 말고 조용히 탄식하며 수건으로 머리를 동이고 발에 신을 신고 입술을 가리지 말고 사람이 초상집에서 먹는 음식물을 먹지 말라 하신지라."
>
> 24장 18절: "내가 아침에 백성에게 말하였더니 저녁에 내 아내가 죽었으므로 아침에 내가 받은 명령대로 행하매"

오늘 에스겔의 아내가 죽었는데 하나님은 슬퍼하지 말라 명하십니다. 그리고 에스겔은 아무런 감정의 동요도 없이 그대로 순종하여 이스라엘 백성에게 하나님의 계시를 상징적으로 보여 줍니다. 이는 감정조차 말라 버릴 정도로 철저한 멸망을 의미한다는 해석이 유력합니다.

완악한 이스라엘 백성들에게 하나님의 상징적인 계시를 보이기 위하여 에스겔의 아내가 죽었습니다. 그리고 남편인 에스겔에게는 슬퍼하지 말고 장사의 예도 갖추지 말라고 하십니다. 에스겔 부부의 사랑의 정도가 어떠했는지 알 수 없지만 하나님은 전적으로 순종하기 어려운, 인간적으로 감당하기 어려운 무리한 요구를 하시고 에스겔은 묵묵히 순종합니다.

이스라엘 백성들의 죄악과 타락으로 나라가 망하고 타국에 포로로 끌려와 언제 돌아갈 수 있을지 알 수 없는 암담한 상황에서 이스라엘 유민은 자포자기에 빠집니다. 그들에게 너희의 죄악으로 인하여 이러한 참담한 상태에 빠지게 되었다는 하나님의 메시지를 전하는 것 자체가 고역인데, 그 상징을 보여 주기 위하여 그의 아내를 데려가시는 하나님의 처사가 너무한 것 아닌가 하는 생각이 듭니다. 단, 사람의 생각으로 말입니다.

이 부분은 먼저 하나님의 절대적인 주권과 선하심을 인정하지 않고는 받아들일 수 없다는 것이 묵상의 결론입니다.

그는 무엇이든지 자신의 뜻대로 하실 수 있는 권세가 있으시고, 그 뜻은 언제나 우리 사람에 대한 사랑을 바탕으로 합니다. 그 행위는 누구의 비판도 받지 아니한다는 절대성을 인정해야만 이 사건을 이해할 수 있는 것입니다.

에스겔의 아내는 억울한 죽음을 당한 것이 아닙니다. 오히려 하나님의 선하신 뜻대로 사용받은 자는 그에 합당한 상급을 예비하실 것이기에 기뻐해야 할 것이라 생각됩니다.

과거 우리 집안도 그 한 사람의 뜻밖의 죽음으로 인하여 온 가족이 주님의 부르심을 받은 적이 있습니다. 처음에는 받아들이기 어려웠지만 많은 시간이 흐른 지금, 다시 판단해 보니 그의 죽음은 많은 사람을 구원하기 위한 도구로 사용되었음을 알 수 있게 되었습니다. 남겨진 가족은 하나님의 돌보심 속에 새 세상을 살아가고 있으니 하나님의 선하심과 자비하심을 깨닫게 됩니다.

그 사건으로 인하여 당사자의 마음에는 깊은 상처와 슬픔이 새겨졌지만, 실족하지 아니하고 당신을 의뢰하며 험난한 생활을 감내하는 그들을 하나님은 지키시고 인도하고 계심을 봅니다. 하늘의 위로와 상급이 그들에게 있을 것이라 믿습니다.

✝ 기도

하나님, 에스겔의 순종과 사역을 묵상하며 우리가 살아가면서 이해할 수 없는 무슨 일을 당해도 당신의 선하심과 자비하심을 믿고 견딜 수 있는 힘을 얻습니다. 언제나 생명의 말씀이신 예수님의 이름으로 기도합니다. 아멘.

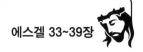
오늘 첫 묵상은 "하나님의 속성과 일방적인 은혜"입니다.

> 33장 11절: "…… 나는 악인이 죽는 것을 기뻐하지 아니하고, 악인이 그
> 의 길에서 돌이켜 떠나 사는 것을 기뻐하노라."

이스라엘은 택하시고 은혜로 영화롭게 하신 하나님의 은혜를 배반했습니다. 온갖 범죄로 타락한 이스라엘과 이에 분노하사 갖가지 징계로 그들을 치시는 하나님의 이야기가 에스겔서 전편에 끝없이 되풀이되고 있습니다.

이 정도면 이스라엘은 하나님께 버림받아 영원히 멸망할 법도 하건만, 하나님은 그럴 생각이 없으십니다. 당신이 택하신 그 백성에게 하신 당신의 언약을 끝까지 지키시고자 하시는 하나님의 마음이 잘 나타난 것이 바로 앞의 11절 말씀입니다. "깨닫고 돌이키기만 해라. 그러면 내가 용서하고 다시 기억도 하지 않으리라."라고 하시지만 이스라엘의 범죄는 끝이 없습니다.

그러자 하나님의 또 다른 조치가 내려지니 이것이 바로 일방적인 은혜입니다. 일방적인 은혜, 이스라엘은 아무 공로도 없지만 당신의 신실하신 약속에 의해 일방적으로 베풀어 주시는 은혜를 받습니다. 다음에 기록된 하나님의 말씀을 묵상합니다.

36장 21절: "그러나 이스라엘 족속이 들어간 그 여러 나라에서 더럽힌 내 거룩한 이름을 내가 아꼈노라."

36장 22절: "…… 이스라엘 족속아 내가 이렇게 행함은 너희를 위함이 아니요 너희가 들어간 그 여러 나라에서 더럽힌 나의 거룩한 이름을 위함이라."

36장 23절: "여러 나라 가운데에서 더럽혀진 이름 곧 너희가 그들 가운데에서 더럽힌 나의 큰 이름을 내가 거룩하게 할지라. ……"

36장 24절: "내가 너희를 여러 나라 가운데에서 인도하여 내고 여러 민족 가운데에서 모아 데리고 고국 땅에 들어가서"

36장 25절: "맑은 물을 너희에게 뿌려서 너희로 정결하게 하되 곧 너희 모든 더러운 것에서와 모든 우상 숭배에서 너희를 정결하게 할 것이며"

36장 26절: "또 새 영을 너희 속에 두고 새 마음을 너희에게 주되 너희 육신에서 굳은 마음을 제거하고 부드러운 마음을 줄 것이며"

36장 27절: "또 내 영을 너희 속에 두어 너희로 내 율례를 행하게 하리니 너희가 내 규례를 지켜 행할지라."

36장 28절: "내가 너희 조상들에게 준 땅에서 너희가 거주하면서 내 백성이 되고 나는 너희 하나님이 되리라."

이 말씀을 정리하면 "너희들이 내 이름을 더럽혔지만 내가 나를 위해 내 이름을 거룩하게 할 것이다. 회개하지 아니한 너희들이지만 내가 너희를 너희에게 준 약속의 땅으로 인도한 후, 너희를 정결하게 씻어 주고 새 영을 너희 마음에 심어 주어 너희의 마음을 정결하고 부드럽게 만져 줄 것이며 나의 규범을 지키게 할 것이니 너희들은 내 백성이 될 것이다."라는 의미입니다.

하나님의 백성을 만들어 가는 일의 어디에도 이스라엘 민족이 담당한 것이 없고, 오직 하나님의 일방적인 은혜만 있을 뿐입니다. 약속한 것을 철저히 이루어 가시는 신실하신 하나님, 그분의 역사에 우리의 공로는 전혀 없음을 깨닫게 됩니다.

두 번째 묵상은 "목자의 의무"입니다.

> 34장 2절: "…… 목자들이 양 떼를 먹이는 것이 마땅하지 아니하냐?"

34장 전체가 목자와 양의 관계와 의무에 대하여 기록하고 있으며 이 부분이 장차 예수님의 말씀과 사역을 설명하는 인용 구절로 사용됩니다.

목자는 양을 돌보는 것이 의무입니다. 하나님은 첫 구절부터 이것을 지적하십니다. 그리고 이어지는 내용을 요약하면 지금 우리가 겪는 상황이 그대로 그려지며, 또 목자와 양을 하나님이 어떻게 하실 것인지를 짐작할 수 있습니다. 돌봄을 받지 못한 양들은 하나님이 거두실 것이며 의무를 방기한 목자를 처벌하실 것이라 말씀하십니다.

> 34장 2절: "…… 자기만 먹는 이스라엘 목자들은 화 있을진저, 목자들이 양 떼를 먹이는 것이 마땅하지 아니하냐?"
> 34장 4절: "…… 병든 자를 고치지 아니하며 상한 자를 싸매 주지 아니

하며 …… 잃어버린 자를 찾지 아니하고 다만 포악으로 그것

들을 다스렸도다.”

34장 6절: “내 양 떼가 모든 산과 높은 멧부리에 마다 유리되었고 내

양 떼가 온 지면에 흩어졌으되 찾고 찾는 자가 없었도다.”

34장 10절: “주 여호와께서 이같이 말씀하시되 내가 목자들을 대적하

여 내 양 떼를 그들의 손에서 찾으리니, 목자들이 양을 먹

이지 못할 뿐 아니라 그들이 다시는 자기도 먹이지 못할지

라.”

34장 17절: “나의 양 떼 너희여, 내가 양과 양 사이와 숫양과 숫염소

사이에서 심판하노라.”

34장 23절: “내가 한 목자를 그들 위에 세워 먹이게 하리니 그는 내 종

다윗이라, 그가 그들을 먹이고 그들의 목자가 될지라.”

이와 같이 34장을 요약하니 과거 우리가 겪었던 상황을 너무나도 적
절히 묘사하고 있음을 깨달으며 전율을 느낍니다.

목자의 의무를 망각한 자로 인하여 양 떼가 모두 흩어졌으니, 천여
마리의 양 떼가 자기 집을 버리고 이 집 저 집을 찾아다니며 영의 양식
을 구하는 유리걸식 상태에 있었습니다. 그럼에도 내 탓이 아니라고 강
변하는 목자의 탈을 쓴 자에 대하여 2,600년 전에 예언으로 쓰여진 기
록인 것입니다.

이 자에 대하여 하나님이 대적하여 양 떼를 찾으시고 목자의 직을 빼
앗아 그 직을 하나님의 신실한 종 다윗에게 넘기실 것이며 그자에 대해
서는 자기도 먹지 못하게 하신다고 말씀하십니다. 그리고 흩어진 양 떼
를 불러 모아 그중에서 양과 염소를 구분하여 심판하리라 하십니다.

이러한 하나님의 말씀을 들으며 우리의 태도와 행위를 잘 분별해야 할 것입니다. 그자에 대해서는 하나님의 조치가 속히 내려지기를 기도하며, 나는 양의 자리에 있는지 염소의 자리에 있는지를 판단하여 하나님의 심판을 기다려야 할 것입니다.

✝ 기도

하나님, 감사합니다. 하나님 아버지, 정말로 당신은 우리의 아버지 되십니다. 철부지 아들이 무슨 사고를 저질러도 늘 인자한 미소로 지키시고 해결해 주시는 완전하신 아버지의 사랑을 에스겔서의 기록을 묵상하며 깨닫게 되니 더욱 감사한 마음입니다. "당신의 인자하심과 선하심이 영원하시도다."라고 드리는 저희의 찬양을 기뻐 받으소서.

하나님, 과거 우리가 겪었고 지금도 일부 진행 중인 이 상황은 당신이 말씀하신 대로 마무리될 것을 믿습니다. 그리고 제가 염소의 자리에 들지 않도록 주의하고 분별하여 처신하겠습니다.

다만 간구하오니 우리가 기다리지 못하고 실족하지 않도록 속히 당신의 뜻대로 일이 이루어지기를 구합니다. 예수님의 이름으로 기도합니다. 아멘.

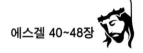

오늘 첫 묵상은 "희망을 보이시는 하나님"입니다.

40장 4절: "...... 너는 본 것을 다 이스라엘 족속에게 전할지어다."

정말로 길고도 길게 이스라엘을 질책하신 하나님께서 드디어 포로 생활에 지쳐 가는 이스라엘에게 소망을 품게 하십니다.

나라가 멸망하고 포로 생활 14년째, 예레미야 25장 11절에 70년간 포로 생활을 할 것이라 하셨으니 아직 56년이 남은 이 시점에 회복의 희망을 보여 주시는 하나님의 뜻은 무엇일까요?

그것은 징계의 기간 70년을 자포자기해서 실족하지 말고 견디라는 의미로 이해됩니다. 오랫동안 하나님을 거역해서 징계를 받고 있지만 하나님은 세심하게도 그들을 회복시켜 다시 자신에게로 돌아올 수 있도록 역사하고 계신 것입니다. 즉, 70년간의 긴 시간 동안 하나님을 잊지 않고 회복시켜 주실 것이라는 희망을 가지고 견디며 회개하라는 신호를 주신 것입니다.

하나님의 역사는 언제나 정확하고 빈틈이 없지만, 그 역사하심의 시간은 우리 사람들이 기대하는 것과 큰 차이가 있습니다. 하나님의 시간을 기다리지 못하는 우리의 한계를 희망이라는 끈으로 극복하게 하시는 것이라 판단됩니다.

두 번째 묵상은 "여호와께서 계시는 곳, 여호와 삼마"입니다.

예루살렘과 그곳에 거하는 백성은 철저하게 타락함으로써 심판을 받아 파괴되었습니다. 다윗과 솔로몬 시절의 영화는 간 곳 없고 하나님의 백성들은 뿔뿔이 흩어져 이방 민족의 포로가 되어 희망이 없습니다. 이때 하나님은 에스겔에게 당신이 그리는 예루살렘, 그 거룩한 성전과 당신의 백성이 드려야 할 제사와 그들이 차지할 땅에 대한 비전을 보이신 후 그곳의 이름을 "여호와 삼마"라고 하셨습니다.

여호와 삼마, 그 이름대로 "여호와께서 그곳에 계시다."라는 뜻입니다. 그렇습니다. 하나님은 이런 곳에 계시고 싶다는 것을 에스겔의 환상을 통해 이스라엘에게 말씀하고 계시는 것입니다.

거룩한 곳, 하나님께 영광인 그곳에 계셔야 할 하나님이 이 세상에서 거하실 곳이 없어 에스겔의 환상 속에서 계실 곳을 보여 주십니다. 그리고 "나 이러한 곳에 있고 싶다."라고 말씀하십니다.

✝ 기도

하나님, 답답하고 어두운 현실 앞에서 오직 기도와 간구로 주님께 구할 때 희망이라는 끈을 잡게 하시는 하나님의 뜻을 응답으로 받아들입니다. 잘 견디며 기다릴 수 있도록 힘을 주소서. 우리의 어리석음과 죄악으로 말미암아 하나님이 계실 곳을 마련하지 못하는 저희를 용서하여 주소서.
이 세상에서 눈에 보이는 곳은 마땅치 아니하니 에스겔에게 환상으로 보이시며 "나 이런 곳에 있고 싶다."라고 말씀하시는 주님, 비록 부족한 우리지만 우리의 마음을 비워 주님의 처소로 내어드리겠사오니 주여 어서 오시옵소서.
내 안에 좌정하시고 나를 기뻐하시기를 간절히 바라나이다. 예수님의 이름으로 간절히 기도드립니다. 아멘.

오늘 첫 묵상은 "그곳에 그런 자들이 있었는가?"입니다.

혼란과 타락이 극심하여 유다 왕국의 멸망이 가까운 여호야김 시절, 바벨론은 유다 왕실과 지배 계층의 인재들을 끌어다가 바벨론의 인재로 양성하고자 합니다.

이때 잡혀간 자들 중 다니엘과 그의 세 친구가 있었습니다. 다니엘서에 기록된 그들은 하나님을 신뢰하며 하나님 앞에 흠 없는 자들이라 인정받습니다. 또한 바벨론, 바사, 메대로 이어지는 중동의 변환기에서 노예 신분임에도 낙마하지 않고 큰 역할을 하고 있습니다.

대단히 유능하고 신실한 다니엘과 그의 세 친구, 그들은 타락한 유다 왕국에서 아무 역할도 없던 자들이었지만 중동의 패권국이자 우상의 나라에서 하나님의 이름을 빛내게 됩니다.

역사서에 이름이 드높은 왕들, 느부갓네살과 다리오의 입에서 "하나님은 위대하시도다."라는 고백을 하도록 만들어 가시는 하나님의 역사에 쓰임을 받는 역할을 합니다.

오늘 묵상은 왜 그들은 멸망의 길에 서 있는 유다에서는 아무 역할을 못 하다가 노예로 잡혀간 패권국이자 우상의 나라인 바벨론, 바사, 메대에서 그렇게 큰 역할을 하게 되었나 하는 것입니다.

그리 뛰어난 인재들이라면 망해 가는 고국을 구원하기 위한 역할이 주어져야 할 것인데 그렇지 않았습니다. 그들은 왜 오히려 정복 국가에서 그들을 위해 큰 역할을 해야만 했을까요?

묵상의 결과는 하나님의 큰 역사 안에서 이해되어야 한다는 것입니다. 하나님의 권능을 유다 안에서가 아니라 온 세상의 패권을 쥔 정복 군주 느부갓네살, 다리오의 입으로 시인하게 하여 온 세상에 하나님의 권능을 나타내시고자 함이 아닐까 생각하게 되었습니다.

두 번째 묵상은 "기대하기 어려운 일이 이루어질 때"입니다.

> 1장 9절: "하나님이 다니엘로 하여금 환관장에게 은혜와 긍휼을 얻게 하신지라."

세상을 살다 보면 전혀 기대하지 않은 일이나 불가능할 것 같은 일이 이루어지는 경험을 할 때가 있습니다. 이때 이러한 일을 우연 혹은 기적이라 치부하기도 합니다. 그러나 오늘 성경은 그런 일을 하나님이 하신 것이라 말씀하십니다.

지엄한 왕의 명령을 포로된 자 다니엘이 요청한다고 하여 들어줄 상황이 아닙니다. 절대 권력자의 최측근 시종인 환관장이라면 더더욱 왕의 명령대로 집행하는 것이 당연하지, 잡아 온 히브리인 노예의 청을 들어줄 일은 없습니다.

그럼에도 10절에 보면, 다니엘에게 자기의 처지를 설명하며 왕의 명령을 어기게 될 경우 자신의 머리가 위태로울 것이라 말하는 장면이 나옵니다.

현실적으로 이루어질 수 없는 상황이 일어난 이유를 하나님이 하신 것, "환관장에게 은혜와 긍휼을 얻게 하신지라."라고 기록하고 있음을 봅니다.

세상의 논리와 역학 관계에 비추어 일어날 수 없는 일이 일어날 때, 하나님을 믿는 사람이라면 이 일이 기적이나 우연이 아니라 하나님의 역사하심이라 믿어야 할 것입니다.

왜냐하면 하나님은 우리의 기도를 들으시고 우리의 필요를 아시며 그의 선하신 뜻을 우리를 통하여 나타내기를 원하는 분이시기에, 하나님 앞에 바로 선 우리를 기뻐하시며 사용하시기 때문입니다.

항상 이런 일이 일어나는 것은 아닐 것입니다. 오직 그의 시간에 그의 필요와 뜻을 나타낼 때만 이런 일이 있지, 우리의 필요와 요구대로 일어나지는 않음을 유의해야 할 것입니다.

✝ 기도

하나님, 하나님을 경외하는 자, 다니엘과 그의 세 친구의 이야기가 참 재미있고 신나게 기록된 것을 오늘의 본문으로 읽고 묵상하였습니다.

당신이 선민으로 세우신 이스라엘은 타락하여 멸망했고, 오히려 징계의 회초리로 세우신 바벨론과 바사, 메대라는 당시 최강대국의 왕들이 굴복했습니다. 그렇게 당신의 이름을 높이신 역사를 보며 하나님의 역사하심은 세상 조건에 구속되지 않음을 알아갑니다.

"나의 뜻은 너희의 생각보다 높고, 나의 길은 너희의 길과는 다르다."라는 말씀에 의지하여 오늘 본문을 받아들입니다. 그들의 쓰임은 하나님의 역사를 나타내기 위함이니 그들의 자질이나 환경 여건으로 해석될 수 없음을 이해합니다.

주님의 뜻은 항상 선하심을 믿으며 주의 뜻을 순종하는 마음으로 받아들이는 자로 살아가겠습니다.

모든 일에 우리의 기도와 간구를 들으시는 우리 주 그리스도 예수님의 이름으로 기도합니다. 아멘.

오늘 묵상은 "그는 누구에 의해서 쫓겨날 것인가?"입니다.

8장 25절: "…… 그가 사람의 손으로 말미암지 아니하고 깨지리라."

다니엘이 본 환상이 담긴 7~12장은 신약의 계시록을 보는 것 같이 종말의 때에 일어날 하늘의 변화를 기록한 것입니다.

많은 해석과 묵상이 필요한 방대한 내용 중 오늘 내 마음에 와닿은 한 구절, 레마의 말씀이라 생각되는 구절은 25절 "…… 그가 사람의 손으로 말미암지 아니하고 깨지리라."라는 것입니다.

이 세상의 수많은 권세 중 '절대 권력'이라는 것이 있습니다. 누구와도 비교되지 않는 막강한 권한, 무엇이든지 자의로 행해도 아무에게도 비판받지 아니하는 권세, 무슨 일을 해도 부끄러워하지 않을 수 있는 뻔뻔함이 절대 권력의 속성인 것입니다.

25절에 언급된 "그"는 누구일까요? 21~24절에 기록한 "그"가 어떠한 자인지 봅시다.

8장 21절: "털이 많은 숫염소는 곧 헬라 왕이요, 그의 두 눈 사이에 있는 큰 뿔은 곧 그 첫째 왕이요"

8장 22절: "이 뿔이 꺾이고 그 대신에 네 뿔이 났은즉 그 나라 가운데에서 네 나라가 일어나되 그의 권세만 못하리라."

8장 23절: "이 네 나라 마지막 때에 반역자들이 가득할 즈음에 한 왕이 일어나리니 그 얼굴은 뻔뻔하며 속임수에 능하며"

8장 24절: "그 권세가 강할 것이나 자기의 힘으로 말미암은 것이 아니

며 그가 장차 놀랍게 파괴 행위를 하고 자의로 행하여 형통

하며 강한 자들과 거룩한 백성을 멸하리라."

혼란한 때 일어난 한 왕, 그는 얼굴이 뻔뻔하고 속임수에 능한 자이며 그가 얻은 권세는 자기의 힘으로 쟁취한 것이 아니라 그냥 그에게 주어진 것입니다. 주어진 절대 권력으로 강한 자들과 거룩한 백성을 멸하지만, 그의 최후는 누군가 사람의 손이 아닌 어떠한 힘에 의해 망하게 될 것이라는 계시로 받아들입니다.

여기 "그"에 해당되는 자가 누구인지 짐작해 봅니다.

북쪽의 어린 망나니, 더 북쪽의 검은 불곰, 서편의 음흉한 이무기, 동편의 야비한 늑대, 바다 건너 탐욕에 가득한 양아치, 그리고 우리 안의 어리석은 자, 모두 다 뻔뻔하며 부끄럼이 없는 절대 권력에 취한 자들입니다.

이들의 하고자 하는 일이 우리를 아프게 하지만, 막을 힘이 없어 무기력하게 끌려가야만 하는 현실에서 'COVID-19'라는 바이러스가 유행하고 있습니다. 절대 권력자이며 뻔뻔하고 막돼먹은 인성을 가진 "그"들이 벌이던 위험한 파워게임이 이 작은 바이러스의 유행으로 인해 뜻하지 않은 방향으로 흘러가고 있습니다. 그리고 그 결과로 "그"들이 어떤 종말을 맞이할지 큰 호기심으로 지켜봅니다.

우리가 할 수 있는 일은 하나님만을 의지하여 눈물로 기도하는 것밖

에 없음을 고백합니다. 이 나라와 이 민족을 살려 달라고, 우리의 공로
는 없으나 오직 하나님의 자비와 긍휼하심에 의지하여 드리는 우리의 기
도를 들으실 하나님의 강권하신 역사를 기대하며 말씀을 묵상합니다.

✝ 기도

하나님, "세상의 권세가 덧없다."라는 옛 말씀을 기억하며 심중에 와닿는 "그"들을 위
해 기도합니다.
사람의 손이 아닌 다른 힘에 의해 깨진다고 하셨는데 그 힘은 오직 기도와 간구를 들
으시는 하나님의 역사일 것이라 믿습니다. 그리고 아무 공로 없는 니느웨를 구원하시
기 위해 그 한 사람 요나를 보내셨던 하나님의 자비하심이 다시 한번 우리에게 주어
지기를 원합니다. 눈물로 기도하는 그 한 사람의 기도를 들어주시기를 간구하며 예
수님의 이름으로 기도합니다. 아멘.

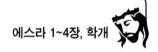
오늘 첫 묵상은 "성전 건축은 무엇을 의미하는가?"입니다.

에스라 1장 3절: "...... 여호와의 성전을 건축하라."

나라가 망하고 그 백성들이 포로로 잡혀 바벨론 땅에 끌려간 지 70년, 예레미야를 통해 예언하신 그 70년이 지난 후에 하나님은 고레스왕의 마음을 움직여 포로로 잡혀 온 이스라엘 백성에게 성전을 건축할 수 있도록 조칙을 내리고 필요한 물품까지 주어서 돌려보내는 역사가 일어납니다.

히브리 노예의 출애굽을 연상시키는 이 사건에서 이스라엘 백성들이 한 역할은 아무것도 없습니다. 그러나 그들에게는 바벨론, 바사, 메데의 왕실에 하나님의 역사를 증거한 다니엘과 같은 하나님의 사람이 몇 있었으며, 이들을 통해 하나님의 역사가 일어난 것이라 짐작됩니다.

징계와 회복의 역사는 순전히 하나님의 영역이며 그 과정에서 쓰임받는 몇몇 사람으로 인하여 그 백성 전체가 영향을 받음을 알 수 있습니다.

성전 건축을 허가받고 필요한 물품과 옛 성전의 보물까지 돌려받아 귀환한 이스라엘 백성들, 그러나 예루살렘으로 돌아와서 성전 건축에 나서자 방해 세력이 건축을 막아섭니다. 이들은 이스라엘이 쫓겨난 후

들어온 이방 민족이자 예루살렘과 그 인근에서 지난 70년간 살아온 일종의 기득권자로서 이스라엘과는 화합할 수 없는 자들입니다.

성전 건축이 장기간 중단되자 이스라엘은 우선적으로 자기들이 거주할 판벽한 집을 건축했고 이는 학개 선지자를 통한 하나님의 질책으로 이어지고(학개 1장 4절) 이후 성전건축에 열심을 내게 됩니다.

한번 무너진 성전을 재건하려니 많은 고난이 따릅니다. 지금 나의 성전은 얼마나 지어지고 있는지 생각해 봅니다. "너희는 하나님의 성전인 것을 알지 못하느냐?(고린도 전서 3장 16절)"라고 하신 대로 나의 성전은 얼마나 완성되었는지, 어떠한 방해가 일어나고 있는지를 생각해 보면 오늘의 묵상 구절과 나의 현 상황이 그대로 대비됨을 알 수 있습니다.

나를 돌아오게 하심은 고레스의 귀환 명령이며, 성전을 건축하며 닥치는 수많은 염려와 근심, 회의감, 세상의 유혹, 금전적 방해는 이민족의 집요한 방해 공작과 같습니다.

잠시 물러나 세상과 타협한 것은 성전 건축보다 나의 거처를 우선하게 한 마음과 같으며 이러한 나를 불편하게 하는 성령의 질책은 학개 선지자를 통한 하나님의 질책인 것입니다.

성경이 요구하시는 대로 스룹바벨 성전이 완성되어 감과 같이 나의 성전도 완성을 향한 여정이 중단되지 않도록 애써야 할 것을 깨닫게 하는 아침입니다.

두 번째 묵상은 "사용하시는 성품"입니다.

에스라 2장 2~67절을 보면 수십에서 수천 명 단위의 각 자손의 이름을 빠짐없이 기록하고 있는데, 구약 성경 중 많은 부분이 이러한 종족 및 사람 숫자의 계수와 족보에 대한 내력의 기록임을 알 수 있습니다.

이러한 치밀한 기록 문화가 이스라엘 민족의 특징이라 하나님이 택하셨다고 믿을 수밖에 없습니다. 성경 말씀을 꼼꼼히 기록하여 오랜 세월 변질되지 않도록 보존할 수 있는 유일한 민족이기 때문에 선택한 것이라 생각됩니다.

하나님 앞에서는 우리가 판단할 선악이 없다고 성경은 말씀하십니다. 심지어 우리 눈앞에 벌어지는 그 악한 범죄도 우리가 정죄하지 말라고 하시는 말씀들을 유의하여야 할 것입니다.

과거 〈오두막〉이라는 영화를 본 적이 있었습니다. 그 전에 책으로 읽었을 때와 영상으로 볼 때의 감정이 이렇게 다를 수 있음을 처음 깨달은 소중한 경험이었습니다. 그 딸의 유괴 살인에 대하여 분노하며 하나님께 해명을 요구하는 아버지에게 삼위의 하나님이 설득하고 위로하는 장면이 가슴에 남습니다.

명쾌하고 시원한 해답은 절대 될 수 없지만, 하나님의 세상을 이해할 수 없어도 믿음과 사랑으로 용서하라는 말씀을 가슴에 담을 수 있었습니다.

하나님이 기뻐하시고 들어 쓰고자 하시는 사람은 어떤 자격을 가지고 있을까 생각해 봅니다. 하나님은 이스라엘 민족에게서 무엇을 보셨기에 그 지긋지긋하게 말 안 듣고, 목이 곧으며, 쉽게 우상에 넘어지는 자들을 선민으로 택하셨을까요? 이 질문의 답은 본문에 잘 나타난 대로 그 꼼꼼한 기록성에 있다고 읽힙니다.

그분은 나쁜 것은 보지 않으시고 좋은 것만을 골라서 보시는 분이시기에…

다윗에게서 무엇을 보셨기에 그를 내 마음에 합한 자라고 하셨을까요? 그의 외모를 보지 아니하시고 오직 순수한 믿음만을 보셨기 때문일 것입니다.

'하나님은 나를 어떻게 보고 계실까?'라고 생각해 보아도 부족하고 못난 것뿐이라 의기소침할 수밖에 없지만, 그래도 하나님은 내가 생각지 못할 그 어떤 성품을 보시고 기뻐 사용하실 것이라는 희망과 믿음을 가져 보는 묵상의 시간이었습니다.

세 번째 묵상은 "누구에 의해서 일이 이루어지는가?"입니다.

온 세상의 패권국이자 이방의 왕, 고레스의 마음을 움직이신 여호와의 뜻에 따라 포로 귀환과 성전 건축이 허가되었습니다.

우상의 나라에서 포로 생활을 하던 노예를 해방시키고 본국으로 돌려보내 그들 신의 성전을 건축하게 허락하고 지원한 것은 역사적으로 보아도 있을 수 없고 누구도 예상할 수 없는 일이 이루어진 것입니다.

망하기 전까지 수많은 선지자가 눈물로 호소해도 듣지 않던 그들이었는데, 이제는 에스라와 학개 선지자를 통해 선포되는 여호와의 말씀에 이스라엘 백성이 순종합니다.

또 70년이나 비워 둔 땅에 들어와 터 잡고 살던 이민족과 기존의 적대 민족들의 집요한 방해 공작으로 중단된 성전 건축을 재개할 동력도 학개 선지자를 통해 전해지는 말씀을 순종하게 하신 여호와이심을 알 수 있습니다.

학개 1장 12절: "스알디엘의 아들 스룹바벨과 여호사닥의 아들 대제사
장 여호수아와 남은 모든 백성이 그들의 하나님 여호와
의 목소리와 선지자 학개의 말을 들었으니 이는 그들의
하나님 여호와께서 그를 보내셨음이라. 백성이 다 여호
와를 경외하매"

✝ 기도

하나님, 오늘 에스라와 학개서에 기록된 성전 건축이 어떻게 진행되는지 묵상하였습
니다. 이 일은 절대 이스라엘 민족의 뜻과 의지로 된 것이 아니고, 하나님의 역사하심
으로 일이 시작되고 진행될 수 있음을 알 수 있습니다.
우리 사이에 벌어지는 많은 일도 우리의 일이 아니요, 하나님의 뜻에 의해 일이 진행
될 것임을 미루어 짐작할 수 있었습니다. 주님, 우리가 먼저 나서지 않고 하나님의 뜻
을 먼저 구하며 말씀에 순종하는 삶을 살아가야 할 것임을 깨닫게 되었음을 고백합
니다.
하나님이 사용하실 만한 성품을 우리가 판단할 수 없으나 부족한 저를 있는 그대로
받아 주시고 주의 뜻대로 사용하여 주소서.
예수님의 이름으로 기도드립니다. 아멘

스가랴

오늘 첫 묵상은 "기다리시는 하나님"입니다.

> 스가랴 1장 3절: "...... 너희는 내게로 돌아오라. ......"

한 집안에 망나니 아들이 있을 경우 그 아버지는 아들을 훈계하여 바른길로 인도하고, 말을 듣지 않으면 징계의 회초리로 다스립니다. 그래도 듣지 않으면 집에서 내쫓아 버리지만, 그 아버지는 언제나 문을 열어 놓고 아들이 돌아오기를 기다립니다.

오늘 하나님의 마음이 바로 이것이라 생각됩니다. 당신이 택하여 자녀 삼으신 이스라엘이 패역하고 목이 곧아 어지간히도 아버지의 속을 썩이기에, 수많은 징계의 회초리로 다스리고 결국은 패망하게 하여 열방 중에 흩어 버리셨습니다. 그러함에도 70년 기한의 회복 약속을 주시고 이제 돌아오라고 말씀하십니다.

이 약속을 붙잡은 이는 다니엘 한 사람이지만 고레스왕의 마음을 움직이신 하나님으로 말미암아 이스라엘은 고국으로 돌아오게 되고 스룹바벨에게 능력을 주사 스룹바벨 성전이라 불리는 상징을 세우게 하십니다.

회개하지 아니한 이스라엘, 은혜를 잊어버리는 이스라엘은 얼마간의 시간이 지나면 또 하나님을 배반하게 될 것이고 하나님은 그 사실을 잘 아시지만 언제나 아버지의 마음으로 받아 주십니다. 돌아오기만 한다면…

두 번째 묵상은 "이루게 하는 힘의 실체"입니다.

> 스가랴 4장 6절: "...... 이는 힘으로 되지 아니하며 능력으로 되지 아니
> 하고 오직 나의 영으로 되느니라."

고레스왕의 조서에 의해 1차 귀환한 스룹바벨과 그와 함께한 백성들
이 성전 재건의 기초를 놓습니다.

그러나 주변 이방 민족의 집요한 방해 공작으로 장기간 성전 재건이
중단됩니다. 이런 상황에서 2차 귀환 백성의 지도자인 스가랴가 실의
와 회의감에 젖어 있는 백성들을 격려하며 한 말이 바로 이것입니다.

> "성전 재건은 너희의 힘이나 능력으로 되는 것이 아니다. 오직 하나님
> 의 도우심으로 말미암아 되는 것이니 실망하고 좌절하지 말라. 하나님이
> 그리하라 하셨으니 될 수밖에 없는 일이다. 힘을 내라. 너희가 다시 일을
> 시작하면 내가 그 일이 성취되도록 하리라."

어려운 일은 종종 닥쳐옵니다. 특히 많은 고민과 헤아림으로 시작한
일이 예상치 못한 장애를 만나 좌절할 지경이 되었을 때, 이 말씀을 새
겨 보라고 주신 말씀으로 이해됩니다.

씨를 뿌리고 물을 주는 것은 사람이 애써서 할 수 있는 일이지만, 풍
성한 수확을 거둘 수 있도록 곡물을 자라게 하시는 이는 하나님이신
것입니다.

즉, 사람의 능력으로 해야 할 일과 하나님이 도와주셔야 할 일이 함께해야 풍성한 수확이 있는 것처럼 어떠한 일이 이루어지기 위해서는 반드시 하나님의 도우심이 있어야만 합니다.

이 한 말씀의 의미를 묵상하며 하나님의 뜻이 아닌 일에는 하나님의 도우심을 기대할 수 없는 것과 하나님의 뜻이라도 사람이 순종하지 않으면 아무 일도 이룰 수 없다는 것을 알아 가는 시간이 되었습니다.

✞ 기도

하나님, 부족한 저희는 속 썩이는 자녀가 되지 아니하도록 주의할 것이고 자애로운 아버지의 마음에 의지하여 비록 실족해도 곧 돌이켜 회개하는 자녀의 길을 가겠습니다.
그리고 모든 일에 하나님의 뜻이 어디에 있는지 물어보며 나의 노력을 더하여 그 일의 성취를 기대합니다. 뜻이 아니면 가지 아니하고 뜻이라 판단되면 과감히 나아가는 믿음으로 살아가기를 원합니다.
나를 도우소서. 예수님의 이름으로 기도합니다. 아멘.

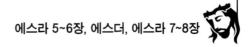
오늘 첫 묵상은 "하나님의 역사하심을 보라"입니다.

에스라 7장 11~26절은 바사왕 아닥사스다가 2차 포로 귀환을 명하며 그 인솔자로 에스라를 지명하여 보내며 그에게 준 조서의 내용을 기록하고 있습니다.

> 7장 12절: "모든 왕의 왕 아닥사스다는 하늘의 하나님의 율법에 완전한 학자 겸 제사장 에스라에게"
>
> 7장 15절: "왕과 자문관들이 예루살렘에 거하시는 이스라엘 하나님께 성심으로 드리는 은금을 가져가고"
>
> 7장 21절: "나 곧 아닥사스다 왕이 유브라데 건너편 모든 창고지기에게 조서를 내려 이르기를 하늘의 하나님의 율법학자 겸 제사장 에스라가 무릇 너희에게 구하는 것을 신속히 시행하되,"
>
> 7장 23절: "무릇 하나님의 전을 위하여 하늘의 하나님이 명령하신 것을 삼가 행하라. 어찌하여 진노가 왕과 왕자의 나라에 임하게 하랴."
>
> 7장 26절: "무릇 네 하나님의 명령과 왕의 명령을 준행하지 아니하는 자는 속히 그 죄를 정하여 혹 죽이거나 귀양을 보내거나 가산을 몰수하거나 옥에 가둘지니라 하였더라."

이 조서의 내용을 보면 패권 국가 바사를 지배하는 것은 바사의 왕도 아니고 바사의 우상신도 아닌 이스라엘의 하나님이란 것을 알 수 있습니다.

그리고 정복 국가에서 전쟁 포로로 끌어온 노예인 에스라, 그는 율법학자요 제사장으로서 바사의 입장에서는 이방신인 이스라엘의 하나님을 섬기는 자입니다. 그런 에스라를 석방하며 그에게 내린 조서의 내용이 위와 같다는 것은 무엇을 뜻할까요?

그 당시 중·근동에서 여러 민족 간에 벌어진 전쟁은 신들의 대리 전쟁이었고, 패배한 민족의 신은 철저히 파괴되는 것이 보통이었습니다. 그런데 패전국 이스라엘의 신이 승전국 왕의 정신을 지배하고 있으니 어찌 된 일일까요?

세상의 전쟁은 바벨론과 메대, 바사가 이겼는데 신들의 싸움은 패전국 이스라엘의 하나님이 이긴 형국입니다. 이것은 그들의 신은 손으로 만든 목석일 뿐이고 참신은 하나님이시라는 증거인 것입니다.

이스라엘의 하나님은 이스라엘 민족이 당신의 영광을 나타내 주기를 원하셨지만 타락하고 목이 곧은 이스라엘 민족이 그 역할을 하지 못하자 온 세상의 정복자를 사용하여 그들을 징계하시고, 다니엘과 같이 특별히 구분하신 몇몇 사람을 통해 정복 국가의 왕실에 역사하셨습니다. 그렇게 바벨론, 메대, 바사의 왕을 통해 영광을 받으신 것이라 생각됩니다.

전능하신 하나님은 당신의 뜻을 위하여 못하실 일이 없으신 분이심을 알아야 할 것입니다.

두 번째 묵상은 "기적과도 같은 일은 어떻게 성취되는가?"입니다.

방해하는 세력의 고발로 인하여 당시의 왕 아닥사스다는 조서를 내려 성전 건축을 중단시킵니다. 그리고 시간이 흘러 다리오왕 시기에 학개와 스가랴 선지자를 통한 하나님의 재촉이 있자 스룹바벨과 예수아를 중심으로 성전 건축을 재개합니다.

엄연히 전왕 아닥사스다의 조서는 유효하였기에, 이는 큰 핍박을 받을 수 있는 매우 위험한 상황입니다. 실제로 현지 총독 닷드내와 스달보스내가 제지하려 했지만 하나님이 유다 장로들을 돌보셨기에 그들이 어쩌지 못하고 당시의 왕 다리오에게 이 상황(아닥사스다왕의 조서를 어기고 성전 건축을 재개하였음에도 그들을 제지하지 못한 상황)을 보고하고 처분을 기다립니다.

그런데 다리오왕은 당시 고레스왕의 기록을 찾아보고 성전 건축을 허가한 고레스왕의 조서대로 즉시 시행하라는 조서를 보냅니다. 그렇게 현지 총독 닷드내와 스달보스내, 방해 세력의 기도를 무력화시키는 역사가 일어납니다.

여기서 중요한 것은 다리오왕이 찾은 기록이 바로 직전에 성전 건축을 중단시킨 아닥사스다왕의 조서가 아니라 그보다 훨씬 전에 성전 건축을 허가한 고레스왕의 조서였다는 것입니다.

이 일은 결코 우연이거나 현지 총독 닷드내와 스달보스내가 잘못 보고하였거나 다리오왕의 신하들이 업무를 완전하게 하지 못했기 때문이 아닙니다. 사람의 작용이 아닌 하나님의 뜻대로 역사하신 것이라 믿어집니다.

에스더서의 전개도 이와 유사한 것입니다. 바사왕 아하수에로와 그의 총신 하만이 지배하는 수산궁에 에스더가 왕비로 들어간 사건은 단순히 에스더의 용모가 아름다웠기 때문이 아닙니다. 그가 모든 사람에게 사랑스러워 보인 것이 왕비 간택의 이유라는 사실을 유의해야 합니다. 그리고 이 사건은 장차 있을 큰 사건의 반전을 위해 하나님이 미리 준비하게 하신 것임을 알게 됩니다.

또 왕궁 문전에 앉은 모르드개는 왕의 내시 박단과 데레스의 반역사실을 고변하여 왕을 구하지만 아무런 포상을 받지 못하고 그대로 잊힌 사건 역시 이때를 위한 것입니다.

왕의 총애를 받는 첫째 신하 하만과 왕궁 문지기 모르드개의 권력싸움은 승산이 전혀 없는 것이었습니다. 그러나 미리 준비하신 보이지않는 역사에 의해 극적인 반전이 일어나 하만과 이스라엘 민족의 대적들이 망하는 것으로 마무리됩니다.

> 에스더 4장 14절: "…… 네가 왕후의 자리를 얻은 것이 이때를 위함이
> 아닌지 누가 알겠느냐?"

이런 기적과도 같은 일이 일어나기 위해 필요한 것은 절대적인 순종입니다. 에스더는 규례를 어기고 왕이 부르지 않았음에도 목숨을 걸고 왕 앞에 나아갈 때 "죽으면 죽으리라(4장 16절)."라는 비장한 마음으

로 나아갔습니다. 또한, 건축 재개를 촉구하는 선지자들의 대언에 스룹바벨과 예수아도 아닥사스다왕의 조서를 무시하고 건축을 재개하였기에 미리 준비하신 하나님의 역사가 이루어진 것임을 유념해야 할 것입니다.

✝ 기도

하나님, 하나님의 역사하심은 사람의 생각과 달라서 그 당시에는 우리가 이해하지 못하지만 나중에야 '그렇구나!'라고 무릎을 치게 됩니다.

패역한 이스라엘 민족이 주어진 사명을 감당하지 못하자 이방 패권 국가, 바벨론, 바사, 메대를 사용하여 하나님의 영광을 만천하에 널리 보이시고 당신의 역사하심을 온 세상 민족들에게 바로 각인시키셨음을 묵상을 통해 알게 하셨습니다.

오늘 본문 내용을 통해 하나님이 시키신 일에 사람의 판단을 개입시키지 않고 그대로 순종하는 그들의 믿음이 부럽습니다.

하나님이 하고자 하시면 우리가 알지 못하는 것을 미리 준비하게 하시고, 순종하는 자의 안위를 지키시며 일을 이루어 가시는 하나님의 역사를 다시 한번 깨달으며 말씀에 순종하겠다는 마음을 굳게 합니다.

다만 정확한 하나님의 뜻을 분별할 수 있는 지혜를 구하며 예수님의 이름으로 기도합니다. 아멘.

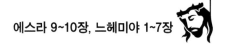

오늘 묵상은 "회복의 소망"입니다.

바사왕 아닥사스다의 술 관원인 느헤미야, 술 관원은 왕의 음료를 관리하였기에 왕의 절대적인 신임이 없으면 할 수 없는 자리입니다. 바사 제국의 어느 대신보다도 막강한 영향력을 가진 자리로, 마치 과거 우리나라의 '문고리 4인방'과 유사하다고 할 수 있습니다.

전쟁 포로로 끌려와 노예로 살다가 높은 권세를 가지게 되었고, 모든 것을 잊고 부귀와 안락함에 젖어 있을 그가 고국의 처참한 상황을 전해 듣고 옷을 찢고 통곡하며 하나님께 드린 기도가 바로 느헤미야 1장 5~11절의 내용입니다.

그 기도 중 8, 9절의 내용이 마음에 남습니다. 바로 지금 우리 교회, 우리나라, 우리 민족이 드려야 할 기도의 내용이며 붙들어야 할 약속의 말씀이기 때문입니다.

> 1장 8절: "옛적에 주께서 주의 종 모세에게 명령하여 이르시되 만일 너희가 범죄하면 내가 너희를 여러 나라 가운데에 흩을 것이요"
>
> 1장 9절: "만일 너희가 돌아와 내 계명을 지켜 행하면 너희 쫓긴 자가 하늘 끝에 있을지라도 내가 거기로부터 그들을 모아 내 이름을 두려고 택한 곳에 돌아오게 하리라 하신 말씀을 이제 청컨대 기억하옵소서."

느헤미야의 기도를 지금 우리의 상황에 맞게 재구성하면 아마도 다음과 같은 기도가 되었을 것입니다.

"하나님, 우리가 범죄하였나이다. 그리하여 우리가 겪는 이 환란과 고통이 주의 징계로 인한 것임을 깨닫고 우리의 죄를 자복하나이다. 우리의 부족함과 어리석음으로 잘못된 길을 간 것과 그릇 행함을 용서하여 주소서. 하나님, 원컨대 하나님께서 모세에게 약속하신 말씀을 기억하여 주사 우리를 버리지 마시고, 우리가 죄에서 회개하고 돌이킬 때 우리에게 내리신 징계의 회초리를 거두어 주시고, 우리를 예전같이 회복하여 주시기를 간구하나이다."

하나님, 느헤미야의 입으로 설교한 그 내용이 그는 모르겠지만 그의 말이 우리의 기도가 되게 하였음을 깨달아 알게 하셨으니 감사합니다.

✝ 기도

하나님, 우리를 용서하소서. 우리가 어리석고 미련하여 주의 말씀을 실천하지 못하였고, 주의 징계의 회초리가 떨어져도 회개하지 못하나이다.
너무 맵고 아픈 회초리에 우리가 죽게 되었으니 청하건대 우리의 죄를 사하여 주소서. 회초리를 거두어 주옵소서.
하나님의 신실하심과 선하심과 자비하심과 약속의 말씀에 의지하며 예수님의 이름으로 기도드립니다. 아멘.

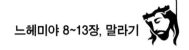

오늘 말라기를 끝으로 구약의 통독이 끝납니다. 구약의 내용은 창조 세계에 대한 이해로부터 역사 시대의 수많은 사실들을 흥미롭게 다루고 있습니다. 재미있고 교훈이 되는 말씀들로 인해 시간 가는 줄 모르고 읽었고 우리에게 주시는 교훈에 가슴을 치기도 했지만, 가슴에 잔잔히 앙금으로 남는 하나님의 마음이 느껴집니다.

오늘 첫 묵상은 "하나님의 마음을 헤아리자"입니다.

안타까움, 애타는 심정, 배신당한 원망과 미움의 감정, 사랑하는 자를 향한 끝없는 헌신, 무어라 말할 수 없는 애잔함, 그리고 회복에 대한 희망과 의지의 마음이 묵상하는 내내 저의 가슴에 스며들어오는 것을 알 수 있었습니다.

느헤미야의 구절만이 아니라 구약 성경 전체에 흐르는 그 느낌, "내가 너희에게 …… 했는데 너희는 그것을 잊었다. 내가 너희를 …… 인도했는데 너희는 다른 곳으로 갔다. 나만을 바라보라 했는데 너희는 손으로 만든 우상에 빠져 나를 잊었다. 내가 너희를 불렀는데 너희는 오지 않았다."라는 말씀이 남습니다. 이스라엘을 향해 얼마나 많은 말씀으로 권면하고 얼마나 많은 은혜를 부어 주셨으며 얼마나 많은 이적으로 그들을 도우셨을까요?

그럼에도 목이 곧은 그들은 돌아오지 않고 더욱더 멀리 달아나기만

하니 사람이라면 포기하고 그들을 버릴 만하지만 하나님은 그리하지 아니하시고 새로운 의지로 우리를 구속하실 것을 말씀하십니다.

> 말라기 3장 1절: "만군의 여호와가 이르노라, 보라 내가 내 사자를 보내리니 그가 내 앞에서 길을 준비할 것이요, 또 너희가 구하는 바 주가 갑자기 그의 성전에 임하시리니 곧 너희가 사모하는바 언약의 사자가 임하시리라."
>
> 말라기 3장 6절: "나 여호와는 변하지 아니하리니 그러므로 야곱의 자손들아 너희가 소멸되지 아니하느니라."
>
> 말라기 3장 17~18절: "나는 내가 정한 날에 그들을 나의 특별한 소유로 삼을 것이요, 또 사람이 자기를 섬기는 아들을 아낌같이 내가 그들을 아끼리니, 그때에 너희가 돌아와서 의인과 악인을 분별하고 하나님을 섬기는 자와 섬기지 아니하는 자를 분별하리라."

하나님은 세례 요한을 보내시고 직접 임하시겠다는 놀라운 약속 말씀을 구약 성경 마지막 말라기 편에 기록해 놓으셨습니다. 새로운 약속의 말씀(신약)에 기록된 것을 제가 알고 있으니 이후로 이어지는 신약 통독을 설레는 마음으로 기다립니다.

두 번째 묵상은 "이름이 기록된 이유"입니다.

느헤미야 8~13장은 이스라엘이 하나님 앞에 나와 과거를 회상하며 회개하고 하나님의 은혜를 다시 새기며 새로운 백성으로 살아갈 것을 다짐하는 내용입니다.

그런데 어떤 직분이나 직책을 맡은 사람, 누가 예루살렘에 거주하게 되었는지를 밝히는데 참으로 많은 사람의 이름을 기록하고 있습니다. 지면이 한정된 성경에 기록해야 할 내용이 얼마나 많을까요? 그럼에도 상당히 많은 분량을 할당하여 사람의 이름을 자세히 기록하고 있음을 봅니다.

이런 경우 일반적으로 '대표자 누구 외 몇 명' 이런 식으로 쓰게 마련인데, 오늘 묵상 본문이 아니더라도 성경 곳곳에 사람의 족보와 이에 따른 사람의 이름이 너무나도 자세히 기록되어 있음은 무슨 이유에서일까요?

최후의 심판 날에 주님 앞에 섰을 때 하나님의 생명책에 우리의 이름이 쓰여 있기를 바라는 마음으로 신앙생활을 합니다. 그리고 하나님은 아무리 작은 자라도 다 기억하시며 우리의 삶을 지켜보신다고 믿고 있습니다.

바로 이러한 믿음과 하나님의 의지의 표현이 수많은 사람의 이름, 아무 의미 없을 것 같고 보잘것없어 보이는 사람의 이름을 하나하나 구분하여 기록하신 성경의 깊은 뜻이라 생각합니다.

세 번째 묵상은 "십일조는 누구의 것인가?"입니다.

말라기 3장 8절: "사람이 어찌 하나님의 것을 도둑질하겠느냐? 그러나 너희는 나의 것을 도둑질하고도 말하기를 우리가 어떻게 주의 것을 도둑질하였나이까 하는도다. 이는 곧 십일조와 봉헌물이라.”

이 말씀의 해석은 분분하며 대체로 십일조를 드려야 하는 당위성의 근거로 사용됩니다. 구약 성서에 기록된 십일조는 분깃이 없는 레위인의 생계를 위한 제도로 소개됩니다. 그러나 오늘 묵상 구절에 단 한 번 나오는 하나님의 과격한 말씀을 유의하여 묵상하여야 할 것을 느낍니다.

성경 전체를 통해 단 한 번, 하나님이 우리에게 사람들이 나의 것을 도둑질한다고 말씀하십니다. 도둑질이라니요? 십일조를 드리지 않으면 도둑질이 된다고 하시다니요….

이 말씀은 물질에 빠진 기성 교회와 목회자들이 애용하는 구절로, 반드시 십일조를 드려야 한다고 강요하는 의미로 사용하고 있습니다. 이런 현실을 생각하면 하나님의 진정한 뜻을 곡해하는 그들의 죄가 얼마나 클까 생각하게 합니다.

이 말씀의 진정한 뜻은 “이 세상의 모든 것은 나의 창조물이니 너희가 얻는 재물도 나의 것이다.”라는 하나님의 선언이신 것입니다.

> “너희의 모든 것, 너 자신까지도 나의 것이기에 내가 너희에게 필요한 모든 것을 공급하노라. 너희는 그것을 인정하라. 그리고 그 인정의 증표로서 내가 너희에게 준 재물의 십분의 일을 내게 돌리라. 너에게 필요한 것, 십분의 구를 내가 너희에게 이미 주었노라.”

그 십일조는 내가 가진 모든 것이 누구의 것인지, 누가 주셨는지에 대한 성찰을 요구하신 하나님에 대한 인정과 감사의 표시이며, 그 물질을 하나님의 일을 위한 도구로 사용하도록 성경에 기록하고 있는 것입니다. 결코 복을 받기 위한 마중물이 아니요, 주신 것에 대한 감사의 표시라는 인식이 있어야 하는 것입니다.

이러한 뜻을 왜곡하여 헌금을 강요하며, 기복 신앙을 심어 주는 일부 목회자들의 가증한 행위를 잘 분별하여야 할 것입니다.

우리의 믿음은 복을 받기 위한 수단이 아니라 하나님과 함께하는 복된 길을 가는 것입니다. 동행하시는 하나님의 은혜 속에 필요한 것을 채워 주시기에 그 채워 주심이 어떤 사람에게는 물질의 복으로, 어떤 사람에게는 재능으로, 각각의 필요와 사명에 따른 달란트로 우리에게 주어진다는 것을 명확히 인식하여야 합니다.

그리해야만 지금과 같이 하나님을 믿어야만 복을 받는다는 기복적 기독교관이 나타나지 않을 것입니다.

✝ 기도

하나님, 오늘로 구약의 말씀 묵상이 끝났습니다.
처음에는 보아도 들어도 모를 것 같던 말씀이 하나씩 마음속으로 들어와 깨닫게 하심에 감사하며 언제나 주님 안에 말씀을 묵상하며 살아가기를 소원합니다.
예수님의 이름으로 감사하며 기도드립니다. 아멘.

2장

신
약
편

신약 묵상 목차

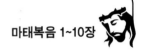

오늘 첫 묵상은 "거룩한 계보는 어떤 것일까?"입니다.

마태복음은 신약의 첫 권이며 첫째 장은 예수 그리스도의 계보를 기록하고 있습니다. 거룩한 계보로서 얼마나 흠 없고 존귀한 내용을 적었을까요?

한 가문의 족보만 보아도 자랑스러운 내용만을 기록하며 부끄러운 부분은 생략하거나 미화하는 것이 통례지만 예수님의 족보·계보는 그렇지 아니함을 발견하게 됩니다.

첫 장에 쓰인 그리스도의 계보에는 누구나 지워 버리고 싶은 내용, 여러 여인의 이름이 기록되어 있습니다.

- 1장 3절 "다말": 유다의 며느리로서 유다의 아들을 낳은 여자
- 1장 5절 "라합": 여리고성의 기생 출신 이방 여자
- 1장 5절 "룻": 이방인 모압 출신 여자
- 1장 6절 "밧세바": 다윗의 신하 "우리아"의 아내로, 다윗이 우리아를 죽이고 강탈한 여자
- 1장 16절 "마리아": 요셉의 약혼녀이나 성령이 가로챈 여자

위와 같이 다섯 명의 여인이 계보에 나타나지만 정상적인 부부 관계가 아님을 정확하게 표현하고 있습니다. 일반적인 족보라면 절대 나타낼 일이 없는 계보를 성경에 기록하고 있습니다. 또한, 혈통으로 따진

다면 유다는 며느리에게서 아들을 얻었으니 그 대의 수가 아리송하며, 성령으로 나신 예수님을 다윗의 혈통이라 볼 수는 없는 것입니다.

이는 예수님을 다윗의 자손이라 칭하지만 엄격히 따지면 다윗의 자손인 요셉의 약혼자 마리아에게 성령으로 나신 분입니다. 그렇기에 마리아가 예수님의 어머니이고 요셉은 예수님의 의부인 것이 인간의 혈통에 따른 분류입니다.

그럼에도 이 계보를 1장에 기록한 것은 거룩한 계보는 사람의 기준으로 한 선악으로 판단할 수 없음을 나타낸다고 믿어집니다. 구약에서 약속하신 메시아는 은혜로 오신 것이지 어떠한 조건으로 만들어진 것이 아니라는 증거라고 생각됩니다.

요셉과 마리아가 예수님의 부모가 되는 영광은 어떻게 이루어졌을까요?

성경은 하나님의 말씀에 절대 순종하라고 권하고 있음을 잘 알고 있지만 사실상 절대 순종은 어려운 것입니다. 왜냐하면 현실적으로 따르기 곤란한 경우가 대부분이기 때문이지요.

요셉의 경우 약혼녀의 부정을 용인해야 했고, 마리아는 돌에 맞아죽어야 할 현실을 감내해야 했습니다. 그들은 이런 성령의 계시에 순종함으로써 영광을 얻게 된 것입니다. 다만 현실에서는 평생 일반적인 평화를 누릴 수 없는 고달픈 생활을 겪을 수밖에 없었음을 이해해야 합니다.

3장부터 10장까지는 그리스도의 오심과 그를 맞이하는 요한의 영접, 우리가 알고 있는 예수님의 말씀, 주옥같은 복음들이 기록되어 있습니다. 그러나 당시 이스라엘이 바라던 그리스도의 역할인, 로마의 통치를 종식해 줄 정치적 구원자로서의 언행은 단 하나도 기록되어 있지 않습니다.

이후의 기록을 보면 예수님의 열두 제자들도 그리스도의 모습을 정치적으로 이해하고 있음을 보여 줍니다. 사도행전 1장 6절은 부활하신 예수님 앞에서도 제자들의 인식이 바뀌지 않았음을 보여 줍니다.

"주께서 이스라엘 나라를 회복하심이 이때니이까?"

과거에 들었던 주일 예배 설교가 생각납니다.

"사람들은 자기가 바라는 것만 받아들이며, 자기의 뜻대로 일이 이루어지기를 바라며, 자기의 기대와 뜻에 반하는 사건들에 대해 쉽게 받아들이지 못함은 물론 심각한 거부감을 가지는 것이 사람이라는 존재의 특색이다."

복음서에서 보이는 이스라엘 민중의 반응과 일치하는 설교임을 알게 됩니다. 그 당시 이스라엘은 새로 오실 그리스도를 로마의 압제에서 해방시켜 줄 구세주로 인식했습니다. 그러나 하나님이 세상에 보내신 그리스도는 모든 민족을 죄에서 구원하시고 영원한 천국을 이루기 위해 오신 것입니다.

이런 인식의 차이가 호산나를 외치며 영접했던 무리들이 예수께 돌을 던지며 십자가에 못 박으라 외치던 이스라엘 민중의 반응으로 나타난 것을 이해할 수 있는 묵상이 되었습니다.

두 번째 묵상은 "눈이 가려진 자가 저지르는 행위"입니다.

헤롯은 로마 지배하에 자치권을 가진 분봉왕이었으며 로마 총독의 허락하에 자국민과 자국 종교에 대한 통치권을 인정받고 있었습니다.

그는 로마에 대하여 정치적·군사적으로 복종하고 로마 정부에 세금만 잘 납부하면 거리낄 것이 없었으며, 초강대국 로마의 식민지로 존재하는 것이 독립국으로 존재하는 것보다 더욱 안전하고 평화롭기까지 한 상태입니다.

체제를 흔드는 반란이나 로마로부터의 독립운동, 주변 국가의 침략 등은 강력한 무력을 지닌 로마 군단이 제압해 주었습니다. 로마에 낼 세금은 세리를 세워 징수함으로써 백성의 원망과 분노는 세리에게 향할 뿐, 자기와는 큰 문제가 없습니다. 이 복음서를 기록한 마태 역시 세리 출신입니다.

가장 큰 관리 대상인 종교 또한 권력과 결탁한 제사장과 서기관, 바리새인처럼 본질과 무관한 율법에 경도된 기득권층이 협조로 평화롭기까지 한 상태의 왕 헤롯에게 그리스도의 출현 소식이 전해집니다.

> 2장 2절: "유대인의 왕으로 나신이가 어디 계시냐? 우리가 동방에서
> 그의 별을 보고 그에게 경배하러 왔노라."

"유대인의 왕"이 나셨다는 동방 박사들의 전언에 헤롯은 그것이 성경에 기록된 '그리스도', 즉 메시아이자 구세주의 출현임을 알게 됩니다.

그가 성경의 말씀을 진정으로 믿는 자로서 하나님의 통치를 인정한다면 당연히 그리스도의 출현에 기뻐하며 영접해야 할 터인데 그의 반

응은 전혀 다른 것이었습니다.

헤롯과 온 예루살렘은 소동하며 대제사장들과 서기관을 소집합니다. 그리스도가 태어날 곳을 묻고, 성경에 기록된 대로 유대 베들레헴에서 나실 것을 짐작까지 하여, 박사들을 그곳으로 보내며 그리스도를 찾아내려 술수를 씁니다. 이런 헤롯의 행위를 보며 과연 그는 성경의 기록을 어디까지 믿고 있는지 생각해 봅니다.

성경을 온전한 하나님의 말씀으로 믿는다면 그리스도(메시아)의 출현은 자기가 누리는 왕의 자리를 위협하는 것이 아닌 온 백성에 대한 하나님의 약속의 성취라는 것을 인정해야 합니다.

그러나 헤롯을 비롯한 제사장들과 서기관들 누구 하나도 그 뜻을 깨닫지 않고(깨닫지 못한 것이 아니라) 자신들의 기득권에 대한 도전으로 받아들인 것입니다.

그들은 성경의 기록과 하나님의 약속을 자신들의 유익에 도움이 되는 것만 받아들이고 자신들의 기득권에 거슬리는 것은 부정해 버리는, 즉 말씀을 자신의 유익에 따라 선택적으로 받아들이는 모습을 보입니다.

하나님의 아들, 하나님 그 자체이신 그리스도를 감히 대적하는 그들의 행위를 어떻게 받아들여야 하는가가 오늘의 묵상이 되었습니다.

지금 우리가 읽고 있는 성경은 하나님의 감동을 받은 40여 명의 서로 다른 저자들이 1,600년간 기록한 것을 집대성한 것입니다.

성경 66권 저자들의 지식과 경험에 따라 문체와 관점이 달라지기에 내용이 다양하지만 전체를 관통하여 흐르는 정신은 일관적이기에 우리는 하나님의 말씀으로 인정하고 믿는 것입니다.

읽는 사람들의 처지와 시대상에 따라 다양한 해석이 가능하고 실생활에 적용하기 곤란하거나 가치관에 맞지 않기도 하지만, 진정으로 믿는 자들이라면 전체를 관통하는 하나님의 뜻을 정확히 분별하여 어떠한 구절이라도 적절한 적용이 가능합니다.

그러나 하나님이 우선이 아닌 자신의 의가 먼저인 자들은 자신의 입맛에 따라 말씀을 선별하는 죄를 저지르게 됩니다. 감히 세상의 왕인 헤롯이 하늘의 왕이신 그리스도를 대적하는 어이없는 행위를 벌이지만 자신의 유익에 눈이 먼 헤롯은 그것을 모릅니다.

오늘날 우리나라의 교회를 보면 많은 수의 목회자가 교회의 머리이신 예수님의 앞을 가리며 자기 자신을 우상화하며 죄악의 길로 나아가고 있습니다. 그들은 헤롯의 행위를 어떻게 설교하고 있을까 생각해 봅니다. 자기 자신은 아니라고 스스로 최면을 걸고 애써 외면하고 있을지도 모르겠습니다.

그들은 과연 하나님을 진정으로 아는 자들일까요? 안다면 심판대 앞에 섰을 때 무슨 말을 할 수 있을까요?

세 번째 묵상은 "말해야 할 때"입니다.

> 5장 37절: "오직 너희 말은 옳다, 옳다 아니라, 아니라 하라. 이에서 지나는 것은 악으로부터 나느니라."

이 말씀은 흔히 "비판 정죄하지 말라. 이는 하나님의 권한이며, 비판 정죄하는 대로 너희가 비판 정죄 받으리라."라는 말씀 때문에 타인의 행위를 판단하지 않고 모른 체하거나 방관하고 마는 현실에서 꼭 묵상하여야 하는 구절입니다.

침묵하는 다수를 목소리 높이는 소수가 제압하고, 마음대로 분탕 쳐도 누구 하나 이들을 제지하지 못하고 끌려가고 마는 기막힌 일이 되풀이되는 현실을 볼 때마다 성경 어느 한 구절에 매여서는 안 되며 성경이 말씀하시는 큰 줄기를 전체적으로 판단하여야 한다는 생각을 합니다.

오늘 묵상 구절은 분명하게 우리가 해야 할 행동을 지시하고 있습니다. "너희가 성경 말씀을 근거로 분별하고 영으로 판단하여 아닌 것은 '아니라.' 옳은 것은 '그렇다.'"라고 말하라는 것입니다.

곤란한 상황이거나 피치 못할 사정 때문에 어물쩍 넘어가거나 침묵하지 말고 분명하게 너의 판단한 대로 말하라고 지시하시는 예수님의 육성 기록인 것입니다.

분탕 치는 자들은 아무도 제지하는 사람들이 없을 때 더욱 기세등등하여 날뛰게 마련입니다. 그러나 깨어 있는 여러 사람이 "너, 아니야! 잘못하고 있어. 그러면 안 되지."라고 제지한다면 그들은 슬그머니 꼬리를 내리게 됩니다.

기도

하나님, 새로운 약속의 말씀을 묵상합니다. 늘 새 마음과 깨달음을 주셔서 나를 돌아보게 하여 주소서. 아는 죄는 능히 피하게 하시고, 모르고 짓는 죄에서 놓이게 하시고, 말씀 안에서 바로 살아가게 인도하여 주소서.

우리의 부족함과 어리석음을 불쌍히 여겨 주소서. 보아도 보지 못하며, 들어도 바로 듣지 못하여 내게 유리한 것, 바라는 것만 들으려 하는 이 닫힌 마음을 어찌합니까? 전능하신 주님의 능력을 제한하는 우리의 닫힌 마음을 활짝 열어젖힐 그 무엇을 찾는 이 갈급함을 헤아려 주소서.

말씀을 묵상하며 내게 주시는 말씀이 지식으로만 쌓이지 않고 나의 행동으로 나타나 말씀대로 살아가는, 그래서 하나님의 나라가 이 세상에 이루어지는 데 한 역할을 담당하게 되기를 소원하며 예수님의 이름으로 기도합니다. 아멘.

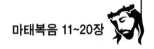
오늘 첫 묵상은 "용서받지 못하는 죄"입니다.

> 12장 30절: "...... 사람에 대한 모든 죄와 모욕은 사하심을 얻되, 성령
> 을 모독하는 것은 사하심을 얻지 못하겠고"

성경 말씀에 의하면 사람은 누구나 죄인이고 매 순간 죄의 유혹에 넘어지는 존재라고 합니다. 예수님의 놀라운 구속 은혜가 참복음인 것은 그것이 죄인일 수밖에 없는 우리를 죄 없다 하시고 예수님을 믿는 자는 구원해 주시겠다는 약속이기 때문입니다.

그러나 구원 복음의 당사자이신 예수님이 직접 말씀하신 오늘의 묵상 구절을 유의해야 합니다. 사람 사이에서 벌어지는 모든 행위는 그가 회개하고 돌이키기만 하면 모두 용서하실 수 있지만 성령을 모욕하는 자는 사하심을 얻지 못할 것이라고 하십니다.

누구든지 죄 사함을 받을 수는 있지만, 죄 사함을 받지 못하는 행위가 있음을 유념하여야 합니다. 회개하기만 하면 만사가 다 해결될까요? 혹시 성령을 거스르는 행위를 하지 않았을까, 두렵고 떨리는 마음으로 살펴보아야 할 것입니다.

무엇이 성령을 거스르는 행위인지 분별하려면 성령이 하시는 일이 어떤 것인지 인식해야 답이 나올 것입니다.

두 번째 묵상은 "보아도 보지 못하고 들어도 듣지 못하는 사람의 마음"입니다.

> 13장 13절: "그들이 보아도 보지 못하며 들어도 듣지 못하며 깨닫지 못함이니라."
>
> 13장 15절: "...... 이는 눈으로 보고 귀로 듣고 마음으로 깨달아 돌이켜 내게 고침을 받을까 두려워함이라."

예수께서 바닷가에 모인 무리들에게 네 가지 땅에 떨어진 씨의 결과를 비유로 말씀하시고 제자들에게 그 무리들은 천국의 비밀을 아는 것이 허락되지 않았다고 하시며 이사야서 6장 9~10절의 기록을 인용하여 설명하십니다.

이사야 6장 9~10절의 말씀은 신·구약 성경 여러 곳에서 인용하는 구절로, 그 의미를 정확히 알기 어려웠습니다. 그러나 성경의 말씀은 성경의 말씀으로 확인하고 확증하여야 한다는 교육을 받은 대로 판단하였고, 오늘 예수님의 말씀에서 그 의미를 조금 이해할 수 있었습니다.

그동안 성경 통독을 하며 이사야 6장에 기록된 고침을 받을까 걱정한 주체가 누구인지 애매했습니다. 문맥으로만 보면 그 주체가 하나님인 것처럼 보이는데 자기 백성이 돌이키도록 인도하실 하나님이 그럴 수 없다는 생각에 받아들일 수 없었습니다. 또 여러 곳에 인용된 부분은 이 부분이 드러나지 않았습니다. 그러나 바로 오늘의 묵상에서 바라던 해답을 찾을 수 있었기에 참으로 기뻤습니다.

15절 말씀에 고침을 받을까 두려워한 주체가 바로 그 말씀을 받는 백성이라고 정확히 지적하신 것입니다. 예수님은 회복하고 고쳐 주시려 오셨는데 정작 그 백성들이 다가오지 않고 있는 것이었습니다.

예수님이 보여 주시는 능력을 보면서 그리스도의 오심을 믿고 복음의 말씀을 들으며 그들의 마음 밭에 묻어 키워 나가야 하는데 그들은 그리하지 않는 것입니다.

유대 백성들은 왜 그리스도의 오심을 받아들이지 않았을까요? 성경에 분명하게 기록된 그리스도가 눈앞에 와 계신데 그들은 믿지 않고 단순히 선지자 중의 한 사람 정도로 인식하고, 그동안 선지자들에게 행했던 대로 박해하기로 작정하는 모습을 보이고 있습니다.

그 이유를 생각해 보니 바로 죄에 속한 인간의 심성 깊은 곳이 어둠으로 덮여있기에, 밝은 햇살이 비침을 두려워하고 배척하고자 하는 마음이 드러난 것이라고 정리되었습니다.

죄에 속한 우리의 깊은 속마음, 율법으로 포장하고 거룩한 척해 보아도 본질은 변하지 않기에 구원의 복음을 받아 돌이키기가 두려운 것입니다. 그렇기에 결국 예수님이 대속 제물이 되어 우리의 죄를 말소하시고 하나님이 죄 없다고 인정해 주셔야 할, 예정된 구원의 길을 가시기 위한 여정에 계신 것입니다.

우리의 죄를 죄 없다고 인정해 주셔야 우리가 비로소 믿음으로 죄의 종에서 풀려날 수 있는 것입니다. 이것이 바로 하나님의 은혜, 공로 없는 우리에게 값없이 주시는 선물, 죄의 종에서 벗어나 하나님의 자녀가 된다는 기쁜 소식, 바로 복음인 것입니다.

세 번째 묵상은 "누가 가라지를 가려낼까?"입니다.

13장 24~30절에는 유명한 가라지의 비유가 기록되어 있습니다. 잘 아는 내용으로, 예수님은 밭에 자라는 가라지를 뽑고자 하는 종들을 말리며 "가만두라. 가라지를 뽑다가 곡식까지 뽑을까 염려하노라."라고 하십니다.

그리고 "추수 때에 내가 추수꾼들에게 말하기를 가라지는 먼저 거두어 불사르게 단으로 묶고 곡식은 모아 내 곳간에 넣으라."라고 하십니다.

이 두 구절의 말씀에서 첫 구절의 행동 주체는 종들이며 나중 구절의 주체는 나, 바로 예수님인 것을 유의하여야 합니다.

한 밭에 섞여 자라는 알곡과 가라지는 열매를 맺기 전에는 잘 구별이 안 될 수도 있지만 열매를 맺으면 명확히 구별할 수 있습니다. 또 종들(바로 우리)이 잘 구분할 수 없기에 주님은 잘못 뽑힐 알곡을 염려하시어 가라지를 뽑지 못하게 하신 것을 이해할 수 있습니다.

이는 우리 스스로 비판과 정죄하지 말라는 말씀과 뜻이 같은 것입니다.

추수 때, 즉 심판의 날에 심판하실 그리스도 예수께서 알곡과 가라지를 구분하신다는 것("내가 추수꾼들에게 말하기를 ……")은 비판과 정죄는 하나님의 권한에 속한 것이라는 성경의 말씀을 다시 한번 해설하여 주신 것입니다.

기도

하나님, 구원의 은혜가 무차별적으로 주어진다고 호도하는 어리석은 자들과 이단의 말에 속지 않도록 우리의 영을 깨우소서. 성령을 대적하는 교만에서 우리를 지키소서. 늘 말씀을 묵상하며 바른 해석이 되도록 우리를 깨우쳐 주소서.

그동안 수많은 설교를 듣고 성경을 여러 차례 읽었어도 구원의 은혜가 어떤 것인지, 십자가의 복음이 무엇인지 가슴에 와닿지 않았습니다. 차가운 논리로 '복음은 이런 것이다.'라고 스스로 해석도 해 보았지만 확신이 없었습니다.

가슴을 강하게 때리는 감동으로 복음을 받았으면 하는 마음도 가져 보았지만 그런 기적은 없었기에 실망하기도 했습니다.

그러나 말씀으로 잔잔하게 '복음은 이런 것이다.'라고 알게 하시니 감사합니다. 이 복된 통독, 묵상의 시간을 허락해 주셔서 감사합니다. 신약 통독 끝까지 말씀을 묵상하며 주님의 뜻을 더 알아 가기를 소원하오니 성령님, 늘 깨우쳐 주소서.

그리고 오늘 말씀을 묵상하며 오늘날 우리 교회, 이 세상에서 벌어지는 기가 막힌 일에 대하여 분노하고, 비판하기를 서슴지 않는 나를 생각해 봅니다.

나의 판단으로 보아 명백하게 보이는 잘못된 행동에 대해 "잘못하고 있다."라고 말하지만, 어떤 경우는 진실이 알려진 것과 다를 때가 있습니다. 그때 이 말씀을 생각하며 내가 알곡까지 뽑으려 한 것이 아닌가 하고 후회할 것을 염려하시는 우리 주님의 깊으신 뜻을 조금 알 것 같습니다.

늘 말씀에 비추어 판단하고 주님은 어떻게 생각하실까 먼저 생각하며 살아가겠습니다. 교훈에 감사하며 예수님의 이름으로 기도합니다. 아멘.

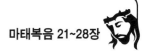
오늘 첫 묵상은 "누구에게나 같지 아니한 엄중한 경고"입니다.

오늘의 묵상은 예수님이 마지막 사역을 위해 예루살렘에 입성하는 장면부터 모든 사역을 마치시고 승천하시면서 하신 마지막 당부의 말씀, "…… 내가 세상 끝 날까지 너희와 항상 함께 있으리라."가 마태복음의 마지막 부분입니다.

예루살렘 입성에서부터 기득권자들과의 논쟁, 경고의 말씀, 마지막 만찬, 재판받고 돌아가신 후 부활하여 승천하시기까지 많은 사건이 간략하게 기록되어 있습니다.

그중에서 23장 말씀은 전부 당시의 기득권자들인 서기관들과 바리새인들을 꾸짖는 내용으로 되어 있습니다. 무려 일곱 번이나 같은 말씀으로 "화 있을진저, 외식하는 서기관들과 바리새인들이여"라며 그들을 질책하고 계십니다.

무엇 때문에 23장 전체를 이러한 내용으로 기록하였을까요? 너무나 중요하고 엄중한 내용이라고 판단되어 이 부분을 묵상해 보았는데, 바로 현재 우리가 살고 있는 이 사회와 교회에 주시는 경고임을 느끼게 되었습니다.

서기관들과 바리새인들은 현재 우리 사회에서는 어떤 자리에 있는 사람들의 표현일까요? 힘깨나 쓰는 고위직 공무원, 국회 의원으로 대변되는 정치인들, 변호사·의사 등 '사' 자 붙은 전문가 집단(여기에는 삯꾼 목사도 당연히 포함됩니다), 여론이란 권력을 쥔 언론인들, 부를 거머쥔 재벌들, 교수 및 학자로 표시되는 주류 학파들 등등⋯. 일반 서민이나 사회적 약자들과 대척점에 선 소수의 기득권자들 이라고 이해할 수 있습니다.

하나님의 말씀은 이들 기득권층은 물론이고 일반 서민이나 사회적 약자에게도 동일하게 주어지지만 받아들이는 자의 형편에 따라 그 가중치가 다름을 성경은 말씀하고 있습니다.

"모르고 범한 자들은 적게 맞겠고, 알고도 범한 자들은 많이 맞으리라."
"많이 맡은 자에게는 많이 요구할 것이요, 적게 맡은 자 에게는 적게 요구할 것이라."

지도자의 위치에 있는 자들은 그들 행위로 많은 사람들에게 영향을 주기에 더욱더 엄한 잣대로 그들의 행위를 판단하실 것입니다.

23장 13절의 말씀을 묵상합니다.

"화 있을진저, 외식하는 서기관들과 바리새인들이여. 너희는 천국 문을 사람들 앞에서 닫고, 너희도 들어가지 않고 들어가려 하는 자도 들어가지 못하게 하는도다."

외식하는 자들이란, 말씀을 입으로만 떠들고 행동은 자기 욕심대로 하는 자들을 말합니다. 그들은 사회적 지위와 권한, 영향력 때문에 일반 서민들보다 더 신중하고 올바른 처신을 해야 합니다. 그러나 예수님이 보신 그들은 하나님의 말씀과는 상관없는 자들로, 자기의 욕심을 위해 하나님의 말씀을 왜곡해 방패로 삼는 자들입니다. 그렇기에 예수님이 엄중한 경고를 하신 것이라는 것이 묵상의 결론이 되었습니다.

하나님의 뜻을 자신들의 유익을 위해 교묘히 왜곡하는 행위는 얼마나 많은 사람을 잘못된 길로 오도하는 결과를 가져올까요?

자신의 유익만을 구하기에 하나님의 말씀은 그들과 상관이 없고 그로 말미암아 많은 사람을 실족하게 합니다. 천국 문 앞에서 자기는 물론 들어가지 않지만 타인이 들어가는 것도 방해하는 결과를 가져오기에 심판 날에 주님 앞에서 엄한 판단을 받게 될 것입니다. 그래서 그들은 진정 불쌍한 자들인 것입니다.

두 번째 묵상은 "예수님에게까지 버려진 사람"입니다.

> 26장 24절: "인자는 자기에 대하여 기록된 대로 가거니와 인자를 파는 그 사람에게는 화가 있으리로다. 그 사람은 차라리 태어나지 아니하였더라면 제게 좋을 뻔하였느니라."
> 27장 5절: "유다가 은을 성소에 던져 넣고 물러가서 스스로 목을 매어 죽은지라."

예수님의 사역은 성경에 기록된 자신에 대한 일을 이루어 가는 삶이었으며 이미 예정된 길을 가는 것으로 어떤 사연으로라도 그 일은 일어나게 될 것이었습니다.

누군가는 예수님을 팔아야 했기에 그 악역을 가룟인 유다가 담당하게 되었는데 놀랍게도 예수님께서는 그 사람을 버리고 계십니다.

하나님은 언제라도 뉘우치고 주님 앞에 나아와 회개할 경우 우리를 용서하시겠다고 수없이 약속하셨습니다. 그러나 가룟인 유다는 잘못을 뉘우쳤으나 주님 앞에 나오지 못하고 스스로 목을 매어 죽음으로써 용서와 구원받을 기회를 스스로 버리고 만 안타까운 자가 되었습니다.

하나님이 용서받지 못할 자가 없다고 약속하셨지만 유다는 용서받지 못할 길을 가고 말았으며 예수님은 그런 유다에 대하여 "그 사람은 차라리 태어나지 아니하였더라면 제게 좋을 뻔하였느니라."라고 탄식하신 것입니다.

반면 베드로는 예수님을 세 번 부인하며 실족하였지만, 끝까지 주님의 제자로서의 길을 갑니다. 이런 삶을 살게 됨은 유다와 대비되는 일입니다.

하나님이 주신 생명을 스스로 귀히 여기며 실족하였어도 언제나 돌이키며 주님께 나아가는 삶을 살았어야 구원의 희망이 그에게 있었을 것입니다.

✝ 기도

하나님, 우리의 부족함과 마음의 악함을 아시기에 언제든지 돌이켜 회개하기만 하면 그 죄를 사하시고 기억도 하지 아니하겠다고 약속하셨음을 알면서도 늘 쭈뼛거리며 주님 곁을 맴돌기만 하는 저희를 불쌍히 여겨 주소서.
하나님이 주신 생명을 귀히 여기는 자라면 어떤 경우라도 자신을 스스로 해하는 일은 하지 말아야 할 것입니다. 그렇기에 남의 생명도 자신의 생명과 같이 귀히 여겨야할 것임을 자각하여, 주님이 주신 마지막 새 계명을 마음에 새기며 살아가는 자 되겠습니다. 예수님의 이름으로 기도합니다. 아멘.

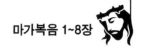

오늘 묵상은 "들을 귀 있는 자"입니다.

> 4장 9절: "이르시되 들을 귀 있는 자는 들으라 하시니라."
>
> 4장 12절: "이는 그들로 보기는 보아도 알지 못하며 듣기는 들어도 깨닫지 못하게 하여 돌이켜 죄 사함을 얻지 못하게 하려 함이라 하시고"

예수님 앞에 나와서 말씀을 듣는 사람들은 모두 들을 수 있는 정상적인 사람들입니다. 그럼에도 예수님은 "들을 귀 있는 사람"을 찾으십니다. 또 12절 말씀은 이사야 6장 9~10절의 말씀을 인용하신 것인데 이 구절은 신약 성경 여러 곳에서 인용하는 유명한 구절입니다.

이 두 구절의 말씀이 우리에게 주시는 뜻은 한 가지, 바로 사람들이 스스로의 마음을 열지 아니하면 아무리 훌륭한 말씀이라도 그들에게 아무 효력이 없다는 것입니다.

하나님의 피조물 중 가장 심혈을 기울여 지으시고 가장 큰 권능을 주셨으며 당신이 가장 기뻐하시는 자가 바로 사람입니다. 심지어 자신의 형상대로 지으시고 자신의 속성을 불어넣어 마음대로 선택할 수 있는 자유 의지까지 주셨습니다.

하나님은 이러한 사람이 천지 만물과의 조화 속에서 자발적으로 순종하고 그에 따라 하나님을 찬양하며 영원토록 함께 살기를 바라셨습니다. 이것이 천지를 창조하신 이유라 생각됩니다.

그러나 무엇이든 선택할 수 있는 자유 의지를 지닌 사람은 죄의 유혹에 넘어가 죄를 짓고 하나님과 분리됨으로써 사망의 종이 되었습니다. 이를 구원하기 위하여 하나님이 사람의 형상으로 오셨으니 그분이 바로 예수님이신 것입니다.

죄인으로 살며 사망의 종이 된 사람들을 구원하기 위한 복음을 전파하시는 예수님의 탄식하시는 마음이 바로 오늘 구절에 잘 나타나 있습니다.

"마음을 열어라. 너희들 자신의 마음을 여는 선택을 너희 스스로 해야 나의 말이 너희에게 들어갈 터인데 너희가 마음을 여는 선택을 하지 않는구나."

요한계시록 3장 20절: "볼지어다 내가 문밖에 서서 두드리노니 누구든지 내 음성을 듣고 문을 열면 내가 그에게로 들어가 그로 더불어 먹고 그는 나로 더불어 먹으리라."

이런 일이 벌어지는 이유는 사람의 마음에 자리 잡은 고정 관념과 자신의 이익과 배치되는 말씀은 받아들이지 않는 이기심, 깨달음이 없는 영적 무지함 때문이며 이는 하나님도 어찌하지 못하시는 것입니다.

놀라운 말씀과 이적을 보고 들어도 자신들이 알던 어린 시절의 예수, 우리와 함께 살던 평범한 목수의 아들이라는 고정 관념이 우선합니다. 이것이 눈앞에 보이는 놀라운 현실을 애써 무시하는 고정 관념의 벽인 것입니다.

그들 스스로 예수님을 그리스도라 인정했던 당시의 기득권층(왕, 제사장, 서기관 바리새인 등등)은 자신의 이익에 지장을 줄 것 같은 예수님의 사역을 애써 무시 또는 방해하였습니다. 또한, 분별력 없는 일반 백성들은 병 고침을 받고 한 끼 먹을 것을 해결 받는 것에 만족할 뿐 진정으로 그분이 전하는 깊은 뜻은 생각해 보지 않았습니다. 이런 태도에 안타까운 마음을 표현하신 것입니다.

 기도

나의 이기심, 고정 관념, 영적 무지함에서 자유하게 되는 말씀("너희가 진리를 알지니 진리가 너희를 자유케 하리라.")이 내게 임하시기를 성령님, 도우소서.
예수님의 이름으로 기도합니다. 아멘

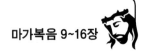
오늘 첫 묵상은 "네 마음의 중심은 어디에 있는가?"입니다.

> 10장 29~30절: "...... 나와 복음을 위하여 집이나 형제나 자매나 어머
> 니나 아버지나 자식이나 전토를 버린 자는 현세에 있어
> 집과 형제와 자매와 어머니와 자식과 전토를 백배나 받
> 되 박해를 겸하여 받고 내세에 영생을 받지 못할 자가
> 없느니라."

예수님이 직접 하신 말씀 중 이 구절을 묵상하는 경우는 많이 없었
지만 오늘은 어쩐지 마음에 와닿습니다. 보통 제대로 믿음 생활을 하
려면 이 세상의 모든 즐거움을 다 버리고 고난의 길을 가야 한다고 생
각합니다.

특히 17절부터 25절까지 부자 청년의 비유로 말씀하신 "모든 재물을
버리고 나를 따르라."라는 부분에서 대부분 실족하고 맙니다. 그 이유
는 "재물이 많은 고로 심히 근심하며 갔고", "낙타가 바늘귀로 들어가
는 것이 부자가 하나님의 나라에 들어가는 것보다 쉬우니라."라고 하
신 두 구절 때문이라 생각됩니다.

실제로 많은 재물을 가난한 자에게 나누어 주고 빈손으로 돌아간다
는 것은 실행하기 참 어려운 일입니다.

불교에서 출가하여 스님이 되거나, 천주교에서 신부나 수녀가 되기

위해 속세의 인연을 완전히 끊는 경우가 아니면 기독교 계통에서는 이런 일이 좀처럼 없기 때문입니다.

그러나 우리 주님이 말씀하신 이러한 세상 즐거움의 포기는 직접적인 행위에 있지 아니함을 오늘의 묵상 구절에서 가르쳐 주고 계십니다.

"복음을 위하여 모든 것을 버린 자는 현세에서 그 보상을 백배나 받되"라고 하신 말씀의 의미를 잘 새겨 봅시다. 부모, 형제, 자녀 등 하늘이 주신 인연이 끊어졌다가 다시 생길 수 있는 것일까요? 그럴 수는 없는 것이지요.

또 "너희는 재물과 하나님을 동시에 섬길 수 없다."라고 하신 말씀의 뜻을 생각해 보면 오늘의 묵상 구절이 가르치고자 하신 의미를 이해할 수 있습니다. 이 말씀이 가르치는 진정한 뜻은 "네 마음의 중심이 어디에 있는가?"라고 묻고 계신 것입니다.

지금까지는 네가 모든 가치판단의 중심에 있었지만 이제부터는 너의 생각과 행동을 하나님의 뜻에 합당하게 맞추어야 한다는 것입니다.

부모, 형제, 자녀도 하나님이 주신 인연임을 믿는다면, 당연히 하나님이 부모, 형제, 자녀보다 우선하여야 한다는 것이고, 재물 역시 나의 노력과 나의 능력만으로 모은 것이 아님을 인정하라는 것입니다.

그 재물이 내게 있는 것은, 나의 유익만을 위하여 사용하지 말고 하나님의 뜻에 합당하게 사용하는 것이 하나님을 믿는 자의 도리라는 것입니다.

"가치 판단의 중심을 너 스스로에게서 하나님께로 옮기라. 그리고 그에 합당한 삶을 살아 내라. 그리하면 내가 너를 영접하여 나와 함께 영원히 살리라."라는 것이 성경 말씀 전체에 흐르는 일관적인 메시지인 것입니다.

두 번째 묵상은 "절대 고독을 이기는 힘"입니다.

겟세마네 언덕에서 마지막 기도를 드리시는 예수님의 심정을 마음속에 그려 봅니다.

> "아빠, 아버지, 당신은 무엇이든지 하실 수 있으신 분이시니 이 잔을 내게서 지나가게 하소서. 그러나 당신의 뜻이시라면 이 잔을 내가 받으리이다."

그때 아끼는 제자들은 저만치 떨어져서 잠들어 있습니다. 그들을 보시고 말씀하십니다. "너희가 한 시간이라도 깨어 나와 함께할 수 없느냐?" 잠시 후 그들은 모두 나를 버리고 달아날 것이고, 베드로는 나를 모른다고 부인할 것을 아시는 주님의 마음은 어떠하셨을까?

모진 채찍질과 저주의 나무에 달려 못 박혀 죽을 고통의 순간을 향해 나아가는 그 마음, 자기를 향한 세상의 조롱과 멸시, 자기를 기대하며 바라던 많은 사람의 실망 어린 그 눈총을 홀로 감당할 때도 응답 없으실 아빠 아버지의 외면. "엘리 엘리 라마 사박디니…"라고 외치시는 예수님의 절대 고독과 절망, 그리고 죽음….
이 모든 것을 아시는 주님, 인간의 몸을 입으신 사람으로서는 감당할 수 없는 그 고난의 길을 갈 수 있도록 인도하는 힘은 우리를 향하신 절대 사랑의 힘이라 믿습니다.

사랑은 오래 참고 모든 것을 견디며 모든 것을 감당할 수 있다고 말씀하십니다. 사랑이 없으면 모든 것을 내어줄지라도 의미가 없는 헛수고라고도 말씀하십니다.

절대 할 수 없는 일을 가능하게 하는 힘, 그것은 사랑입니다. 하나님의 내리사랑에 우리의 응답은 믿음이어야 할 것이라 생각합니다.

하나님을 향한 절대 믿음, 어린아이가 아빠를 바라보는 눈망울과 같은 그 순수하고 온전한 믿음으로 우리 주님께 화답하는 것이 십자가의 고난으로 우리를 사랑하신 주님 앞으로 나아가는 일일 것입니다.

세 번째 묵상은 "하나님의 나라는 무엇이며, 언제 오는가?"입니다.

공생애 마지막 즈음에 예수님께서 제자들에게 "너희는 내가 누구라고 생각하느냐?"라고 물으시고, 베드로는 "주는 그리스도시요, 살아 계신 하나님의 아들이십니다."라고 신앙 고백을 합니다. 이 유명한 신앙 고백을 들으신 직후에 예수님께서는 제자들에게 자신의 죽음과 부활에 대해 처음으로 알려 주십니다.

그리스도(메시아)가 와서 이루게 될 하나님의 나라에 대해 말씀하십니다. 그러나 제자들은 자신들의 상상과 다른 예수님의 말씀을 이해하지 못합니다. 그리고 베드로의 항변에 예수님의 질책이 떨어집니다.

"사탄아, 내 뒤로 물러가라. 네가 하나님의 일을 생각하지 아니하고 도리어 사람의 일을 생각하는도다."

제자들이 바라던 새 세상에 대한 기대(유대 족속만의 새 왕국 건설, 하나님의 힘으로 로마의 압제를 물리치고 제사장들과 서기관·바리새인으로 대표되는 기득권층의 가식을 벗겨 낸 민중을 위한 나라)와 전혀 다른 예수님의 말씀을 제자들은 끝내 이해하지 못합니다.

예수님의 죽음과 부활에 대한 말씀은 이번을 포함해서 세 번이나 들었어도 세베대의 아들 야고보와 요한은 새 나라에서 예수님의 좌우편 자리를 달라며 인사 청탁을 하고, 예루살렘 입성 때 제자들과 많은 사람이 새 나라에 대한 기대감으로 호산나를 외치며 예수님을 따르는 촌극을 벌이게 됩니다. 이는 예수님이 세우실 새 나라의 실체를 이해하지 못하고 자기 생각에 따라 자기의 뜻대로 해석하는 데서 오는 엇갈림입니다.

야고보와 요한의 청탁에 대해 예수님은 "내가 마시는 잔을 너희가 마실 수 있느냐?"라고 물으시며 "그리하더라도 그것은 내가 주는 것이 아닌, 준비된 누군가에게 주어질 것이라."라고 대답하십니다.

같은 길을 함께 가더라도 가는 사람의 마음에 따라 전혀 다른 길이 됩니다. 자기의 생각이 규정하는 길을 갈 때 자기만의 목적지에 도착합니다. 하지만 그 길은 처음에 가고자 했던 목적지가 아닐 수도 있습니다. 내 영혼의 인도자와 늘 함께하는, 수시로 확인하며 주님과 동행하는 길이 되어야 할 것입니다.

우리가 인지하는 하나님의 나라, 최후의 심판 이후 도래할 영원한 천국은 어떤 모습일까요? 그리고 언제 예수님의 재림이 있을까요?

아마도 그것은 우리가 죽고 난 먼 훗날이 될 것이며 그 세상은 심판으로 양과 염소가 구별되어 천국과 지옥이 나누어지고, 영생복락의 삶을 사는 것으로 그리고 있습니다.

> 9장 1절: "내가 진실로 너희에게 이르노니 여기 서 있는 사람들 중에는 죽기 전에 하나님의 나라가 권능으로 임하는 것을 볼 자들도 있느니라."

혼란스러워하는 제자들에게 예수님은 9장 1절의 말씀을 덧붙이시는데, 그 자리에 있던 사람들 중 가장 오래 산 사람은 아마도 요한일 것입니다.

그는 유일하게 순교하지 않은 제자로, 예수님 승천 후 약 62~65년이 지나 요한계시록을 기록한 것으로 볼 때 90세 넘게 산 것으로 보입니다.

그렇다면 대략 서기 100년을 전후해서 하나님의 나라를 보는 사람이 나와야 하는데 그런 사실을 기록한 책은 찾을 수 없습니다.

그러면 2,000년 전, 예수님이 직접 하신 이 말씀은 무슨 의미일까요? 21세기를 살아가는 우리도 아직 기다리는 하나님의 나라를, 2,000년 전 요한의 생전에 본 사람도 있었다는 것일까요? 예수님이 직접 하신 말씀이니 허언은 절대 아닌 것인데, 심각하게 그 뜻을 묵상하여야 할 것입니다.

어쩌면 그 당시의 제자들이 그리던 새 천국이 예수님이 열어 가신 세상을 오해한 것처럼, 우리도 무언가 잘못 그리고 있는 것은 아닐까요? 그러나 성경의 다른 구절에서 분명히 설명한 것처럼 예수님의 재림과 최후의 심판이 있을 것은 사실이며 아직 그때는 도래하지 않았을 것입니다.

그때는 세상의 종말로, 모든 것이 사라질 때이지만 2,000년 전 예수님이 말씀하신 하나님의 나라는 한 사람 개인에게 임하실 하나님의 나라가 아닐까 생각합니다.

이해 못 하는 성경의 말씀은 성경의 다른 구절로서 해석해야 한다고 배웠습니다. 주님이 가르쳐 주신 기도문 중에 "아버지의 뜻이 하늘에서와같이 땅에서도 이루어지게 하소서."라는 구절이 이 말씀을 이해할 수 있게 하는 구절이라 판단됩니다.

성도의 마음속에 임하실 하나님의 평강과 위로, 그것으로 만족하며 세상의 빛과 소금으로 살아가는 성도의 삶, 그것이 하나님 나라의 그림자가 아닐까 생각하게 하는 묵상 시간이었습니다.

✝ 기도

하나님, 자기만의 생각으로 길을 가며 도착지에 와서야 걸어온 길이 틀렸음을 안다면 얼마나 억울하겠습니까? 바른길을 주님과 동행하며 가기를 바랍니다.

나의 발길을 인도하시는 내 영혼의 내비게이터가 되어 주소서. 언제나 주님의 말씀을 묵상하며 나의 생각으로만 해석하여 오류를 범하는 교만에 빠지지 않도록 늘 비교·판단할 수 있는 말씀을 찾을 수 있도록 인도하여 주소서.

나를 버리고 주님 안에서 연합하는 삶을 살아가기를 원하오니 주여, 나의 길을 인도하소서. 말씀이 주시는 참된 의미를 바로 알고 소소한 시험에 실족하지 아니하도록 늘 지켜 주소서.

예수님의 이름으로 기도합니다. 아멘

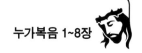

기적 제6일 차(토)

누가복음 1~8장

오늘 첫 묵상은 "누가 넘겨주었는가?"입니다.

> 4장 6절: "마귀가 예수님을 이끌고 가서 천하만국을 보이며 이르되
> 이 모든 권위와 그 영광을 내가 네게 주리라. 이것은 내게 넘
> 겨준 것이므로 내가 원하는 자에게 주노라."

단 조건은 7절에 "네가 만일 내게 절하면 다 네 것이 되리라."라고 유혹하고 있습니다. 우리가 잘 알고 있는 구절로 이제까지 특별할 것 없이 읽고 넘어가던 부분인데 오늘 한 가지가 마음에 걸렸습니다.

천하만국의 권위와 영광이 마귀의 것인데 그것을 누군가가 넘겨주었다고 스스로 말하고 있습니다. 이 부분은 요한복음에는 없고 공관복음에는 공통적으로 기록되어 있습니다. 그러나 "이것은 내게 넘겨준 것이므로"라는 부분은 오직 누가복음에만 들어 있습니다.

누가의 기록이 권위를 인정받는 것은 그는 의사요 역사학자로서, 오직 한 사람 데오빌로를 설득하기 위한 목적으로 꼼꼼하고 자세하게 저술한 것이기 때문입니다.

천지를 창조하시고 그것을 지배하라고 사람을 지으신 것이 하나님이신데 어느샌가 그것이 마귀의 것이 되고 말았지요. 공중 권세를 잡은 자, 죄의 종을 다스리는 자….

성경의 원문에 가장 가깝고 충실하게 번역하였다고 인정받는 KJV에

는 이 부분이 "그것이 내게 넘겨졌으므로"라고 기록되어 있습니다. 의미는 거의 같습니다. 문제는 하나님이 지으시고 사람에게 주신 그 권세를 누가 마귀에게 넘겨주었는가 하는 것입니다.

즉각 떠오른 생각은 아담과 하와입니다. 그들은 하나님의 말씀을 어기고, 호기심에 따른 경솔함을 보입니다. 또한, 말씀을 가벼이 여기며 유혹에 넘어가 욕심을 부립니다. 이렇게 하나님 앞에 죄라고 불리는 것을 범하고 맙니다.

그 대가로 죽음이 주어지고 낙원에서 쫓겨나 거친 세상에서 수고하여야 먹고살 수 있는 벌을 받으며 죄의 종으로 살아가게 됩니다.

그러나 그들은 하나님의 징벌을 받은 것일 뿐, 사람에게 주셨던 세상을 다스릴 권세를 마귀에게 넘겼다는 언급은 없습니다. 그럼에도 마귀는 그 권세가 자기에게 있다고 주장하며 예수님을 시험합니다. 물론 예수님은 하나님의 말씀으로 그 유혹을 물리치시지만, 우리는 여기서 마귀가 거짓의 아비라는 성경의 기록을 유념해야 할 것입니다.

마귀의 유혹이든 위협이든 모든 것이 우리를 해할 수 없는 허세라는 것, 그래서 담대하게 믿고 나아가는 자에게는 어떤 거침도 없다는 말씀을 이제 조금 이해하게 됩니다.

두 번째 묵상은 "어떻게 쓰임을 받는가?"입니다.

6장 13절에 예수님을 따르던 많은 제자 중에서 12명을 택하여 사도라 칭하시고 큰 능력을 주어 예수님의 사역을 일부 나누어 전도의 사명을 감당하게 하십니다.

그 열둘의 이름을 기록한 절이 14~16절인데 16절 말미에 "······ 예수를 파는 자 될 가룟 유다라."라고 쓰고 있습니다.

12사도는 크게 쓰임을 받고 주님이 다시 오실 때 12지파의 우두머리로 다스리게 될 복된 자들입니다. 그런데 잘 알다시피 가룟 유다는 예수님을 판 죄와 그 가책으로 자살하였고 마가의 다락방에서 베드로에 의해 사도 직분을 맛디아에게 빼앗기게 됩니다.

예수님은 가룟 유다의 이러한 최후를 몰라서 그를 12사도에 들게 하셨을까요? 절대 아닙니다. 그는 그 일을 감당해야만 할 역할에 선택받은 것입니다.

예수님의 사역을 완성하기 위하여 누군가 그 악역을 감당해야만 할 것인데, 불행하게도 그가 선택받은 것입니다. 물론 그는 그 역할을 감당할 만한 품성을 지닌 자였을 것입니다. 그리고 맡겨진 역할을 잘 완수하였지만 그가 참으로 불쌍한 것이, 모든 영혼을 구원하고자 하신 예수님에게조차 버림을 받았다는 것입니다.

각 복음서에 있는 "인자는 자기에 대하여 기록된 대로 가거니와 인자를 파는 그 사람에게는 화가 있으리로다. 그 사람은 차라리 태어나지 아니하였더라면 제게 좋을 뻔하였느니라."라는 기록이 이를 입증합니다.

쓰임을 받아도 그 역할이 하나님의 나라를 위한 선한 역할이 되어야 복된 것이지, 하나님의 나라를 대적하는 일에 쓰임을 받는다면 그 영혼은 불쌍한 것입니다.

그러나 악역을 감당할 만한 성품을 가지도록 키워진 사람은 말씀을 배우고 그 말씀에 열심을 내어도 그의 사역 결과는 쓴 열매만 맺을 뿐이나 그는 그것을 깨닫지 못합니다. 오직 그에게 남은 마지막 희망은 은혜로 깨달아 회개하는 것뿐이라 생각됩니다.

하나님의 뜻에 합한 일에 쓰임 받을 수 있도록 나의 성품을 가꾸어 나가야 하겠습니다.

세 번째 묵상은 "그러나 분별은 해야 하지 않을까요?"입니다.

> 6장 37절: "비판하지 말라, 그리하면 너희가 비판을 받지 않을 것이요.
> 정죄하지 말라, 그리하면 너희가 정죄를 받지 않을 것이요.
> 용서하라, 그리하면 너희가 용서를 받을 것이요."
> 6장 38절: "………… 너희가 헤아리는 그 헤아림으로 너희도 헤아림을
> 도로 받을 것이니라."

오늘의 묵상 구절은 우리가 가장 많이 오해하고 또한 많은 사람이 잘못 사용하는 말씀으로, 익히 알고 또 많은 사람이 인용하는 유명한 구절입니다.

이 말씀의 참의미는 하나님께 물어보지 않고 너희의 짧은 소견으로 판단하여 진실인 것처럼 선포하지 말라는 것, 네가 아는 지식에 의한 판단은 총체적 진실과 다를 수 있기에 반드시 하나님께 먼저 물어보고 확증을 받아야 한다는 것입니다.

자기 소견에 옳다고 생각하는 대로 판단하는 것은 하나님 앞에서 교

만한 것이기에 반드시 삼가야 할 것입니다. 그렇기에 이 말씀을 주신 참뜻은 각각의 개성과 판단을 가진 독립된 인격체인 사람들이 자신의 소견에 옳은 대로 행함에서 발생하는 많은 갈등의 연결 고리를 끊기 위함인 것입니다.

> "내가 옳다고 생각하는 것이 다른 사람에게는 그르다고 판단될 수 있고, 나의 유익이 타인의 피해가 될 수 있기에 나의 생각으로만 타인을 판단하지 말고 타인의 판단을 용납하고 이해하라."

그래야만 각각의 사람에 의한 이기적인 판단이 서로 대립하는 갈등의 고리를 끊을 수 있기 때문입니다. 그러나 이 구절을 상황에 관계없이 문자적으로만 받아들인 결과, 스스로의 생각을 숨기고 잘못된 것과 잘된 것의 분별을 하지 않게 만드는 해악을 가져왔습니다.

결과적으로 잘된 것을 칭찬하지도 않고, 잘못된 것을 바라보기만 할 뿐 비판하고 제지하지 않는 것이 도리인 것처럼 되고 말았습니다.

이 말씀에 매몰되어 입을 다문 결과, 잘못을 행하면서도 잘못인 줄 모르는 자들을 훈계하여 돌이키지도 못하고, 뻔뻔하고 파렴치한 자들의 행위를 제지하지도 못하며, 어둠의 길로 달려가는 영혼들을 불러 세우지 못하는 영적 무기력에 빠지고 만 것입니다.

그리고 "너희의 판단으로 비판하지 말라."라는 말씀은 부정한 일부 인사들이 비판을 회피하기 위해 자기방어의 논리로 악용하는 구절임을 직시해야 할 필요가 있습니다. 절대적인 권위에 의한 판단과 비판이 아니면 모두 거부하겠다는 것으로, 파렴치한 범죄자들일수록 이 말씀으로 사람들의 비판을 피합니다. 그러나 하나님 앞에서는 그럴 수 없을 것입니다.

우리는 우리가 접하는 모든 문제에 대하여 우리의 소견에 의한 확정적 판단은 유보하여야 하지만, 반드시 말씀에 비추어 명확한 분별을 해야만 할 것입니다. 그 분별한 바탕 위에서 그들을 대하고 우리의 행동을 결정해야 주님 앞에 섰을 때 얼굴을 들 수 있을 것입니다.

마태복음 5장 37절과 야고보서 5장 12절에 동일한 예수님의 말씀이 기록되어 있습니다.

"너희는 분별하여 옳은 것은 옳다 하고 그른 것은 그르다 하라. 이에서 지나는 것은 악에서 남이니라."

예수님이 주신 이 훈계의 말씀이 의미하는 것은 분명합니다. "성경의 가르침과 복음의 진리로 바로 깨닫고 분별하여 옳은 것과 그른 것을 정확히 판단하라. 그리고 숨지 말고 나서서 너의 판단을 정확하고 담대하게 말하라."라는 행동 지침인 것입니다.

"타인의 판단을 용납하고 수용할 마음을 품으라. 그러나 잘못된 것이라 판단되면 물러서지 말고 나서서 잘못이라 말하라."

동일한 의미를 가지는 비유가 또 있는데 앞서 묵상한 마태복음에 나오는 "가라지의 비유"입니다.

마태복음 13장 29절: "가만두라. 가라지를 뽑다가 곡식까지 뽑을까 염려하노라."

이 말씀은 밭에 난 가라지를 발견한 종들이 주인에게 "가라지를 뽑아 버릴까요?"라고 물을 때 주인이 한 말입니다. 곡식과 가라지를 구분할 수 있는 눈을 가진 종들이기에 당연히 그러라고 허락할 만하지만 그 주인(예수님)의 생각은 달랐습니다.

다수의 가라지보다는 잘못하여 뽑힐 소수의 알곡을 더 염려하시는 주인(예수님)의 마음이 느껴집니다. 이는 99마리의 양을 남겨 두고 잃어버린 한 마리의 양을 찾아 나선 하나님의 마음이라 생각합니다.

사람들을 알곡과 가라지로 구분하는 일은 우리 주님이 다시 오실 때 우리 주님이 하실 일인 것으로, 우리가 스스로 판단하여 "너는 가라지이고, 나는 알곡이다."라고 해서는 안 될 일이며 이는 주님의 영역을 침범하는 큰 죄입니다.

하지만 우리는 말씀에 의지하여 두렵고 떨리는 마음으로 분별하고, 나의 말과 행동을 알곡의 길로 나아가도록 해야만 합니다. 판단은 주님의 일이지만 분별은 우리가 해야 할 일인 것입니다.

따라서 이 6장 37절 구절의 참뜻은 판단과 정죄는 우리 주님이 하실 일이니 너희는 스스로 분별하여 정죄받지 않을 행위를 하라는 것으로 이해하여야 할 것입니다.

기도

하나님, 주신 말씀을 묵상하며 세상의 많은 어려움과 위협 속에 움츠러진 저를 다시 돌아보게 됩니다.

하나님은 우리가 견딜 수 없는 시험은 주지 않으시고 그즈음에 피할 길도 주신다고 배웠습니다. 그럼에도 두려움에 앞으로 나아가지 못하는 저를 바라보며 좌절하기도 했지만 오늘 알게 하신 그것, 마귀는 거짓의 아비라 실질적으로 나를 해할 힘이 없다는 사실을 깨달으며 새로운 용기를 가져 봅니다.

오직 믿음으로 담대하게 나아가는 갈렙과 같은 자가 되기를 바라오니 성령님 도와주소서.

비판과 정죄는 하나님의 영역, 정확한 분별에 의한 처신은 나의 영역임을 잘 구분하여 살아가는 자 되기를 구합니다. 늘 바른 분별의 길을 찾기를 바라며 두렵고 떨리는 마음으로 말씀을 묵상하여 하나님이 우리에게 주시는 말씀의 참뜻을 정확히 분별하기 원합니다.

성령님, 우리를 도우사 잘못된 판단에 빠져 참진리를 호도하는 죄를 짓지 않도록 도우소서. 주의 군사처럼 진리의 말씀으로 담대히 나아가 선포하는 우리가 되게 하소서.

예수님의 이름으로 기도합니다. 아멘.

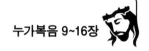
오늘 첫 묵상은 "여기는 빈 들입니다."입니다.

9장 10~17절에 나오는 너무나 유명한 이야기, '오병이어' 사건입니다. 예수님을 찾아 모여든 수많은 사람, 남자만 약 오천 명이라 하니 딸린 식솔까지 합하면 최소 만 명 이상의 무리가 빈들에 모여서 예수님만을 바라보고 있습니다. 말씀도 듣고, 병 고침의 은사도 받는 사이에 날이 저물어 갑니다.

요즘에 많은 사람이 모이는 행사장을 가 보면 행사 주최자가 준비할 것이 얼마나 많을지 상상이 가지 않을 정도입니다. 그런데 그 당시 아무 계획 없는 모임이 아무런 기반 시설이 없는 빈 들에서 이루어졌습니다. 마실 물도 준비되지 않았을 것이고 화장실은 물론 없었겠지요. 먹을 것은 각자 가지고 왔을까요? 일부는 준비해 오기도 했을 것이고 또 준비 없이 모인 사람이 태반이었기에 예수님이 불쌍히 여기시고 제자들에게 먹을 것을 주라고 하십니다.

여기에서 제자들의 대답이 "여기는 빈 들입니다."라는 것이었고 이는 제자들이 가진 인식의 한계를 잘 보여 주는 대답인 것입니다.

그 대답 속에 숨어 있는 의미는 여러 가지일 것입니다. "이 모임이 계획된 것이 아니라서 아무 준비된 것이 없습니다. 당연히 먹을 것도 없습니다."라는 것일 수도 있고, "약 200데나리온(계산이 빠른 빌립이 인원수에 단가를 곱한 것)의 음식값이 필요한데 그 돈도 우리에게 없으며 그만한 식량을 살 곳도 없으니 무리들을 흩어 보내야 합니다. 그들의 먹거리는 그들이 책임입니다."라는 것일 수도 있습니다. 딱히 틀린 의견도 아니고 합리적인 판단일 것입니다. 단, 사람의 생각으로 그렇다는 겁니다.

그런 제자들에게 예수님이 "너희가 가진 것이 무엇이 있는가?"라고 물으시니 제자들은 "여기 한 소년이 가진 물고기 두 마리와 떡 다섯 개가 있지만 이것으로 무엇을 할 수 있겠습니까?"라고 스스로의 한계를 정하는 대답에서, 예수님을 모시고 다닐 때 말씀을 듣고 수많은 이적을 경험하며 예수님이 어떤 분인지 잘 알고 있었음에도 그들의 마음은 아직 세상을 바라보고 있음을 알 수 있습니다.

예수님이 대답을 들으시고 가지고 있는 식량을 보이라 하니 한 소년이 도시락으로 싸 온 물고기 두 마리와 떡 다섯 개를 내놓습니다.

그것으로 축사하시고 나누어 주게 하시니 모든 사람이 다 먹고 남는 것을 열두 광주리에 차도록 거두었다는 것이 오늘의 줄거리입니다.

하나님은 돌덩어리로도 떡을 만드실 수 있는 분이니 예수님도 능히 그러실 수 있지만 왜 굳이 가지고 있는 것을 내놓으라 하셨을까요? 그냥 하늘에서 식량을 비처럼 내리게 해서 기적을 보여 주시는 것이 더 그럴듯하지 않았을까요? 아니면 만나처럼 땅에서 피어오르게 하실 수도 있었을 텐데요.

그것은 우리에게 먼저 작은 노력을 요구하시는 것입니다. "작은 씨앗을 심으라. 그러면 내가 큰 나무로 키워 주겠다."라고 말씀하시는 것이라 생각됩니다. 그리고 "사람으로는 안 되어도 하나님으로 능히 하실 수 있다."라는 성경 말씀과 같은 것이라 판단됩니다. 또 불가능한 것이라 판단하여 포기하지 말고 나만 의지하라는 하나님의 말씀도 생각납니다.

이 모든 의미를 함축하는 대화가 바로 "너희가 먹을 것을 주어라.", "여기는 빈 들입니다."라는 것입니다.

두 번째 묵상은 "대언자의 마음가짐"입니다.

> 10장 7절: "그 집에 유하며 주는 것을 먹고 마시라. 일꾼이 그 삯을 받는 것이 마땅하니라. 이 집에서 저 집으로 옮기지 말라."

예수님은 두 번에 걸쳐 무리에게 권능을 주어 파송하십니다. 처음에는 열두 제자를 둘씩 짝지어 보내시고, 다음에는 칠십인을 세워 보내시며 하신 말씀이 오늘의 묵상 구절입니다.

"너희는 가서 천국을 전파하며 병든 자를 고치고 귀신을 쫓아내라."라고 명하시고 이를 실행할 권능을 주시면서 하신 말씀이 "너희가 거저 받았으니 거저 주라.", "여행을 위한 준비를 하지 말고 빈손으로 가서 누구든지 영접하는 집에 머물고 대접하는 대로 받으라.", "조건을 찾아 이 집 저 집 돌아다니지 말라."라는 세 가지로 요약할 수 있습니다.

이 말씀은 당신의 대언자를 택하여 보내시며 그들이 지켜야 할 행동 지침을 정해 준 것인데, 그들은 열두 제자와 따로 구별하여 세우신 칠십인입니다. 그들의 역할은 '천국을 전파하는 자(천국을 가르치는 자)'이며 그들에게 주신 권능은 그 가르침의 권위와 말씀의 증거로 사용하기 위함입니다.

이 말씀을 묵상하면서 정말 놀랍게도 이를 지금 우리 교회의 현실에 정확히 적용할 수 있음을 깨달을 수 있습니다.

지금 예수님이 우리 교회에 보내시는 그들은 목사님들이라 생각되는데 여기서 목사란 직업적인 목사, 즉 삯꾼 목사가 아닌 진짜 사명을 받은 목사님을 의미합니다.

과거 우리 교회는 사명자 목사님을 박해하여 내쫓았고, 그 죗값으로 가장 악질적인 삯꾼 목사를 받아들여 교회가 결딴나는 아픔을 겪었습니다. 삯꾼 목사들은 목회 조건, 교회의 규모와 평판, 복리 후생과 근무 조건의 난이도를 골라 좋아 보이는 직장을 택합니다.

이들은 주님과의 교류 없이 단지 지식으로서 말씀을 공부하고 신학 이론으로 설교하고 성도들이 듣기 좋아하는 말을 하는 데 익숙합니다. 또 간간히 나타나는 능력에 대해 삯을 바랍니다. 그러니 우리 주님이 행동 지침으로 주신 말씀에는 전혀 따를 의사가 없는 자들이지요.

그러나 주님께 보내심을 받은 사명자 목사님은 어떤 분이기에 이러한 행동 지침을 충실히 따를까요? 그분들은 자신이 담당해야 할 성도들에 대한 사랑과 의무감, 주님 말씀에 대한 신실함으로 목회를 하실 분들로서, 새로 오신 목사님에 대한 소망을 가져 봅니다.

세 번째 묵상은 "하나님 앞에서 정산하기"입니다.

> 12장 47절: "주인의 뜻을 알고도 준비하지 아니하고 그 뜻대로 행하지 아니한 종은 많이 맞을 것이요"
>
> 12장 48절: "알지 못하고 맞을 일을 행한 종은 적게 맞으리라. 무릇 많이 받은 자에게는 많이 요구할 것이요, 많이 맡은 자에게는

많이 달라 할 것이니라."

이 말씀의 의미를 새겨 봅니다. 동일한 잘못을 범한 두 종이 있습니다. 주인의 뜻을 알면서도 잘못을 범한 자는 더 중하게 벌주고, 모르고 잘못을 범한 자는 좀 더 가벼운 벌을 준다는 말씀입니다. 사람의 생각으로도 타당한 처벌이라 생각됩니다. 같은 의미로 많은 것을 맡은 자에게는 많은 결과를 바랄 것이요, 적은 것을 맡은 자에게는 적은 것만을 요구할 것입니다.

그런데 이 말씀을 하나님의 일에 적용하면 어떻게 판단할 수 있을까요?
많이 아는 자들의 범위를 신학을 공부하고 사역의 현장에 있는 목회자로 한정하지 않고, 소위 믿음 많은 성도라 칭하며 교회 안에서 직분을 맡은 항존직까지 범위를 넓혀 보면 뜨끔한 마음이 듭니다.
교회 안에서 직분의 권위를 내세우며 자기 독선에 빠진 자들, 믿지 않는 세상의 사람들과 스스로 구분 지어 우리만 천국 백성이라 스스로 도취해서 세상의 사람들을 무시하는 자들이 소위 아는 자들이 아닐까요?
남들보다 많은 달란트를 받아 가진 사람들, 능력 많고 재능이 뛰어나며 배경이 훌륭해 높은 지위와 많은 재물을 가진 사람들, 각종 은사를 받아 사람들의 병을 고치고 예언을 하며 훌륭한 설교로 큰 교회를 개척하던 정열의 목회자들에게는 이 말씀이 어떻게 적용될까요?

심판 날에 그들이 우리 주님 앞에 섰을 때 과연 무엇을 물어보시며 그들의 인생을 결산하실까 생각해 봅니다.

많은 달란트를 받고 풍요로운 삶을 영위하던 사람들에게는 "내가 네게 준 그 모든 것을 어떻게 세상에서 사용했느냐?"라고 물으실 것이며, 중요한 직분이나 직위를 가졌던 자들에게는 그 권한을 사용한 방향을 물으실 것이며, 많은 은사를 받은 사람들에게는 "그 은사를 사용해서 어떤 결실을 맺었느냐?"라고 물으실 것입니다.

이때 큰 소리로 "나에게 주어진 재물을 하나님의 사랑으로 세상의 작고 가난한 사람들을 위해 사용했습니다."라고, "나에게 주어진 권한을 하나님의 사랑과 공의를 실현토록 사용했습니다."라고, "나에게 주신 은사를 어둠 속을 헤매던 많은 영혼을 하나님의 나라로 이끌기 위해 사용했습니다."라고 대답할 수 있다면 착하고 충성된 종이라 칭찬을 받을 것입니다. 또한, 자기의 유익과 평안만을 추구한 사람은 악하고 무익한 종이라는 책망을 받을 것이라 생각됩니다.

반대로 보잘것없이 작고 약하며 가난한 자들은 하나님을 향한 믿음만 있으면 아무것도 묻지 않고 기뻐 영접하실 것입니다. 이렇게 생각하니 세상에서 받아 누리던 모든 것의 좋고 나쁨이 없어 보입니다.

많이 받은 자는 애써 하나님의 뜻대로 받은 것을 사용해야 하고 적게 받은 자는 자기의 마음만 잘 다스리면 하나님 앞에서 같은 평가를 받을 것이라고 스스로 분별해 보는 묵상의 시간이었습니다.

✝ 기도

하나님, 감사합니다. 우리의 무한한 의지가 되시고 소망이 되시는 주님을 찬양합니다.
우리를 불쌍히 여기시기에 친히 우리 곁에 오시고, 우리의 아픈 것을 치료해 주시며,
무엇보다 세상을 바라보지 말고 나를 바라보라고 말씀하시는 주님. 나의 기쁨, 나의
소망 되시며, 나의 생명이 되시는 주님. 내게 오심을 감사합니다.

내 삶 속에서 주님을 언제나 바라고 느끼며 살아가기를 원합니다. 나의 작은 헌신을
요구하시는 주님, 기꺼이 순종하겠습니다.

그리스도 예수님의 이름으로 기도합니다. 아멘.

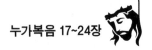

오늘 첫 묵상은 "우리 안에 있는 하나님 나라"입니다.

성경의 기록에는 예수님의 재림과 최후의 심판이 있은 후 영원한 하나님의 나라가 이루어진다고 쓰여 있습니다. 이 기록에 근거하여 하나님 나라는 언제가 될지 모르는 먼 훗날의 사건으로 치부됩니다.

그러나 마가복음 9장 1절에 "내가 진실로 너희에게 이르노니 여기 서 있는 사람들 중에는 죽기 전에 하나님의 나라가 권능으로 임하는 것을 볼 자들도 있느니라."라는 말씀이 있습니다. 제자들이 살아 있는 동안에 하나님의 나라를 볼 사람이 있다고 하신 예수님의 말씀을 떠올립니다.

오늘 묵상 본문 17장 20~21절에 하나님의 나라를 묻는 바리새인들에게 하신 예수님의 답변이 기록되어 있습니다.

> 17장 20절: "하나님의 나라는 볼 수 있게 임하는 것이 아니요"
> 17장 21절: "또 여기 있다. 저기 있다고도 못 하리니 하나님의 나라는 너희 안에 있느니라."

누가복음 17장 21절과 마가복음 9장 1절은 예수님이 직접 하신 말씀이라 반드시 진실입니다. 이는 예수님의 재림 이후에 성립될 하나님의 나라와는 또 다른 하나님의 나라가 우리 안에 존재할 수 있다는 말씀으로 이해됩니다.

재림 이후에 성립할 하나님의 나라는 세상의 나라가 이미 소멸된 이후라 택함을 받은 성도들에게는 하나의 세상만 존재할 것이지만, 아직 이 세상을 살아가야만 하는 우리는 두 가지의 나라를 같이 살아갈 수밖에 없습니다. 현실 세상과 마음속의 세상….

우리 안에 임하실 하나님의 나라는 어떤 것일까 생각해 봅니다. 또 어떻게 해야 우리 안에 하나님의 나라가 성립할 수 있을까요?

세상의 가치관과 다른 하나님의 말씀에 의지하는 삶을 살며 오직 말씀에 순종하며 그 안에서 평강을 누리는 성도의 삶이라면 하나님의 나라에 사는 자가 될까요?

진실로 그렇다고 생각됩니다. 세상 기준으로는 물질적으로 부족하고 권력과 지위가 낮아진다 해도 오직 주님만으로 행복하다면 그의 마음은 평화롭고 여유가 있을 것이니 그의 삶은 낙원에서 사는 것이 될 것입니다.

그러나 현실 세상에도 살아야 하는 우리는 현실을 외면할 수 없습니다. 이 세상에서 능력 있게 살아가야 세상의 빛과 소금의 역할을 감당하며 말씀을 전하여 복음을 확산시킬 수 있습니다. 그리고 하나님께서는 현실 세상의 조건에 지혜롭게 적응하며 능력 있게 살아야 함을 말씀하십니다.

> 16장 8절: "주인이 이 옳지 않은 청지기가 일을 지혜 있게 하였으므로 칭찬하였으니 이 세대의 아들들이 자기 시대에 있어서는 빛의 아들들보다 더 지혜로움이니라."

이 말씀은 잘 해석하여야 합니다. 잘못하면 부정한 청지기의 잘못된 행위를 옹호하는 것으로 받아들일 수도 있는데, 이 부분을 설명한 주석을 읽어 보면 그의 영민한 처세술만을 칭찬한 것이라고 합니다.

즉, 하나님을 믿는 빛의 아들들이 배워야 할 부분으로 돈을 사용하는 일이나 세상의 일을 함에 있어서 지혜로운 현실 감각을 가질 필요가 있다고 주석에서 말하고 있음을 유념하며 말씀을 읽습니다.

두 번째 묵상도 "우리 안에 있는 하나님 나라"입니다.

> 18장 34절: "제자들이 이것을 하나도 깨닫지 못하였으니 그 말씀이 감취었으므로 그들이 그 이르신 바를 알지 못하였더라."

"말씀이 감취었다."라는 말씀은 "보아도 보지 못하고 들어도 듣지 못한다."라는 이사야 6장의 말씀과 같은 뜻이며 예수님이 설교 후에 늘 하시던 말씀, "귀 있는 자는 들을지어다."라는 것과 연관이 있습니다.

여러 번에 걸쳐 분명히 하신 "인자가 잡혀 죽고 3일 만에 다시 살아나게 된다."라는 말씀은 이해할 수 없는 어려운 말도 아니고, 한번 듣고 잊어버릴 일도 아닙니다.

그러나 실제로 예수님이 무덤에서 부활하시고 여러 사람, 여인들의 증언을 듣는 그 순간에도 제자들은 믿지 못하고 그 말씀을 떠올리지도 못했습니다.

죽은 자를 살리는 이적을 여러 번이나 목격했음에도 부활하실 것이라는 말씀을 믿지 못하였고, 무리에게는 비유로 말씀하시되 제자들에게는 자세히 풀어 설명해 주셔도 그들에게는 깨달음이 없었습니다.

지금 우리는 성경을 읽고 공부하면서 성경을 잘 알고 있다고 생각합니다. 그래서 하나님이 보내신 여러 선지자의 말을 듣지 않고 오히려 핍박하던 유대인들의 완악함, 스스로 알던 그리스도의 출현을 애써 부정하던 왕과 제사장들의 행위, 선택받은 민족이 이민족보다 더 악하게 타락해서 복음의 참뜻을 율법의 지식으로 외면하는 그들의 무지함을 보며 선택받은 민족인 유대인들을 비판하고 조롱하며 정죄합니다.

그러나 지금 우리는 성경이 우리에게 주시는 말씀대로 잘 깨닫고 잘 순종하고 있는가 생각해 보아야 합니다. 혹시 우리가 믿고 있다고 생각하는 하나님을 나의 유익을 구하는 수단으로 생각하고 있지 않나요? 나에게 행복과 물질의 풍요와 세상의 권세를 안겨 줄 능력을 가진 그가 나를 위해 존재한다고 믿고 있지는 않은지 잘 분별해야 합니다.

성경에는 분명히 기록되어 있습니다. 하나님이 하나님을 찬송하기 위한 존재로 사람을 지으셨고 사람은 하나님을 기쁘시게 하기 위한 존재라는 사실 말입니다. 하나님을 위해 내가 존재하는 것이지 나를 위해 하나님이 존재하는 것이 아닙니다.

많은 권면의 말씀과 삶의 지침이 기록되어 있지만, 문자로 아는 것과 실제 삶으로 작용하는 것은 다른 것입니다. "들을 귀 있는 사람은 들을지어다."라고 외치시는 예수님의 마음을 느껴 봅니다. 그들이 소리를 못 들어서 하시는 말씀이 아님을, 그들이 깨닫지 못함을 안타까워하시는 것임을….

오직 성령이 임하셔서 "성령이 모든 것을 알게 하시고 깨우치게 하시리라."라는 예수님의 말씀이 무슨 뜻인지 이해가 됩니다.

세 번째 묵상은 "나에게 주어진 한 므나"입니다.

19장 13절부터 26절까지 열 므나의 비유가 나옵니다. 이 비유는 마태복음의 달란트 비유와 비슷합니다.

한 귀인이 종 열 명을 불러서 각각 한 므나씩 주고 장사를 할 것을 명했습니다. 그리고 떠났다가 돌아와서는 그들의 행한 것을 결산합니다. 이때 받은 므나를 열심히 활용하여 많이 남긴 자는 많은 보상을 받고 적게 남긴 자도 그에 합당한 보상을 받되, 게으르거나 주인에게 불만이 있어 아무 수익을 올리지 않은 자는 징계를 받습니다.

이 부분을 해설한 주석을 보면 이 이야기는 헤롯이 죽은 후 그의 아들 아켈라오가 분봉왕이 되려 할 때의 정황과 같기에 누가가 이 상황을 차용한 것이라고도 합니다.

아켈라오가 왕위를 받으러 로마로 가고 유대인들의 방해 공작에도 불구하고 성공적으로 왕위를 받아 돌아온 후 가혹한 보복으로 반대자들을 처단한 것은 유사하지만, 므나의 비유는 그 상황을 포함하지 않습니다.

므나의 비유나 달란트의 비유에서 읽히는 메시지는 명확합니다. 주인이 맡긴 재화를 잘 활용하여 이익을 남긴 성실한 종은 "착하고 충성된 종"이라고 평가한 후 합당한 보상을 받습니다. 받은 재화를 활용하지 않은 종은 "게으르고 악한 종"이라 평가한 후 징계를 받습니다.

이 이야기 역시 비유의 말씀인데, 씨 뿌리는 비유는 예수님이 친히 설명해 주셨지만 므나의 비유는 설명해 주시지 않으셨습니다. 그래서 많은 사람이 이 비유가 무엇에 대한 것인지 연구하고 그 견해를 밝혔는데, 주요점은 다음과 같습니다.

"한 귀인"은 예수님·하나님이시고 "그가 떠날 때"는 우리가 태어난 때이고 "돌아와 정산할 때"는 우리가 죽어 주님 앞에 섰을 때입니다. 주어진 "한 므나"는 우리에게 주어진 재능이며, "장사"라고 명하신 것은 우리에게 주어진 사명인 것입니다.

즉, 하나님이 우리를 세상에 보내실 때 세상에서 수행해야 할 사명을 주시고 그를 감당할 만한 재능을 주어 보내셨기에 우리의 세상살이는 하나님의 뜻에 합당한 삶이 되도록 열심히 살아야 한다는 것입니다. 그리고 주님 앞에 섰을 때 "착하고 충성된 종"이라는 평가를 받는 자는 주인의 잔치에 참여하는 보상을 받게 된다는 것을 비유한 것이라고 결론 짓고 있습니다.

하나님의 뜻에 합당한 삶을 살아 낼 밑천은 공평하게 주어졌을까요? 열 배씩 남긴 자와 다섯 배씩 남긴 자의 차이는 무엇일까요? 게으른 종의 삶은 어떤 모습일까요? 이를 마음 깊이 묵상해 봅니다.

네 번째 묵상은 "다른 운명을 택한 두 사람의 행동"입니다.

> 22장 22절: "인자는 이미 작정된 대로 가거니와 그를 파는 그 사람에게는 화가 있으리로다."

여기서 그 사람은 가룟인 유다입니다. 그는 예수님을 팔았으나 돌이키지 못하고 자살하여 피밭에 묻히게 됩니다.

23장 42절: "예수여, 당신의 나라에 임하실 때에 나를 기억하소서."

이 말을 한 사람은 예수님의 십자가 곁에 달린 한 행악자로, 십자가 형을 당할 정도의 중죄인이었습니다. 그의 살아온 과정은 선함과는 관계없는 사람으로 판단되지만 마지막 순간 예수님을 시인하고 구원을 간구함으로써 예수님께 직접 낙원을 약속받게 됩니다.

이 두 사람의 일생을 판단해 보면 가룟인 유다는 예수님의 열두 사도 중 한 사람으로 참 부러운 삶을 살아왔고, 한 행악자는 형편없는 삶을 살아왔을 것이라 보입니다. 그렇기에 이는 비교할 필요조차 느끼지 못할 처지입니다. 그런데 하늘나라 앞에선 유다는 예수님께 버림받는 불쌍한 자가 되었고 한 행악자는 예수님께 직접 하늘나라로 인도받는 자가 되었으니 이는 인생 역전이라 할 수 있습니다.

어디서 이런 경우가 나타난 것인지 생각해 보았습니다.

유다는 그의 마음에 사탄이 들어가 예수님을 팔 마음이 생겼을 때 그 유혹을 이기지 못하고 예수님을 파는 죄를 저지르게 되지만 이는 성경에 예언된 일을 위해 쓰임 받은 것입니다.

예수님의 사역은 모두 성경에 예언된 예수님에 대한 기록을 실제로 이루어 가는 것입니다. 그렇기 때문에 누군가 예수님을 팔아야만 했고 유다는 그 악역에 선택된 불쌍한 자로서 영혼까지 버림받은 안타까운 경우입니다.

한 행악자는 세상의 죄 속에 살고 결국 세상의 심판에 의해 십자가 형을 당하게 된 흉악한 죄인이지만, 마지막 순간 예수님 옆에 있게 된 행운을 잡았습니다. 그렇기에 또 다른 행악자와 달리 예수님을 시인하고 구원을 간구함으로써 그 영혼을 구원받게 된 것입니다.

우리는 삶의 매 순간을 믿음으로 살아야 하지만 수시로 실족하고 죄를 짓습니다. 하지만 그것을 깨닫는 즉시 회개하고 주님을 찾아야 함을 이 비교에서 알 수 있습니다. 무시하고 미루다가 기회가 사라질까 두려워해야 합니다. 언제 심판의 순간이 닥칠지 모르기 때문입니다. "그때가 언제인지 모른다. 그날이 도둑같이 임하리라."라고 주님이 말씀하신 것을 유념하여야 할 것입니다.

또 하나님의 구속 사역을 위한 역사에 누구나 다양하게 쓰임 받겠지만 유다처럼 악한 일에 쓰임 받지 않도록 기도해야 할 것입니다.

우리 주변에도 악한 일에 쓰임 받는 것이 눈에 보이는 사람이 여럿 있습니다. 그들 역시 자기만의 신념과 믿음이 있고 나름 주님의 나라를 위한다고 열심을 내고 있지만, 유혹에 눈이 가려져 그 열심이 어떤 방향으로 가고 있는지 스스로는 모릅니다.

성경 말씀에 근거하고 성령의 인도를 받아 바른길로 행하여야 그 열심이 주님의 나라에 이르는 길이 되거늘, 유혹에 빠져 자기만의 의에 갇힌 자들의 길은 어둠으로 향하게 된다는 것을 유념해야만 합니다.

그들은 자신들의 행위가 무엇을 위한 것인지 모르면서 그 일을 감당합니다. 이들은 영적인 눈으로 보면 참 안타깝고 불쌍한 사람들입니다.

하나님, 그들을 위해 간구합니다. 가룟인 유다처럼 회개하여 돌이킬 여유 없이 버려두지 마시고, 최후에라도 그 행악자처럼 돌이킬 수 있게 하여 주소서. 불쌍한 영혼들 버리지 마시고 구원의 기회가 그들에게도 있게 하여 주시기를 구합니다.

 기도

하나님, 매일 말씀을 묵상하며 삶으로 살아 내기를 결심하지만 하루가 지나고 보면 그렇게 하지 못했음을 알게 됩니다. 우리에게 주시겠다고 약속하신 그것, 오직 성령이 임하시면 너희가 깨달음을 얻고 너희의 삶을 주장해 주신다는 주님의 약속을 기다립니다.

"내가 너희를 보냄이 어린양을 이리 가운데로 보내는 것 같도다. 그러므로 너희는 뱀과 같이 지혜롭고 비둘기같이 순결하라."라고 하신 예수님의 말씀에서 이 세상을 살아가야 할 우리를 걱정하시는 하나님의 마음을 느낍니다. 어떻게 살아야 하며 무엇을 위한 삶이 되어야 할지 생각하면서 길을 묻습니다.

내 인생 항해의 끝이 되시는 주님, 방향을 잡아 주소서. 우리에게 실족하지 아니할 지혜와 분별력을 주소서.

예수님의 이름으로 기도합니다. 아멘.

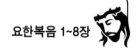
오늘 첫 묵상은 "하나님을 어떻게 이해할 것인가?"입니다.

요한복음은 다른 어떤 성경 말씀과도 비교가 되는 말씀으로, 예수님에 대하여 명확하고도 이론의 여지가 없도록 분명하게 설명하고 있습니다.

> 1장 1절: "태초에 말씀이 계시니라 이 말씀이 하나님과 함께 계셨으니 이 말씀은 곧 하나님이시니라."
>
> 1장 2절: "그가 태초에 하나님과 함께 계셨고"
>
> 1장 3절: "만물이 그로 말미암아 지은 바 되었으니 지은 것이 하나도 그가 없이는 된 것이 없느니라."
>
> 1장 4절: "그 안에 생명이 있었으니 이 생명은 사람들의 빛이라"
>
> 1장 5절: "빛이 어두움에 비취되 어두움이 깨닫지 못하더라."
>
> 1장 12절: "영접하는 자 곧 그 이름을 믿는 자들에게는 하나님의 자녀가 되는 권세를 주셨으니"
>
> 1장 13절: "이는 혈통으로나 육정으로나 사람의 뜻으로 나지 아니하고 오직 하나님께로부터 난 자들이니라"
>
> 1장 14절: "말씀이 육신이 되어 우리 가운데 거하시매 우리가 그 영광을 보니 아버지의 독생자의 영광이요 은혜와 진리가 충만하더라."
>
> 1장 18절: "본래 하나님을 본 사람이 없으되 아버지 품속에 있는 독생

하신 하나님이 나타내셨느니라."

1~18절을 읽으며 넘치는 기쁨을 느꼈으니, 믿음을 갖기까지 궁금했던 사항들을 밝고도 명확히 설명하고 있으며 또 그 문장은 또 얼마나 유려한가? 정말로 이 한 장의 문장이라 감탄할 수밖에 없는 복음서입니다.

과거 한 유명인사가 TV에서 요한복음을 강해하며 "인류 역사에 기록되어야 할 책으로, 요한복음 이외의 성경은 모두 폐하여야 할 것이다."라고 주장하여 큰 파문을 일으킨 바 있습니다. 어느 정도 그의 주장을 이해할 수 있는 기록이라 생각됩니다.

특별한 경우가 아니면 우리는 하나님을 우리와 같은 사람으로, 특히 남자의 형상을 가진 존재로 인식합니다. 하지만 민수기 23장 19절에 "하나님은 사람이 아니시니 거짓말을 하지 않으시고"라고 하였음을 유의할 필요가 있습니다.

성경 첫 권 1장 1절의 말씀은 모든 것을 함축하는 선언적 말씀임을 유념해서 이해해 봅니다. 구약 첫 권 창세기 1장 1절의 말씀은 "태초에 하나님이 천지를 창조하셨다."라고 선언합니다. 만물을 창조하신 주인으로서 이 세상의 주관자 되심을 선포하시는 말씀입니다.

요한복음 1장 1절 태초에 말씀이 계셨고, 말씀이 하나님이시라고 선포하고 있습니다.

두 권의 책 첫머리를 종합해 보면 모든 것의 시작인 태초에 하나님이 천지를 창조하셨는데, 그전에 말씀이 계셨고 그 말씀이 하나님이시고 그 말씀이 육신이 되어 우리 가운데 계시다 했으니(14절) 이는 '말씀=하나님=예수님'의 관계를 명확히 설명하고 있습니다.

또 창세기 1장 26절의 사람을 지으신 기록 중 "우리의 형상을 따라 우리의 모양대로 우리가 사람을 만들고"라고 하나님을 복수형으로 기록한 것은 성부, 성자, 성령이 함께 계시기 때문입니다. 이는 그분들은 하나라는 삼위일체론을 이해할 수 있는 근거가 됩니다.

하나님(들) 자신의 형상대로 지은 사람이니 이 세상에서 사람들이 갈라져 남자와 여자, 흑인과 백인과 황인으로 구별될지라도 이들은 모두 하나님의 형상을 가지며 그 속성 또한 하나님을 닮은 것이라는 것을 이해합니다.

그 속성에는 모든 것을 자신의 뜻대로 할 수 있는 자유 의지도 있습니다. 사람들은 자신의 의지대로 판단하고 행할 수 있는 자유가 있기에 유혹에 넘어가 하나님이 금하신 일을 벌이는 죄를 저지르게 된 것입니다.

예수님이 세상에 오셔서 들려주신 말씀은 하나님의 말씀이자 사람의 말이니, 죄로 어두워진 사람들의 영혼에 하나님의 말씀(속성)을 다시 불어넣으신 것이라 믿어집니다.

예수님의 오심은 하나님의 마음을 전하는 복음입니다. 그리고 "복음의 말씀을 주셨으니 말씀을 듣고 자유 의지로 판단하여 내게로 돌아오라. 내게로 돌아온 자들은 나와 함께 있으려니와 돌아오지 않는 자들은 영원히 버리리라."고 선포하신 것임을 믿습니다.

그리하여 여러 피조물과 함께 자유 의지로 하나님을 따르는 사람들로 이루어진, 하나님이 바라시는 완전한 창조 세계를 완성하기를 바라는 것이 하나님의 뜻일 것이라 믿습니다.

두 번째 묵상은 "믿음과 순종"입니다.

예수님의 공생애를 사건과 시간 위주로 기록한 공관복음서와 달리 요한복음은 예수님의 신성을 증거하기 위하여 이적 위주로 기록된 것을 염두에 두고 읽어야 합니다.

2장 2~10절에 가나 혼인 잔치에서의 포도주가 떨어졌을 때 예수님의 첫 이적 행하심을 기록하고 있습니다. 포도주가 떨어진 것은 혼주의 입장에서 매우 난처한 일입니다. 그런데 하객으로 참석한 예수님의 어머니 마리아가 먼저 나서서 예수님께 문제를 해결하라고 말씀하십니다.

마리아는 예수님이 누구인지 알고 있는 분입니다. 잔치가 7일가량 지속되는 동안 예수님과 동행하고 있는 제자들로부터 요한에게 세례 받을 때 하늘이 열린 것, 광야 40일간의 시험 기간, 제자들을 부르실 때 보이신 능력에 대해 들었을 것입니다. 그렇기에 자신의 아들이 아닌 하나님의 아들로서의 능력을 믿었을 것입니다.

"그들에게 포도주가 떨어졌으니 네가 해결해 주어라."라는 말씀에 "나의 때가 아직 이르지 아니하였나이다."라며 곤란해하는 아들을 두고 하인들에게 "그가 시키는 대로 하라."라고 지시하니 예수님이 순종하여 따릅니다.

이는 문제 해결이 가능할 것이라는 믿음이 없이는 불가능한 언행인 것입니다. 돌 항아리에 물을 채우라는 지시와 떠서 연회장에게 가져다주라는 지시를 말없이 순종한 하인들로 인해 물이 포도주로 변하는 이적이 완성됩니다.

이 부분을 묵상하며 정리된 생각은 '믿음과 순종'입니다. 능력을 행하실 것이라는 믿음과 의심하거나 머뭇거리지 않고 행하는 하인들의 순종이 어우러져 하나의 역사가 완성된 것을 알 수 있습니다.

세 번째 묵상은 "겸손함"입니다.

3장 30절: "그는 흥하여야 하겠고 나는 쇠하여야 하리라."

오늘의 묵상 구절은 세례자 요한의 마음이 크게 느껴지는 말씀입니다.
그는 대제사장 사가랴의 아들로 그의 탄생 예언을 천사가 고지함으로써 이루어졌으며 어려서부터 큰 기대와 주목을 받으며 자랐고, 커서는 말씀 선포와 세례자로서 사역을 감당하는 큰 인물이 되었습니다.
그는 예수님이 평가하신 대로 여자가 낳은 사람 중 가장 큰 자로서 많은 제자가 따르고 있었습니다. 분봉왕 헤롯도 존중하고 두려워하였으며 당시의 사람들은 요한이 혹 그리스도인가 생각할 정도였으니 그의 위상은 대단했을 것이라 짐작됩니다.
이쯤 되면 사람의 마음속에 교만이 스며들게 되고 자존감과 권력의 욕심이 은연중에 나타나게 됩니다. 실제로 우리 주변에 많은 리더들, 특히 큰 목회를 성공적으로 이루어 평생을 보낸 큰 목사들은 말년에 부와 권력에 취해 무너지고 맙니다. 이런 안타까운 현실을 접하며 요한도 비슷한 유혹에 노출되었을 것이라 짐작됩니다.

그러나 오늘 묵상 구절처럼 그는 자신의 가진 것, 이루어 놓은 성과를 담담한 말로 내려놓습니다.

"그는 흥하여야 하겠고 나는 쇠하여야 하리라."

이 말은 자신의 사명을 바로 아는 자의 태도입니다. 자신의 성과가 자신이 아닌 하나님께로부터 온 것이라는 정확한 인식, 상대와 나를 비교하지 않는 겸손함, 질투를 억제할 수 있는 견고한 마음을 가진 것입니다. 그리고 예수님이 누구이신지를 알고 자기 자신의 역할에 대한 분명한 인식이 있었기에 할 수 있는 고백인 것입니다.

"바로 너야 너. 네가 다 할 수 있어. 네가 최고야."라고 속삭이는 마귀의 유혹에 넘어지는 나약한 사람이 아니라 여자가 낳은 자 중 가장 큰 자, 세례자 요한이기에 할 수 있었던 이 말을 우리도 할 수 있으면 좋겠습니다.

✝ 기도

하나님 감사합니다. 어리석고 미련한 우리에게 당신을 명확히 설명하여 주시고 우리를 향하신 당신의 뜻을 찬찬히 설명하여 주시니 얼마나 큰 은혜 속에 우리가 사는지 조금씩 깨닫게 됩니다.

너무나도 유려한 문장을 읽으며 감탄하고 또 그 속에 주신 약속의 말씀들을 가슴에 새깁니다.

수많은 문제가 수시로 우리의 앞을 가로막고 곤란에 빠지게 합니다. 이때 이 문제를 어떻게 해결할까요? 나의 능력을 내세우거나 도움을 줄 주변 사람을 찾기보다 먼저 가장 최선의 해결책을 주실 주님께 의뢰하고, 또 말씀을 받을 때 의심하지 않고 단순하게 순종하며 따르는 자로 살아가겠습니다.

우리의 믿음을 지켜 주소서.

예수님의 이름으로 기도합니다. 아멘.

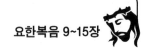

오늘 첫 묵상은 "죄의 가중치"입니다.

9장 41절: "너희가 맹인이 되었더라면 죄가 없으려니와 본다고 하니 너희 죄가 그대로 있느니라."

15장 22절: "내가 와서 그들에게 말하지 아니하였더라면 죄가 없으려니와 지금은 그 죄를 핑계할 수 없느니라."

오늘 묵상의 말씀은 아는 자들, 높은 자리에서 가르치려 하는 자들, 믿는다고 하는 사람들에게는 무서운 말씀입니다. "모르고 행한 자는 적게 맞을 것이요, 알고도 행하지 아니한 자는 많이 맞을 것이다."라는 말씀과도 일맥상통합니다.

이 말씀을 직역하면 "보지 못하고 듣지 못한 상태에 있는 사람들에게는 허물을 물을 수 없다. 하지만 보고 들은 자에게는 잘한 것과 잘못한 것에 대한 구분과 상벌이 있을 것이다."라는 뜻입니다.

진리의 말씀을 들어 아는 자들 중, 그 말씀대로 행하는 자는 우리 주님의 기쁨이 되지만 행하지 아니하는 자는 그의 양심에 거리낌이 됩니다. 보통 사람들은 그 행위의 영향이 자기 자신에게만 미치지만 선생의 위치에 있는 사람의 행위는 그 가르침 안에 있는 많은 사람을 좋은 길 또는 어긋난 길로 인도하는 영향력이 있습니다. 그렇기에 그런 사람의 행위에는 엄중한 평가가 따르게 됩니다.

각자에게는 그들에게 주어진 삶이 있습니다. 어떻게 살아도 그의 삶이기에 무어라 할 수는 없지만 보고 들어 아는 자들에게는 더 구할 것이 있으니, 주변에 선한 영향을 끼치도록 해야 할 의무가 있습니다.

보고 들어 아는 자들에게는 밝은 미래가 약속된 것이나 마찬가지로, 이는 큰 축복입니다. 그러나 스스로 그 축복을 누리지 못하는 자는 어리석다는 평가를 받습니다. 또 그의 삶을 믿음대로 살아 내지 못하는 자들은 주님 앞에 섰을 때 "나는 너를 모른다."라고 하시리라는 엄중한 경고의 말씀이기도 합니다.

두 번째 묵상은 "하나님이 역사하시는 일과 의미"입니다.

9장 3절: "이 사람이나 그 부모의 죄로 인한 것이 아니라 그에게서 하나님이 하시는 일을 나타내고자 하심이라."

→ 날 때부터 맹인인 사람에게 대하여 하신 말씀

11장 4절: "이 병은 죽을병이 아니라 하나님의 영광을 위함이요, 하나님의 아들이 이로 말미암아 영광을 받게 하려 함이라."

→ 나사로가 병들었다 함을 들으신 후 하신 말씀

예수님이 세상에서 하신 중요한 일 중 하나는 가난하고 병든 자를 위한 구제와 치유의 사역이었습니다. 그러나 제자들이 그들의 병든 것이 누구의 잘못으로 인한 것인지 물었을 때 뜻밖의 대답을 하십니다.

그들이 소경이 된 것도, 나사로가 중병에 들려 죽은 것도 하나님이 세상에 역사하심을 증거하기 위함이라고 대답하신 것입니다.

실제로 예수님의 치유 사역으로 인해 소경이 눈을 뜨고 무덤 속에 장사된 나사로가 살아나는 기적을 많은 사람에게 보임으로써 예수님이 그리스도 되심을 증거하며 하나님의 영광을 나타내는 일에 쓰임 받은 것입니다.

> 11장 50~52절: "한 사람이 백성을 위하여 죽어서 온 민족이 망하지 않게 되는 것이 너희에게 유익한 줄을 생각하지 아니하는도다. 이 말은 스스로 함이 아니요, 그 해의 대제사장이므로 예수께서 그 민족을 위하시고 또 그 민족만 위할 뿐 아니라 흩어진 하나님의 자녀를 모아 하나가 되게 하기 위하여 죽으실 것을 미리 말함이러라."

이 말은 대제사장 가야바가 자기들의 기득권을 위협하는 골치 아픈 존재인 예수를 죽이려고 동류들을 설득하기 위해 지어낸 교묘한 논리의 말인데, 그 스스로의 꾀로 말하였지만 성경은 그 말이 가야바 스스로 한 것이 아니라고 합니다.

이 말은 예수님이 이 세상 모든 민족을 죄에서 구원하기 위한 대속 제물로서 오셨음을 잘 설명하게 하도록 사용되는 하나님의 역사를 보여 주는 구절입니다.

위의 예에서 나타난 사건들은 당사자의 미시적인 시각으로 바라보면 이해할 수 없지만, 한 발 떨어져 하나님의 시각으로 바라보면 이해할 수 있는 일입니다.

물론 당사자는 고통스럽고 받아들이기 어렵지만 하나님의 역사하심에 쓰임 받는 일이기에 반드시 그에 합당한 보상이 있을 것입니다. 요한계시록에 기록된, 실족하지 않고 끝까지 견디는 믿음을 요구하시는 하나님의 말씀을 마음에 새겨야 할 것이라 생각합니다.

하나님은 사람을 통해 일하신다고 합니다. 그리고 그 쓰임은 전적으로 하나님의 선택에 의한 것으로, 우리가 우리의 관점에서 이해하지 못할 것이 많지만 하나님은 우리에게 그 이유를 설명하지 않으시지요.

다만 그 벌어지는 일이 지나간 후에야 하나님의 마음을 구하는 몇몇 사람이 그 역사하심의 의미를 깨닫게 됩니다. 가야바는 자신의 의지로 말하고 있지만, 그 말이 하나님의 사역을 위해 쓰이고 있다는 사실을 알 수 없습니다.

그 말로 인해 벌어진 사건, 십자가와 부활이 있은 후 벌어지는 복음의 확산을 기록한 복음서의 내용을 읽으며 '아하, 그렇구나!'라고 이해하게 된다는 것입니다.

✝ 기도

하나님, 우리 주변에 벌어지는 이해하지 못할 수많은 사건을 바라보며 '도대체 하나님의 뜻은 무엇인가? 왜 저런 일이 벌어지는가?'라고 한탄하게 됩니다.
하지만 자신이 지으신 모든 것을 자신의 뜻대로 사용할 권한이 있으신 하나님의 뜻을 우리의 이성으로 판단할 수는 없기에 오직 기도와 묵상, 성령님의 도우심과 인도하심을 바라며 견뎌 나갑니다.
성령님 우리를 도우소서….
그리스도 예수님의 이름으로 기도합니다. 아멘.

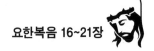

오늘 첫 묵상은 "멸망의 자식은 누구를 지칭하는가?"입니다.

성경은 1,600여 년의 기간에 걸쳐 약 40명가량의 성령에 감동된 대필자에 의해 기록된 것으로, 처음부터 하나의 완성된 책이 아니며 후대에 한 권의 책으로 편집된 것입니다.

기록 언어도 구약은 히브리어와 아람어로, 신약은 헬라어로 구성되어 있습니다. 지금의 66권 성경과 여러 편의 외경이 존재하며, 많은 필사본 또한 존재합니다.

각 민족에게로 말씀이 전해질 때 그 민족의 언어로 번역되면서 원문의 본질이 변질될 우려가 있었습니다. 그러다 영어가 세계어로 자리하면서 히브리어·헬라어 성경을 기반으로 한 번역보다 영어 번역본을 기본으로 수많은 언어로 번역되었습니다. 우리가 사용하는 성경 또한 영어본에서 한자로, 한자에서 우리말로 번역된 것입니다.

한번 타 언어로 번역될 때마다 의미가 조금씩 달라지는데 거기에 불순한 의도를 가진 자들(가라지를 뿌리는 자들)의 의도적 왜곡이 가해진 번역본이 얼마나 많은지 모릅니다. 이 모두 말씀의 전파를 훼방하려는 사탄의 역사로 우리는 이러한 실상을 바로 알아 대처해야 할 것입니다.

오늘 묵상 구절을 읽으며 그전에 느끼지 못했던 구절이 눈에 들어오니 바로 다음 구절입니다.

17장 12절: "내가 그들과 함께 있을 때에 내게 주신 아버지의 이름으로 그들을 보전하고 지키었나이다. 그중에 하나도 멸망하지 않고 다만 멸망의 자식뿐이오니 이는 성경을 응하게 함이니이다."

누구를 지키셨으며 멸망하지 않은 자와 멸망의 자식은 누구인지 아리송할 뿐입니다. 예수님이 이렇게 애매하게 말씀하시지 않으셨을 것인데, 이상합니다.

그래서 성경 원문을 가장 충실하게 번역하였다고 인정할 수 있는 킹 제임스 흠정역본에서 이 구절을 찾아보았습니다.

KJV: "내가 그들과 함께 세상에 있을 때에 아버지의 이름으로 그들을 지켰나이다. 아버지께서 내게 주신 자들을 내가 지켰고 멸망의 아들 외에는 그중의 하나도 잃어버리지 아니하였으니, 이것은 성경 기록을 성취하려 함이니이다."

여기서 말씀하신 그들은 17장 6절에 이렇게 기록하고 있습니다.

"세상 중에서 내게 주신 사람들에게 ...... 그들은 아버지의 것이었는데 ......"

그들은 하나님이 예수님께 주신 사람들, 구체적으로 예수님을 따르는 제자들로 범위를 좁힐 수 있고 그중에 열두 제자들이라 판단할 수 있습니다.

이는 킹 제임스 흠정역본에서는 이 "멸망의 자식"을 지칭하는 참조 구절이 6장 70절인데, 이렇게 기록하고 있습니다.

> 예수께서 대답하시되 "내가 너희 열둘을 택하지 아니하였느냐? 그러나 너희 중에 한 사람은 마귀니라." 하시니라.

그렇습니다. 예수님이 지키신 자들은 하나님이 주신 자들이며, 멸망의 아들들은 아니라 하신 것을 알 수 있습니다.

우리가 주로 보는 개역개정판은 그 문장의 간결함과 유려함으로 많은 유익이 있지만 또 많은 부분에서 성경의 본뜻이 흐려져 있음을 유의할 필요가 있습니다.

한 영혼을 귀히 여기시는 우리 주님도 지키고 구원하지 않으시는 그들, 멸망의 자식들은 누구일까 생각해 봅니다. 가룟인 유다가 일순위지만, 같은 의미로 확대 해석해 보면 악하게 쓰임 받는 사람들 모두에게 해당되는 말일 것입니다. 그 시대에는 제사장, 서기관, 바리새인들일 것이며 현시대에는 말씀을 대적하는 권세자들일 것입니다.

하지만 우리에게 주신 복음의 진정한 은혜는 아무리 흉악한 죄인이라도 회개하고 돌이킨 자들은 모두 구원의 방주에 태워 주신다는 것입니다.

버림받는 영혼들은 끝까지 회개하지 않는 자들일 뿐, 누구든지 진정으로 회개하면 구원을 받을 수 있습니다. 십자가위 예수님 우편에 매달린 행악자에게 주신 주님의 말씀으로 이를 증명합니다.

두 번째 묵상은 "하나님의 역사"입니다.

18장 38절: "······ 나는 그에게서 아무 죄도 찾지 못하였노라."

이 말은 예수님을 재판하던 총독 빌라도가 예수님을 재판에 넘긴 무리들에게 한 말로, 18장 29절부터 19장 16절까지 사형 선고 이전에 똑같은 말을 3번이나 합니다. 여기에는 이 재판의 책임을 모면하려 애쓰는 빌라도의 노력이 잘 나타나 있습니다.

세계 패권국 로마의 총독으로서 점령지 유대 땅에서는 황제와 같은 무소불위의 권한을 가진 그였기에 그의 마음대로 처리할 수 있었지만, 결국 그렇게 하지 못하고 성경에 기록된 대로 그의 역할이 집행되고 말았습니다.

이는 사람의 역할에 의해 역사가 쓰이기는 하지만 그 과정 전체가 하나님의 뜻대로 흘러간다는 것을 잘 보여 주는 사례인 것입니다.

부분적인 일은 그 순간에 작용하는 그 사람의 뜻대로 이루어질 수 있지만 그 모든 것이 합하여 이루어지는 큰 역사의 줄기는 수백 년 전에 기록된 선지자들의 예언대로 흘러갔고, 이는 "모든 것이 합력하여 선을 이룬다."라는 말씀처럼 하나님의 역사하셨음을 새삼 깨닫게 됩니다.

사사기 시대에 하나님의 말씀이 들리지 않아 사람들이 자기 소견에 옳은 대로 행하였다고 기록되었습니다. 우리는 그 시대가 혼란의 시대, 암흑의 시대, 하나님의 말씀과는 상관없이 사는 시대라는 것을 알고 있습니다.

현재에도 사람들은 어떤 한 가지 사안에 대해 자기의 소견대로 주장합니다. 이는 반드시 다른 사람의 의견과 충돌하게 됩니다. 그 결과 싸워 이긴 자의 뜻대로 행하거나 서로 타협하여 절충안을 만들거나 또는 전혀 다른 제3자의 안으로 행하게 됩니다. 그 결과 반대자는 그대로 물러나 화를 삭이거나 끝까지 반대하여 큰 불화를 일으키게 됩니다.

사람들의 사회에서는 이러한 과정을 거쳐 역사가 진행되지만 그 진행되는 역사의 큰 줄기는 하나님의 뜻대로임을 우리가 이해해야 한다는 것을 알아 가는 시간이 되었습니다.

세 번째 묵상은 "강권하시는 사랑"입니다.

> 20장 27절: "도마에게 이르시되 네 손가락을 이리 내밀어 내 손을 보고 네 손을 내밀어 내 옆구리에 넣어 보라. 그리하여 믿음 없는 자가 되지 말고 믿는 자가 되라."

예수님께서 부활하신 후 여자들과 여러 제자에게 보이셨을 때, 마침 그 자리에 없었던 도마가 다른 사람들이 전하는 예수님의 부활 소식을 믿지 못하고 자기가 직접 보고 만져보아야만 믿겠다고 고집부리는 모습을 보입니다. 그런데 이 모습은 사실 우리, 특히 나이가 들어 자신의 가치관이 굳어진 사람들이 일반적으로 보이는 모습과 같습니다.

현대 사회에서는 어떤 일에 대하여 객관적이고 명백한 과학적인 증거를 제시하지 않으면 일단 부정하는 것이 소위 이성적인 사람이라고 평가받습니다.

예수님은 29절에서 "보지 못하고 믿는 자들은 복되도다."라고 말씀하시지만, 보아야만 믿을 수 있다는 도마에게 자신의 몸을 보여 주시며

"믿으라." 권유하시는 자상함을 보이십니다.

이후 성령의 역사로 제자들이 전하는 복음이, 예수님을 직접 보지 않고도 믿는 역사가 초대 교회에 들불같이 일어났고 이들은 "보지 못하고 믿는 자들은 복되도다."라고 하신 예수님의 말씀대로 응하게 된 것입니다.

이제야 믿음 안에 들어가는 연약한 우리, 말씀에 은혜받고 그대로 살기를 다짐하다가도 세상의 거친 현실 앞에 혼들리다가 정말로 하나님이 계신가 하며 절망하고 주저앉아 버립니다.

그러다가 도마에게 자기 몸을 보이신 우리 주님의 자상함을 떠올리며 '나의 믿음을 견고히 세울 수 있도록 증거를 보여 주세요.'라고 매달릴 각오로 기도할 수 있게 됩니다.

하나님, 나의 믿음이 연약함을 불쌍히 여기소서. 그럼에도 나에게 굳건한 믿음이 세워질 수 있도록 증거를 보여 주시기를 간구합니다. 도마에게 하셨던 것처럼.

✝ 기도

하나님, 우리는 누구나 죄인입니다. 누가 스스로 의롭다 할 수 있으며 누가 구원에 들었다고 스스로 주장할 수 있겠습니까?
오직 하나님이 의롭다고 인치신 자들뿐, 멸망의 자식들은 아닌 것입니다. 애매하게 기록된 말씀을 읽으며 내가 어디에 속할지 섬뜩한 마음이 듭니다.
우리의 판단이 언제나 하나님의 말씀에 근거할 수 있게, 중심과 방향을 잘 잡을 수 있는 명철이 저희에게 있게 하여 주소서.
16장 13절에서 "진리의 성령이 오시면 그가 너희를 모든 진리 가운데로 인도하시리니"라고 하신 예수님의 말씀대로 성령님 우리의 판단을 도우소서.
예수님의 이름으로 기도합니다. 아멘.

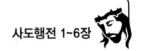
오늘 첫 묵상은 "말씀을 받는 마음가짐"입니다.

성경은 성령의 감동을 받은 약 40여 명의 기록자가 작성한 것으로, 수만 구절의 말씀이 담긴 66편의 기록을 집대성한 것입니다. 1,600여 년간 40여 명의 저자가 기록한 것이 한 권의 책으로 인정받는 것은 성령의 가르침에 따라 하나의 주제를 기록하였음이며 또 하나님의 말씀으로 받아들여지는 것입니다.

창조주 하나님이 궁극적으로 바라시는 세계와 그를 이루는 사람과의 관계, 죄로 인한 고통과 이의 회복을 위한 그리스도의 보내심, 최후의 심판과 천국의 완성을 일관성 있게 기록하고 있습니다.

이는 하나님의 완전하고 절대적인 권능을 기반으로 사랑과 정의와 공의가 조화를 이루는 하나님의 나라에 대한 설계도인 것입니다.

말씀을 받아들일 때 나의 주관에 맞추어 해석하면 큰 오류와 왜곡을 가져오기에 있는 그대로 받아야 합니다. 다만 성경의 기록은 2~3,000년 전 중동 유목 민족의 생활상에 맞추어 작성되었기에 그 근본정신이 왜곡되지 않게 주의하며 현재의 실정에 적합한 해석이 필요합니다.

하지만 여기에 사람의 의도가 섞여들면 알곡과 가라지의 비유처럼 가라지를 뿌리는 원수가 될 위험이 크다는 것을 유의해야 합니다.

1장 7절: "때와 시기는 아버지께서 자기의 권한에 두셨으니 너희가 알 바 아니요"

이 말씀은 제자들이 인간적으로 바라는 새 세상의 도래가 언제일까 궁금하여 묻는 질문에 답으로 주신 말씀인데, '하나님의 역사는 하나님의 생각과 시기에 하나님이 결정하시는 것이니 사람으로 미리 알려 하지 말라. 오직 너희는 말씀대로 순종하여 행하기만 하라.'라는 뜻입니다.

이를 무시하고 성경의 여러 부분을 자의로 해석하여 1993년 10월의 '휴거' 논쟁으로 사람들을 유혹한 종말론자들이 있었습니다. 사회 혼란과 성경의 불신을 세상에 퍼트린 이 사건이 바로 가라지를 뿌리는 마귀의 종으로 쓰임 받은 대표적인 예이니, 나의 열심이 하나님의 종이 아닌 마귀의 종으로 쓰이지 않도록 늘 조심하여야 할 것입니다.

두 번째 묵상은 "제비뽑기"입니다.

1장 26절: "제비 뽑아 맛디아를 얻으니 그가 열한 사도의 수에 들어가니라."

예수를 팔고 죽은 가룟인 유다로 인해 예수님이 뽑아 세우신 열두 사도의 수가 하나 비었고, 베드로가 제안하여 예수님의 공생애 3년 동안 늘 함께 따르던 사람 중에 하나를 택하여 열두 번째 사도를 다시 세우기로 합니다.

그리하여 열두 사도는 아니었지만 늘 함께하던 사람들, 아마 예수님이 자신을 대신하여 전도하고 구제하라고 택하여 보내신 70인 중 하나였을 것이라 생각되는 유스도 요셉과 맛디아를 추천합니다. 그리고 그 둘을 놓고 제비를 뽑아 맛디아를 열두 번째 사도로 영입하게 되는 것이 오늘의 묵상 구절인 것입니다.

여기서 우리가 참조할 만한 초대 교회의 중요한 모습을 볼 수 있는데, 바로 중요한 역할을 담당할 사람을 뽑는 원칙입니다.

사람이 보기에 적합하다고 생각하는 사람을 추천하였지만 최종 낙점은 주님께 택하여 주시기를 기도하고 제비를 뽑아 세웠다는 것입니다. '사람의 생각으로 2배수를 뽑고 최종 결정은 제비를 뽑아 결정하였다.' 이것이 하나님의 방법이라 생각해 볼 수 있으며, 또 합리적이라 생각됩니다.

교회에서 직분자를 뽑을 때, 특히 장로나 자치 단체 회장 선거 시 발생하는 분란과 혼탁상을 무척 자주 보게 됩니다. 사전 선거 운동, 피택자와 낙선자의 반목과 갈등, 불순종과 교만함 등 세상에서 볼 수 있는 선거와 별로 다를 바가 없습니다.

그러나 자격 요건을 가진 사람을 엄격한 잣대로 구분하여 2~3배수로 세우고 그들 중에 필요한 숫자대로 제비를 뽑아 세우면 당락은 하나님의 뜻이라 생각하게 됩니다.

이로 인해 피택자와 낙선자의 구별이 사실상 의미가 없어지고 꼭 자기를 뽑아 달라는 사전 선거 운동을 하지 않아도 될 것이니 이것이야말로 하나님의 방법이 아닌가 생각하게 됩니다.

또 한 가지 알 수 있는 것은 예수님의 제자는 열두 명만이 아니었다는 것입니다. 유스도 요셉과 맛디아가 있었고, 이름이 알려지지 않은 68명이 있었고, 계수에 포함되지 않은 여자들도 많이 있었다는 사실입니다.

폭풍이 몰아치는 갈릴리 호수를 건너갈 때 예수님이 타신 배에는 열두 제자들만이 함께했겠지만, 그 뒤를 따르던 다른 배에 탄 많은 사람이 있었습니다. 그리고 그들 중에는 후에 사역을 감당하기 위해 세워진 스데반을 위시한 일곱 명의 집사도 타고 있었을 것입니다.

주님의 역사는 이름이 알려진 사도들과 집사들 외에도 빛도 없이 이름도 없이 섬기는 많은 사람이 있었기에 가능했다는 것을 알아야 합니다. 지금도 자기의 이름을 위하여 사역하는 사람들의 위선을 우리 주님은 기뻐하시지 않을 것입니다.

사람들은 몰라줘도 오직 우리 주님만 알아주시면 그것으로 만족하며 빛도 없이 이름도 없이 섬기는 사람이 되기를 다짐해 봅니다.

세 번째 묵상은 "오순절 성령 강림 이후에 성령에 이끌리는 삶을 살아간 사람들"입니다.

예수님 공생애의 마지막을 함께한 제자들은 참으로 실망스러운 처신을 보이고 있습니다. 3년간 예수님과 함께하며 그리도 많은 이적과 기사를 행하고 친히 예수님의 가르침을 받은 훈련된 자들이었지만, 예수님이 잡히실 때 뿔뿔이 흩어져 도망갔습니다. 베드로는 예수님을 부인하며, 예수님의 부활을 믿지 못하고 지리멸렬 사방으로 흩어졌습니다.

엠마오로 가던 제자 둘이 되돌아갔어도 그곳에는 모두가 모여 있지도 않았습니다. 그나마 리더인 베드로가 일어나 유다의 자리에 맛디아를 세우고, 제자들의 중심이 되어 한곳에 모여 기도하게 하니 비로소 주님의 교회가 모습을 드러내게 됩니다.

이때까지 그들의 삶은 예수님만 바라고 따르는 자의 삶이었기에 예수님이 안 계신 이때 어찌할 바를 모르는 것입니다. 어디로 가야 할지, 무엇을 해야 할지 전혀 알 수 없는 상태로 오직 예수님의 말씀대로 한 자리에 머물며 기도만 할 뿐입니다. 그 외에는 어떠한 일도 할 수 없는 무력한 집단에 지나지 않았습니다.

> 1장 4절: "…… 예루살렘을 떠나지 말고 내게서 들은바 아버지께서 약속하신 것을 기다리라."

그러나 오순절에 모인 제자들에게 보혜사 성령님이 임하시니 주님의 말씀대로 그들이 능력을 받아 예언하신 말씀처럼 담대히 세상의 죄를 질책하며 주님의 말씀을 증언하는 삶을 살아가게 됩니다.

> 요한복음 16장 8절: "그가 와서 죄에 대하여, 의에 대하여, 심판에 대하여 세상을 책망하시리라."
>
> 요한복음 16장 13절: "그러나 진리의 성령이 오시면 그가 너희를 모든 진리 가운데로 인도하시리니 그가 스스로 말하지 않고 오직 들은 것을 말하며 장래 일을 너희에게 알리시리라."

요한복음에서 언급한 대로 예수님이 안 계셔도 성령의 인도하심에 따라 성령이 주시는 말씀을 담대히 선포하니 세상에 그들을 대적할 자 아무도 없습니다.

제자들에게서 이적과 기사가 일어나며 선포하는 말씀의 권세가 예수님이 직접 하실 때처럼 세상을 변화시킵니다.

✝ 기도

하나님, 말씀을 순수한 뜻 그대로 받아들이는 마음을 갖기를 원합니다. 나의 욕구에 맞추어 말씀을 각색하는 죄를 짓지 않도록 늘 깨워 주소서.

우리 주님은 사람을 외모를 보지 않으시고 오직 그 사람의 중심을 보신다고 하셨습니다. 그리하여 자신의 이름을 위해 가면을 쓰는 자의 위선을 꿰뚫어 보시며 통회하는 심령으로 주님을 찾는 자를 영접하신다고 하셨습니다.

말씀에 의지하여 빛도 없이 이름도 없이 주님만 바라는 자로 섬기며 살아가고자 하오니 실족하지 않게 지켜 주소서.

저희도 성령님의 도우심을 구하며 능력의 삶을 살아갈 소망을 주시니 감사합니다. 갈라디아서 2장 20절의 말씀대로 내가 주와 함께 죽고 주와 함께 사는 자의 삶을 살아가기를 원합니다.

늘 함께하여 주소서.

그리스도 예수님의 이름으로 기도합니다. 아멘.

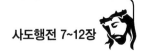

신약 제15일 차(월)

사도행전 7~12장

오늘 첫 묵상은 "사도들에게 나타난 능력"입니다.

예수님은 당신의 사역 중에 많은 이적을 행하시고 제자 열둘을 보내어 전도하게 하시고 또 70인을 세우고 둘씩 짝지어 보내실 때에도 당신의 능력을 제자들에게 주어 보내셨습니다. 그러나 이는 일시적인 것이었습니다.

예수님의 약속대로 기다리던 제자들에게 성령이 임하시고 비로소 능력을 받아 땅끝까지 말씀을 전할 때 예수님과 같은 능력이 제자들에게 부어졌습니다. 대표적으로 베드로가 보인 능력이 9장 32~40절에 기록되어 있습니다. 중풍 병자 애니아를 낫게 한 것과 죽은 도르가를 살린 것으로 말미암아 많은 사람을 믿음의 길로 인도하게 됩니다. 즉, 그 능력은 말씀 전파를 위한 수단으로 사용되었다는 것을 알 수 있습니다.

그리고 여기서 유의해야 할 점은 예수님께서 제자들에게 당부하신 말씀 "너희가 거저 받았으니 거저 주라(마태복음 10장 8절)."라는 것이니 이러한 능력은 전적인 은혜로 받은 것입니다. 이는 값으로 환산할 수 없는 것이니 계산하지 말고 오직 말씀 전파의 목적으로만 사용하라는 의미입니다.

그러나 사마리아성의 마술사 시몬은 이러한 능력을 탐내어 돈을 주고 사려 하다가 베드로에게 호된 질책을 받는 장면이 8장 18~24절에 잘 기록되어 있습니다.

그러나 또 성경에는 "일꾼이 그 삯을 받는 일이 마땅하다(디모데 전서 5장 18절)."라는 구절이 있는데, 이 말씀은 하나님의 일을 하는 사역자는 언제나 물질적인 후원을 받을 수 있다는 것이고, 이는 물질에 대해서 염려하지 않고 사역을 할 수 있도록 지원해 줄 의무를 성도(교회)에 부과한 것이라 생각됩니다.

말씀을 종합해 판단하면 "사명을 받은 사역자에게는 성령의 도우심으로 능력이 나타나고 그 능력은 말씀 전파와 영혼 구원을 위해서만 사용되어야 하며 이익을 탐해서는 안 된다. 그리고 성도(교회)는 사역자를 도와 그의 사역이 잘 수행되도록 후원해야 한다. 그러니 사역자는 물질에 염려하지 말고 담대히 나아가라."라는 의미로 정리할 수 있습니다.

두 번째 묵상은 "너는 나와 관계가 없다"입니다.

8장 21절: "하나님 앞에서 네 마음이 바르지 않으니 이 도에는 네가 관계도 없고 분깃될 것도 없느니라."

이 구절은 사마리아성의 마술사 시몬이 사도들이 전하는 말씀과 행하는 이적을 보고 혹하여 말씀은 도외시하고 오직 이적을 일으키는 능력만을 돈 주고 사려 하자 베드로가 시몬을 꾸짖으며 한 말입니다. 이 말씀이 마음에 남는 이유는 하나님을 바로 알지 못하고 행한 행동이라 할지라도 용서받지 못한다는 뜻을 가지고 있기 때문입니다.

"네가 하나님 앞에 바로 서 있지 않으면 너는 하나님과 관계없다."라는 말씀이 얼마나 심각한 것인지 한번 생각해 봅니다.

믿음의 가정 2~3세인 모태 신앙인들과 예수님을 믿겠다는 마음으로 교회에 나온 일반인들이 성경을 공부하고 기도하며 예배에 참석하고 세례를 받습니다. 그리고 시간이 지나면 직분을 받아 나름대로 주어진 사역을 합니다. 그렇게 교회 출석한 지 수십 년이 지나면 의심의 여지 없는 그리스도인이라고 합니다.

그러나 교회 안에서 벌어지는 일을 보면 과연 이 사람이 하나님 앞에 바로 서 있는 자인가 의심이 드는 사람이 너무도 많이 있습니다.

그의 말과 행동이 성경 말씀과 관계없이 자신의 생각대로인 사람들, 자신의 판단만을 고집하며 불화를 일으키고 자기만이 옳다고 주장하는 사람들, 예수님 안에서 하나 된 형제자매가 아니라 고향이나 핏줄로 뭉쳐서 성경에 금하고 있는 당을 짓고 무리 지어 교회를 대적하는 자들, 봉사하라고 받은 장로와 같은 직분을 권력과 이권으로 생각하여 교만에 빠진 자들, 예수님을 제쳐 두고 목사를 우상으로 받드는 자들….

우리 주님은 이런 자들을 어떻게 하실까요? 성경에 보면 이런 경우에 정확하게 적용할 수 있는 구절이 있습니다.

> 마태복음 7장 22~23절: "그날에 많은 사람이 나더러 이르되 주여 주여 우리가 주의 이름으로 선지자 노릇 하며 주의 이름으로 귀신을 쫓아내며 주의 이름으로 많은 권능을 행하지 아니하였나이까? 하리니 그때에 내가 그들에게 밝히 말하되 내가 너희를 도무지 알지 못하니 불법을 행하는 자들아

내게서 떠나가라 하리라."

"네 마음이 바르지 않으면 너는 나와 관계없다."라고 하신 오늘 묵상 구절이 바로 이 상황을 정확하게 표현한 것이라고 생각됩니다.

세 번째 묵상은 "깨끗하다는 것의 기준은 무엇인가? 편견과 차별의 극복"입니다.

10장 전체에 걸쳐 베드로가 고넬료와 그의 집에 말씀을 전하여 이방인에게도 성령 세례와 복음이 전해지는 역사를 기록하고 있습니다. 초기 기독교 전파 당시에는 말씀이 유대인에게만 전해지고 있었으며 사도들도 이방인에 대해서는 전도하지 않는 것이 당연하다고 생각했습니다.

베드로에게 하나님의 계시가 내려지고 이 계시를 베드로가 어떻게 받아들였는지 잘 보여 주는 대목이 마음에 걸렸습니다.

> 10장 14절: "베드로가 이르되 주여 그럴 수 없나이다. 속되고 깨끗하지 아니한 것을 내가 결코 먹지 아니하였나이다."
> 10장 15절: "...... 하나님께서 깨끗하게 하신 것을 네가 속되다고 하지 말라."

유대인은 율법과 정결 예식을 철저히 지킨 사람들입니다. 철저한 선민의식으로 이방인과 교류도 극도로 제한하고 있음이 11장 2, 3절에 기록되어 있습니다.

"베드로가 예루살렘에 올라갔을 때에 할례자들이 비난하여 이르되, 네가 무할례자의 집에 들어가 함께 먹었다 하니"

이런 상황에서 하나님께서는 그들이 부정하다고 정한 금기 음식들을 보이시며 베드로에게 먹으라 하십니다. 이에 대한 베드로의 대답이 바로 14절의 내용이며, 여기에 대한 하나님의 응답이 "내가 깨끗하게 한 것을 네가 더럽다고 판단하느냐? 너희의 생각을 바꾸라."라는 것입니다. 무엇이 더럽고, 무엇이 깨끗한 것일까요?

먹어서 해가 되는 것은 더러운 것이 아니라 나쁜 것입니다. 하나님이 우리에게 먹을 양식으로 주신 것은 다 좋은 것인데 이스라엘 민족들이 율법으로 금한 것들이 있습니다. 비늘 없는 생선, 돼지, 굽이 갈라진 짐승 등등…. 모세의 율법은 그 지역 기후 특성을 반영한 생활 규칙이라 판단되지만 중동 지역을 벗어난 다른 지역에 사는 민족들은 별문제가 되지 않는 것들입니다.

에덴동산에 살았던 아담과 하와에게 하나님은 생명나무 열매만 금하셨을 뿐, 모든 것을 다 취할 수 있도록 허락하셨음을 유념할 필요가 있습니다.

우리가 삼겹살을 즐기고 오징어회를 먹는다고 해서 하나님이 우리를 부정하다고 하실까요? 이제 복음이 유대만이 아니라 사마리아와 땅끝까지 퍼져나갈 때가 되었습니다. 이제 하나님의 말씀은 유대인만의 것이 아닙니다. 그 말씀을 믿고 받아들이는 모든 민족에게 전달되어야 할 복음, 그것을 제약하는 그들만의 율법은 이제 버려야 할 때가 된 것입니다.

하나님은 이것을 베드로에게 보이신 것입니다. 예수님도 말씀하셨지요. "모든 음식은 앞으로 들어가 뒤로 버려지나니 사람을 더럽게 하는 것이 아니요, 그 더러운 마음에서 나오는 그것이 사람을 더럽게 하느니라."라고 말입니다.

이러한 과정을 거쳐 베드로에게 정리된 말씀은 다음과 같습니다.

> 10장 28절: "유대인으로서 이방인과 교제하며 가까이하는 것이 위법인 줄은 너희도 알거니와 하나님께서 내게 지시하사 아무도 속되다 하거나 깨끗하지 않다 하지 말라 하시기로"

즉, "율법으로 금지한 것들을 하나님이 풀어 주셨으니, 율법에 의하여 구분하고 차별하는 것을 없이 하여야 함을 하나님의 뜻으로 받아들인다. 그래서 이방인인 너희에게도 차별 없이 말씀을 전할 것이다."라는 의미입니다.

베드로는 유대의 관습을 깨고 하나님의 뜻에 절대 순종하였습니다. 그 결과 이방인에게도 말씀이 전해지고 성령의 세례가 주어져 하나님 앞에서 이방인도 유대인과 같이 됨을 보여 주었습니다.

이후 예루살렘 교회의 핍박으로 흩어진 성도들에 의해 안디옥에 세워진 교회에 그리스도인들의 교회라는 이름이 주어졌고, 바울에 의한 이방인 선교의 역사가 일어나게 됨을 알 수 있었습니다.

베드로는 속과 성을 구분하는 율법을 극복하라는 하나님의 뜻을 잘 깨달아 순종하였음을 본문은 잘 보여 주고 있습니다.

기도

하나님, 교회 안에 자칭 그리스도인이라 주장하는 하나님과 관계없는 자들을 깨우쳐 주소서. 그들의 열심이 어디로 향하고 있는지 알게 하사 돌이킬 수 있는 기회를 그들에게 허락하여 주소서.

12사도와 바울 등 말씀을 전했던 초기 교회 누구도 풍족한 삶을 산 사람은 없었던 것으로 알고 있습니다. 그러나 슬프게도 작금 우리나라에서 자칭 크다는 목회자들 상당수가 물질의 유혹에 넘어가 세상의 지탄을 받으며 많은 영혼이 주님 곁을 떠나게 하는 죄를 짓고 있음을 봅니다.

성경에 명확히 쓰인 것에 충실하여 물질에 경도되어 더 이상 실족하는 목회자들이 없기를 간절히 바랍니다.

너무나 단단히 굳어 있는 마음속에 있는 편견과 차별은 우리 스스로 깨기 어려움을 잘 알고 있습니다. 누구를 보고 무슨 말을 들어도 순순히 받아들이지 못하고 내 마음속의 색안경으로 걸러서 보고 듣기에 진실에 이르지 못하며, 미움과 갈등만 양산하고 맙니다.

오늘 베드로가 보인 태도처럼 우리도 하나님의 말씀을 기준하여 내 마음을 수렴하여야 온전하게 보고 들으며 하나님의 나라를 이루어 나갈 수 있을 것을 깨닫게 하심을 감사드립니다.

나의 의를 내려놓고 말씀만으로 내 안을 채우는 자가 되도록 애쓰는 자로 살아가기를 원하오며 예수님의 이름으로 기도드립니다. 아멘.

오늘 첫 묵상은 "담대하게 말하라"입니다.

> 18장 9절: "밤에 주께서 환상 가운데 바울에게 말씀하시되, 두려워하지 말며 침묵하지 말고 말하라."

사도들이 성령의 감동으로 담대하게 말씀을 전하니, 허다한 무리들이 믿고 주께로 돌아오는 역사가 펼쳐집니다. 이러한 초대 교회의 발전사를 보면 신나고 기쁘지만 이 과정이 결코 순탄하게 이루어진 것이 아닙니다.

예수님이 뿌리시고 거둔 사도들과 여러 제자는 성령의 인도하심을 따라 유대와 사마리아와 땅끝까지 말씀을 들고 나아가 전하고 제자 삼는 역사를 만들어 갑니다. 그중에서 바울과 바나바의 활약이 크게 돋보입니다.

그러나 말씀이 전해질수록 방해하는 무리들의 집요한 위협에 직면합니다. 주로 기득권층에 속하는 유대인들은 자신들의 권세가 침해당할까 하여 그리스도의 역사를 부정하고 사도들을 박해합니다.

또 가만히 들어온 거짓 교사와 율법주의자들로 인하여 많은 혼란이 발생하는 상황에서 바울에게 주시는 성령의 말씀이 바로 오늘의 묵상 구절입니다.

> "두려워하지 말며 침묵하지 말고 말하라."

제자 된 자의 의무는 믿는 바를 담대하고 바르게 말하는 것입니다. 좌고우면하며 주변의 눈치를 보아 불리하면 숨기고, 유리하면 말하는 것이 아니라 '내가 믿는 진리의 말씀이라면 어떤 상황에서도 담대히 말하라.'라는 것이 성령님이 요구하시는 것입니다.

많은 문제 앞에서 성령의 가르침과 성경 말씀으로 분별하여 옳은 것은 "예."라고, 그른 것은 "아니요."라고 담대히 말해야 합니다.

그러면 그 후의 역사는 성령께서 만들어 가실 것이기에 우리가 염려할 필요가 없는 것인데, 우리는 스스로 염려하여 말하기를 꺼려합니다. 잘못된 것에 대하여 잘못이라 말하지 않는 것은 모든 것을 용납하고 관용하는 것과는 전혀 다른 차원의 이야기임을 알아야 합니다. 이는 그 잘못을 깨달아 돌이킬 수 있는 기회를 얻지 못하게 하여 그 잘못된 자를 구원하지 못하게 하는 악한 역사임을 깨달아야 합니다.

말해야 합니다. 말을 듣고 돌이키지 않는 자는 그 피가 자기에게 돌아가지만, 돌이킨다면 잃어버릴 한 영혼을 구원하는 기쁜 역사가 있을 것이며 이는 성령께서 기뻐하시는 일을 하는 것이 되기 때문입니다.

두 번째 묵상은 "말씀의 가라지를 구별할 지혜"입니다.

데살로니가 전서 5장 12절 이하는 권면의 끝인사라고 합니다. 데살로니가 교회의 형제들에게 권하는 바울의 말씀으로 우리가 잘 아는 구절들이 있습니다.

"항상 기뻐하라. 쉬지 말고 기도하라. 범사에 감사하라. 이것이 그리스도 예수 안에서 너희를 향하신 하나님의 뜻이니라." 그리고 이어지는 말씀 또한 유념해야 할 구절입니다.

> 5장 19~22절: "성령을 소멸하지 말며, 예언을 멸시하지 말고, 범사에 헤아려 좋은 것을 취하고 악은 어떤 모양이라도 버리라."

이 구절의 문구가 이상해서 KJV를 찾아보았습니다.

> "성령을 억누르지 말라. 대언하는 것을 멸시하지 말라. 모든 것을 시험해 보고 선한 것을 굳게 붙들라. 악의 모든 모양을 삼가라."

문맥의 사소한 차이처럼 보이지만 의미가 상당히 다르게 느껴집니다. 멸시하지 말아야 할 것은 예언 그 자체가 아니라 대언하는 행위입니다. 즉, 예언이 아니라 대언자를 멸시하지 말라는 것으로 예언을 살리고 있는 것입니다. 성령의 소멸과 억누르는 행위도 큰 차이가 있음을 유념해야 하겠습니다.

✞ 기도

성경은 곳곳에 "예"와 "아니오"를 분명히 말하라고 요구하십니다. 용납하고 관용하는 것은 그들이 말씀을 듣고 잘못에서 돌이켜 회개하고 돌아올 때 하는 것입니다. 분별없이 잘못하는 것을 그대로 두고 보는 것이 아님을 우리에게 가르쳐 주시는 오늘의 말씀을 받습니다. 잘 분별하여 담대히 선포할 때 성령께서 만들어 가실 역사를 기대합니다.

하나님이 우리에게 주신 말씀의 의미가 정확히 전달되기를 바라며, 그 말씀의 본뜻을 흐리게 하는 책략을 늘 경계하며 말씀을 읽어 갑니다.

하나님 말씀의 의미를 흐리게 하는 것은 농부의 밭에 가라지를 뿌리고 간 원수의 짓과 같은 것임을 알고 가라지를 구별할 지혜를 하나님께 구하며 예수님의 이름으로 기도합니다. 아멘.

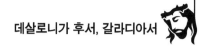

오늘 첫 묵상은 "멸망의 아들은 누구인가?"입니다.

데살로니가 후서 2장 3, 4절을 묵상합니다.

> 2장 3절: "누가 어떻게 하여도 너희가 미혹되지 말라. 먼저 배교하는
> 일이 있고 저 불법의 사람, 곧 멸망의 아들이 나타나기 전에
> 는 그날이 이르지 아니하리니."
>
> 2장 4절: "그는 대적하는 자라, 신이라고 불리는 모든 것과 숭배함을
> 받는 것에 대항하여 그 위에 자기를 높이고 하나님의 성전에
> 앉아 자기를 하나님이라고 내세우니라."

멸망의 아들은 대적하는 자이며, 하나님의 성전에 앉아 자기를 하나
님이라 내세우는 자라고 명시하고 있습니다. 여기서 멸망의 아들은 누
구일까요? 요한복음에 예수님이 직접 멸망의 아들을 지목하신 기록이
있습니다.

> 요한복음 17장 12절: "내가 그들과 함께 세상에 있을 때에 아버지의 이
> 름으로 그들을 지켰나이다. 아버지께서 내게 주신
> 자들을 내가 지켰고 멸망의 아들 외에는 그중의
> 하나도 잃어버리지 아니하였으니, 이것은 성경 기
> 록을 성취하려 함이니이다."

여기서 지목된 멸망의 아들은 가룟인 유다로, 그는 십자가 구속 사역의 완성을 위해 악하게 쓰임 받는 역할을 하고 예수님에게까지 버림받은 불쌍한 자입니다.

> 마가복음 14장 29절: "인자는 자기에 대하여 기록된 대로 가거니와 인자를 파는 그 사람은 차라리 나지 아니하였더라면 자기에게 좋을 뻔하였느니라."

세상 모든 사람은 이 세상에서 하나님의 나라를 위한 각기 자기만의 쓰임이 있습니다. 토기장이가 자기의 쓸 필요에 따라 각기 필요한 그릇을 만들어 사용하는 것처럼 말입니다.

하나님의 역사를 이루어 가시기 위해 우리를 쓰려 하시고, 그 뜻대로 열심을 내어 살아가야 하는 것이 우리의 의무라 할 수 있습니다. 그러나 가룟인 유다처럼 예수님을 파는 일에 쓰임 받고 그 결과로 버림을 받게 되었으니 악하게 쓰임 받는 영혼은 참 불쌍한 존재라는 것을 알 수 있습니다.

불행히도 과거 우리 교회의 상황이 묵상 구절과 유사하였고, 지금도 남은 잔재들이 준동하는 것을 보면 몸서리가 쳐집니다.

"먼저 배교하는 일이 있고"라는 부분은 그리스도 예수님이 믿음의 대상이 아니라 목사가 숭배 대상이 되어가니 이름하여 "목사교"가 교회 내에 태동되어 간다는 것입니다. 이런 상황은 "성전에 앉아 자기를 하나님이라 내세우느니라."라는 구절과 같습니다.

이 등식이 성립되면 멸망의 아들이 누구인지, 그리고 그자의 역할이 무엇인지 짐작이 갑니다. 그는 대적하는 자라고 명시되어 있는 것처럼 바른 믿음을 가진 성도들을 대적하고, 말세의 세상을 기록한 계시록의 예언을 성취할 자가 될 것입니다.

두 번째 묵상은 "십자가에 달린 자는 누구인가?"입니다.

> 갈라디아서 6장 14절: "그러나 내게는 우리 주 그리스도의 십자가 외에 결코 자랑할 것이 없으니 그리스도로 말미암아 세상이 나를 대하여 십자가에 못 박히고 내 또한 세상을 대하여 그러하니라."

십자가에는 예수님이 매달리셨습니다. 그런데 바울은 그 십자가에 세상이 나에 대하여 달리고 나는 세상에 대하여 달렸다고 말하고 있습니다.

너무나도 유명한 말씀, 2장 20절의 "내가 그리스도와 함께 십자가에 매달렸으니"라는 구절 역시 사실적으로는 예수님 혼자 달린 십자가에 바울도 함께 달렸다고 말하고 있습니다.

예수님 혼자 달리신 십자가에 나와 세상이 같이 달렸다고 기록한 성경 말씀의 의미를 생각해 봅니다. 이 십자가는 무슨 의미를 가지고 있기에 우리 믿는 사람들에게 가장 중요한 사건이 될까요?

설교 말씀 중에 십자가는 하나님의 공의와 사랑을 같이 증거하는 유일한 방법이라고 들었습니다. 죄를 심판하심이 하나님의 공의라면 그 죄에서 우리를 구원하는 것이 하나님의 사랑입니다. 그 죄를 용서하는 방법으로 죄 없는 순결한 어린양을 대속 제물로 드려야만 했고 그 대속 제물로 자기 자신을 주신 사건이 바로 십자가 사건이라는 것입니다.

이는 하나님이 자신의 뜻을 세상에 전하고자 하여 택하신 민족이 유목 민족인 유대인이었기에 그들의 풍습대로 역사를 써 나가신 것입니다. 즉, 죄 사함의 의식이 유목 민족의 관습대로 행해진 것입니다. 만일 하나님이 농경 민족이나 해양 민족을 택하셨다면 십자가가 아닌 다른 의식으로 기록되었을 것입니다.

하나님과의 관계 단절이 "죄"입니다. 세상에서 말하는 그 "죄"와는 개념이 다릅니다. 불순종의 대가로 하나님과의 관계가 단절되어 우리에게 사망이 들어왔고 우리를 유혹하여 공중 권세를 잡은 자의 지배에서 벗어나 다시 하나님께 돌아갈 수 있도록 구원의 통로를 열어 주신 사건이 그리스도의 보내심인 것입니다.

예수님이 하신 말씀, 요한복음 14장 6절의 "내가 곧 길이요 진리요 생명이니, 나로 말미암지 않고는 아버지께로 올 자가 없느니라."라는 말씀이 뜻하는 바를 직접 보여 주신 그 사건, 죄 없는 어린양 되신 예수님이 제물로 바쳐져 우리의 죄를 대속하신 역사의 증표가 바로 십자가인 것입니다.

이 십자가의 의미를 알고 믿는다는 것은 곧 나도 예수님의 길에 동참하는 것입니다. 이는 곧 나도 십자가에 달려 내 죄의 몸이 죽는다는 것이고, 부활하신 예수님과 함께 나의 영이 살아나는 것을 의미합니다.

✝ 기도

하나님, 내가 어떤 길을 가야 하나 많은 고민 속에 성령님의 인도하심을 구합니다. 이제 나를 위한 삶이 끝나 가고 주님이 원하시는 삶이 내 앞에 펼쳐진다고 생각합니다만, 오늘 묵상처럼 가룟인 유다와 같은 길이 아니라 하나님의 나라를 이루는 좋은 쓰임이 되기를 간절히 바랍니다. 준비된 그릇의 크기대로 쓰실 것을 믿습니다.

예배할 때마다 늘 십자가가 내게 무슨 의미를 가진 것인가 의문을 가지고 있었지만 말씀을 듣고 묵상하며 애쓰는 동안 이것이 무엇을 뜻하는지 조금씩 알아 갑니다.

알아 갈수록 말씀이 진리인 것을 깨닫게 되니 이것이 복음인 것을 인정하게 됩니다.

말씀 주심을 감사드리며 예수님의 이름으로 기도합니다. 아멘.

오늘 첫 묵상은 "나는 누구에게 속한 자인가?"입니다.

> 고린도 전서 1장 12절: "내가 이것을 말하거니와 너희가 이르되 나는 바울에게, 나는 아볼로에게, 나는 게바에게, 나는 그리스도에게 속한 자라 한다는 것이니"

우리 주님의 말씀이 온 세상에 퍼져 나가고 있습니다. 그런데 말씀이 넓게 퍼지면서 사도들의 제자들과 그 외의 전도자들에 의해 말씀이 전해지면서 문제가 생기기 시작합니다.

순수하게 전해지던 주님의 말씀에 사람의 생각이 섞이고, 주님만을 바라보던 시선에 말씀을 전하는 사람들의 그림자가 어른거리기 시작합니다.

믿는 성도는 기도와 성령의 주재로 직접 주님과 교제하여야 하지만, 말씀을 전하는 사람이 주님과 성도 사이에 자리하면서 어느새 주님의 교회가 분열되기 시작합니다. '나는 바울파, 너는 게바파, 또 다른 너희는 누구에게 속했는가?'처럼 동류끼리 모이고 서로를 구분 짓는 이 습성은 어디서 온 걸까요?

사탄의 꼬임에 넘어간 사람의 원죄에 의한 증거로 나타날 수밖에 없는 부족함, 죄성, 불완전함, 불순종으로 말씀을 자꾸 흐리게 하는 역사가 초대 교회에서부터 나타나고 있음을 보게 됩니다.

요즈음 우리나라 교회의 실상도 이러한 흐름을 더욱 강하게 나타내고 있으니 예배당 건물은 크고 웅장하며, 그 안에 성도들은 가득하지만 과연 교회의 머리이신 우리 주님은 어디에 계실까요? 예배당 안에 모인 성도들은 과연 누구를 바라보고 있을까요? 우리 주님인가요 아니면 강단에 서 있는 목회자인가요?

우리는 주님만을 바라보며 섬겨야 하지만, 너무나도 오랫동안 많은 목회자가 심어 놓은 집단 최면에 빠져 있음을 보게 됩니다. "목사는 주의 종이다. 주의 종을 섬기라."라는 주문에 빠져 '우리 목사님, 우리 목사님'하고 맹신하며 따르는 순진한 성도들을 양산합니다. 그리고 일부 목사는 무소불위의 권세로 떠받들어지고 있습니다.

주의 일을 하는 사람은 누구라도 주의 종이며, 그가 설사 담임 목사라 해도 마귀의 일을 하는 자라면 그는 마귀의 종인 것입니다. 이를 분별하지 못하게 무조건 목사만 주의 종이라고 거짓 가르친 그자들은 주님 앞에 설 때 무슨 말로 심판을 모면할 수 있을까 생각해 봅니다.

두 번째 묵상은 "내려놓는 마음"입니다.

> 고린도 전서 3장 6~7절: "나는 심었고 아볼로는 물을 주었으되 오직 하나님께서 자라나게 하셨나니, 그런즉 심는 이나 물 주는 이는 아무것도 아니로되 오직 자라게 하시는 이는 하나님뿐이니라."

바울의 이 말은 내려놓음의 경지를 보여 주고 있습니다. 사람들이란 어떤 일을 이루어 결실이 맺어지게 되면 그 공이 누구에게 있는가를 따집니다. 특히 모든 일을 자기 혼자 하고자 하는 마음이 있음을 부정할 수 없습니다. 씨를 뿌리고 물과 비료를 주어 키운 뒤에 과실이 익으면 수확하여 자기 것으로 삼고 싶어집니다.

바울은 고린도 교회를 개척했습니다. 이후에 발생하는 고린도 교회의 모든 성과는 모두 자신의 공로라고 인정받고 싶은 것이 사람의 마음이겠지만, 바울 자신은 씨만 뿌렸다고 말합니다. 그리고 아볼로가 물을 주었다고 공로의 한 부분을 아볼로에게 양보합니다. 그러나 그 과정 위에 하나님의 역사하심으로 교회가 자라나 결실의 과정에 이르렀기에 모든 것은 하나님의 것이라고 하여 자신의 공로를 내려놓습니다.

모든 일은 내가 내 능력으로 하는 것 같지만, 실제로는 하나님의 일에 내가 쓰임 받는 것이라는 마음이 있어야 바울과 같은 내려놓음의 마음을 가질 수 있습니다.

내게 능력 주시고 그 능력을 사용하시는 하나님의 역사하심을 깨달아 하나님 앞에 나를 내세우는 교만의 죄를 범하지 않도록 깨우치는 시간이 되었습니다.

세 번째 묵상은 "나는 누구인가?"입니다.

나는 누구인가? 나의 존재를 향한 원초적 질문입니다. 누군가가 "당신은 누구입니까?"라고 물었을 때 이에 대한 대답을 누가 자신 있게 할 수 있을까요? 이 질문의 의미는 "나는 ○○○입니다."라고 이름을 말하라는 것이 아니라 자기의 존재를 설명하라는 것입니다.

모세가 하나님께 질문하였을 때 하나님의 대답은 영어 성경에는 "I'm who I am.", 우리말 성경에는 "나는 스스로 존재하는 자"라고 말씀하신 것으로 나옵니다. "나는 나입니다." 누가 무어라 해도 "나는 나"입니다. 그런데 "나"는 누구인가요? 어떤 모양을 가졌고 무엇을 하는 자인가요?

오늘 묵상 본문에 이런 말씀이 있습니다.

> 고린도 전서 3장 16절: "너희는 너희가 하나님의 성전인 것과 하나님의 성령이 너희 안에 계시는 것을 알지 못하느냐?"
>
> 고린도 전서 6장 19절: "너희 몸은 너희가 하나님께로부터 받은바 너희 가운데 계신 성령의 전인 줄을 알지 못하느냐? 너희는 너희 자신의 것이 아니니라."
>
> 고린도 전서 6장 20절: "값으로 산 것이 되었으니 그런즉 너희 몸으로 하나님께 영광을 돌리라."

나의 몸은 보잘것없는 질그릇 같습니다. 어떤 모양, 어떤 크기라도 크게 차이 나지 않지만 그 안에 무엇을 담고 있는가에 따라 그 가치가 크게 달라집니다.

소금을 담고 있으면 소금 그릇이요, 꽃나무를 담고 있으면 화분이요, 향유를 담고 있으면 옥합이라 부릅니다. 나는 누구일까요? 이에 대한 대답은 내 안에 담긴 것에 따라 달라질 것입니다.

성경은 우리 믿는 자 안에 성령님이 거하신다고 하십니다. 우리 믿는 자들은 성령을 담고 있는 그릇, 성령의 전이라 정의하고 있으며 하나님이 예수님의 피로 사신 하나님의 것이라고 하십니다. 그렇습니다. "나는 나"이며 하나님의 소유된 자로 성령을 안에 담고 있는 하나님의 성전인 것입니다.

이렇게 귀한 존재이지만 그릇이 귀한 것이 아니라 그 안에 담고 있는 것으로 말미암아 귀한 존재가 되는 것입니다.

✝ 기도

하나님, "내게 능력 주시는 분 안에서 내가 모든 일을 할 수 있느니라."라는 바울의 고백을 저도 하며 살아갈 수 있기를 간구합니다.

교만함과 나를 내세우고 싶어 하는 유혹에서 자유롭고 싶습니다. 그리고 주님만을 바라보며 주님께만 속한 자가 되기를 원합니다.

아무것도 아닌 저를 당신 앞으로 부르셔서, 의롭다 인치시고 귀한 보배를 담아 주셔서 귀한 존재가 되게 하셨으니 그 크신 은혜 어찌 갚을 수 있을까요?

소금 그릇이 될 수도 있고 향유옥합이 될 수도 있는 "나"이지만 그 자체로 쓰임 받으며 하나님께 영광 돌리는 자의 삶을 살아가기를 소원합니다.

나를 피로 사신 그리스도 예수님의 이름으로 감사의 기도를 드립니다. 아멘.

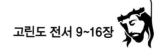
오늘 첫 묵상은 "진리가 나를 자유롭게 한다는 것의 의미"입니다.

9장 19절: "내가 모든 사람에게서 자유로우나 스스로 모든 사람에게 종이 된 것은 더 많은 사람을 얻고자 함이라"

10장 23~24절: "모든 것이 가하나 모든 것이 유익한 것은 아니요, 모든 것이 덕을 세우는 것이 아니니, 누구든지 자기의 유익을 구하지 말고 남의 유익을 구하라."

주님이 주신 말씀 중에 "진리를 알지니 진리가 너희를 자유케 하리라."라는 구절이 있습니다. 오늘 본문은 바울이 고린도 교회의 많은 문제와 갈등을 해소하기 위해 권면하는 편지의 주된 내용으로, 주님의 말씀을 가장 잘 이해하고 실행하라는 행동 지침서로 이해됩니다.

"모든 사람에게서 자유로우나", "모든 것이 가하나"라는 말씀은 중심 사상이 없이 제 소견에 옳은 대로 행하라는 말이 아님을 유념해야 합니다. 반드시 하나님의 창조 원리와 우리 주님의 "네 이웃을 사랑하라."라는 마지막 계명의 근거 아래에서만 진리가 됨을 알아야 할 것입니다.

만일 이 계명에 근거하지 않고 제 소견에 옳은 대로 자유롭게 제 마음대로 행하는 사회가 되면, 바로 성경에서 말하는 사사 시대이자 현재 우리 주변에 벌어지는 짐승의 세상 같은 악한 사회가 되는 것입니다.

"모든 것에서 자유롭게, 그리고 모든 것이 가하다."라는 것은 반드시 "자기의 유익을 구하지 말고 남의 유익을 구하라."라는 바울의 권면을 바탕에 깔고 행하여야 할 것입니다.

"무엇을 하더라도 먼저 주님의 뜻을 구하고 사랑을 바탕으로 행하라."

'이웃을 사랑하고 그들에게 유익을 주기 위한 행위는 무엇을 하더라도 주님의 뜻 안에서 행하는 것이기에 속된 세상의 관습과 편견에서 자유로울 수 있다.'라는 바울의 권면을 정확히 이해할 수 있었습니다.

두 번째 묵상은 "삼가하고 배려하는 것의 의미"입니다.

10장 23~24절의 말씀에 다른 생각이 들어와 다시 묵상합니다. 이 말씀은 "무슨 일을 하든지 다 하나님의 영광을 위하여 하라."라는 소주제가 붙어 있는 구절입니다. 여기서 하나님의 영광을 위한 일의 범위를 한정 짓지 않고 생각해 봅니다.

성도 된 사람이라면 그의 말과 행동이 성경에 근거하고 말씀대로 살아가게 됩니다. 그의 양심과 성경에 근거하여 행한다면 스스로는 거리낄 것이 없게 됩니다. 그러나 그의 언행이 자기를 떠나 남과 관계되는 상황이라면 신중하게 처신할 필요가 있다는 것을 알아야 합니다.

바울 서신서는 주로 권면하는 내용입니다. 바울 스스로는 모든 것이 가하나 자신의 행위로 인해 타인이 실족하는 경우가 생길 우려가 있으면 스스로 행위를 제한한다고 기록된 것을 볼 수 있습니다.

한 예로 자신은 모든 음식을 먹을 수 있으며 거리낄 것이 없는 사람이지만 음식의 터부가 있는 사람과 함께할 경우 그를 위해 자신도 그 사람의 터부에 맞게 음식을 가리겠다고 하였습니다.

또 로마서에도 유사한 내용이 있습니다. 14장 13~23절의 "자신의 행위가 형제를 거리끼게 하지 말라."라는 말씀도 동일한 의미인 것입니다.

우리나라 기독교의 전통인 금주와 금연도 같은 의미로 해석할 수 있습니다. 우리나라에 기독교가 전해질 구한말 당시, 망해 가던 우리 사회에 술, 담배, 도박 등의 폐해가 너무 컸기에 선교사들이 사회 개혁 차원에서 강력한 금주와 금연을 강조한 영향이 크다고 배웠습니다. 사실 성경 어디에도 절대로 술 먹지 말라는 말씀은 없습니다. 다만 망령되이 취하지 말라는 말씀이 있으니 이는 음주의 위험성과 좋지 않은 결과에 대해 경계하라는 것이라 생각됩니다.

> 마태복음 15장 11절: "입에 들어가는 것이 사람을 더럽게 하는 것이 아니라 입에서 나오는 그것이 사람을 더럽게 하는 것이라"
>
> 갈라디아서 5장 19~21절: "육체의 일은 현저하니 곧 음행과 더러운 것과 호색과 우상 숭배와 술수와 원수를 맺는 것과 분쟁과 시기와 분냄과 당 짓는 것과 분리함과 이단과 투기와 술 취함과 방탕함과 또 그와 같은 것들이라. 전에 너희에게 경계한 것 같이 경계하노니 이런 일을 하는 자들은 하나님의 나라를 유업으로 받지 못할 것이요"

디모데 전서 5장 23절: "더 이상 물만 마시지 말고 너의 배탈과 자주 나는 병을 위하여 포도주를 조금씩 쓰라"

교회의 중직자들 중에 술, 담배를 즐기는 사람들이 있습니다. 그들이 스스로의 믿음으로, 또 자기 자신을 통제하며 자신의 생활을 이끌어 간다면 누가 뭐라 할 수 없다고 생각합니다. 그러나 그 행위로 인하여 믿음이 연약한 사람들을 실족하게 하거나 사회에서 비난을 받게 된다면 이는 하나님 앞에 죄가 될 것이기에 스스로 삼가야 할 것이라 생각합니다.

술, 담배를 하는 것은 가하나 절제해야 하는 것은 "자신의 유익이 아니라 타인의 유익을 구하라."라는 말씀에 순종하기 위한 것임을 유념해야 할 것입니다.

세 번째 묵상은 "사랑이란 무엇인가?"입니다.

13장은 '사랑 장'이라고 부르는 유명한 구절입니다.

4~7절: "사랑은 오래 참고, 사랑은 온유하며, 시기하지 아니하며, 사랑은 자랑하지 아니하며, 교만하지 아니하며, 무례히 행하지 아니하며, 자기의 유익을 구하지 아니하며, 성내지 아니하며, 악한 것을 생각하지 아니하며, 불의를 기뻐하지 아니하며, 진리와 함께 기뻐하고, 모든 것을 참으며, 모든 것을 믿으며, 모든 것을 바라며, 모든 것을 견디느니라."

이상 언급된 사랑의 조건 15가지를 쓰면서 생각해 보았습니다. 나는 사랑하고 있는가? 한 구절, 한 구절 사랑의 조건을 써 나가며 '그래, 이건 나도 하고 있지. 아니, 이건 못하고 있잖아. 이건 곤란한데? 이건 더 노력해야만 가능해.' 등 생각합니다. 완전한 사랑의 조건을 따져 보니 불가능하기에 한숨만 나옵니다.

하지만 나의 그릇은 질그릇이지 않은가요? 질그릇이 잘나면 얼마나 잘났을까요? 누구는 금 그릇일까요? 그릇은 하나님이 빚으시는 것, 내가 주장할 것은 아니랍니다. 다만 그 안에 무엇을 담을까가 중요하지요. 그리고 담을 수 있는 그릇의 크기는 내가 만들어 갈 수 있는 것 같습니다. 간장 종지가 담을 수 있는 양과 항아리가 담을 수 있는 양은 차이가 있으며 큰 그릇은 많이, 작은 그릇은 적게 담아 주실 것이기에 큰 그릇을 준비하도록 애쓰고자 합니다.

또 1~3절 말씀에 세상에 드러나는 대단한 일을 하더라도 그 마음속에 사랑을 품고 하는 행위가 아닌 것은 아무 유익이 없다고 하십니다.

사랑 없이 하는 행위는 율법적인 것으로, 이 세상에서 자기의 상급을 받을 뿐 하나님 앞에서는 아무 평가가 없습니다. 비록 세상에 드러나게 평가받는 것이 보잘것없어도 사랑이 바탕이 된 작은 행위는 하나님 앞에 크게 드러난다는 것을 여러 설교 말씀을 통해 알게 되었습니다.

"그런즉 믿음, 소망, 사랑, 이 세 가지는 항상 있을 것인데, 그중의 제일은 사랑이라."

✝ 기도

하나님, 생각이 부족한 그들을 위해 기도합니다. 타인을 배려하지 않고 자신들의 생각대로 행하는 그들의 어리석음을 깨우쳐 주소서.

이 작고 강퍅한 심령을 가진 자에게 "사랑이 있으라."라고 말씀하시지만 사람의 마음에 온전한 사랑을 담는 것은 하나님도 불가능하다는 것을 잘 아시지요.

사랑이 나에게 얼마나 큰 유익인가를 생각하면 다 담고 싶기도 하지만 어렵습니다. 그래도 당신은 저를 얼마나 생각하시는 분인지 짐작할 수 있기에 하나님을 신뢰하는 믿음 안에서 사랑을 품을 수 있을 것이라는 소망을 가져 봅니다.

제가 가고자 하는 이 길이 하나님이 기뻐하시는 길이 되기를 소망하며 그리스도 예수님의 이름으로 기도드립니다. 아멘.

오늘 묵상은 "그리스도의 편지가 된다는 것의 의미"입니다.

3장 2절: "너희는 우리의 편지라, 우리 마음에 썼고 뭇 사람이 알고 읽는 바라."

3장 3절: "너희는 우리로 말미암아 나타난 그리스도의 편지니 이는 먹으로 쓴 것이 아니요, 오직 살아 계신 하나님의 영으로 쓴 것이며, 또 돌판에 쓴 것이 아니요, 오직 육의 마음 판에 쓴 것이라."

이 구절의 의미는 "너희의 마음속에 주님의 영을 받아들여 너희가 새사람이 되었으니 그 새사람의 말과 행동은 그리스도의 사람만이 할 수 있는 것이다. 그 언행으로 그리스도가 전해지는 것, 바로 그리스도의 편지와 같은 역할을 한다."라는 것입니다.

편지는 중요한 의사소통의 수단이며 역사적 기록물이 됩니다. 내용이 중요하지만 그 글을 쓴 저자가 누구냐에 따라 글의 가치가 달라지기도 합니다. 평범한 일상의 안부를 묻는 내용일지라도 범인이 쓴 것과 중요 인물이 쓴 것의 역사적 가치는 큰 차이를 보입니다.

오늘 묵상 구절을 보면 바울이 고린도 교회의 성도들에게 보내는 서신에서 "너희는 우리(바울)로 말미암아 나타난 그리스도의 편지"라 쓰고 있습니다. 그 편지를 읽는 수신자는 누구일까요? 다름 아닌 고린도 교회가 속한 고린도 지역의 믿지 않는 일반 시민들입니다. "너희가 그리스도의 사랑을 닮아 가면 그리스도의 사랑을 보여 주는 편지가 되는 것이고, 그리스도의 온유를 닮아 가면 그리스도의 온유를 보여 주는 편지가 되는 것이고, 그리스도의 겸손을 닮아 가면 그리스도의 겸손을 보여 주는 편지가 된다."라는 것을 그들에게 설파하고 있는 것입니다.

편지… 멀리 떨어진 누군가에게 나의 마음을 적어 보내는 수단의 대명사입니다. 그 편지는 반드시 종이에 글로 쓴 것만 의미하는 것이 아니라고 본문은 말하고 있습니다.

보내어진 사람이 그곳에서 보이는 말과 행동이 그 사람을 보낸 존재를 웅변적으로 증거할 수 있기에, 잘 교육받은 신실한 주의 종들은 그곳에서 예수님과 복음을 전할 수 있는 것입니다.

주변 사람들은 삶 속에서 보이는 나의 말과 행동을 보며, 내가 누구이며 어떻게 살아왔는가를 짐작합니다. 전부터 나를 알던 사람들은 예수님을 믿은 이후의 삶과 이전의 삶을 비교하며 예수님의 편지를 읽습니다. 나의 삶이 내 마음대로 살 수 있는 것이 아니며, 항상 삼가고 조심해야 할 이유가 있음을 깨닫게 합니다.

요한복음 13장 35절: "너희가 서로 사랑하면 이로써 모든 사람이 너희가 내 제자인 줄을 알리라."

✝️ **기도**

하나님, 사람이 달라지는 것과 달라진 사람의 행동은 누군가의 주목의 대상이 되어 영향력을 가지기에 제자 된 자의 삶은 늘 조심하고 깨어 있어야 할 책임이 있음을 알게 됩니다.

늘 말씀을 묵상하며 주님의 뜻을 구하는 삶이 내게 가장 복된 삶이라고 믿으며 예수님의 이름으로 기도드립니다. 아멘.

오늘 첫 묵상은 "의에 대하여"입니다.

로마서의 기록을 '의'라는 주제로 찾아보았습니다.

> 1장 17절: "복음에는 하나님의 의가 나타나서 믿음으로 믿음에 이르게 하나니 기록된바 오직 의인은 믿음으로 살리라 함과 같으니라."
>
> 3장 21절: "이제는 율법 외에 하나님의 한 의가 나타났으니 율법과 선지자들에게 증거를 받은 것이라."
>
> 3장 24절: "그리스도 예수 안에 있는 속량으로 말미암아 하나님의 은혜로 값없이 의롭다 하심을 얻은 자 되었느니라."
>
> 3장 30절: "…… 믿음으로 말미암아 의롭다 하실 하나님은 한 분이시니라."
>
> 4장 3절: "성경이 무엇을 말하느냐? 아브라함이 하나님을 믿으매 그것이 그에게 의로 여겨진바 되었느니라."

이외에도 3, 4장에 "의"에 대한 언급이 많이 있습니다. 여기서 "의"란 단어의 의미는 무엇일까 생각해 보았습니다. 너무나 당연하게 '이것이다.'라고 설명할 수 있다고 생각했는데 의외로 간단치가 않습니다.

정의(justice), 충의(loyalty), 신의(faith), 도의(morality), 명예(honor), 좋

은 것(good things) 등 사전적으로 이렇게 여러 적용 가능한 단어지만 성경에서 사용한 "의"를 설명하기에는 미흡함이 느껴집니다.

위 본문에 언급한 "의"는 모두 하나님과 연결되어 있습니다. 그리고 그 "의"를 인정한 주체가 모두 하나님인 것을 유의하여야 합니다.

내가 의로운 것이 아니라 하나님이 의롭다고 인정해 주시는 것, 그 결과로 나에게 "의"라는 단어가 적용된다는 것을 가르쳐 주고 있습니다. 그렇게 주어진 "의"는 내게 좋은 것이고 세상에 좋은 것이며 하나님이 좋아하시는 결과를 가져옵니다.

내가 해야 할 유일한 노력은 바로 '믿음'입니다. 의인은 오직 믿음으로 말미암아 살 것이란 성경 말씀을 깊이 묵상합니다. 자기에게 주신 말씀을 온전하게 믿은 아브라함, 그로 말미암아 하나님께 의롭다 인정받은 아브라함을 생각하며 나아갑니다.

두 번째 묵상은 "믿는 것과 칭의"입니다.

> 로마서 4장 18~22절: "아브라함이 바랄 수 없는 중에 바라고 믿었으니 ...... 믿음이 없어 하나님의 약속을 의심하지 않고 ...... 약속하신 그것을 또한 능히 이루실 줄을 확신하였으니, 그러므로 그것이 그에게 의로 여겨졌느니라."

약속 이후 광야에서 15년을 지내며 기다리는 동안 아브라함의 나이가 100세가 되고 사라는 90세가 됩니다. 아브라함에게 하신 하나님의 약속은 세상의 기준으로 판단하면 실현 가능성이 거의 없어 보입니다.

그럼에도 아브라함은 하나님의 약속이 반드시 이루어질 것을 믿었고 밤하늘의 별을 바라보며 미소지을 수 있었기에 하나님께 그의 믿음을 인정받을 수 있었던 것입니다.

즉, 나의 생각 또는 세상적인 생각으로는 가능하지 않을 것 같은 하나님의 말씀을 절대적인 신뢰로 마음속에 받아들이는 자만이 그의 믿음을 하나님 앞에 인정받을 수 있습니다. 그리고 그 믿음으로 인하여 하나님의 약속이 이루어지는 것을 알 수 있습니다.

> 히브리서 11장 1절: "믿음은 바라는 것들의 실상이요, 보이지 않는 것들의 증거니"

오늘 묵상의 말씀을 통해 나의 마음을 다시 한번 정리합니다. 순전하고 절대적인 믿음으로 인하여 약속이 이루어지고, 하나님께 의롭다고 인정받는('칭의') 사람이 되기를 소망합니다.

세 번째 묵상은 "사람의 이중성"입니다.

로마서 7장 17절부터 25절까지는 사람으로서 내가 원하는 것과 내가 행하는 것이 다르고 그것을 행하는 주체가 죄라는 것을 강조하고 있습니다.

> 7장 19절: "내가 원하는바 선은 행하지 아니하고 도리어 원하지 아니하는바 악을 행하는 도다."

7장 20절: "만일 내가 원하지 아니하는 그것을 하면 이를 행하는 자는
　　　　내가 아니요, 내 속에 거하는 죄니라."
7장 21절: "그러므로 내가 한 법을 깨달았노니 곧 선을 행하기 원하는
　　　　나에게 악이 함께 있는 것이로다."

　사람은 하나님의 속성으로 지음받은 피조물이기에 기본적으로 그 마음이 선한 것이며 하나님과 같이 영생을 추구하는 것이 당연할 것입니다. 그러나 한 사람의 불순종의 죄로 인하여 죄와 사망이 들어온 이후 우리의 육체는 죄와 사망의 법에 지배를 받게 되었다고 성경은 가르치고 있습니다.

　19절에서 마음은 하나님의 속성을 추구하지만 몸은 마음의 원하는 바와 다른 악을 행한다고 바울이 고백하듯이 우리의 세상살이는 악의 지배를 받고 있습니다.

　살면서 내 눈앞에 벌어지는 악하고 부조리한 사건이라도 말씀에 의거해 선의로 해석하고 싶지만 실제로 내 마음은 분노와 미움이 앞섭니다. 게다가 실정법의 규제로 말미암아 행위로 이어지지 않을 뿐 마음은 이미 그들을 비판하고 정죄하는 나를 느낍니다.

7장 22절: "내 속사람으로는 하나님의 법을 즐거워하되"
7장 23절: "내 지체 속에서 한 다른 법이 내 마음의 법과 싸워 내 지체
　　　　속에 있는 죄의 법으로 나를 사로잡는 것을 보는도다."

　이러한 내면의 갈등으로 괴로워하는 우리를 위로하고 만져 주시는 말씀이 24, 25절의 말씀입니다.

7장 24절: "오호라 나는 곤고한 사람이로다. 이 사망의 몸에서 누가 나를 건져내랴?"

7장 25절: "우리 주 예수 그리스도로 말미암아 하나님께 감사하리로다. ……"

그러나 복음의 기쁜 소식은 그리스도 예수의 대속 제물로 말미암아 우리가 죄의 구속에서 놓여 자유하게 되었다고 선포합니다. 오직 그리스도 예수님의 이름을 믿고 구주로 시인하면 하나님께서 의롭다 칭하시고 너의 죄를 기억하지 아니하신다 하셨음을 성경은 확증하고 있는 것입니다.

✝ 기도

하나님, 우리의 믿음 없음을 불쌍히 여기소서. 자신의 믿음 없음을 고백하며, "내가 믿나이다."라고 외치며 주님께 나아온 귀신 들린 아이 아버지의 심정으로 주님을 바라봅니다.

설교로 주신 말씀 중에 "사람의 행동은 그 자신의 신념대로 나타나기에 믿음이 약하다 하는 말은 틀린 것이다. 믿든 믿지 않든지 하는 것이지 믿음이 약하다는 회색 지대적 설명은 자기를 속이는 것이다."라고 알려 주신 것을 기억합니다. 온전한 믿음을 촉구하시는 하나님의 말씀을 가슴에 새기겠습니다.

그리고 마음의 갈등의 원인을 알게 하시고 그 치유법을 가르쳐 주시니 감사합니다. 죄와 사망의 법에서 우리를 해방하신 그리스도 예수님의 이름으로 기도드립니다. 아멘.

오늘 첫 묵상은 "모든 것이 합력하여 선을 이룬다는 것"입니다.

8장 28절: "하나님을 사랑하는 자, 곧 그의 뜻대로 부르심을 입은 자들에게는 모든 것이 합력하여 선을 이루느니라."

여기서 선이라는 것은 나의 관점에서 판단하는 선이 아니라 하나님께서 원하시는 선인 것을 알아야 합니다. 기도의 응답이 내가 원하는 대로만 오는 것이 아님을 알기에 선 역시 내가 바라는, 혹은 나에게 좋은 것만이 아닐 것입니다.

예정론이라는 이론이 있습니다. 모든 것이 하나님이 정해 놓으신 대로 일어날 수밖에 없으므로 개인의 노력이 무의미하다는 것입니다. 그러나 이는 우리와 하나님과의 관계가 일방적일 수밖에 없기에 하나님의 우리를 향하신 속성과 다른, 수용할 수 없는 것입니다. 왜냐하면 하나님은 인격의 하나님이시고 우리의 생각을 용납하시는 분이시기 때문입니다. 우리가 무슨 일을 하기 전에 내 생각보다 우선하여 하나님과 기도로 대화하며, 하나님의 우리를 향하신 뜻을 묻습니다.

영어 성경에서는 하나님을 완전한, 놀라운 상담자라고 표현합니다. 그 말처럼 하나님은 우리에게 자신의 뜻을 강요하시는 분이 아니라 우리와 대화하시며 우리가 주장하거나 바라는 것을 들으시고, 또 이를 반대하시지 않으시고 그대로 수용하시는 분입니다.

"네가 원하는 대로 해 보아라."라고 하시지요. 그 결과 일이 어떻게 진행되더라도 우리를 사랑하시고 부르셨다면 우리가 기도로 구하며 결정한 일의 결과가 어떠하더라도 하나님은 당신의 선하신 뜻대로 바꾸어 사용하신다는 뜻입니다.

천지 만물을 창조하신 하나님은 모든 것을 자신의 뜻대로 지으셨지만 오직 우리만 하나님의 숨결을 불어넣어 자신의 속성과 같이 하셨기에 자유 의지를 가진 우리에게는 지시하지 않으시고 대화하며 용납하시는 것입니다.

두 번째 묵상은 "나의 생각과 하나님의 절대 주권"입니다.

신본주의 세상은 절대자의 주권하에 각각의 사람이 순응하여 복종함으로써 질서를 유지하게 됩니다. 중세 유럽에서는 세상 권력과 야합한 ○○○교회가 교리를 그릇되게 해석하고 민중을 억압했습니다. 이에 짓눌린 민중이 자각하면서 나온 것이 개인의 가치를 상위에 두는 가치관의 변화, 즉 인본주의입니다.

종교 개혁과 개신 교회의 성립 등 많은 부분이 성경의 말씀에 근거하여 개혁되었고 이에 따라 세상은 밝아졌습니다. 그러나 인본주의에 근거한 자유의 정도가 지나치게 허용되며 통제되지 않은 결과, 오히려 말씀이 무시되고 마는 방종의 시대가 되고 말았습니다.

현 세상은 인본주의가 극도로 팽배하고, 개인의 자유가 무한한 것처럼 인식되어 모두가 "자기의 소견에 옳은 대로" 행하던 사사 시대와 같습니다. 사회의 질서를 유지할 최소한의 규범도 없고, 모든 사람이 타인에 대한 배려도 없이 나만의 생각으로 행하니, 짐승의 세계와 별로 다르지 않는 약육강식의 세상이 되고 말았습니다.

이 세상을 바라보며 오늘 로마서에서 바울이 전하는 말씀을 읽으며 하나님의 절대 주권에 이의를 달아야 할지, 아니면 온전한 순종으로 따라야 할지를 생각해 봅니다.

> 9장 11~13절: "그 자식들이 아직 나지도 아니하고 무슨 선이나 악을 행하지 아니한 때에 택하심을 따라 되는 하나님의 뜻이 행위로 말미암지 않고 오직 부르시는 이로 말미암아 서게 하려 하사, 리브가에게 이르시되 큰 자가 어린 자를 섬기리라 하셨나니, 기록된바 내가 야곱은 사랑하고 에서는 미워하였다 하심과 같으니라."

> 9장 17~18절: "성경이 바로에게 이르시되 내가 이 일을 위하여 너를 세웠으니 곧 너로 말미암아 내 능력을 보이고 내 이름이 온 땅에 전파되게 하여 함이라 하셨으니, 그런즉 하나님께서 하고자 하시는 자를 긍휼히 여기시고 하고자 하시는 자를 완악하게 하시느니라."

성경 말씀에 토기장이의 비유가 나옵니다. 지음받은 자가 지은 자에게 이의를 제기할 수 없는 것과 같이 순종해야 하는데, 여전히 내 마음이 온전하지 않음이 느껴집니다. 주님과 나 사이에 아직은 거리가 있는가 봅니다.

또 말씀 중 과거와 현재의 우리 교회에 정확히 주시는 말씀이라 생각되는 구절이 있습니다. 여기서 하나님께서 하실 "이 일"은 무엇이며,

누구를 완악하게 하셨을까요?

"성경이 ○○○에게 이르시되 내가 이 일을 위하여 너를 세웠으니, 그
런즉 하고자 하시는 자를 완악하게 하시느니라."

✝ 기도

하나님, 감사합니다. 그리스도 예수 안에 있는 우리가 평안하고 여유로움을 느낄 수
있음은 우리를 기쁘게 보시고 대화하며 우리를 용납하시는 하나님을 알기 때문입니
다.
또 주님의 원하시는 뜻을 구하며 애쓰고 나아갈 때 그 일의 결과가 어떻게 될지 걱정
되지 않음은 주께서 모든 것을 당신의 기쁘신 뜻대로 바꾸어 선을 이루실 것이라 말
씀을 주셨기 때문입니다.
우리 주님께서 비유로 말씀하신 것처럼 온갖 근심 걱정과 수많은 잡생각으로 번민하
며 말씀이 온전히 자라지 못하니 나의 마음 밭은 아직도 가시덤불인가 봅니다. 이 가
시덤불을 성령의 불로 태워 주소서. 주 안에서 택하심을 받고 온전함과 평강과 쉼을
누리게 하여 주소서.
세상에서 또 우리 교회에서 벌어지는 어리석고 눈먼 자들의 행태를 바라보며 먼저
하나님의 뜻을 구하지 않고 나의 생각을 앞세워 판단하는 잘못에 빠지지 않도록 지
켜 주소서.
예수님의 이름으로 기도합니다. 아멘.

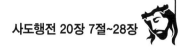

오늘 첫 묵상은 "사용하시는 하나님"입니다.

> 23장 11절: "그날 밤에 주께서 바울 곁에 서서 이르시되 담대하라, 네
> 가 예루살렘에서 나의 일을 증언한 것 같이 로마에서도 증
> 언하여야 하리라."

이방인의 사도로 쓰임 받아 온 아시아 지역의 이방인에게 복음을 전하던 바울이 예루살렘으로 돌아갑니다. 예루살렘으로 가는 길에 많은 지역 제자들이 성령의 감동으로 바울이 예루살렘에서 당할 일을 알고 귀향을 만류합니다. 그러나 사명이 있음을 아는 바울은 예루살렘 가는 길을 포기하지 않습니다. 결국 예상대로 유대인들에게 살해될 위험 속에 로마 천부장의 보호를 받게 되고, 그 감옥에서 하나님이 새로운 사명을 부여하십니다.

> "네가 세상의 중심, 지상의 권력자인 황제 앞에 서서 나를 증거하게
> 될 것이다."

우리 하나님은 당신이 이루고자 하시는 일을 우리를 사용해서 이루어 가십니다. 능력과 조건을 보지 않으시고 그 마음의 중심만 보십니다. 또 사람이 이룬 것이 아니라 하나님이 하셨음을 나타내려 하십니다. 그렇기에 작고 약한 자를 사용하십니다.

택하신 자가 믿음으로 따라오면 능력을 주시고 도움의 손길을 보내시며, 길을 열어 주십니다. 당신의 뜻을 이루어 가시기 위하여….

이후 바울의 로마를 향한 여정을 잘 음미해 볼 필요가 있습니다. 수많은 일이 난마처럼 얽혀 들지만 바울은 결국 로마로 가게 됩니다. 바울을 죽이고자 계략을 꾸미는 유대인들의 음모에 의해 벌어진 왕과 제사장들과 총독의 재판 결과도 가이샤에게로 보내는 것이었고, 유리굴라 광풍도 그를 막지 못하였으며, 이후의 여정은 죄수라기보다 사절단과 같은 행보를 보이게 됩니다.

하나님이 사용하고자 하신다면 어제 묵상처럼 모든 것을 합력하여 당신이 원하시는 결과를 만들어 가시는 하나님의 역사를 목격하게 됩니다.

하나님이 바울을 로마로 보내기로 하셨습니다. 당신의 손으로 단번에 보낼 수도 있으신 분이 그리하지 않으십니다. 유대인을 사용하시고, 로마 병사와 천부장을 사용하시고, 아그립바왕과 총독의 재판을 사용하시고, 바울의 가이샤에 대한 상소권을 사용하십니다. 커다란 문제를 가진 정치범으로 만들어 호송 과정에서의 신변 안전과 여유로운 대접을 받도록 하십니다.

하나님이 사용하기 원하시고 우리가 순종한다면, 그에 맞는 지원책을 마련하시고 대우를 받도록 하십니다. 단, 그 방법은 우리의 상상을 넘어서는 것이 될 수도 있음을 알 필요는 있습니다. 그러나 온전히 하나님을 신뢰한다면 걱정 근심보다는 호기심이 더 크지 않을까 생각합니다.

두 번째 묵상은 "하나님이 일하시는 법"입니다.

2,000년 전 중동과 지중해의 교통을 감안할 때 예루살렘에서 로마까지의 여정은 결코 만만한 것이 아니었을 것입니다. 개인적으로 가고자 하면 일생을 건 모험과도 같았을 것이지만, 로마에 말씀을 전하기 위하여 바울을 보내시는 하나님의 방법이 오늘 본문에 잘 나와 있습니다.

바울을 예루살렘으로 부르시고, 거기서 제사장의 무리에게 참소되어 벨릭스의 재판정에 세우고, 바울의 로마 시민권을 이용해 가이사에게 상소하니, 로마 총독의 명에 의해 호위병까지 대동한 로마행이 이루어집니다.

바울 스스로 아무 준비나 노력을 하지 않아도 알아서 그를 로마까지 무사히 보내게 됩니다. 중간에 그를 보호하시는 하나님의 권능을 보이사 유리굴라 광풍으로 바울을 드러나게 하십니다. 그레데 섬에서 보인 독사에 물리는 사건과 그곳 사람들을 치유하는 기회를 주심으로써 바울을 지키시는 하나님의 권능을 로마 병사들에게 보입니다. 그렇게 죄수 신분인 바울은 호송 중에도 특별한 대우를 받게 됩니다.

로마에 도착해서도 바울을 위한 독립된 별도의 거처가 마련되며, 가이사에게 재판을 받기 전 무려 2년간이나 자유롭게 복음을 전파하게 되니 바울의 로마 압송은 복음을 위해 잘 준비된 전도 여행이 된 것입니다.

하나님은 그의 뜻대로 사람을 택하시고 당신이 택한 자에게 벌어

지는 모든 사건을 모아서 하나님의 뜻에 합하게 사용하시는 것을
알게 하십니다.

"곧 그의 뜻대로 부르심을 받은 자에게는 모든 것이 합력하여 선을 이
루느니라."

✝️ 기도

하나님, 바울에게 보이신 당신이 역사하시는 방법을 오늘 말씀을 통해 알게 되었습니다. 내가 하나님의 뜻에 합한 일을 행하고자 한다면, 내게 벌어지는 어떠한 사건이라도 하나님이 이루고자 하시는 대로 이루어지도록 사용하실 것을 압니다. 그렇기에 모든 사건을 평안한 마음으로 받아들일 수 있을 것입니다. 하나님이 주시는 평안함과 확신이 나를 담대하게 하십니다.

"내가 여기에 있나이다. 나를 보내소서."라는 이사야 6장의 말씀이 떠오릅니다. 언제나 나와 함께하시고 또 지켜 주실 것을 믿으며, 예수님의 이름으로 기도합니다. 아멘.

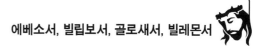

오늘 첫 묵상은 "주 안에서 항상 기뻐하라"입니다.

빌립보서 4장 4절: "주 안에서 항상 기뻐하라. 내가 다시 말하노니 기뻐하라."

우리는 언제 기쁠까요? 무엇이 나를 기쁘게 할까요? 왜 기쁠까요? 그 기쁨이 어디로부터 올까요?

우리는 언제나 기쁘게 살기를 원합니다. 모든 욕구가 다 채워지고 자신의 존재 의미가 성취되며, 주위로부터 인정받고 능력을 뽐낼 수 있으면, 그리고 지인으로부터 존중과 사랑을 받으면 행복할 것입니다. 행복하면 기쁘겠지요. 만족할 만한 삶이라 인정할 수 있습니다.

그런데 사람의 마음은 이해하지 못할 요소가 참으로 많아서 항상 더 좋은 것, 더 높은 것, 더 많은 것을 추구합니다. 그러니 지금 누리는 만족은 더 나은 것을 바라는 순간 불만족이 되고, 나보다 더 나은 사람을 보면 그와 나를 비교하여 내가 초라해지고 맙니다. 욕심이라는 괴물이 우리를 장악하게 되어 결국 이 세상에서 최고의 위치에 이르지 못하면 언제나 불만족 상태에 머무르고 맙니다.

그것, 욕심이라는 것은 사탄이 우리 마음에 심어 준 것이거나 우리의 죄성에 기인한 본성일 것입니다. 세상적인 것으로 나의 욕심을 채울 수 있을까요? 99석을 가진 부자가 1석 가진 가난한 자의 재물을 탐내는 이유는 무엇일까요? 그것을 빼앗아 100석을 채우면 만족할까요?

다음에는 200석을 목표로 게걸스럽게 채워 나갈 것입니다. 그리고 200석을 채운 후, 그다음에는 어떻게 될까요? 어디까지 갈지 기약이 없습니다. 아마도 세상 제일의 부자가 될 때까지 갈급해하며 뛰어가다 생을 마감할 것입니다.

"내가 오늘 밤 네 영혼을 부르리니 그러면 그 재물이 누구의 것이 되 겠느냐?"

어리석은 부자에게 주시는 성경 말씀이 떠오릅니다. 세상 모든 것의 주인이 되시는 우리 하나님의 눈으로 보면 얼마나 어리석은 모습일지 상상하며, 부모의 입장에서 내 아이들을 생각해 봅니다.

철모르던 아가들은 언제 가장 귀엽고 사랑스러웠던가요? 퇴근하니 아빠가 왔다고 달려 나와 안기던 때, 그냥 아빠 옆에 있으려고 올라타 며 매달릴 때, 아빠 옆에서 자겠다고 떼쓸 때가 생각납니다. 아무 조건 없이 그냥 좋아할 때입니다. 좀 더 커서 장난감을 사 줬을 때, 새 옷을 사 줬을 때도 물론 좋아하지만 이미 조건이 들어간 것이기에 순수하지 만은 않지요.

우리 아버지께서는 우리를 언제 가장 좋아하실까요? 이유, 조건 없 이 주님 안에 그냥 거하며 기뻐할 때 아닐까요? 무엇인가 주어져서 그 것을 기뻐하는 아이들보다, 아빠 그 자체를 좋아하는 아이들일 것이라 생각됩니다.

그 속마음의 표현이 바로 빌립보서 4장 4절, "주 안에서 항상 기뻐하 라. 내가 다시 말하노니 기뻐하라."라는 말씀인 것이라 믿어집니다. 그 리하여 아빠는 가장 귀여운 아이들에게 그의 사랑을 듬뿍 쏟아부어 주실 것입니다.

두 번째 묵상은 "바울의 마지막 권면"입니다.

오늘 묵상하는 네 권의 신약 성경은 모두 옥중 서신입니다. 바울이 로마 감옥에 갇혀 있는 상태에서 그가 개척한 에베소, 빌립보, 골로새의 교회와 성도들 그리고 빌레몬에게 소식을 전하며 권면하고 기뻐하고 분노하며 굳건한 믿음으로 견디라고 격려하는 권면의 편지입니다.

> 빌립보서 3장 14절: "푯대를 향하여 그리스도 예수 안에서 하나님이 위에서 부르신 부름의 상을 위해 달려가노라."

바울의 오랜 여정이 끝나 가고 있습니다. 그가 뿌려 놓은 복음의 씨 앗이 무럭무럭 자라고 있지만, 그 속에 가라지가 섞여 커 나가고 있음을 안타깝게 여기며 개척해 놓은 교회에 많은 말로 권면하고 있는 것입니다. 이제 그가 직접 가서 믿음을 견고히 할 기회가 없다는 것을 알고 있었기 때문일 것입니다.

바울은 자기에게 주신 사명에 따라 열과 성을 다해 씨를 뿌렸습니다. 이제 키우고 열매를 맺어 추수하는 일은 하나님이 주신 사명을 받은 다른 누군가가 할 것이기에 자기에게 주어진 일이 끝나고 있음을 감사함으로 받아들이고 있다는 것을 느낄 수 있습니다.

오늘 본문 묵상은 그에게 주어진 일을 마치고 추수하고자 하는 욕심을 내지 않고 깨끗한 마무리를 준비하는 자의 아름다운 모습을 보는 감동이 있습니다.

세 번째 묵상은 "바울의 사역과 동역자들"입니다.

네 권의 권면 편지 내용 중에서 마음에 와닿는 주옥같은 구절이 여럿 있지만 오늘 내 마음에 걸리는 내용은 바울이 언급한 여러 인물의 이름입니다.

에베소서에 언급한 두기고, 빌립보서에 언급한 디모데·에바브로디도·유오디아·순두게·글레멘드, 골로새서에 언급한 에바브라·두기고·오네시모·아리스다고·바나바·마가·유스도·누가·데마·눔바·아킵보, 빌레몬서의 주인공 빌레몬과 그의 종 오네시모 등등…. 여러 인물의 이름이 한두 번씩 중복하여 나타납니다.

이들은 감옥에 갇혀 있는 바울의 눈과 귀가 되고, 편지 대필과 전달자의 역할을 수행하며 바울의 복음 전파 사역에 동참하였습니다. 같이 갇혀 있거나 옥바라지를 하며 바울을 보살폈기에 바울의 사역은 전도 여행 때나 감옥에서나 변함없이 이루어졌음을 알 수 있습니다.

하나님은 각각의 사람에게 그들의 분량에 맞게 달란트를 주시고 사명을 맡기십니다. 열두 제자를 세우셔서 이스라엘과 유대인을 위한 사명을 주셨습니다. 또한, 바울을 택하시어 이방인을 위한 사도로 보내셨지만 혼자 보내지 않으시고 처음에는 바나바를 보내고 이어서 누가를 비롯한 많은 동역자를 보내 주셔서 그의 사명을 감당하게 하셨음을 알게 하십니다.

이방을 위한 복음의 전파가 결코 바울 혼자의 힘으로만 된 것이 아님을 깨닫게 된 오늘의 묵상이었습니다.

✝ 기도

우리의 아빠 아버지 되시는 하나님, 주신 말씀처럼 조건 없이 순수하게 주 안에서 기뻐하는 자로 살아가기를 소원합니다. 방해하는 영으로부터 나의 영을 지키시고 늘 주만 바라보게 하옵소서.

하나님의 일을 할 때 모든 일을 혼자만의 힘으로 다 할 수 있다는 교만에 빠지지 않도록 나를 깨우소서.

내게 주신 달란트의 분량대로 애써 일하고 나를 돕는 하나님의 손길을 느끼며 감사함으로 감당하고 겸손하게 하소서.

나를 사랑하시고 지키시는 그리스도 예수님의 이름으로 기도합니다. 아멘.

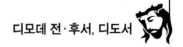

오늘 첫 묵상은 "누구의 것인가?"입니다.

> 디모데 전서 5장 18절: "성경에 일렀으되, 곡식을 밟아 떠는 소의 입에 망을 씌우지 말라 하였고 또 일꾼이 그 삯을 받는 것은 마땅하다 하였느니라."

디모데 전서와 디도서의 내용은 거의 유사합니다. 감옥에 갇힌 바울이 자신의 최후가 얼마 남지 않은 것을 느낀 상태에서 내 아들이라 말하며 아끼는 디모데와 디도에게 격려와 훈계를 담아 권면하는 내용입니다.

이 말씀들은 현대 사회에서 주님의 자녀라 인정받는 자의 삶을 살아가려면 반드시 마음에 담아 실천해야 할 삶의 지침과도 같은 내용입니다.

그중에서 오늘의 묵상 구절은 조금 다른 의미로 다가옵니다. 주인의 일을 하는 소와 일꾼들, 그들이 취하는 수고의 대가는 당연한 것으로 제한하지 말라는 말씀으로 이해되기 때문입니다.

소는 주인의 소유로서 주인의 밭을 경작하는 데 쓰임을 받습니다. 그리고 주인이 아침저녁으로 꼴을 먹여 주지만, 일하는 과정에서 나오는 밭의 소산물(여기서는 떠는 곡식) 중 일부를 소가 먹고자 할 때 그 주인은 입에 망을 씌워 먹지 못하게 하면 안 된다는 의미입니다. 또 남의 일을 하는 일꾼은 그 수고의 대가로 받아야 하는 품삯은 당연한 것이니 누구의 제약도 없어야 한다는 것입니다.

당연한 말씀 같지만 새삼스럽게 들리는 이유가 무엇일까 생각해 봅니다. 여기서 주인의 일을 하나님의 사역이라 하고, 그 소산의 일부를 쓰임 받는 자가 취하는 경우라 생각하면 어떨까요?

나의 삶이 하나님이 내게 주신 사명대로 사는 것이라면, 이 세상에서 나의 이름으로 소유하게 되는 재물 또한 하나님의 것이 됩니다. 내 것이 아닌 하나님이 나에게 맡겨 하나님의 이름으로 쓰라 하신 것이라면, 내 것에 대한 욕심은 사라집니다. 하나님이 내게 맡긴 것을 관리하며 그중 일부를 내가 사용하는 것은 내게 주신 삶이라 생각할 수 있습니다.

예수님을 믿는다는 것은 삶의 중심이 내게서 예수님으로 옮겨지는 일이기에 재물에 대한 소유권 또한 예수님에게 있다는 것을 인정할 수 있는 것입니다.

성경 말씀은 1,600여 년의 기간 동안 40여 명의 기자들이 각각 쓴 것을 하나로 편집한 책이지만, 참진리이고 논리적 일관성이 뛰어나며 각 구절을 다른 곳에서 확증하는 체계를 가지고 있음을 묵상할 때마다 알아 가게 됩니다.

두 번째 묵상은 "하나님이 주시는 마음"입니다.

> 디모데후서 1장 7절: "하나님이 우리에게 주신 것은 두려워하는 마음이 아니요, 오직 능력과 사랑과 절제하는 마음이니"

디모데 후서는 바울의 마지막 서신서라 합니다. 로마 감옥에서 많은 편지로 각지의 교회와 사역자들을 격려하며 복음 전파에 힘쓰고 있던 바울은 이 편지를 쓸 즈음에 자신이 곧 처형되리라 짐작하고 있었습니다. 이 유언과도 같은 서신을 디모데에게 쓰고 있습니다.

처형을 앞둔 사형수의 마음은 어떨까요? 불안함과 삶의 열망으로 그 마음은 번뇌로 가득 차 있을 것입니다. 바울은 이 상황에서 하나님이 주신 마음을 언급하고 있습니다. 두려움의 영은 하나님이 주신 것이 아니라 하니, 참으로 담대하며 확고한 믿음이 없이는 할 수 없는 생각 입니다.

두려워하는 것은 사탄이 주는 것이라는 사실은 성경 곳곳에서 확인 할 수 있습니다. 또 하나님이 주시는 영은 권능과 사랑과 건전한 생각 의 영이라 언급합니다. 그러므로 이와 반대되는 생각은 모두 사탄이 주는 것으로 해석할 수 있습니다.

나의 평소 마음속의 생각들은 어떠한가 생각해 봅니다. 중요한 선택 을 해야 할 때, 온갖 불안한 마음이 스며들어 고민한 일이 얼마나 많 았던가요? 확고한 신념이 없어서, 마음의 중심이 흔들려서, 훼방꾼이 분탕 칠까 봐 등등 나의 마음은 흔들리는 갈대와 같았던 적이 대부분 입니다.

말씀을 묵상하며 나의 마음을 내려놓고 오직 기도로 주님께 묻고, 주시는 마음으로 판단하고 후회하지 않는 마음을 가지도록 하겠습니 다. 나에게 더 좋은 것으로 주실 하나님의 마음을 기대하면서….

세 번째 묵상은 "유언의 힘과 의미"입니다.

디모데에게 보낸 편지 중 두 번째인 디모데 후서는 바울의 목회 서신서입니다. 한 지역의 교회를 맡긴 디모데와 디도에게 목회자로서 지켜야 할 지침을 사랑하는 자녀에게 주는 훈계와 같이 적어 보낸 것으로, 그의 유언과 같은 것입니다.

> 디모데 후서 4장 6~8절: "전제와 같이 내가 벌써 부어지고 나의 떠날 시각이 가까웠도다. 나는 선한 싸움을 싸우고 나의 달려갈 길을 마치고 믿음을 지켰으니, 이제 후로는 나를 위하여 의의 면류관이 예비되었으므로 주 곧 의로우신 재판장이 그날에 내게 주실 것이며 내게만 아니라 주의 나타나심을 사모하는 모든 자에게로다."

일반인의 유언이라도 그 무게는 상당하거늘, 바울의 유언장인 디모데 후서는 다른 어떤 서신서보다 더 큰 의미를 두고 묵상하게 됩니다.

"하나님이 우리에게 주신 것은 두려워하는 마음이 아니요, 오직 능력과 사랑과 절제하는 마음"이라고 정의하며 연소한 디모데와 믿음이 흔들리는 지금의 우리에게 마지막으로 권하는 말씀으로 느껴집니다.

> "복음은 생명이며 고난도 함께 올 것이니 흔들리지 말고 견디어 이기라."
>
> "예수 그리스도의 좋은 병사로 말씀 안에서 힘써 싸우라."

"인정받는 일꾼으로 주인의 집에서 귀한 역할을 하라."

"말세의 고통이 와도 진리를 대적하지 말라, 믿음과 인내와 사랑으로 박해를 견디라."

"성경 말씀은 하나님의 감동으로 지어진 것이니 성경에 근거하여 교훈과 책망과 교육에 힘쓰라. 그리고 언제든지 이 약속의 말씀, 복음 전하기에 힘쓰라."

그리고 말씀에 대적하는 자들을 경계하라고 주의를 줍니다. 그들의 이름이 성경에 기록되었으니 그들은 가장 불쌍한 자들이 되었음을 알아야 할 것입니다. 여러 책에 그 이름이 있지만 본 후서에 기록된 자들의 이름을 보니 후메내오, 빌레도, 구리 세공업자 알렉산더입니다. 이들은 말씀을 왜곡하고 대적하는 자들이니 "주께서 그들이 행한 대로 갚으시리라."라고 말하고 있는 바울의 심정이 어떠했을까 생각하게 합니다.

성경은 한 영혼을 귀히 여기며 모두를 구원하기를 원한다고 알고 있지만, 예수께서도 버린 영혼이 있음을 알아야 할 것이니, 그는 바로 가룟인 유다입니다.

> 디모데 전서 1장 19~20절: "믿음과 착한 양심을 가지라. 어떤 이들은 이 양심을 버렸고 그 믿음에 관하여는 파선하였느니라. 그 가운데 후메내오와 알렉산더가 있으니 내가 사탄에게 내준 것은 그들로 훈계를 받아 신성을 모독하지 못하게 하려 함이라."

이와 같이 심히 악하게 대적하는 자들은 구원하지 않고 그 영혼을 사탄에게 내어준다고 기록하고 있음을 알아야 할 것입니다.

반면 1장 18절에 바울이 기록하기를 "원하건대 주께서 그로 하여금 그날에 주의 긍휼을 입게 하여 주옵소서."라고 한 오네시보로는 큰 복 받은 사람입니다. 제 기억으로는 이 한 사례 외에 40여 명의 성경 저자 누구도 한 사람을 위해 복을 빌어 준 기록은 찾아볼 수 없습니다.

✝ 기도

하나님, 믿음으로 내 삶의 주인이 하나님이라는 고백을 하지만 정작 재물과 여러 세상의 것에 대한 소유권을 내려놓기가 어렵습니다. 오늘 주시는 말씀으로 힘을 얻어 세상의 욕심을 조금 더 내려놓을 수 있게 하심을 감사합니다.

하나님이 주시는 마음은 평안과 기쁨이라 하셨으니 내가 그 주시는 영을 온전히 받기를 원합니다. 방해하는 마음은 사탄이 주는 것이니 거부하겠습니다.

또 어떤 영혼이 하나님께 거두어지고 또 어떤 영혼이 버림받을지를 생각해 봅니다. 늘 말씀을 묵상하며 어떤 것이 하나님의 뜻에 합한 일인지 기도하며 묻는 사람으로 살아가겠습니다.

나의 영혼을 지켜 주소서.

예수님의 이름으로 기도합니다. 아멘.

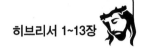
오늘 첫 묵상은 "나는 어떤 결실을 거둘 것인가?"입니다.

> 6장 7~8절: "땅이 그 위에 자주 내리는 비를 흡수하여 밭 가는 자들이 쓰기에 합당한 채소를 내면 하나님께 복을 받고, 만일 가시와 엉겅퀴를 내면 버림을 당하고 저주함에 가까워 그 마지막은 불사름이 되리라."

땅에 내리는 비는 땅의 종류나 위치에 상관하지 않고 공평하게 나누어 줍니다. 말씀이 우리를 차별하지 아니함과 같으니, 우리의 마음에 있는 밭은 말씀의 씨앗을 품고 어떤 소출을 보일까 생각해 봅니다.

자갈밭이든 잡초밭이든 좋은 밭이든지 간에 자기의 능력에 따라 일정한 소출을 올릴 것입니다. 하지만 그것이 먹을 만한 채소인지 아니면 가시와 엉겅퀴인지에 따라 거두어 창고에 들일 것인지, 모아 불태울 것인지를 판단하실 농부가 계심을 알고 있습니다.

자기에게 주어진 달란트에 따라 어떠한 성과를 만들어 내겠지만 그것이 쓸모 있는 것인지 아니면 해악을 끼치는 악한 것인지를 잘 분별하여야 할 것입니다.

우리 주변에 자칭 애쓰고 노력하였다고 내세우는 자들이 있습니다. 하지만 그 결과가 세상을 유익하게 했는지 아니면 세상에 해악을 끼쳐 차라리 없는 것이 더 좋았을 것인지를 분별해야 할 사람들이 있음을 알고 있기에 이 말씀이 더욱 마음에 와닿습니다.

두 번째 묵상은 "세상의 끝 날은 언제인가?"입니다.

> 9장 26절: "...... 이제 자기를 단번에 제물로 드려 죄를 없이 하시려고 세상 끝에 나타나셨느니라."
>
> KJV: "...... 그러나 이제 세상 끝에 그분께서 단 한 번 나타나사 자신을 희생물로 드려 죄를 제거하셨느니라."

마태복음을 읽을 때 의문이 드는 구절이 하나 있었습니다. 예수께서 가이사랴 빌립보 지방을 지나실 때 제자들에게 자기 자신을 어떻게 생각하는가 물어보신 일이 있습니다. 이때 저 유명한 베드로의 신앙 고백이 나옵니다.

> "주는 그리스도시요 살아 계신 하나님의 아들이십니다."

이 문답 직후에 예수님은 제자들에게 처음으로 자신의 죽음과 부활을 말씀하십니다. 가로막는 베드로에게 엄한 꾸중으로 가르치시며 하신 말씀이 오늘 묵상의 핵심입니다.

> 마태복음 17장 28절: "진실로 너희에게 이르노니 여기 서 있는 사람 중에 죽기 전에 인자가 그 왕권을 가지고 오는 것을 볼 자들도 있느니라."

제자들 중에 살아서 예수님의 재림을 볼 자들도 있다는 말씀인데 2,000년이 지난 지금도 우리는 예수님의 재림을 기다리고 있지 않습니까?

무언가 이상했지만 그냥 넘어갔는데 오늘 히브리서를 묵상하며 걸린 것이 예수님이 세상 끝에 나타나서 자기를 제물로 드렸다는 말씀입니다.

단 한 구절, "세상 끝에".

마태복음 24장 15절부터 멸망의 환란을 묘사하며 30절에 "인자가 구름 타고 오는 것을 보리라.", 34절에 "이 세대가 지나가기 전에 이 일이 다 일어나리라.", 36절에 "그러나 그날과 그때는 아무도 모르나니 하늘의 천사들도, 아들도 모르고 오직 아버지만 아시느니라."라고 하신 말씀을 이해할 구절이라 생각됩니다.

성경의 말씀은 성경의 말씀으로 해석하고 판단해야 한다고 배웠습니다.

우리는 심판의 날이 앞으로 언젠가 올 것이라 생각하며 지금 살고 있는 이 세상을 임시로 지나가는 과정이라 생각하며 살고 있습니다. 장래의 소망을 위한 징검다리, 혹은 실적을 쌓는 시간쯤으로 생각합니다.

하지만 히브리서의 말씀에서 예수님이 이미 세상 끝 날에 오셨다고 하신 것을 유의해야 합니다. 다시 오신다는 약속은 먼 훗날이 아닙니다. 예수님 앞에 서 있던 제자들 중 일부는 살아 있는 동안에 예수님의 재림을 본다고도 하셨습니다.

이 말씀을 기반으로 비약해 보면 다음과 같이 생각할 수도 있습니다.

1. 이미 예수님의 재림은 이루어졌다.
2. 천국 잔치는 우리가 죽은 후 다른 세상에서 벌어지는 것이 아니라 지금 이 세상에서 벌어지고 있는지도 모른다.
3. 지금 우리 중 누군가는 이 땅에 이루어진 천국에서 살고 있다.
4. 지금 우리 중 누군가는 이 땅에 이루어진 지옥으로 떨어지고 있다.

요한계시록에 나타난 수많은 말세의 예언이 언제 나타날까요? 이미 2,000년 이전의 기록을 보아도 그 시대의 지성들은 그 시대가 말세라고 기록한 사실을 우리는 알고 있습니다. 언제 어느 시대나 그 시대가 말세라고 합니다.

그 말세의 예언 중 일부는 현재에도 일어나고 있음을 우리는 알고 있습니다. 그렇기에 말세는 앞으로 오는 것이 아니라 이미 우리 시대에 와 있음을 인식해야 합니다. 예수님의 재림은 이미 실현되었을 수도 있습니다.

그의 뜻대로 부르심을 받은 자들은 천국 잔치에 참여하고 있을 것이며, 염소로 분류된 자들은 영존하는 지옥불로 들어가는 중일 수도 있습니다.

예수님이 주신 기도문 중 "아버지의 뜻이 하늘에서 이루어진 것 같이 땅에서도 이루어지이다."라는 구절이 그냥 의례적인 기도문이 아님을 마음으로 느끼게 됩니다.

기도

하나님, 우리가 예수님이 주신 뜻을 오해하고 있는지 다시 한번 생각하게 됩니다.

천국이 시간적으로, 또 공간적으로 먼 딴 나라에서 이루어질 것처럼 생각해서 현재 우리가 살고 있는 이 세상을 업신여기고 버리는 삶을 살고 있는 것 아닌지 고민하게 됩니다.

예수님이 주신 주기도문 중 "이 땅에서 이루어질 하나님의 뜻"이 무엇인지 알게 하여 주소서.

예수님의 이름으로 기도합니다. 아멘.

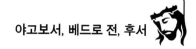

오늘 첫 묵상은 "의심하지 말고 하나님께 구하라"입니다.

야고보서 1장 5~7절: "너희 중에 누구든지 지혜가 부족하거든 모든 사람에게 후히 주시고 꾸짖지 아니하시는 하나님께 구하라. 그리하면 주시리라. 오직 믿음으로 구하고 조금도 의심하지 말라. 의심하는 자는 마치 바람에 밀려 요동하는 바다 물결 같으니, 이런 사람은 무엇이든지 주께 얻기를 생각하지 말라."

의심과 믿음은 완전히 반대되는 말입니다. 히브리서 11장 1절에 "믿음은 바라는 것의 실상이라."라고 하신 말씀을 기억합니다.

새 일을 하려 하는데 부족한 것이 참 많습니다. 무엇이 필요한지 알기 위해서도 지혜가 필요합니다. 혼자 생각을 쥐어짜 봐야 한계가 있지요. 어떻게 하나 고민하지만 결국 하나님 앞에 나아가 무릎 꿇고 기도할 수밖에 없습니다. 부족한 지혜를 부어 주시기를 간구하지만, 의심이 슬며시 마음을 파고듭니다.

이때 필요한 말씀이 바로 이 말씀, "하나님께 구하라. 그리하면 주시리라. 오직 믿음으로 구하고 조금도 의심하지 말라."라는 것입니다.

의심하지 말라. 네가 바라고 구하는 그 지혜는 믿음으로 네게 주어지는 것이라. 믿음은 바라는 것의 실상이 아니냐? 네가 원하는 그것은 너의 믿음으로 네가 취하는 것이니라. 아멘.

두 번째 묵상은 "무엇으로 싸울 것인가?"입니다.

> 야고보서 4장 7절: "…… 마귀를 대적하라. 그리하면 너희를 피하리
> 라."

세상을 살아가며 많은 걸림과 다툴 일이 있습니다. 그 상대가 사람이든 마귀든 상관없이 우리는 우리의 생각을 지키기 위해 그들을 대적해야 합니다. 7절 말씀에 마귀는 대적하는 자를 피한다 했습니다. 그러나 무슨 수단으로 대적해야 마귀가 피할까요?

예수님이 광야에서 마귀의 시험을 받으실 때 하나님의 말씀으로 마귀를 대적하셨습니다. "기록되었으되 ……"이 말씀 선포에 마귀는 꼬리를 내리고 맙니다.

또 공생애 기간 동안 많은 환자와 귀신 들린 자들을 치료해 주셨을 때 하나님의 이름으로, 또 하나님이신 자신의 뜻으로 선포하셨습니다. 제자들도 그리스도 예수님의 이름으로 선포할 때 놀라운 치유의 이적이 일어난 것을 우리는 알고 있습니다.

> 약 5장 12절: "…… 오직 너희가 그렇다고 생각하는 것은 그렇다 하
> 고, 아니라고 생각하는 것은 아니라 하여 정죄 받음을
> 면하라."

사람과의 분쟁에서는 분명한 자신의 뜻을 드러내야 합니다. 내 마음

에 가진 분명한 생각에 따라 옳은 것은 "예."라고 하고 아닌 것은 "아니오."라고 단호하게 선포하여야 할 것을 12절에서 말씀하고 계십니다.

여러 정황을 감안하고, 내게 닥칠 불이익과 위해를 염려하여 속마음을 숨기거나 애매한 대응을 하는 것은 하나님의 뜻이 아니라고 야고보서는 말하고 있습니다.

우리 주변에 불의한 일과 억지스러운 일 앞에서 번거롭고, 귀찮아서 슬그머니 물러나는 사람이 많이 있습니다. 그러한 일이 누적되면 불의한 자들이 큰소리치고, 상식이 비상식이 됩니다. 이런 경우가 허다함을 우리는 알고 있으며, 이렇게 되면 정의가 불의에 지는 것입니다. 조금 힘들고 어려워도 분명한 의사 표현이 나중에 벌어질 악한 상황을 막을 수 있음을 인식해야 할 것입니다.

우리 주변에 오랫동안 자신의 고집을 주장한 한 사람을 많은 사람이 피한 결과, 어떤 결과를 가져왔는지 그가 지금도 얼마나 큰 해악을 끼치고 있는지 정확히 깨달아 반성의 기회를 삼아야 하겠습니다.

✝ 기도

하나님, 우리의 약함과 비겁함을 불쌍히 여기소서. 사악한 마음을 가진 한 사람의 전횡 앞에 아닌 것을 아니라고 말하지 못하고 모두 피하고 묵인한 결과, 얼마나 큰 해악을 주님의 교회에 끼쳤는지를 이제야 깊이 인식합니다.

그럼에도 바로 보지 못하는 어리석은 자들과 당을 지어 대적하는 무리들로 인해 주님의 전이 얼마나 피폐하게 무너져 가는지 똑똑히 보고 있습니다.

주님이 뜻이 어디에 있는지 밝히 보여 주시기를 원하오며 저희에게 회개의 기회를 열어 주소서. 말씀에 의지하는 냉철한 분별력으로 악을 대적하고 사랑으로 극복할 수 있는 영을 저희에게 부어 주소서.

예수님의 이름으로 간구하며 기도드립니다. 아멘.

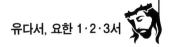

오늘 첫 묵상은 "판단과 분별의 차이"입니다.

요한 1·2·3서와 유다서의 내용 대부분은 교회 안팎의 여러 시련 중 내부에 스며든 거짓 교사들에게 경계와 단호한 대응을 하여 신앙을 지키라고 권면하는 것입니다. 이 거짓 교사들은 누구이며 그들이 어떻게 행하는지 유다서 4~16절에서 잘 언급하고 있습니다.

그러나 이 거짓 교사들은 믿음 안에 있는 성도들이라면 지켜야 할 "서로 사랑하고 용납하며 관용으로 품어 주라.", "너희는 비판, 정죄하지 말라. 너희가 그대로 비판, 정죄받으리라. 이는 하나님께서 하실 일이다."라는 일반적 계명 뒤에 숨어 자기를 보호하고, 자기들의 거짓됨을 지적하는 성도들의 비판을 무력화시킵니다.

오늘 묵상 구절인 천사장 미가엘과 마귀의 변론 내용을 잘 음미해 보면 여기에 이러한 거짓 교사들에 대한 대응 지침이 정확하게 녹아 있음을 발견하게 됩니다.

> 유다서 9절: "천사장 미가엘이 모세의 시체에 관하여 마귀와 다투어 변론할 때에 감히 비방하는 판결을 내리지 못하고 다만 말하되 주께서 너를 꾸짖으시기를 원하노라 하였거늘"

먼저, 천사장 미가엘조차 마귀의 잘못과 죄악상에 대하여 확정적인 판결을 내리지 못합니다. 왜냐하면 죄의 유무를 확정하고 처분을 결정하는 판결은 오직 하나님께만 속한 것이기 때문입니다.

거짓의 아비는 참으로 교활하고 야비하게 우리를 속이고 무력화시킵니다. 정말 교묘하게도 하나님의 말씀까지도 왜곡하여 믿는 자녀들을 실족하게 합니다. 거짓을 지적하면 "비판 정죄하지 말라."라는 말로 맞받아칩니다. 이때 대부분 말문이 막혀 돌아서기에 교회 안에서도 저들이 활개 치며 권세를 장악해 나갑니다.

이런 일이 닥쳤을 때 우리는 미가엘의 대응을 잘 음미해야 합니다. 미가엘은 감히 하나님의 판결 영역에 들어가지 않았지만 눈앞의 마귀에 대하여 "네가 잘못하고 있으니 하나님이 꾸짖으실 것이다."라고 대응하고 있습니다. 이는 미가엘이 눈앞에 닥친 현안에 대하여 잘잘못을 명확히 분별하고 그에 합당한 대응을 한 것입니다.

미가엘이 마귀의 잘못과 죄악상을 분별하여 "주께서 너를 꾸짖으시기를 원하노라."라고 말한 이 구절의 의미는 다음과 같습니다.

"최종 판결과 처분은 하나님께서만 하실 수 있지만 지금 당장 마귀와 더불어 변론하는 미가엘 또는 나 자신은 마귀의 잘못과 죄악상을 분별하여 대응을 할 수 있다." 아니, 해야만 한다는 것을 말하고 있습니다.

두 번째 묵상은 "누가 누구를 사랑했는가?"입니다.

요한 1서 4장 10절: "사랑은 여기 있으니, 우리가 하나님을 사랑한 것이 아니요, 하나님이 우리를 사랑하사 우리 죄를 속하기 위하여 화목 제물로 그 아들을 보내셨음이라."

KJV: "우리가 하나님을 사랑하지 아니하였으나 그분께서 우리를 사랑하시고, 자신의 아들을 보내사 우리의 죄들로 인한 화해 헌물로 삼으셨나니, 여기에 사랑이 있느니라."

"하나님은 사랑이시다."라고 누구나 말하고 있습니다. 그러나 구체적으로 어떻게 하셨기에 하나님은 사랑이라고 말할까요?

글자 그대로 우리가 하나님을 사랑하지 아니하였으나 그분께서는 우리를 사랑하셨습니다. 그리고 자신의 아들을 보내사 우리의 죄를 사하기 위한 화해 헌물로 삼으셨으니, 그것은 절대적인 사랑의 표현인 것입니다.

사랑은 서로 해야 완성될 수 있는 것, 어느 일방만의 사랑이면 그것은 짝사랑이라고 하며 이는 불완전한 사랑인 것입니다. 하나님이 우리를 사랑하셨습니다. 그러면 우리도 하나님을 사랑해야 합니다. 서로 사랑할 때 하나님의 창조 세계가 완성될 수 있을 것입니다. 그 완성된 세계를 위해 기다리시는 하나님을 바라보며 우리의 할 도리를 다해야 하겠습니다.

세 번째 묵상은 "어디까지가 용서받을 수 있는 죄인가?"입니다.

요한1서 5장 16절: "누구든지 형제가 사망에 이르지 아니하는 죄 범하는 것을 보거든 구하라. 그리하면 사망에 이르지 아니하는 범죄자들을 위하여 그에게 생명을 주시리라. 사망에 이르는 죄가 있으니 이에 관하여 나는 구하라 하지 않노라."

사도 요한은 본서 4장과 5장에 걸쳐 "하나님은 사랑이시다."라고 강조하고 있습니다. 그러나 죄지은 자들에 대한 대응을 할 때, 사망에 이르지 아니하는 죄와 사망에 이르는 죄로 구분하여 하나는 구원의 손길을 내밀고 하나는 버린다고 말하고 있습니다.

사망에 이르지 아니하는 죄를 짓는 형제는 애써서 구하라고 하는 것은 그를 권면하여 돌이키도록 인도하고 회개할 기회를 주어 그 죄를 용서받게 하라는 것입니다. 그리고 사망에 이르는 죄를 짓는 자는 멸망의 구렁에 떨어지도록 버려두라는 것입니다.

여기서 문제는 어디까지가 사망에 이르지 아니하는 죄인가 하는 것인데, 그 한계를 누가 정할 수 있을까요? 그런데 마가복음에 이 한계를 짐작할 만한 구절이 있습니다. 그들은 성령을 모독하고 대적하는 자들입니다.

> 마가복음 3장 28~29절: "내가 진실로 너희에게 이르노니 사람의 모든 죄와 모든 모독하는 일은 사하심을 얻되, 누구든지 성령을 모독하는 자는 영원히 사하심을 얻지 못하고 영원한 죄가 되느니라."

이것은 사람 사이에서 발생하는 모든 일에 대해서는 회개와 속죄함으로 용서받을 수 있지만, 하나님을 대적하는 성령 모독에 대해서는 용서받지 못한다는 뜻으로 이해가 됩니다.

사하심을 얻지 못하는 영원한 죄의 사례에 대해서는 일반적으로 말씀의 전파를 방해하거나 왜곡하여 성령을 거스르는 행위, 말씀을 거스르는 이단과 거짓 교사, 그리고 하나님의 일에 악하게 쓰임 받는 불행한 영혼(예수를 파는 일에 쓰임 받은 가룟 유다와 같은 부류)들이 거론됩니다.

✝ 기도

하나님, 믿는 성도들이 무기력한 대응이나 피하는 모습을 보일 때면 교회를 어지럽히는 어둠의 자식들은 의기양양하게 활개 치며 교회를 장악해 나갑니다.

말하지 않고 용납하는 것만이 사랑이 아닐진대 왜곡된 믿음 때문에 다수가 소수가 되고, 목소리 높이는 일부가 다수를 장악하여 어둠의 길로 이끌어 가는 기막힌 현실을 자주 봅니다.

그러나 정확한 말씀을 붙들고 바로 서서 담대히 말하는 성도가 몇 명이라도 나서면 저들의 기세가 꺾여 수그러짐 또한 목격하고 느낍니다. 바른 믿음을 세울 수 있는 영적 깨달음과 담대함을 주소서.

하나님, 누가 사망에 이르는 죄를 짓고 있습니까? 혹시 내가 아닌가 하는 두려운 마음으로 분별을 해 봅니다. 어느 길이 양의 길인지도 판단해 봅니다.

오직 기도함으로 성령의 인도하심을 구하오니 주님의 길에서 벗어나지 않도록 지켜 주소서. 말씀을 묵상하며 구별된 삶을 살아가기를 원합니다.

또한 구원받지 못할 죄의 길을 가는 자들은 악한 일에 쓰임 받는 자, 주님의 일에 악하게 대적하지만 그 스스로는 주님의 일을 한다고 착각하며 자기만의 독선에 빠진 자들일 것이라 분별합니다.

불쌍히 여기시고 그들로 인하여 시험에 빠지는 많은 영혼을 구원하여 주소서. 예수님의 이름으로 기도합니다. 아멘.

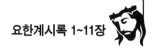

오늘 첫 묵상은 "들을 귀"입니다.

요한계시록 첫머리에 "예수 그리스도의 계시라."라고 선포하며 소아시아에 있는 일곱 교회에 편지하라는 말씀이 전해집니다. 이스라엘과 유다가 아닌 소아시아 지역의 교회는 바울이 개척한 이방인의 교회로, 바로 우리에게 해당되는 내용이라 할 수 있습니다.

각 교회의 문제를 평가하여 잘한 것에 대하여 칭찬하시고 못한 것에 대해 책망하시며 "회개하고 돌이키라.", "문제점을 즉시 개선하라."라고 명하시면서 각 교회 권면의 말미에 이 말씀을 일곱 번이나 하고 계십니다.

"귀 있는 자는 성령이 교회들에게 하시는 말씀을 들을지어다."

성경을 읽다 보면 같은 단어, 같은 문장을 반복하는 특징이 많이 보입니다. 이는 문학적인 특성일 수도 있지만 대체적으로 중요한 내용을 강조하는 경우가 많기에 오늘 이 말씀, "들으라."라는 말이 마음에 남습니다.

복음서의 기록을 보면 예수님이 무리를 가르치실 때 많은 부분에서 "들을 귀 있는 자는 들으라."라고 외치고 계십니다. 귀가 없거나 있어도 우리가 소리를 듣지 못해서 이런 말씀을 하신 것은 아니지요. 들어도 그 뜻을 깨닫지 못하거나 의도적으로 무시하거나 자기의 마음으로 말씀을 대적할 경우 말씀을 그 마음에 받아들이지 않게 됩니다.

그 마음에 의심이 가득한 자, 자기의 의가 강고하게 자리 잡은 자, 시기와 미움이 가득한 자는 그 마음에 하나님의 말씀이 스며들 여지가 별로 없습니다. 이런 자들은 귀가 있어도 바른 소리를 귀히 여기지 않고, 바로 들으려 하지 않는 특성을 보입니다.

이사야서에서도 "보고 듣고 깨달아 알라."라고 하신 말씀이 있습니다. 보아도 보지 못하고 들어도 듣지 못하는 자들을 향한 우리 주님의 안타까운 마음이 성경 곳곳에 기록되어 있음을 우리는 유념해야 할 것입니다.

그들 무리가 귀머거리가 아님을 누구나 알지만 그들의 마음이 열려서 들을 마음이 되어야만 그 말씀이 그들의 생각과 삶을 바꿀 수 있기에 애타게 외치시는 것입니다. 스스로의 마음을 열지 않으면 그저 시끄럽고 귀찮은 소음일 뿐입니다.

주님은 능치 못하실 것이 없으시지만 우리 사람의 마음만큼은 어쩌지 못하십니다. 왜냐하면 당신이 가장 심혈을 기울여 지으신 우리에게 자유 의지를 주셨기 때문입니다. 당신과 같은 속성이지요. 그래서 주님은 우리에게 말씀하십니다.

> 3장 20절: "볼지어다 내가 문밖에 서서 두드리노니 누구든지 내 음성을 듣고 문을 열면 내가 그에게로 들어가 그로 더불어 먹고 그는 나로 더불어 먹으리라."

주님은 말씀으로 두드리십니다. 그리고 그 말씀을 듣고 그의 마음문을 여는 자에게 들어가 그와 함께하시겠다고 합니다. 그러나 문을 열지 않는 자에게는 들어갈 수 없다고 하십니다.

두 번째 묵상은 "부족한 것은 무엇인가?"입니다.

2장, 3장, 4장에 걸쳐 일곱 교회에 편지한 내용이 기술되어 있습니다. 각 교회마다 잘한 것은 칭찬하시고, 못한 것은 지적하여 고치도록 권면하시며, 회개하지 않을 경우 징계하시겠다는 내용입니다.

주님의 부르심을 받은 자들은 주님의 뜻을 잘 헤아려 주님의 뜻대로 살아가야 하며, 이는 칭찬받을 일이라 하십니다. 그만큼 주님의 뜻에 합한 생활을 꾸준히 유지하기가 쉽지 않음을 의미합니다.

이 일곱 교회의 문제점을 따져 보면 다음과 같습니다.

• 에베소 교회: "너의 처음 사랑을 버렸느니라." 처음에는 완벽히 말씀을 따랐는데 어느 순간 초심을 잃어버렸습니다.

• 서머나 교회: "너는 장차 받을 고난을 두려워하지 말라." 환란을 견딜 믿음과 의지가 약해 걱정입니다.

• 버가모 교회: "발람과 니골라 당의 교훈을 따르는 자들이 있도다." 우상과 행음에 빠져 있으니 회개하라는 것입니다.

• 두아디라 교회: "자칭 선지자라 하는 여자 이세벨을 네가 용납한다." 행음하고 우상의 제물을 먹고 있다는 것입니다.

• 사데 교회: "네가 살았다 하는 이름은 가졌으나 죽은 자로다." 하나님 앞에서 너의 온전함을 찾지 못했다는 것입니다.

- 빌라델비아 교회: "문제없음", "인내의 말씀을 온전히 지켰으니 내가 너를 지켜 시험의 때를 면하게 하리라."
- 라오디게아 교회: "네가 차지도, 뜨겁지도 않다." 내가 사랑하는 자를 책망하고 징계하니 열심을 내어 회개하라는 것입니다.

이렇게 빌라델비아 교회만 합격점을 받고 나머지 여섯 교회는 칭찬과 책망을 함께 받습니다. 종합하면 "초지일관 믿음을 지키고 우상과 세상의 유혹을 경계하며 환란·고난을 두려워하지 말라. 하나님 앞에서 온전하게 하며 믿음에 열심을 가지라." 정도로 요약할 수 있습니다. 모르는 바가 아니지만 꾸준히 지키기가 쉽지 않다는 것을 알 수 있습니다.

각 교회의 편지 말미에는 항상 "귀 있는 자는 성령이 교회들에게 하시는 말씀을 들을지어다."라고 쓰여 있음을 유의해야 합니다.

예수님도 말씀을 선포하실 때 대부분 같은 말씀, "들을 귀 있는 자들은 들을지어다."라고 말씀하신 것을 생각해 봅니다. 왜 이 말씀을 반복해야만 하셨을까요?

하나님의 자녀들에게 주신 자유 의지가 불순종의 늪에 빠지며, 목이 곧은 민족이 되었으니 말씀이 들리지 않거나 아니면 의도적으로 말씀에 저항하는 것일 겁니다. 당연히 거짓 아비들의 꼬임에 넘어간 경우겠지요.

어둠의 자식들은 밝은 빛에 반사적으로 거부감을 느끼며 더욱 어둠 속으로 숨으려는 경향을 가집니다. 또 "어둠에 빛이 비추이니 어둠이 깨닫지 못하더라."라는 성경 말씀처럼 들어도 무슨 뜻인지 깨닫지 못합니다.

이런 자들에게 복음의 말씀이 전해져도 듣지 못하고 깨닫지 못하니 반복하고 강조해 말씀을 주시는 것입니다.

✝ 기도

우리의 구원이신 하나님 아버지, 어리석고 어둠에 빠져서 빛이 비춤을 알지 못하는 불쌍한 인생을 구원의 길로 인도하심을 감사드립니다.

"들을 귀 있는 자는 들어라."라는 예수님의 답답한 외침이 가슴속에 메아리쳐 옵니다. 우리가 무엇이기에 한 영혼을 귀히 여기시고 자신의 몸을 제물로 드리면서 우리를 구원하려 하셨습니까? 천 번을 불러도 내 눈에는 눈물만 흐른다는 찬양곡 가사가 마음에 젖어 옵니다.

주님, 나의 눈물을 받으소서. 예수님의 이름으로 감사하며 기도드립니다. 아멘.

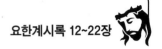
마지막 묵상은 "누가 시온산에 어린양과 함께 설 자인가?"입니다.

수많은 세상의 권세가 우리를 위협합니다. 주님의 진노와 재앙이 세상을 덮습니다. 믿음을 지키는 수많은 성도의 죽음과 배교의 현장을 보게 됩니다.

지금 우리가 살아가는 세상의 모습을 2,000년 전에 그리고 있는 책이 요한계시록입니다. 요한계시록은 그 표현 하나하나 의미를 부여하며 읽어서는 해석이 곤란한, 판타지와 같은 내용의 연속입니다. 당시 시대상과 그 시대를 살아간 요한의 사고 체계 안에서 계시를 표현한 것이기에 지금의 사고 체계로는 이해하기가 곤란하다는 것을 전제하여 그 중심 사상과 핵심 구절을 구분하여야 할 것입니다.

14장에 어린양과 함께 시온산에 14만 4천 명이 섰는데 그들은 더럽히지 아니한 순결한 자들로, 어린양이 인도하는 대로 따르는 자들입니다. 또한, 속량함을 받아 하나님과 어린양에게 속한 자들이며 그 입에 거짓이 없고 흠이 없는 자라 표현하고 있습니다. 즉, 믿음으로 구원함을 받은 후 말씀대로 실족하지 아니한 삶을 산 자들일 것입니다.

그들, 성도들은 어떻게 구별될까요?

> 13장 10절: "사로잡힐 자는 사로잡혀 갈 것이요, 칼에 죽을 자는 마땅히 칼에 죽을 것이니 성도들의 인내와 믿음이 여기 있느니라."

14장 12절: "성도들의 인내가 여기 있나니, 그들은 하나님의 계명과 예수에 대한 믿음을 지키는 자니라."

믿음을 지키기 위한 인내는 참으로 견디기 어려운 것임을 보여 주는 표현이 13장 15~18절에 기록되어 있습니다. 세상의 권세로 우상을 세우고 권세에 복종하지 아니하는 자는 죽임을 당하며 우상에 경배하여 이마와 손에 표를 받지 아니하는 자는 세상에서 매매를 하지 못하게 되니, 살 수가 없을 것입니다. 유명한 짐승의 수 '666'도 이 구절에 나오는데 이는 세상의 권력자를 의미한다는 해석이 유력하다고 합니다.

그러나 우리 주님은 성도의 인내를 요구하시며 세상의 권세와 우상에 무릎 꿇지 않기를 요구하고 계십니다. 14장 9~12절의 말씀을 유의하여야 할 것입니다.

14장 9절: "...... 만일 누구든지 짐승과 그의 우상에게 경배하고 이마에나 손에 표를 받으면"

14장 10절: "그도 하나님의 진노의 포도주를 마시리니 ......"

14장 11절: "그 고난의 연기가 세세토록 올라가리로다. 짐승과 그의 우상에게 경배하고 그의 이름표를 받는 자는 누구든지 밤낮 쉼을 얻지 못하리라."

14장 12절: "성도들의 인내가 여기 있나니, 그들은 하나님의 계명과 예수에 대한 믿음을 지키는 자니라."

어려운 세상입니다. 눈에 보이는 것을 우리의 생각으로 판단하여 대응하기는 참으로 곤란한 것이지만, 22장 11절의 말씀이 우리의 마음을 편안하게 합니다.

"불의를 행하는 자는 그대로 불의를 행하고 더러운 자는 그대로 더럽고 의로운 자는 그대로 의를 행하고 거룩한 자는 그대로 거룩하게 하라."

✝기도

하나님, 그리스도 예수님을 믿은 우리를 의롭고 거룩하다고 인정해 주시니 감사합니다. 이 믿음을 끝까지 지키며 하나님 앞으로 나아갈 수 있도록 지켜 주소서.

세상과 타협하지 말고 하나님의 계명과 예수님에 대한 믿음을 지키고 인내하라고 하신 말씀과 "내가 세상 끝 날까지 항상 너희와 함께하리라."라는 예수님의 약속을 새기며 살아가는 자 되겠습니다.

값없이 주신 은혜로 우리를 속량하사 의롭다 인정해 주신 우리 하나님의 은혜에 감사드리며, "내가 진실로 속히 오리라."라고 하신 예수님의 말씀을 붙들고 소망으로 부르짖습니다.

아멘, 주 예수여 오시옵소서. 마라나타….

3장

묵
상
후
기

묵상 후기 목차

저자(대필자)의 후기

* 책 첫 장의 저자 서문은 본 대필자의 후기를 요약한 것입니다. 이 글을 쓴 것은 저이지만 이렇게 쓰게 하신 이가 계시기에 대필한 것이라 믿어지며, 다만 책의 편집 관계로 저자라 표기한 것입니다.

한나미니스트리에서 주관하는 성경 통독에 참여한 지 어언 3년여가 지났습니다. 연간 2회씩 총 6번의 통독 여정 중에 5회 참여하고 묵상하였습니다.

2017년에 2번은 초신자로서의 호기심으로 묵상하였고, 2018년의 2번은 많은 생각과 은혜 속에 묵상하게 되었지만, 2019년에는 시험에 들어 그만두려 하다가 간신히 1번을 마치게 되었습니다.

2020년에 우리 통독방에 초신자 부부가 함께하게 되었는데 나에게 그들을 인도하는 역할이 주어졌고 감사하게도 그리하리라는 마음이 들어왔습니다.

우리 통독방은 처음부터 묵상한 내용을 카톡으로 올려 서로 묵상한 내용을 나누는 방식으로 운영되었기에 나도 묵상한 내용을 올리게 되었는데 제 묵상 내용이 길어서 스마트폰으로 인자하기가 어려웠습니다.

그래서 결국 PC로 묵상 내용을 정리하여 올리다 보니 묵상 내용이 전부 한글 파일로 남게 되었습니다. 올해 초에 5회가량 묵상한 내용을 다시 읽어 보니 내가 이 정도로 묵상을 하였는가 하는 감탄이 들기도 했지만, 그보다 더 주목한 것이 묵상 글이 나 개인의 내면을 향한 것보다는 누군가에게 교재로 사용해도 될 문체로 작성되었다는 것을 깨닫게 되었습니다.

그래서 초신자 부부를 인도하라는 역할이 주어지고 감사하게도 내 속에 흔쾌히 그러리라는 마음이 들어온 것은 내가 의도하지는 않았지만 미리 예비하게 하신 그 어떤 손길, 하나님의 역사가 있었음을 알게 되었습니다.

5회의 묵상을 거치는 동안 각 회차별 매일의 묵상 범위가 정확히 같았기에 동일 주제 묵상이 중복되기도 했고 150여 회를 다 채우지도 못했습니다. 그러나 인도자의 역할이 주어지고 보니 마음가짐 또한 달라져서 각 회차별로 중복된 것을 정리하고 빠진 부분을 추가하여 그 초신자 부부를 위한 교육 교재로 카톡에 올리게 되었습니다.

저는 나이 50이 되는 해에 처음으로 교회에 나오게 되었습니다. 평생 건설 분야에서 기술직으로 직장생활을 했고, B형의 고지식하고 논리적 사고를 가진 사람입니다. 그래서인지 성경을 읽을 때 비판적이었고, 논리적 검증으로 이해되어야 "그렇구나!"라고 인정할 수 있었습니다.

무조건 믿어야만 이해된다는 선배들의 조언에도 고집스럽게 논리적 검증을 생각하고, 기독교가 세상에서 비난받는 부분 또한 날카롭게 지적하며 내 평생에 굳어진 나의 사고 체계 안에서 성경을 이해하려고 노력하였습니다.

누군가는 그냥 강권하신 은혜로 믿어지고 깨달아지는 역사가 있었다고 합니다. 또 누군가는 이적과 기적 같은 일을 경험하고 하나님의 말씀을 직접 듣는 감격 속에 믿음이 굳어졌다는 말을 듣기도 합니다.

그러나 저에게 그런 일은 없었습니다.

그럼에도 지난 14년 동안 매일 성경을 비판적으로 읽고 설교 말씀을 듣고, 여러 선배와 교류하면서 조금씩 믿음이라는 여정을 걸어왔는데, 중간에 다른 길로 빠져 버리지 않고 지금까지 왔다는 것이 신기하기도 합니다.

이렇게 초신자의 과정을 지나가며 교회의 내부 사정에 조금씩 눈을 떠 갈 무렵, 큰 문제가 터졌습니다. 그렇게도 사회에서 비판받던 일이 우리 교회에 벌어진 것입니다.

장로를 위시한 항존직 선거에서 선거 부정이 일어났고 그 당사자의 상상하기 어려운 패악질이 있었습니다. 사명자라고 인정할 만했던 순수한 담임 목사님은 선거 부정 수습에 실패했고 그로 인한 여러 문제로 핍박받다가 결국 사임하게 되었습니다.

그리고 당회는 2년여의 담임 목사 부재 속에 무능하고 무기력했습니다. 결국 완악한 교회는 하나님의 징계라 인정할 수밖에 없는, 기막힌 인성을 지닌 자를 담임 목사로 청빙하게 됐습니다. 그 기막힌 자의 시무 기간 약 5년여에 걸쳐 교회가 결딴나는 아픔을 겪게 되었고, 이제 새 담임 목사를 청빙하여 수습하는 과정에 있습니다.

그 기막힌 시간 속에서 초신자로서 교회 생활을 하다 보니 더욱더 비판적인 마음을 가지게 되었고, 그 시간의 마지막에 해당하는 기간에 본 묵상이 이루어지다 보니 중간중간에 이에 대한 날카로운 비판 내용이 삽입되어 있음을 이해하여 주시기 바랍니다.

본서의 내용은 통독 일정과 같으나 첫째, 둘째, 셋째 묵상으로 표시된 것은 과거 5회의 묵상 회차별로 중복된 것은 삭제하고 다른 것은 성경 순서대로 나열한 것입니다.

한 날짜에 묵상 내용이 하나인 것은 과거 5회차 중 한 번만 했거나 한 번도 하지 못해서 이번 2020년 상반기 묵상 기간에 추가한 것입니다. 여러 번 묵상된 것은 그날의 묵상 범위가 방대하고 마음에 걸리는 내용이 많아 여러 구절을 묵상하게 된 것을 합쳐 놓은 것입니다.

본 묵상은 신학을 공부하지 않았고 부르심도 없었으며 평생 굳어진 사고 체계 안에서 비판적인 시각으로 성경을 바라보고 분석한 한 늦깎이 평신도의 개인적인 생각임을 고려하여 읽어 주시기 바랍니다.

당연히 신학적 근거나 큰 그림을 보지 못한 지엽적인 판단일 수 있습니다. 또 세상의 비판에 경도된 시각일 수도 있습니다. 그러나 나름 믿음에 근거한 긍정적인 시각도 녹아 있을 것이라 생각해 보기도 합니다.

과거 어느 한 시기에 성경을 일독할 기회가 있었습니다. 직장을 잃어 타 직장을 알아봐야만 하는 그때에 정말 감사하게도 모든 것을 내려놓고 하나님만을 바라보자는 마음이 들어왔고, 이직을 위해 사방에 연락을 하고 유력한 사람을 찾아야만 했던 그런 시기에 아무에게도 연락하지 않고 도서관으로 출근하여 아침 9시부터 저녁 6시까지 9시간을 성경을 읽고 퇴근하듯이 집으로 왔습니다.

물론 아내도 이런 일을 모르고 있었지요. 7일간의 일독 기간 동안 점심 먹을 생각도 들지 않았고 화장실만 2~3번 다녀오고 잡념도 전혀 들지 않은 상태에서 성경을 읽었습니다.

어떻게 이런 일이 가능했을까 지금 생각해도 이해가 되지 않습니다.

이는 은혜의 시간이었다고 믿습니다. 그 7일째 되는 날 전혀 생각지도 않던 곳에서 연락이 왔고 그곳이 나의 다음 직장이 되었습니다.

그리고 그날 저녁에 "아멘, 주 예수여 오시옵소서."라는 계시록 마지막 구절을 읽고 내려놓을 때 마음속에 한 구절의 말씀이 들어왔습니다.

수만 구절의 성경 말씀은 어떤 용도로도 사용할 수 있는 다양한 표현과 수많은 신화·역사·생활상이 기록되어 있습니다. 그러나 성경 전체를 관통하는 하나님의 말씀은 바로 "내가 너를 사랑한다, 내게로 돌아오라."였습니다.

이 경험이 바탕이 되어서 신앙생활이 새로워졌고 성경을 바라보는 눈, 교회와 성도를 바라보는 눈이 이전과는 달라졌습니다.

비판적인 시각은 여전했지만 단정적인 결론은 하나님의 영역이라 인정하면서 성경에 근거한 판단을 먼저 추구하며 나의 말과 행동을 주의하게 되었습니다.

업무와 관련되지 않은 교양서적 한 권을 온전히 읽을 여유도 없는 각박한 삶을 살아왔습니다. 그런 제가 150여 일에 이르는 성경 통독을 3년씩이나 하고 150여 회의 묵상 내용 전체를 온전한 기록으로 남길 수 있었다는 것이 정말로 기적과도 같은 일입니다.

제가 살아온 과정을 되돌아보며 "호랑이는 죽어 가죽을 남기고 사람은 죽어 이름을 남긴다."라는 격언을 생각해 보았습니다.

그냥 살다가 이름도 없이 사라질 내가 "이렇게 생각하며 살았노라."라며 책 한 권을 세상에 던져 놓고 갈 수 있게 되었으니 얼마나 감사한 마음이 들어오는지 모릅니다.

새벽 기도 중 이런 마음이 들어왔습니다.

지난 3년간 내가 의도하지 않는 상태에서 이 글을 이런 형식으로 쓰게 하신 이가 계십니다. 그가 나를 사용하여 쓰게 하셨으니 그의 뜻대로 그가 지명하신 사람에게 읽게 하실 것이라 믿습니다.

그의 편지를 대필하는 일에 쓰임 받은 것을 감사하게 생각하며, 잠시나마 이 글이 나를 위한 것이라는 교만에 빠졌던 것을 회개합니다.

내 의지로 되는 일이 아닌 것을 압니다. 내 능력으로는 더더욱 안 될 일입니다. 오직 강권하신 은혜의 손길이 나를 도우신 것을 믿음으로 고백합니다. 할렐루야.

창세기는 저자가 모세로서 출애굽하여 광야를 헤매던 기간에 쓰인 것으로 보이며, 각 민족의 시초에 관해 구전되어 오던 신화와 유사합니다.

　성경에 의하면 말씀은 대지를 적시는 비처럼 민족을 차별하지 않고 부어지지만 그 말씀을 받는 토양에 따라 소출이 달라진다고 합니다.

　어느 민족이든 자기 민족 위주의 정신적 신화가 있게 마련입니다. 우리 민족의 단군 신화, 한족의 황제 사상, 희랍 신화, 중근동 지역의 다양한 신화, 북구의 토르 등 역사에 나타난 수많은 민족에게 주어진 하늘의 말씀을 그 민족 고유의 사고 체계로 정형화한 것이 그 민족의 신화가 됩니다.

　그러나 신화는 대체로 구전되기에 문자 기록으로 정리되지 못한 것이 대부분이고 기록이 상세하게 남아도 그 내용이 자기 민족의 우월성만을 내세우는 경우가 많습니다. 이는 성경과 같은 보편성과 포용력을 보여 주지 못합니다. 또 신화는 과거의 이야기일 뿐 현재와 미래를 그리지 못하지만 성경은 다릅니다.

　성경을 기록한 이스라엘을 선택받은 민족, 곧 선민이라 부릅니다. 모세 5경으로 불리는 성경의 율법서는 하나님이 이스라엘만을 택하셨다고 기록하며 선민이라 자부하는 것이 다른 민족의 신화와 유사합니다. 그러나 구약에 역사서, 시가서, 예언서가 추가되면서 신약의 탄생을 예고했습니다. 그리스도 이후 신약이 성립하면서 하나님의 말씀이 완성되었습니다. 66권의 성경은 약 1,600여 년의 기간 동안 40여 명의 각기 다른 저자들에 의해 기록되었습니다. 그러나 전체를 관통하여 흐르는 일관된 사상 때문에 하나의 책으로 인정받습니다.

그리고 완성된 말씀을 근거로 왜 이스라엘 민족이 선택받았는가 생각을 정리해 봅니다. 그들의 꼼꼼한 기록성과 보존의 노력이 타민족보다 월등했기에 온 세상에 말씀을 전하는 사명을 부여받은 것이라 생각합니다.

비옥한 초승달 지역이라 불리는 지금의 이라크 지역(갈대아 우르)에 수많은 민족이 모여들고 그중에 아브람이라는 아람족 족장에게 하나님의 계시가 주어집니다. 그러나 같은 시기에 하나님이 의인이라 인정하시는 "욥"이라는 사람과 멀리 떨어져 사는 욥의 절친한 친구 세 명, 그리고 엘리후라는 사람이 있었다는 것은 그 지역에 하나님의 말씀과 믿음이 널리 퍼져 있었음을 짐작하게 합니다.

창세기는 각 민족에게 골고루 부어진 하늘의 말씀이 히브리 민족의 정신세계에 녹아들어 흐르던 것을 아브람 이후 약 500년이 지나 모세가 채록한 것입니다.

첫 장의 천지창조부터 11장까지의 인류 역사의 기록과 12장 이후 요셉까지 믿음과 순종의 사람 아브람이 주어진 계시를 따라 가나안으로 떠나고 그로부터 히브리 민족이 성립되어 가는 과정을 그리고 있습니다.

이런 이유로 하나님의 말씀이 사막의 유목 민족 생활 관습을 기준으로 성립된 것입니다. 만일 아브람이 농경 민족이나 해양 민족의 족장이었으면 십자가의 사건도 다른 형식으로 벌어졌을 것이라 감히 생각해 볼 수 있습니다.

제1장에는 6일간의 천지창조와 하루의 휴식을 그리고 있는데, 이 7일의 시간을 오늘날의 하루와 같은 것이라고 주장하는 사람도 있고, 이

를 비판하는 사람도 있습니다. 그러나 1장의 기록은 천지창조의 6단계 과정을 하루로 표현한 것일 뿐, 실제로 그 한 과정이 시간적으로 얼마나 걸린 것인지 알 수는 없고 굳이 그것을 알아야 할 필요도 없다고 생각합니다.

이를 문자 그대로 맹신하는 믿음 때문에 지구의 역사가 천지창조를 포함해서 7,000년밖에 안 된다고 주장하는 사람들과 과학을 근거로 수십억 년의 진화를 주장하는 사람들 사이에 논쟁이 벌어지고 있음을 봅니다.

3~4,000년 전, 역사 이전의 시대를 살던 유목 민족의 사고 체계로 기록된 창세기의 기록을 현재의 논리적·과학적 잣대로 재단하는 것이나 문자 기록 그대로 맹신하는 것이나 모두 문제가 있다고 말하고 싶습니다.

어쨌든 세상 모든 민족에게 균등하게 주어진 하늘의 말씀이 오직 히브리(이스라엘) 민족을 선택하여 성경이라는 이름으로 기록된 것은 합당한 소양을 지닌 민족을 하나님이 선택하신 것이라고 믿습니다.

또한, 창조론과 진화론이 서로를 부정하며 큰 논쟁을 벌이고 있지만 잘 생각해 보면 이는 논쟁거리가 되지 않는 사항입니다. 현재 가장 최신의 과학적 성과로 인정하는 빅뱅이론에서는 아무것(시간, 공간)도 없는 아득한 영원의 한 점에서 모든 것이 시작되었다고 합니다. 이 이론이 설명하는 것은 창조론의 그림자와 같습니다.

"태초에 하나님이 천지를 창조하시니라(창세기)."

"태초에 말씀이 계시니라, 그가 하나님과 함께하셨고, 만물이 그로 말미암아 지은 바 되었으니(요한복음)"

반면 진화론은 지어진(창조된) 그 어떤 것이 자연의 환경에 적응하여 (적자생존) 변화해 나간다고 주장하는 것일 뿐입니다. 이는 모든 것의 시작이 어떠했는지, 진화의 바탕이 되는 그 무엇이 어떻게 생겨났는지에 대한 설명을 할 수 없습니다.

　따라서 이 두 이론은 서로를 부정하는 것이 아니라 창조의 기반 위에 진화가 이루어진 것이라는 합리적 설명으로 서로를 인정할 수 있을 것입니다.

목사교에 대하여

그리스도께서 세상에 오셨다가 하나님께로 돌아가시며 다시 오시겠다는 재림의 약속을 주신 이후, 세상에는 많은 거짓 그리스도가 나타났습니다. 또 재림의 믿음을 왜곡하여 자신의 유익을 추구하는 거짓의 무리가 나타나는데, 이를 일반화해 "이단"이라고 부릅니다.

또 예수님은 세상의 약한 것을 섬기러 오신 것이지, 권좌에 앉아 섬김을 받으려 하신 적이 없으심을 우리는 성경을 통해 알고 있습니다. 세상을 이끄는 예수님의 권위는 사랑을 통한 섬김과 복종의 도인 것이지 권력과 직위를 내세운 군림의 도는 아닌 것입니다.

핍박받던 '○○ 지하 교회'가 공인받아 세상에 나온 그 승리의 순간, 간교한 사탄의 계교에 되치기당하고 말았습니다. 그 결과 교회가 세상 권력과 야합하여 세상을 지배하는 이단으로 떨어져 버립니다. 그 통탄할 결과가 바로 ○○○ 교회의 성립입니다. 그리고 긴긴 세월, ○○○ 교회가 세상을 지배한 시기가 중세 암흑시대인 것을 우리는 역사를 통해 알고 있습니다.

종교 개혁 500주년이 지났습니다. 이단의 검은 휘장을 찢고 '오직 성경으로'라는 신념으로 새 세상을 열고, 그리스도의 사랑과 긍휼로 새 교회를 세웠습니다. 그것이 바로 우리가 몸담고 있는 **그리스도의 교회(개신교)**인 것입니다. 모든 가치 판단을 오직 성경의 말씀에 근거하며, 예수님이 마지막으로 주신 "서로 사랑하라, 내가 너희를 사랑한 것 같이 너희도 서로 사랑하라."라는 계명을 실천하는 것만이 올바른 그리스도의 교회입니다.

그리스도인의 정체성을 생각해 봅니다. 성경 말씀에 순종하고 말씀대로 살기를 힘쓰며, 그리스도 예수님의 피로 사신 교회의 한 부분을 이루는 지체로서 예수님이 주신 새로운 계명 안에서 하나 된 형제자매인 것입니다.

예수님 안에서 하나 된 형제자매, 이것이 그리스도인의 실체이며, 이것보다 우선하는 가치를 주장한다면 그는 그리스도인이 아닌 것입니다.

성경 말씀보다 우리 형님의 말씀을 우선하고, 예수님의 피보다 우리만의 피가 더 진하다고 여기는 일부 무리는 하나님과는 전혀 무관한 자들인 것입니다.

진정 성경을 하나님의 말씀으로 믿는다면 심판대 앞에 섰을 때 무슨 말을 해야 하나를 고민해야 하지만 예배 중 들은 설교 말씀은 설교일 뿐이고, 실생활이 말씀에 구속되지 않고 제 마음대로 살아가는 자들은 가짜 그리스도인이며 교회를 자신의 존재감을 나타내는 장소 정도로 생각하는 자들인 것입니다.

이 세상에는 참으로 많은 이단이 있습니다. 그중 세상에 드러내어 이단이라 자랑하는 통○교, 하○님의 교회, 신○지 같은 무리들이 있어 세상을 어지럽힙니다. 그래도 이들은 세상에서 그리스도의 교회와 명확히 구별이라도 되니 조심하며 피할 수 있기에 그나마 좀 나은 면이 있습니다.

그러나 우리 그리스도의 교회 내부에 암처럼 똬리를 틀고 앉아 있는 이단이 있습니다. 이 암조직 같은 이단이야말로 그리스도의 교회 전체를 말아먹고 결국 죽음에 빠트리고 말, 말세의 전조인 '목사교의 발흥'인 것입니다.

그리스도의 교회는 머리 되시는 예수님이 계십니다. 그리고 우리는 하나의 지체로서 자기의 분수에 따라 교회의 한 부분을 이루는 자입니다. 목사는 말씀을 전하는 자로, 장로는 치리하는 자로, 집사와 권사는 각각의 은사대로 섬기는 자로 존재하며 서로 사랑하라는 계명을 따라 교회를 섬깁니다. 섬김의 대상은 오직 그리스도 예수님 한 분이며 그의 몸된 교회를 섬기는 것입니다.

누구나 교회의 주인은 그리스도 예수님이라 말합니다. 우리가 이단을 분별할 수 있는 가장 중요한 기준은 '예수님의 자리에 정말로 예수님이 계신가?'라는 것입니다.

혹시 그 자리에 사람이 앉아 있습니까? 이들은 소위 재림 예수라 자칭하는 자들입니다. 혹시 예수님 앞을 가리고 서서 자기가 예수님의 대언자이니 자기를 섬기라고 주장하는 자들이 있습니까? 이들은 타락한 목회자들입니다.

우리나라의 교회는 그 정체성을 잃어버리고 세상 권력과 이권에 물들어 이 세상으로부터 존재의 근본을 부정당하고 있습니다. 대형 교회를 개척한 정열의 목회자들, 조○○, 김○○ 같은 훌륭한 목사들이 말년에 권력에 취하고 물질에 무너져 막대한 치부를 하는 것을 봅니다. 그리고 그 뒤를 따르는 목사의 직업을 가진 수많은 무리. 바로 삯꾼 목사들….

목사는 주의 종이며 주의 종을 섬기지 않으면 벌을 받는다는 미신을 퍼트리며 순진한 성도들을 세뇌시킨 목회자들의 이익 결사 단체인 '△△ 예○교 장로회'와 목사의 직업을 가진 △△측, ○○노회의 구성원들은 우리의 주님과는 아무 상관 없는 자들입니다. 그들은 '목사교 장로회'로 간판을 바꾸어 다는 것이 더 정직한 일일 것입니다.

정확히 따져 봅시다. 주님으로부터 사명을 받고 목회자의 길을 걷는 참 목사님들이 계십니다. 이분들을 우리는 주의 종이라 부릅니다.

이분들은 주님의 사랑만을 의지하며 주님의 사랑을 세상에 전하기에 우리는 그분들이 참된 목자의 길을 갈 수 있도록 도와야 하는 의무가 있습니다. 이는 바울의 선교를 도왔던 빌립보 교회의 '에바브로디도'와 같은 역할을 하는 것이지, 목사를 섬기라는 것이 아닌 것을 명심해야 합니다.

섬기라는 말이 일반화되면 목사가 예수님과 비슷한 자로 속여지게 됩니다. 바울이 선교지에서 이적을 행하자 사람들이 몰려와 신으로 대우하며 제사하려 하자 바울은 옷을 찢으며 사람들에게 외친 말을 기억하십시오.

"이 사람들아, 우리가 누구이기에 우리에게 제사하는가? 섬기고 제사를 드려야 할 분은 내가 아니라 오직 하나님이시다."

항상 두려운 마음으로 살아야 할 목회자들의 본을 보인 것입니다. 교단에 서서 주님의 말씀을 전한다고 주장하며, 자기의 말을 섞는 가짜 목사가 있습니다. 자기가 주님과 교제 중에 받은 감동을 성경 지식으로 포장하여 성도들에게 전달할 때 주님의 말씀을 전한다고 말할 수 있습니다. 주님과의 교제 없이 단순히 예화집을 참조하거나, 남의 설교를 도용하여 설교하는 것은 훔쳐 온 양식으로 자식들을 기르는 것과 다를 바 없는 파렴치한 짓입니다. 이런 자들이 성도들의 눈을 가리고 귀를 막아서 어둠의 길로 인도하는 마귀의 역할을 대행하는 마귀의 종입니다.

독일 전설 '피리 부는 사나이'를 모두 아실 것입니다. 그는 여러 원인에 따른 보복으로 마을의 아이들을 피리 소리로 유혹하여 모두 데려가 버렸으며 따라간 어린아이들의 최후가 어찌 되었는지 알지 못한다는 내용의 잔혹 동화입니다. 순진한 성도들을 목사를 섬기라고 수십 년 동안 세뇌시킨 그자들이야말로 이 '피리 부는 사나이'인 것입니다.

오랫동안 많은 경로를 통해 목사는 모두 주의 종이니 (예수님처럼) 섬기라고 가르쳐 일반화한 결과, 순진한 성도들의 마음에는 그 목사가 우상으로 자리 잡게 되었습니다. 그리하여 목사가 하는 행위의 옳고 그름을 판단하지 못하고 오직 '우리 목사님! 우리 목사님!' 하며 맹종하게 되었으니 이것이 바로 목사를 우상으로 섬기는 '목사교의 성립'인 것입니다.

목회자는 섬김의 대상이 아니라 **도움의 대상**인 것입니다. 그것도 진정한 주의 종에게만 해당되는 말이며, 목사의 가면을 쓴 마귀의 종에게는 아무 상관이 없는 것입니다.

그런데도 이런 통탄해 마지않을 일이 현실이 되었습니다. 목사는 예수님의 이름을 참칭해 그 자리에 군림하고, 세뇌된 어린양들은 그가 진정한 주의 종인지 마귀의 종인지 분별하지 못한 채, '우리 목사님! 우리 목사님!'이라고 하며 맹종합니다. 바로 이것이 가장 악질적인 목사교의 발흥입니다.

성경은 판단하고 정죄하는 것은 하나님의 일이라고 말씀하시며, 또 성도들은 영으로 분별하여 거짓과 허탄한 것에서 몸을 피하라고 가르치십니다.

이하의 글은 2018년 이전, 어느 교회의 상황입니다.

하나님은 참으로 우리를 사랑하신다는 것을 최근의 교회 사태를 통해 우리에게 보여 주고 계십니다.

빛과 소금의 역할을 하지 못하는 교회가 어떻게 되는지 성경은 명확히 말씀하고 계십니다.

"다만 길에 버려져 발에 밟힐 것"

우리 교회가 바로 이런 위험에 처하게 되었음을 깨어 있는 성도는 느끼실 것입니다. 하나님의 은혜로 상당한 교세를 가지고 그럴듯한 외형을 만들어 갔지만, 아집과 독선에 빠진 일부 인사들로 인해 교회 운영이 파행으로 치닫고 자리를 탐내는 일부 인사들이 좋은 목회자를 내쳤습니다. 그러나 교회는 스스로 역할을 감당하지 못해 이들의 독주를 제재하지 못했습니다. 그 결과, 교회 존재의 근본이라 할 선교와 구제의 역할을 못 하고 껍데기만 유지하는 죽은 교회가 되어 갔음을 우리는 알고 있습니다.

자식의 잘못과 어리석음을 두고 볼 부모는 없습니다. 먼저 많은 권면과 훈계로 설득하지만, 결국은 징계의 회초리를 들게 됩니다. 이 회초리는 미워서가 아니라 사랑하기에 드는 회초리이며, 많이 아플수록 빨리 돌이키게 하는 효과가 있다는 것을 유념하시기 바랍니다.

혹자는 청빙위원회의 장로들을 비난할 것입니다. "왜 저런 막장 같은 자를 알아보지 못했느냐?"라거나 "무슨 흑막이 있지 않느냐?"라고, 무능한 자들이라고 할 것입니다. 하지만 하나님의 뜻에 따른 일이었다고 이해해 주시기를 부탁합니다.

도대체 저런 '막장 인성'을 가진 자가 어떻게 목회자가 되었는지 정말로 기적과도 같은 일입니다. 정말로 하나님의 필요에 의해 만들어진 자가 바로 설교단에서 버티고 있는 자입니다. 하지만 이 모든 일을 하나님의 관점에서 바라보시기를 권면합니다.

성경은 말씀하십니다.

> "악한 자가 세상에 나타난 것으로 세상이 악해진 것이 아니라 악한 날에 적합하게 악한 자를 만드셨다."

하나님의 속성은 사랑이십니다. 우리에게 가장 좋은 것을 주시려 애쓰시는 분이 바로 우리의 하나님이신 것을 믿으시기 바랍니다.

그렇다면 저런 막장 행태를 보이는 목회자를 보내신 이유는 무엇일까요? 하나님이 우리 교회를 어떻게 하시려고 한 것일까요?

세상의 눈으로 본다면 이는 우리 교회를 버리신 것이지만, 하나님은 사랑의 성품을 가지셨고 긍휼함이 많으시며 선하신 분이십니다. 우리 교회를 위해 가장 좋은 것을 보내신 것이라고 생각해 보면 이해가 됩니다.

하나님이 원하시는 것이 우리의 회개와 사랑의 회복이라는 것을 감히 유추해 볼 수 있습니다. 사사기나 열왕기에 보면 이스라엘 백성들이 타락하여 하나님 앞에 범죄할 때 하나님은 징계의 회초리로 이방 민족을 들어 쓰시고, 망해 버린 이스라엘 백성들이 고난 속에 회개하고 돌이켜 하나님을 찾으면 다시 용서하시고 회복시키시기를 끝없이 하십니다. 결코 버리지 않으시고 돌아오기를 기다리시는 하나님의 성품을 우리는 알아야 할 것입니다.

저 강단 위에 선 자는 우리 교회를 징계하려고 하나님의 회초리로 보내심을 받은 자입니다. 그것도 매우 아픈 회초리기에 우리는 피눈물을 흘리며 하나님 앞에 회개하여야 하며 주의 자녀 된 자로서의 본분이 무엇인지를 깨달아야 합니다. 그렇게 우리의 행위를 돌이켜야만 이 징계가 끝날 것입니다.

또 하나의 은혜는 저런 막장 같은 자가 교회를 휘저음으로써 우리의 감춰진 치부와 함께 누가 주의 일에 쓰임을 받는지, 누가 마귀의 종으로 쓰임을 받는지가 명확히 드러났다는 것입니다.

주님의 뜻이 가려지는 것을 안타까이 여기는 많은 이의 눈물의 기도를 하나님은 기억하실 것입니다.

또 반대편에 선 자들이 보이는 행태가 밝게 드러나고 있으니 "어둠에 빛이 비치매 어둠이 이기지 못하더라."라는 말씀이 응하게 될 것입니다.

가장 악질적인 마귀의 종도 예배당에서 기도를 드리고 있는 모습을 봅니다. 그는 스스로 하나님의 일에 열심이라고 생각하겠지만, 자기의 의가 마음을 덮고 있어 하나님의 말씀이 그 안에 들어갈 수 없습니다.

진정 안타까운 마음으로 그에게 권합니다. 자기가 이루어 놓은 결과를 돌아보라고 말입니다. 자기의 생각을 내려놓고 오직 성경 말씀만 의지하여 판단해 보라고 말입니다. 하나님 앞에서 좋은 나무인지 혹은 나쁜 나무인지 분별해 볼 기회인 것이니, 영혼 구원과 회개의 기회가 그 앞에 주어진 것을 감사하라고 말입니다.

성경은 그 나무가 좋은 나무인지 나쁜 나무인지는 그 열매를 보아 알 수 있다고 하였습니다. 그로 인해 기쁨이 있고 교회 내에 갈등이 사라지며 사랑과 자비로 많은 사람이 모여들고 교회를 평안하게 하면 그는 성령의 열매를 맺는 자, 즉 좋은 나무입니다. 반대로 자기만의 독선으로 당회를 좌지우지하거나 갈등과 파당을 지어 서로를 적대시하거나 성경의 말씀으로 치리하지 않고 자신의 권력으로 치리하여 성도들을 괴롭혀 밖으로 떠나게 하는 결실을 맺었다면 그는 나쁜 나무인 것입니다.

또 사적 인연이 고리가 되어 그를 따르는 여러 사람이 있습니다. 부디 가려진 눈을 바르게 뜨고 성경 말씀에 의지하여 현실을 보시기를 간곡히 권면합니다. 시편 1편의 말씀이 그들의 마음에 레마의 말씀으로 젖어 들기를 간절히 바랍니다.

"복 있는 사람은 악인들의 꾀를 따르지 아니하며, 죄인들의 길에 서지 아니하며, 오만한 자들의 자리에 앉지 아니하고, 오직 여호와의 율법을 즐거워하여 그의 율법을 주야로 묵상하는도다."

드러난 교회의 치부를 그냥 덮지 맙시다. 그것은 사랑이 아니며 또다시 우리를 시험에 빠지게 하는 가시가 될 것입니다. 아닌 것은 아니라고 단호하게 말해야 할 의무가 우리에게 있습니다.

샀꾼 목사를 몰아내려고 한 순간, 반대당이 조직되어 더 악하게 대항하는 결과를 가져오고 있음을 정확히 인식합시다. 이는 결코 하나님이 바라시는 일이 아닙니다. 어이없게도 저런 막장을 옹호하며 순진한 목사교 신자들을 선동하는 자들이 나타난 이유가 무엇인지 잘 판단합시다.

저런 막장이라 해도 사랑으로 감싸고 회개시켜야 어디에 가서라도 참 목자의 길을 갈 수 있습니다. 반대로 회개 없이 어떤 조건으로 타협하여 내보낸다면, 그는 다른 곳에 가서 또 다른 교회를 망칠 것이 너무나도 뻔합니다. 이는 우리의 문제를 세상 그 어디엔가 전가하는 결과가 될 뿐이니, 과연 그러한 일을 하나님이 용납하실까요?